CATHERINE EMMERICH
LA DOULOUREUSE PASSION DE N. S. JESUS CHRIST

1854

© 2025, CATHERINE EMMERICH (domaine public)
Édition : BoD · Books on Demand, 31 avenue Saint-Rémy, 57600 Forbach, bod@bod.fr
Impression : Libri Plureos GmbH, Friedensallee 273, 22763 Hamburg (Allemagne)
ISBN : 978-2-3225-6979-3
Dépôt légal : Juin 2025

AVANT-PROPOS DE LA VINGTIEME EDITION

Près de trente ans se sont écoulés depuis que la traduction de la Douloureuse Passion a été publiée pour la première fois. Il fallait alors quelque hardiesse pour mettre un pareil livre sous les yeux des lecteurs français, car, à cette époque, les bons chrétiens eux-mêmes, pour la plupart, n'admettaient que fort difficilement l'ordre de phénomènes surnaturels auquel se rattachent les visions d'Anne-Catherine Emmerich, parce que les saints contemplatifs, si nombreux de tout temps dans l'Eglise catholique, ne leur étaient guère connus que par des biographies sèches et écourtées, où le côté miraculeux était presque entièrement laissé dans l'ombre. Il résultait de là que beaucoup de fidèles rejetaient à peu près, en lait de surnaturel, tout ce qui n'était pas article de foi, se faisant presque rationalistes, à force de vouloir être raisonnables. Les choses ont bien changé depuis, grâce à Dieu, et le présent livre a peut-être eu sa petite part dans ce changement, car, accueilli, dès le début, avec une bienveillance inespérée, il ne tarda pas à devenir très populaire parmi les personnes de piété. Le traducteur qui, à raison des dispositions signalées plus haut, ne s'attendait guère à rencontrer chez ses lecteurs une faveur si marquée, s'était attaché à choquer le moins possible les susceptibilités de l'esprit français : c'est pourquoi, dans la première édition, il avait omis un assez grand nombre de passages qui lui semblaient devoir nuire à l'impression totale du livre. Il avait, en outre, abrégé quelques descriptions ou quelques récits, de peur qu'ils ne parussent trop longs ou trop surchargés de détails oiseux. Le succès lui ayant montré qu'il n'y avait pas lieu d'être si timoré, il avait rétabli, dans les éditions suivantes, la plupart des passages retranchés : toutefois, il avait laissé subsister encore quelques suppressions, dont deux ou trois seulement avaient quelque importance et dépassaient un petit nombre de lignes. Quoique la traduction ainsi amendée ait eu un succès plus qu'ordinaire, comme le prouvent les nombreuses éditions qui en ont été laites, quelques personnes ont exprimé le regret qu'elle ne reproduisait pas littéralement tout ce qui se trouve dans l'œuvre du pieux secrétaire d'Anne Catherine Emmerich, et qu'on pût lut contester encore le titre de traduction intégrale. Bien qu'il lui manquât peu de chose pour mériter ce nom, et que les omissions, comme on l'a déjà vu, ne fussent ni nombreuses ni importantes, le traducteur, sensible à ce reproche, a voulu y faire droit et il a revu son travail de la première à la dernière ligne Cette fois du moins, on ne pourra l'accuser d'avoir rien retranché ni rien omis : ceux qui prendront la peine de comparer sa version au texte original, pourront se convaincre que celui-ci y est reproduit aussi exactement que possible, et que s'il s'y rencontre encore des infidélités, ce sont de celles dont la meilleure volonté du monde ne préserve pas à elle toute seule Quoi qu'il en soit, le traducteur n'a épargné ni le temps ni la peine pour mener son œuvre à bien, et, s'il n'a pas mieux fait, c'est qu'il n'était pas capable de mieux faire.

PREFACE DU TRADUCTEUR

Celui qui écrit ceci parcourait l'Allemagne. Ce livre lui tomba sous la main ; il le trouva beau et édifiant. Nulle étrangeté de forme ou de pensée ; aucune trace de nouveauté ; rien qui ne fut simple de cœur et de langage, et qui ne respirât la soumission la plus entière à l'Eglise. Et en même temps Jamais paraphrase des récits évangéliques ne fut à la fois plus vive et plus saisissante. On a cru qu'un livre ayant ces qualités méritait d'être connu de ce côté du Rhin, et qu'il n'était pas impossible de le goûter tel qu'il est, sans s'inquiéter de la singularité de son origine.

Le traducteur toutefois ne s'est point dissimulé que cette publication s'adresse avant tout à des chrétiens, c'est-à-dire à des hommes qui ont le droit de se montrer rigoureux, exigeants même sur ce qui touche d'aussi près des faits qui sont de foi pour eux. Il sait que saint Bonaventure et beaucoup d'autres, en paraphrasant l'histoire évangélique, ont mêlé des détails purement traditionnels à ceux qui sont consignés dans le teste sacré ; mais il n'a point été pleinement rassuré par ces exemples. Saint Bonaventure n'a prétendu être que paraphraste : il y a ici, ce me semble, quelque chose de plus.

Note : cette préface est celle de la première édition, publiée en 1835.

Bien que la pieuse fille ait elle-même donné le nom de rêves à tout ceci ; bien que celui qui a rédigé ses récits repousse comme un blasphème l'idée de donner en quelque sorte l'équivalent d'un cinquième Evangile. Il est clair que les confesseurs qui ont exhorté la sœur Emmerich à raconter ce qu'elle voyait, que le poète célèbre qui a passé quatre ans près d'elle, assidu à recueillir ses paroles, que les évêques allemands qui ont encouragé la publication de son livre, ont vu là autre chose qu'une paraphrase. Quelques explications sont nécessaires à cet égard.

Beaucoup d'ouvrages de Saints nous font entrer dans un monde très extraordinaire, et, si je l'ose dire, tout miraculeux. Il y a eu de tout temps des révélations sur le passé, le présent, l'avenir, ou même sur les choses tout à fait inaccessibles à la pensée humaine. On incline dans ce siècle à expliquer tout cela par un état maladif, par des hallucinations. L'Eglise, elle, au témoignage de ses docteurs les plus approuvés, reconnaît trois extases : l'une purement naturelle, dont une certains affection physique et une certaine disposition de l'imagination font tous les frais ; l'autre divins ou angélique, venant de communications méritées avec le monde supérieur ; une troisième, enfin, produite par l'action infernale[1]. Pour ne pas faire un livre au lieu d'une préface, nous ne nous livrerons à aucun développement sur cette doctrine, qui nous parait très philosophique, et sans laquelle on ne peut donner d'explications satisfaisantes sur l'âme humaine et ses diverses modifications.

L'Eglise, au reste, indique les moyens de reconnaître quel est l'esprit qui produit ces extases, conformément au mot de saint Jean : Probate spiritus, si ex Deo sunt. Les faits examinés suivant certaines règles, il y a eu de tout temps un triage fait par elle. Nombre de personnes ayant été habituellement dans l'état d'extase ont été canonisées, et leurs livres approuvés.

Mais cette approbation s'est bornée, en général, à déclarer que ces livres n'avaient rien de contraire à la foi et qu'ils étaient propres à nourrir la piété. Car l'Eglise n'est fondée que sur la parole de Jésus-Christ, sur la révélation faite aux apôtres. Tout ce qui a pu être révélé depuis à des Saints n'a qu'une valeur contingente contestable même, l'Eglise ayant cela d'admirable qu'avec son inflexible unité dans le dogme, elle laisse à l'esprit, en tout le reste, une grande liberté. Ainsi, l'on peut croire aux révélations particulières, surtout lorsque ceux qui en ont été favorisés ont été élevés par l'Eglise au rang des Saints qu'elle vénère par un culte public ; mais on peut aussi tout contester, même en ce cas, sans sortir des limites de l'orthodoxie. C'est alors à la raison à discuter et à choisir.

Quant à la règle de discernement entre le bon esprit et l'esprit mauvais, elle n'est autre selon tous les théologiens que celle de l'Evangile : A fructibus eorum cognoscetiseos. Il tant éprouver d'abord si la personne qui dit avoir des révélations se défie de ce qui se passe en elle ; si elle préféra une voie plus commune ; si, loin de se vanter des grâces extraordinaires qu'elle reçoit, elle s'applique à les cacher et ne les fait connaître que par obéissance ; si elle va toujours croissant en humilité, en mortification, en charité. Puis, allant au fond des révélations elles-mêmes, il faut voir si elles n'ont rien de contraire à la foi ; si elles sont conformes à l'Ecriture et aux traditions apostoliques, si elles sont racontées dans un esprit particulier ou dans l'esprit de soumission à l'Eglise. La lecture de la vie d'Anne-Catherine Emmerich et celle de son livre prouveront qu'elle est parfaitement en règle à tous égards.

Ce livre a beaucoup de rapports avec ceux d'un nombre considérable de Sainte ; il en est de même de la vie d'Anne-Catherine, qui présente avec leur vie la plus frappante ressemblance. On n'a qu'à lire, pour s'en convaincre, ce qui est raconté de saint François d'Assise, de saint Bernard, de sainte Brigitte, de sainte Hildegarde, des deux saintes Catherine de Gênes et de Sienne, de saint Ignace, de saint Jean de la Croix, de sainte Thérèse, d'une infinité d'autres moins connus. Nous pouvons renvoyer également aux écrits de ces saints personnages. Cela posé, il est bien évident qu'en regardant la sœur Emmerich comme animée du bon esprit. On n'attribue pas à son livre plus de valeur que l'Eglise n'en accorde à ceux de ce genre. Ils sont édifiants et peuvent exciter la piété : c'est là leur objet. Il ne tant point exagérer leur importance en tenant pour avéré qu'ils viennent de communications proprement divines, laveur si haute qu'on ne doit y croire qu'avec la circonspection la plus scrupuleuse.

A ne parler que de l'écrit que nous publions, nous avouerons sans détour qu'il y a un argument contre la complète identité de ce qu'on va lire avec ce qu'a pu dire la pieuse fille : c'est la supériorité d'esprit de celui qui a tenu la plume à sa place. Certes nous croyons à la bonne foi parfaite de M. Clément Brentano, parce que nous le connaissons et que nous l'aimons. D'ailleurs sa piété exemplaire, sa vie séparée du monde où il ne tiendrait qu'à lui d'être entouré d'hommages, sont une garantie pour tout esprit impartial. Tel poème qu'il pourrait publier, s'il le voulait, le placerait définitivement à la tête des poètes de l'Allemagne, tandis que la position de secrétaire d'une pauvre visionnaire ne lui a guère valu que des railleries. Nous n'entendons point affirmer néanmoins qu'en mettant aux entretiens de la sœur Emmerich l'ordre et la suite qui n'y étaient pas, qu'en y ajoutant son style, il n'ait pu, comme à son insu, arranger, expliquer, embellir. Il n'y aurait rien là qui altérât le fond du récit original ; rien qui inculpât la sincérité de la religieuse, ni celle de l'écrivain.

Le traducteur fait profession d'être de ceux qui ne comprennent pas qu'on écrive pour écrire et sans se demander compte des résultats ultérieurs. Le livre, tel qu'il est, lui a paru tout ensemble un bon livre d'édification et un beau livre de poésie. Ce n'est pas de la littérature, on le sent assez. La fille illettrée dont on donne ici les visions, et le chrétien si vrai qui les a recueillies avec le désintéressement littéraire le plus absolu, n'en ont jamais eu la pensée. Et pourtant bien peu d'œuvres d'art, nous le croyons, peuvent produire un effet comparable à celui de cette lecture. Nous espérons que les gens du monde en seront frappés, au moins sous ce rapport, et que la vive impression que plusieurs en auront reçue sera un acheminement à des sentiments meilleurs et peut-être à des résultats durables.

Puis nous ne sommes pas fâché d'appeler un peu d'attention sur tout un ordre de phénomènes qui a précédé la fondation de l'Eglise, qui s'est perpétue depuis presque sans interruption, et qu'un trop grand nombre de chrétiens est prêt à rejeter absolument, soit par ignorance et par irréflexion, soit par pur respect humain. Il y a là tout un côté de l'homme à explorer du point de vue historique, psychologique et physiologique, et il serait temps que les esprits sérieux y portassent des regards attentifs et consciencieux.

Aux lecteurs tout à fait chrétiens, nous devons faire savoir que l'approbation ecclésiastique n'a point manqué à cette publication. Elle a été préparée sous les yeux des deux derniers évêques de Ratisbonne, Sailer et Wittmann. Ces noms sont peu connus en France ; mais, en Allemagne, ils signifient science, piété fervente, ardente charité, vie dévouée au maintien et à la propagation de l'orthodoxie catholique. Bien des ecclésiastiques français ont pensé que la traduction d'un pareil livre ne pourrait qu'aviver la piété, sans favoriser cette faiblesse d'esprit qui incline à donner aux révélations particulières plus d'importance en quelque sorte qu'à la révélation générale, et par suite à mettre des croyances libres à la place des croyances obligées.

Nous avons la confiance que personne ne sera blessé de certains détails sur les outrages soufferts par Jésus-Christ durant sa Passion. On se rappellera le mot du Prophète Vermis et non homo... opprobrium hominum et abjectio plebis ; et celui de l'Apôtre : Tentatum per omnia pro similitudine, absque peccato. Si nous avions besoin d'un exemple, nous prierions qu'on voulût bien se souvenir de la crudité de langage avec laquelle Bossuet retrace les mêmes scènes dans le plus admirable de ses quatre sermons sur la Passion du Sauveur. Il y a d'ailleurs dans les livres publiés depuis quelques années tant de belles phrases platoniciennes ou rhétoriciennes sur cette entité abstraite à laquelle on veut bien donner le nom chrétien de Verbe ou de Logos, qu'il n'y a pas de mal à montrer l'Homme-Dieu, le Verbe fait chair dans toute la réalité de sa vie terrestre, de ses humiliations et de ses souffrances. La vérité, ce semble, n'y perd rien, et l'édification moins encore.

LA DERNIERE CENE DE N. -S. JÉSUS-CHRIST

AVANT PROPOS

Celui qui comparera les Méditations suivantes avec le court récit de la sainte Cène dans l'Evangile, sera peut-être frappé de quelques légères différences qui s'y trouvent. Une explication doit être donnée à ce sujet, bien que cet écrit, on ne le dira jamais trop, n'ait point la prétention d'ajouter quoi que ce soit à l'Ecriture sainte telle qu'elle a été interprétée par l'Eglise.

La sœur Emmerich a vu dans l'ordre suivant les circonstances de la Cène : l'agneau pascal est immolé et préparé dans le Cénacle ; le Seigneur tient un discours à cette occasion ; les convives mettent des habits de voyage ; ils mangent debout, à la hâte, l'agneau et les autres mets prescrits par la loi ; on présente deux fois au Seigneur une coupe de vin, il n'en boit pas la seconde fois, mais il la distribue à ses apôtres, en disant : Je ne boirai plus désormais de ce fruit de la vigne, etc. Ils se mettent à table, Jésus parle du traître ; Pierre craint que ce ne soit lui, Judas reçoit du Seigneur le morceau de pain qui le désigne ; on s'apprête pour le lavement des pieds ; dispute entre les apôtres sur la prééminence : reproches que leur fait Jésus, lavement des pieds ; Pierre ne veut pas que ses pieds soient lavés ; les pieds de Judas aussi sont lavés ; institution de l'Eucharistie, Judas communie et quitte la salle ; consécration des huiles et instruction à ce sujet, ordination de Pierre et des autres apôtres ; dernier discours du Seigneur ; protestations de Pierre ; fin de la Cène. En adoptant cet ordre, il semble d'abord que l'on se mette en contradiction avec les passages de saint Matthieu (XXVI, 29), et de saint Marc (XIV, 20) où ces paroles : Je ne boirai pas avec vous, etc., se trouvent après la consécration, mais dans saint Luc elles sont auparavant. Au contraire, les paroles relatives au traître Judas sont ici comme dans saint Matthieu et dans saint Marc, avant la consécration dans saint Luc elles ne viennent qu'après. Saint Jean qui ne raconte pas l'institution de l'Eucharistie, fait entendre que Judas sortit tout de suite après que Jésus lui eut présenté le pain ; mais il est très vraisemblable, d'après le texte des autres Evangélistes, que Judas reçut la sainte communion sous les deux espèces, et plusieurs des Pères, saint Augustin, saint Grégoire le Grand, saint Léon le Grand, le disent expressément ainsi que la tradition de l'Eglise catholique. (Voir dom Ménard, sur le Sacrementaire de Saint Grégoire, note 266.) D'ailleurs le récit de saint Jean, si l'on prenait à la lettre l'ordre dans lequel les faits sont présentés, le mettrait en contradiction non seulement avec saint Matthieu et saint Marc, mais avec lui-même, car il résulte du verset 10, c. XIII, que Judas aussi eut les pieds lavés. Or, le lavement des pieds eut lieu, selon lui, après qu'on eût mangé l'agneau pascal, et ce fut nécessairement pendant qu'on le mangeait que Jésus présenta le pain au traître. Il est clair que les Evangélistes, ici comme en d'autres endroits, préoccupés de l'essentiel, ne se sont point astreints à raconter les détails dans un ordre rigoureux, ce qui explique suffisamment les contradictions apparentes qui existent entre eux. Les contemplations suivantes paraîtront, à qui les lira avec attention, plutôt une concordance simple et naturelle des Evangiles, qu'un récit différent en quoi que ce soit d'essentiel de celui de l'Ecriture sainte. Quant à ce qui concerne Melchisédech, il ne faut pas confondre les passages où il est présenté comme un ange, avec une ancienne hérésie d'après laquelle il est le Christ lui-même ou le Saint Esprit ou un Eon. Les termes de l'Epitre aux Hébreux semblent désigner un ange, et si la plupart des théologiens, depuis saint Jérôme, ne les ont pas Interprétés dans ce sens, c'est uniquement pour ne pas donner un prétexte, même éloigné, à cette hérésie.

LA DERNIERE CENE DE N. S. JESUS CHRIST

I. PREPARATIFS DE LA PAQUE

Le jeudi saint, 13 nisan (29 mars).

Jésus étant âgé de trente-trois ans dix-huit semaines moins un jour[2].

C'est hier soir qu'eut lieu le dernier grand repas du Seigneur et de ses amis, dans la maison de Simon le lépreux, à Béthanie, où Marie-Madeleine répandit pour la dernière fois des parfums sur Jésus : Judas se scandalisa à cette occasion ; il courut à Jérusalem, et complota encore avec les princes des prêtres pour leur livrer Jésus. Apres le repas, Jésus revint dans la maison de Lazare, et une partie des apôtres se dirigea vers l'auberge située en avant de Béthanie. Dans la nuit, Nicodème vint encore chez Lazare, et s'entretint longtemps avec le Seigneur ; il retourna à Jérusalem avant le jour, et Lazare l'accompagna une partie du chemin.

Les disciples avaient déjà demandé à Jésus où il voulait manger la Pâque. Aujourd'hui, avant l'aurore, le Seigneur fit venir Pierre, Jacques et Jean : il leur parla beaucoup de tout ce qu'ils avaient à préparer et à ordonner à Jérusalem, et leur dit que, lorsqu'ils monteraient à la montagne de Sion, ils trouveraient l'homme à la cruche d'eau ils connaissaient déjà cet homme, car, à la dernière Pâque, à Béthanie, c'était lui qui avait préparé le repas de Jésus ; voilà pourquoi saint Matthieu dit : un certain homme. Ils devaient le suivre jusqu'à sa maison, et lui dire : " Le maitre vous lait savoir que son temps est proche, et qu'il veut faire la Pâque chez vous ". Ils devaient ensuite se faire montrer le Cénacle qui était déjà préparé, et y faire toutes les dispositions nécessaires.

Je vis les deux apôtres monter à Jérusalem en suivant un ravin au midi du Temple, vers le côté septentrional de Sion. Sur le flanc méridional de la montagne du temple il y avait des rangées de maisons : ils marchaient vis-à-vis de ces maisons en remontant un torrent qui les en séparait Lorsqu'ils eurent atteint les hauteurs de Sion qui dépassent la montagne du Temple, ils se dirigèrent vers le midi, st rencontrèrent, au commencement d'une petite montée, dans le voisinage d'un vieux bâtiment à plusieurs cours, l'homme qui leur avait été désigné : ils le suivirent et lui dirent ce que Jésus leur avait ordonné. Il se réjouit fort à cette nouvelle, et leur répondit qu'un repas avait déjà été commandé chez lui (probablement par Nicodème), qu'il ne savait pas pour qui, et qu'il était charmé d'apprendre que c'était pour Jésus. Cet homme était Héli, beau-frère de Zacharie d'Hébron, dans la maison duquel Jésus, l'année précédente, avait annoncé la mort de Jean-Baptiste. Il n'avait qu'un fils, lequel était lévite, et lié d'amitié avec Luc, avant que celui-ci ne fût venu au Seigneur, et en outre, cinq filles non mariées. Il allait tous les ans à la fête de Pâques avec ses serviteurs, louait une salle et préparait la Pâque pour des personnes qui n'avaient pas d'hôte dans la ville.

Cette année, il avait loué un Cénacle, qui appartenait à Nicodème et à Joseph d'Arimathie. Il en montra aux deux apôtres la situation et la distribution intérieure.

II. LE CÉNACLE

Sur le côté méridional de la montagne de Sion, non loin du château ruiné de David et du marché qui monte vers ce château du côté du levant, se trouve un ancien et solide bâtiment entre des rangées d'arbres touffus, au milieu d'une cour spacieuse environnée de bons murs. A droite et à gauche de l'entrée, on voit dans cette cour d'autres bâtisses attenant au mur, notamment à droite, la demeure du majordome, et tout auprès, celle où la sainte Vierge et les saintes femmes se tinrent le plus souvent après la mort de Jésus. Le Cénacle, autrefois plus spacieux, avait alors servi d'habitation aux hardis capitaines de David, et ils s'y exerçaient au maniement des armes. Avant la fondation du Temple, l'arche d'alliance y avait été déposée assez longtemps, et il y a encore des traces de son séjour dans un lieu souterrain. J'ai vu aussi le prophète Malachie caché sous ces mêmes voûtes : il y écrivait ses prophéties sur le saint Sacrement et le sacrifice de la Nouvelle Alliance. Salomon honora cette maison, et il y faisait quelque chose de symbolique et de figuratif que j'ai oublié. Lorsqu'une grande partie de Jérusalem fut détruite par les Babyloniens, cette maison fut épargnée. J'ai vu bien d'autres choses à son sujet, mais je n'en ai retenu que ce que je viens de dire.

Cet édifice était en très mauvais état lorsqu'il devint la propriété de Nicodème et de Joseph d'Arimathie : ils avaient disposé très commodément le bâtiment principal, qu'ils louaient pour servir de Cénacle aux étrangers que les fêtes de Pâques attiraient à Jérusalem. C'est ainsi que le Seigneur s'en était servi à la dernière Pâque. En outre, la maison et ses dépendances leur servaient, pendant toute l'année, de magasin pour des pierres tumulaires et autres, et d'atelier pour leurs ouvriers : car Joseph d'Arimathie possédait d'excellentes carrières dans sa patrie, et il en faisait venir des blocs de pierre, dont on faisait sous sa direction des tombes, des ornements d'architecture et des colonnes qu'on vendait ensuite. Nicodème prenait part à ce commerce, et lui-même aimait à sculpter dans ses moments de loisir. Il travaillait dans la salle ou dans un souterrain qui était au-dessous, excepté à l'époque des fêtes : ce genre d'occupation l'avait mis en rapport avec Joseph d'Arimathie ; ils étaient devenus amis et s'étaient souvent associés dans leurs entreprises.

Ce matin, pendant que Pierre et Jean, envoyés de Béthanie par Jésus, s'entretenaient avec l'homme qui avait loué le Cénacle pour cette année. Je vis Nicodème aller et venir dans les bâtiments à gauche de la cour où l'on avait transporté beaucoup de pierres qui obstruaient les abords de la salle à manger. Huit jours auparavant, j'avais vu plusieurs personnes occupées à mettre des pierres de côté, à nettoyer la cour et à préparer le Cénacle pour la célébration de la Pâque ; je pense même qu'il y avait parmi elles des disciples, peut-être Aram et Themeni, les cousins de Joseph d'Arimathie.

Le Cénacle proprement dit est à peu près au milieu de la cour, un peu dans le fond ; c'est un carré long, entouré d'un rang de colonnes peu élevées, qui, si l'on dégage les intervalles entre les piliers, peut être réuni à la grande salle intérieure, car tout l'édifice est comme à jour et repose sur des colonnes et des piliers ; seulement, dans les temps ordinaires, les passages sont fermés par des entre-deux. La lumière entre par des ouvertures au haut des murs. Sur le devant, on trouve d'abord un vestibule, où conduisent trois entrées ; puis on arrive dans la grande salle intérieure, au plafond de laquelle pendent plusieurs lampes : les murs sont ornés pour la fête, jusqu'à moitié de Leur hauteur, de belles nattes ou de tapis, et on a pratiqué dans le haut une ouverture, où l'on a étendu comme une gaze bleue transparente.

Le derrière de cette salle est séparé du reste par un rideau du même genre. Cette division en trois parties donne au Cénacle une ressemblance avec le Temple ; on y trouve aussi le parvis, le Saint et le Saint des Saints. C'est dans cette dernière partie que sont déposés, à droite et à gauche, les vêtements et les objets nécessaires à la célébration de la fête. Au milieu est une espèce d'autel. Hors du mur sort un banc de pierre élevé sur trois marches ; sa forme est celle d'un triangle rectangle dont la pointe est tronquée ; ce doit être la partie supérieure du fourneau où l'on fait rôtir l'agneau pascal, car aujourd'hui, pendant le repas, les marches qui sont autour étaient tout à fait chaudes. Il y a sur le côté une sortie conduisant dans la salle qui est derrière cette pierre saillante. C'est là qu'on descend à l'endroit où l'on allume le feu : on arrive aussi par là à d'autres caveaux voûtés, situés au-dessous de la salle. L'autel ou la pierre saillante renferme divers compartiments, comme des caisses ou des tiroirs à coulisse. Il y a aussi en haut des ouvertures, une espèce de grille en fer, une place pour faire le feu, une autre pour l'éteindre.

Je ne puis pas décrire textuellement tout ce qui se trouve là : cela semble être une espèce de foyer pour faire cuire des pains azymes et d'autres gâteaux pour la Pâque, ou encore pour brûler des parfums et certains restes du repas après la fête : c'est comme une cuisine pascale. Au-dessus de ce foyer ou de cet autel se détache de la muraille une sorte de niche en bois : plus haut se trouve une ouverture avec une soupape, probablement pour laisser sortir la fumée. Devant cette niche ou au-dessus je vis l'image d'un agneau pascal : il avait un couteau dans la gorge et il semblait que son sang coulât goutte à goutte sur l'autel ; je ne me souviens plus bien comment cela était fait. Dans la niche de la muraille, sont trois armoires de diverses couleurs qu'on fait tourner comme nos tabernacles pour les ouvrir ou les fermer ; j'y vis toutes espèces de vases pour la Pâque et des écuelles rondes ; plus tard, le saint Sacrement y reposa.

Dans les salles latérales du Cénacle sont des espèces de couches en maçonnerie disposées en plan incliné, où se trouvent d'épaisses couvertures roulées ensemble, et où l'on peut passer la nuit. Sous tout l'édifice se trouvent de belles caves. L'Arche d'alliance fut déposée autrefois au-dessous de l'endroit même où le foyer a été depuis construit. Sous la maison se trouvent cinq rigoles, qui conduisent les immondices et les eaux sur la pente de la montagne car la maison est située sur un point élevé. J'ai vu précédemment Jésus y guérir et y enseigner : les disciples aussi passaient souvent la nuit dans les salles latérales.

III. DISPOSITIONS POUR LE REPAS PASCAL

Lorsque les apôtres eurent parlé à Héli d'Hébron, celui-ci rentra dans la maison par la cour : pour eux, ils tournèrent à droite et descendirent au nord à travers Sion. Ils passèrent un pont et gagnèrent, par un sentier couvert de broussailles, l'autre côté du ravin qui est en avant du Temple et la rangée de maisons qui se trouve au sud de cet édifice.

Là était la maison du vieux Siméon, mort dans le Temple après la présentation du Christ ; et ses fils, dont quelques-uns étaient secrètement disciples de Jésus, y logeaient actuellement. Les apôtres parlèrent à l'un d'eux, qui avait un emploi dans le Temple ; c'était un homme grand et très brun. Ils allèrent avec lui à l'est du Temple, à travers cette partie d'Ophel par où Jésus était entré dans Jérusalem, le jour des Rameaux, et gagnèrent le marché aux bestiaux, situé dans la partie de la ville qui est au nord du Temple. Je vis dans la partie méridionale de ce marché de petits enclos où de beaux agneaux sautaient sur le gazon comme dans de petits jardins. C'étaient les agneaux de la Pâque qu'on achetait là. Je vis le fils de Siméon entrer dans l'un de ces enclos : les agneaux sautaient après lui et le poussaient avec leurs têtes comme s'ils l'eussent connu. Il en choisit quatre, qui furent portés au Cénacle. Je le vis dans l'après-midi s'occuper, au Cénacle, de la préparation de l'agneau pascal.

Je vis Pierre et Jean aller encore dans différents endroits de la ville et commander divers objets. Je les vis aussi devant une porte, au nord de la montagne du Calvaire, dans une maison où logeaient la plupart du temps les disciples de Jésus, et qui appartenait à Séraphia (tel était le nom de celle qui fut appelée depuis Véronique). Pierre et Jean envoyèrent de là quelques disciples au Cénacle et les chargèrent de quelques commissions que j'ai oubliées.

Ils entrèrent aussi dans la maison de Séraphia, où ils avaient plusieurs arrangements à prendre. Son mari, membre du conseil, était la plupart du temps hors de chez lui pour ses affaires, et même lorsqu'il était à la maison, elle le voyait peu. C'était une femme à peu près de l'âge de la sainte Vierge, et depuis longtemps en relation avec la sainte Famille ; car lorsque Jésus enfant resta à Jérusalem après la fête, c'était par elle qu'il était nourri. Les deux apôtres prirent là divers objets, qui furent ensuite portés au Cénacle par des disciples, dans des paniers couverts. C'est là aussi qu'on leur donna le calice dont le Seigneur se servit pour l'institution de la sainte Eucharistie.

IV. DU CALICE DE LA SAINTE CENE

Le calice que les apôtres emportèrent de chez Véronique est un vase merveilleux et mystérieux. Il était resté longtemps dans le Temple, parmi d'autres objets précieux d'une haute antiquité dont on avait oublié l'usage et l'origine. Quelque chose de semblable est arrivé dans l'Eglise chrétienne, où bien des objets sacrés, précieux par leur beauté ; leur antiquité, sont tombes dans l'oubli avec le temps. On avait souvent mis au rebut, vendu, ou fait remettre à neuf de vieux vases et de vieux bijoux enfouis dans la poussière du Temple. C'est ainsi que, par la permission de Dieu, ce saint vase, qu'on n'avait jamais pu fondre à cause de sa matière inconnue, avait été trouvé par les prêtres modernes dans le trésor du Temple parmi d'autres objets hors d'usage, puis vendu à des amateurs d'antiquité. Ce calice, acheté par Séraphia avec tout ce qui s'y rattachait, avait déjà servi plusieurs fois à Jésus pour la célébration des fêtes et à dater de ce jour, il devint la propriété constante de la sainte communauté chrétienne. Ce vase n'avait pas toujours été dans son état actuel : je ne me souviens plus quand on avait mis ensemble les diverses pièces dont il se composait maintenant, ni si c'était par l'ordre du Seigneur. Quoi qu'il en soit, on y avait joint une collection portative d'objets accessoires, qui devaient servir pour l'institution de la sainte Eucharistie. Le grand calice était posé sur un plateau dont on pouvait tirer encore une sorte de tablette, et autour de lui étaient six petits verres. Je ne me souviens plus si la tablette contenait des choses saintes. Dans ce grand calice se trouvait un autre petit vase ; au-dessus un petit plat, puis un couvercle bombé.

Dans le pied du calice était assujettie une cuillère qu'on en tirait facilement. Tous ces vases étaient recouverts de beaux linges et renfermés dans une enveloppe en cuir, si je ne me trompe : celle-ci était surmontée d'un bouton. Le grand calice se compose de la coupe et du pied qui doit avoir été ajouté plus tard, car ces deux parties sont d'une matière différente. La coupe présente une masse brunâtre et polie en forme de poire ; elle est revêtue d'or, et il y a deux petites anses par où on peut la prendre, car elle est assez pesante. Le pied est d'or vierge artistement travaillé ; il est orné dans le bas d'un serpent et d'une petite grappe de raisin, et enrichi de pierres précieuses.

Le grand calice est resté dans l'église de Jérusalem, auprès de saint Jacques le Mineur, et je le vois maintenant encore conservé quelque part dans cette ville ; il reparaîtra au jour, comme il y est reparu cette fois. D'autres églises se sont partagé les petites coupes qui l'entourent ; l'une d'elles est allée à Antioche, une autre à Éphèse : chacune des sept églises a eu la sienne. Elles appartenaient aux patriarches qui y buvaient un breuvage mystérieux, lorsqu'ils recevaient et donnaient la bénédiction, ainsi que je l'ai vu plusieurs fois.

Le grand calice était déjà chez Abraham : Melchisédech l'apporta avec lui du pays de Sémiramis dans la terre de Chanaan, lorsqu'il commença quelques établissements au lieu où fut plus tard Jérusalem ; il s'en servit lors du sacrifice où il offrit le pain et le vin en présence d'Abraham, et il le laissa à ce patriarche. Ce vase avait été aussi dans l'arche de Noé.

Voici des hommes, de beaux hommes qui viennent d'une superbe ville : elle est bâtie à l'antique ; on y adore ce qu'on veut, on y adore même des poissons. Le vieux

Noé, avec un pieu sur l'épaule, se tient dans le côté de l'arche ; le bois de construction est rangé tout autour de lui. Non, ce ne sont pas des hommes : ce doit être quelque chose de plus relevé, tant ils sont beaux et sereins ; ils apportent à Noé le calice qui, sans doute, a été égaré quelque part. Je ne sais pas comment s'appelle cet endroit. Il y a dans le calice une espèce de grain de blé, mais plus gros que les nôtres ; c'est comme une graine de tournesol ; et il y a aussi une petite branche de vigne. Ils parlent à Noé de sa grande célébrité ; ils lui disent de prendre ce calice avec lui, qu'il y a là quelque chose de mystérieux. Voyez, il met le grain de blé et la petite branche de vigne dans une pomme jeune qu'il place dans la coupe. Il n'y a point de couvercle au-dessus, car ce qu'il y a mis doit toujours croitre en dehors. Le calice est lait d'après un modèle qui, je crois, est sorti de terre quelque part, d'une façon merveilleuse. Il y a là un mystère, mais il est lait sur ce modèle. Ce calice est celui que j'ai vu figurer dans la grande parabole, à l'endroit où était le buisson ardent. Le grain de froment s'est développé jusqu'à l'époque de Jésus-Christ.

La Sœur raconta tout ce qu'il vient d'être dit du calice dans un état d'intuition tranquille et voyant devant elle tout ce qu'elle décrivait. Souvent elle semblait lutter contre ce qui se présentait à elle et poussait des exclamations mouvantes. Pendant son récit relatif à Noé, elle était tout absorbée dans sa vision. A la fin, elle poussa un cri d'effroi, regarda autour d'elle et dit : " Ah ! J'ai peur d'être obligée d'entrer dans l'arche ; je vois Noé, et je croyais que les grandes eaux arrivaient ". Plus tard, étant tout à fait revenue à son état naturel, elle dit : " Ceux qui ont apporté le calice à Noé portaient de longs vêtements blancs et ressemblaient aux trois hommes qui vinrent chez Abraham, et lui promirent que Sara enfanterait. Il m'a semblé qu'ils enlevaient de la ville quelque chose de saint qui ne devait pas être détruit avec elle et qu'ils le donnaient à Noé. La ville même périt dans le déluge avec tout ce qu'elle contenait. Le calice fut à Babylone, chez des descendants de Noé restés fidèles au vrai Dieu, ils étaient tenus en esclavage par Sémiramis. Melchisédech les conduisit dans la terre de Chanaan et emporta le calice. Je vis qu'il avait une tente près de Babylone, et qu'avant de les emmener, il y bénit le pain et le leur distribua, sans quoi ils n'auraient pas eu force de le suivre. Ces gens avaient un nom comme Samanéens. Il se servit d'eux et de quelques Chananéens habitant des cavernes, lorsqu'il commença à bâtir sur les collines sauvages où fut depuis Jérusalem ".

Note t1) Ceci se rapporte à une grande parabole symbolique touchant la réparation du genre humain dès le commencement que malheureusement elle ne raconta pas entièrement et qu'elle oublia ensuite. Dans cette occasion même elle ne parla pas du buisson ardent : toutefois le buisson ardent de Moïse avait dans d'autres visions une forme semblable à celle du calice.

Il fit des fondations profondes à la place où furent ensuite le Cénacle et le Temple et aussi vers le Calvaire. Il y planta le blé et la vigne. " Après le sacrifice de Melchisédec, le Calice resta chez Abraham. Il alla aussi on Egypte, et Moise en fut possesseur. Il était fait d'une matière singulière, compacte, comme celle d'une cloche, et qui ne semblait pas avoir été travaillée comme les métaux, mais être le produit d'une sorte de végétation. J'ai vu à travers[3]. Jésus seul savait ce que c'était ".

V. JESUS VA A JÉRUSALEM

Le matin, pendant que les deux apôtres s'occupaient, à Jérusalem, des préparatifs de la Pâque, Jésus, qui était resté à Béthanie, fit des adieux touchants aux saintes femmes, à Lazare et à sa mère, et leur donna encore quelques instructions. Je vis le Seigneur s'entretenir seul avec sa mère ; il lui dit, entre autres choses, qu'il avait envoyé Pierre, qui représentait la foi, et Jean, qui représentait l'amour, pour préparer la Pâque à Jérusalem. Il dit de Madeleine, dont la douleur la jetait dans une sorte d'égarement, que son amour était grand, mais encore un peu selon la chair, et qu'à cause de cela, la douleur la mettait hors d'elle-même. Il parla aussi des projets du traître Judas, et la sainte Vierge pria pour lui.

Judas était encore allé de Béthanie à Jérusalem, sous prétexte de faire des payements et divers arrangements. Le matin, Jésus s'enquit de lui auprès des neuf apôtres, quoiqu'il sût très bien ce qu'il faisait. Il courut toute la journée chez des Pharisiens, et arrangea tout avec eux. On lui fit même voir les soldats chargés de s'emparer du Sauveur. Il calcula toutes ses allées et venues de manière à pouvoir expliquer son absence. Il ne revint vers le Seigneur que peu de temps avant la Cène.

J'ai vu tous ses complots et toutes ses pensées. Lorsque Jésus parla de lui à Marie, je vis beaucoup de choses touchant son caractère. Il était actif et serviable, mais plein d'avarice, d'ambition et d'envie, et il ne luttait pas contre ses passions. Il avait fait des miracles et guéri des malades en l'absence de Jésus. Lorsque le Seigneur annonça à la sainte Vierge ce qui allait arriver, elle le pria, de la manière la plus touchante, de la laisser mourir avec lui. Mais il lui recommanda d'être plus calme dans sa douleur que les autres femmes ; il lui dit aussi qu'il ressusciterait, et lui indiqua le lieu où il lui apparaîtrait. Elle ne pleura pas beaucoup, mais elle était profondément triste et plongée dans un recueillement qui avait quelque chose d'effrayant. Le Seigneur la remercia, comme un fils pieux, de tout l'amour qu'elle lui avait porté, et la serra contre son cœur. Il lui dit aussi qu'il ferait spirituellement la Cène avec elle, et lui désigna l'heure où elle la recevrait. Il fit encore à tous de touchants adieux et donna des enseignements sur plusieurs objets.

Jésus et les neuf apôtres allèrent, vers midi, de Béthanie à Jérusalem ; ils étaient suivis de sept disciples qui, à l'exception de Nathanael et de Silas, étaient de Jérusalem et des environs. Parmi eux étaient Jean Marc et le fils de la pauvre veuve qui le jeudi précédent, avait offert son denier dans le Temple, pendant que Jésus y enseignait. Jésus l'avait pris avec lui depuis peu de jours. Les saintes femmes partirent plus tard.

Jésus et sa suite erraient çà et là autour du mont des Oliviers, dans la vallée de Josaphat et jusqu'au Calvaire. Tout en marchant, il ne cessait de les instruire. Il dit, entre autres choses, aux apôtres que jusqu'à présent il leur avait donné son pain et son vin, mais qu'aujourd'hui il voulait leur donner sa chair et son sang, qu'il leur laisserait tout ce qu'il avait. En disant cela, le Seigneur avait une expression si touchante que toute son âme semblait se répandre au dehors, et qu'il paraissait languir d'amour dans l'attente du moment où il se donnerait aux hommes. Ses disciples ne le comprirent pas : ils crurent qu'il s'agissait de l'agneau pascal. On ne saurait exprimer tout ce qu'il y avait d'amour et de résignation dans les derniers discours qu'il tint à Béthanie et ici. Les saintes femmes se rendirent plus tard dans la maison de Marie, mère de Marc.

Les sept disciples qui avaient suivi le Seigneur à Jérusalem ne firent point ce chemin avec lui : ils portèrent au Cénacle les habits de cérémonie pour la Pâque, les déposèrent et revinrent dans la maison de Marie, mère de Marc. Lorsque Pierre et Jean vinrent de la maison de Séraphia au Cénacle avec le calice, tous les habits de cérémonie étaient déjà dans le vestibule, où ces disciples et quelques autres les avaient apportés. Ils avaient aussi couvert de tentures les murailles nues de la salle, dégage les ouvertures en haut, et apprêté trois lampes suspendues. Pierre et Jean gagnèrent ensuite la vallée de Josaphat, et appelèrent le Seigneur et les neuf apôtres. Les disciples et les amis qui devaient faire aussi la Pâque dans le Cénacle vinrent plus tard.

VI. DERNIERE PAQUE

Jésus et les siens mangèrent l'agneau pascal dans le Cénacle, divisés en trois troupes de douze, dont chacun, était présidée par l'un d'eux, faisant l'office de père de famille. Jésus prit son repas avec les douze apôtres dans la salle du Cénacle. Nathanaël le prit avec douze autres disciples dans l'une des salles latérales, douze autres avaient à leur tête Eliacim, fils de Cléophas et de Marie d'Héli, et frère de Marie de Cléophas : il avait été disciple de Jean Baptiste.

Trois agneaux furent immolés pour eux dans le Temple avec les cérémonies habituelles. Mais il y avait un quatrième agneau, qui fut immolé dans le Cénacle ; c'est celui-là que Jésus manges avec les apôtres. Judas ignora cette circonstance, parce qu'il était occupé de ses complots et n'était pas revenu lors de l'immolation de l'agneau : il vint très peu d'instants avant le repas. L'immolation de l'agneau destiné à Jésus et aux apôtres fut singulièrement touchante : elle eut lieu dans le vestibule du Cénacle avec le concours d'un fils de Siméon, qui était Lévite. Les apôtres et les disciples étaient là, chantant le psaume. Jésus parla d'une nouvelle époque qui commençait ; il dit que le sacrifice de Moïse et la figure de l'agneau pascal allaient trouver leur accomplissement : mais que, pour cette raison, l'agneau devait être immolé comme il l'avait été autrefois en Egypte, et qu'ils allaient sortir réellement de la maison de servitude.

Les vases et les instruments nécessaires furent apprêtés, on amena un beau petit agneau, orné d'une couronne qui fut envoyée à la sainte Vierge dans le lieu où elle se tenait avec les saintes femmes. L'agneau était attaché le des contre une planche par le milieu du corps, et il me rappela Jésus lié à la colonne et flagellé. Le fils de Siméon tenait la tête de l'agneau : Jésus le piqua au cou avec la pointe d'un couteau qu'il donna au fils de Siméon pour achever l'agneau. Jésus paraissait éprouver de la répugnance à le blesser ; il le fit rapidement, mais avec beaucoup de gravité. Le sang fut recueilli dans un bassin et on apporta une branche d'hysope, que Jésus trempa dans le sang. Ensuite il alla à la porte de la salle, en peignit de sang les deux poteaux et la serrure, et fixa au-dessus de la porte la branche teinte de sang. Il lit ensuite une instruction, et dit, entre autres choses, que l'ange exterminateur passerait outre, qu'ils devaient adorer en ce lieu sans crainte et sans inquiétude lorsqu'il aurait été immolé, lui, le véritable agneau pascal ; qu'un nouveau temps et un nouveau sacrifice allaient commencer, qui dureraient jusqu'à la fin du monde.

Ils se rendirent ensuite au bout de la salle, près du foyer où avait été autrefois l'arche d'alliance : il y avait déjà du feu. Jésus versa le sang sur ce foyer et le consacra comme autel. Le reste du sang et la graisse furent jetés dans le feu sous l'autel. Jésus, suivi de ses apôtres, fit ensuite le tour du Cénacle en chantant des psaumes, et consacra en lui un nouveau Temple. Toutes les portes étaient fermées pendant ce temps.

Cependant le fils de Siméon avait entièrement préparé l'agneau. Il l'avait passé dans un pieu : les jambes de devant étaient sur un morceau de bois placé en travers : celles de derrière étaient étendues le long du pieu. Hélas ! Il ressemblait à Jésus sur la croix, et il fut mis dans le fourneau pour être rôti avec les trois autres agneaux apportés du temple.

Les agneaux de Pâque des Juifs étaient tous immolés dans le vestibule du Temple, et cela en trois endroits : pour les personnes de distinction, pour les petites gens et pour les étrangers. L'agneau pascal de Jésus ne fut pas immolé dans le Temple : tout le reste fut rigoureusement conforme à la loi. Jésus tint plus tard un discours à ce sujet, il dit que l'agneau était simplement une figure, que lui-même devait être, le lendemain, l'agneau pascal, et d'autres choses que j'ai oubliées.

Lorsque Jésus eut ainsi enseigné sur l'agneau pascal et sa signification, le temps étant venu et Judas étant de retour, on prépara les tables. Les convives mirent les habits de voyage qui se trouvaient dans le vestibule, d'autres chaussures, une robe blanche semblable à une chemise, et un manteau, court par devant et plus long par derrière ; ils relevèrent leurs habits jusqu'à la ceinture, et ils avaient aussi de larges manches retroussées. Chaque troupe alla à la table qui lui était réservée : les deux troupes de disciples dans les salles latérales, le Seigneur et les apôtres dans la salle du Cénacle. Ils prirent des bâtons à la main, et ils se rendirent deux par deux à la table, où ils se tinrent debout à leurs places, appuyant les bâtons à leurs bras et les mains élevées en l'air. Mais Jésus, qui se tenait au milieu de la table, avait reçu du majordome deux petits bâtons un peu recourbés par en haut, semblables à de courtes houlettes de berger. Il y avait à l'un des côtés un appendice formant une fourche, comme une branche coupée. Le Seigneur les mit dans sa ceinture de manière à ce qu'ils se croisassent sur sa poitrine, et en priant il appuya ses bras étendus en haut sur l'appendice fourchu. Dans cette attitude, ses mouvements avaient quelque chose de singulièrement touchant : il semblait que la croix dont il voulait bientôt prendre le poids sur ses épaules dût auparavant leur servir d'appui. Ils chantèrent ainsi : " Béni soit le Seigneur, le Dieu d'Israël " ! ou " Loué soit le Seigneur ", etc. Quand la prière fut finie, Jésus donna un des bâtons à Pierre et l'autre à Jean. Ils les mirent de côté ou les firent passer de main en main parmi les saints apôtres. Je ne m'en souviens plus très exactement.

La table était étroite et assez haute pour dépasser d'un demi pied les genoux d'un homme debout ; sa forme était celle d'un fer à cheval ; vis-à-vis de Jésus, à l'intérieur du demi-cercle, était une place libre pour servir les mets. Autant que je puis m'en souvenir, à la droite de Jésus étaient Jean, Jacques le Majeur et Jacques le Mineur ; au bout de la table, à droite, Barthélémy ; puis, en revenant à l'intérieur, Thomas et Judas Iscariote. A la gauche, Simon, et près de celui-ci, en revenant, Matthieu et Philippe.

Au milieu de la table était l'agneau pascal, dans un plat. Sa tête reposait sur les pieds de devant, mis en croix ; les pieds de derrière étaient étendus, le bord du plat était couvert d'ail. A côté se trouvait un plat avec le rôti de Pâque, puis une assiette avec des légumes verts serrés debout les uns contre les autres, et une seconds assiette, où se trouvaient de petits faisceaux d'herbes amères, semblables à des herbes aromatiques ; puis, encore devant Jésus, un plat avec d'autres herbes d'un vert jaunâtre, et un autre avec une sauce ou breuvage de couleur brune. Les convives avaient devant eux des pains ronds en guise d'assiettes ; ils se servaient de couteaux d'ivoire.

Après la prière, le majordome plaça devant Jésus, sur la table, le couteau pour découper l'agneau. Il mit une coupe de vin devant le Seigneur, et remplit six coupes, dont chacune se trouvait entre les deux apôtres. Jésus bénit le vin et le but ; les apôtres buvaient deux dans la même coupe. Le Seigneur découpa l'agneau ; les apôtres présentèrent tour à tour leurs gâteaux ronds et reçurent chacun leur part. Ils la mangèrent très vite, en détachant la chair des os au moyen de leurs couteaux d'ivoire ; les ossements furent ensuite brûlés. Ils mangèrent très vite aussi de l'ail et des herbes vertes qu'ils trempaient dans la sauce. Ils firent tout cela debout, s'appuyant seulement un peu sur le dossier de leurs sièges. Jésus rompit un des pains azymes et en recouvrit une partie : il distribua le reste. Ils mangèrent ensuite aussi leurs gâteaux. On apporta encore une coupe de vin mais Jésus n'en but point : Prenez ce vin, dit-il, et partagez-le entre nous ; car je ne boirai plu, de vin jusqu'à ce que vienne le royaume de Dieu. Lorsqu'us eurent bu, ils chantèrent, puis Jésus pria ou enseigna, et on se lava encore les mains. Alors ils se placèrent sur leurs sièges. Tout ce qui précède s'était fait très vite, les convives restant debout. Seulement vers la fin ils s'étaient un peu appuyés sur les sièges.

Le Seigneur découpa encore un agneau, qui fut porté aux Saintes femmes dans l'un des bâtiments de la cour où elles prenaient leur repas. Les apôtres mangèrent encore des légumes et de la laitue avec la sauce. Jésus était extraordinairement recueilli et serein : je ne l'avais jamais vu ainsi. Il dit aux apôtres d'oublier tout ce qu'ils pouvaient avoir de soucis. La sainte Vierge aussi, à la table des femmes, était pleine de sérénité. Lorsque les autres femmes venaient à elle et la tiraient par son voile pour lui parler, elle se retournait avec une simplicité qui me touchait profondément.

Au commencement, Jésus s'entretint très affectueusement avec ses apôtres, puis il devint sérieux et mélancolique. Un de vous me trahira dit-il, un de vous dont la main est avec moi à cette table. Or, Jésus servait de la laitue, dont il n'y avait qu'un plat, à ceux qui étaient de son côté, et il avait chargé Judas, qui était à peu près en face de lui, de la distribuer de l'autre côté. Lorsque Jésus parla d'un traître, ce qui effraya beaucoup les apôtres, et dit : un homme dont la main est à la même table ou au même plat que moi, cela signifiait : un des douze qui mangent et qui boivent avec moi, un de ceux avec lesquels je partage mon pain. Il ne désigna donc pas clairement Judas aux autres, car mettre la main au même plat était une expression indiquant les relations les plus amicales et les plus intimes. Il voulait pourtant donner un avertissement à Judas, qui, en ce moment même, mettait réellement la main dans le même plat que le Sauveur, pour distribuer de la laitue. Jésus dit encore : Le Fils de l'homme va, comme il est écrit de lui ; mais malheur à l'homme par qui le Fils de l'homme sera livré : il vaudrait mieux pour lui n'être jamais né.

Les apôtres étaient tout troublés et lui demandaient tour à tour : Seigneur, est-ce moi ? Car tous savaient bien qu'ils ne comprenaient pas entièrement ses paroles. Pierre se pencha vers Jean par derrière Jésus, et lui fit signe de demander au Seigneur qui c'était ; car, ayant reçu souvent des reproches de Jésus, il tremblait qu'il n'eût voulu le désigner. Or, Jean était à la droite de Jésus et comme tous, s'appuyant sur le bras gauche, mangeaient de la main droite, sa tête était près de la poitrine de Jésus. Il se pencha donc sur son sein et lui dit : Seigneur, qui est-ce ? Alors il fut averti que Jean avait Judas en vue. Je ne vis pas Jésus prononcer ces mots : Celui auquel je donne le morceau de pain que j'ai trempé ; je ne sais pas s'il le dit tout bas, mais Jean en eut connaissance lorsque Jésus trempa le morceau de pain entouré de laitue, et le présenta affectueusement à Judas, qui demanda aussi : Seigneur, est-ce moi ? Jésus le regarda avec amour et lui fit une réponse conçue en termes généraux. C'était, chez les Juifs, un signe d'amitié et de confiance. Jésus le fit avec une affection cordiale, pour avertir Judas sans le dénoncer aux autres. Mais celui-ci était intérieurement plein de rage. Je vis, pendant tout le repas, une petite figure hideuse assise à ses pieds, et qui montait quelquefois jusqu'à son cœur. Je ne vis pas Jean redire à Pierre ce qu'on avait appris de Jésus ; mais il le tranquillisa d'un regard.

VII. LE LAVEMENT DES PIEDS

Ils se levèrent de table, et pendant qu'ils arrangeaient leurs vêtements, comme us avaient coutume de le faire pour la prière solennelle, le majordome entra avec deux serviteurs pour desservir, enlever la table du milieu des sièges qui l'environnaient et la mettre de côté. Quand cela fut fait, il reçut de Jésus l'ordre de faire porter de l'eau dans le vestibule, et il sortit de la salle avec les serviteurs. Alors Jésus, debout au milieu des apôtres, leur parla quelque temps d'un ton solennel. Mais j'ai vu et entendu tant de choses jusqu'à ce moment, qu'il ne m'est pas possible de rapporter avec certitude le contenu de son discours ; je me souviens qu'il parla de son royaume, de son retour vers son père, ajoutant qu'auparavant il leur laisserait tout ce qu'il possédait, etc. Il enseigna aussi sur la pénitence, l'examen et la confession des fautes, le repentir et la justification. Je sentis que cette instruction se rapportait au lavement des pieds, et je vis aussi que tous reconnaissaient leurs péchés et s'en repentaient, à l'exception de Judas. Ce discours fut long et solennel. Lorsqu'il fut terminé, Jésus envoya Jean et Jacques le Mineur chercher l'eau préparée dans le vestibule, et dit aux apôtres de ranger les sièges en demi-cercle. Il alla lui-même dans le vestibule, déposa son manteau, se ceignit et mit un linge autour de son corps. Pendant ce temps, les apôtres échangèrent quelques paroles, se demandant quel serait le premier parmi eux ; car le Seigneur leur avait annoncé expressément qu'il allait les quitter et que son royaume était proche, et l'opinion se fortifiait de nouveau chez eux qu'il avait une arrière-pensée secrète, et qu'il voulait parler d'un triomphe terrestre qui éclaterait au dernier moment.

Jésus étant dans le vestibule, fit prendre à Jean un bassin et à Jacques une outre pleine d'eau ; puis, le Seigneur ayant versé de l'eau de cette outre dans le bassin, ordonna aux disciples de le suivre dans la salle où le majordome avait placé un autre bassin vide plus grand que le premier.

Jésus, entrant d'une manière si humble, reprocha aux apôtres, en peu de mots, la discussion qui s'était élevée entre eux ; il leur dit, entre autres choses, qu'il était lui-même leur serviteur et qu'ils devaient s'asseoir pour qu'il leur lavât les pieds. Ils s'assirent donc dans le même ordre que celui où ils étaient placés à la table, les sièges étant rangés en demi-cercle. Jésus allait de l'un à l'autre, et leur versait sur les pieds, avec la main, de l'eau du bassin que tenait Jean ; il prenait ensuite l'extrémité du linge qui le ceignait, et il les essuyait. Jean vidait chaque fois l'eau dont on s'était servi dans le bassin placé au milieu de la salle, et revenait près du Seigneur avec son bassin. Alors Jésus faisait, de nouveau, couler l'eau de l'outre que portait Jacques dans le bassin qui était sous les pieds des apôtres et les essuyait encore. Le Seigneur qui s'était montré singulièrement affectueux pendant tout le repas pascal s'acquitta aussi de ces humbles fonctions avec l'amour le plus touchant. Il ne fit pas cela comme une pure cérémonie, mais comme un acte par lequel s'exprimait la charité la plus cordiale.

Lorsqu'il vint à Pierre, celui-ci voulut l'arrêter par humilité et lui dit : Quoi ! Seigneur, vous me laveriez les pieds ! Le Seigneur lui répondit : Tu ne sais pas maintenant ce que je fais, mais tu le sauras par la suite. Il me sembla qu'il lui disait en particulier : Simon, tu as mérité d'apprendre de mon père qui je suis, d'où je viens et où je vais ; tu l'as seul expressément confessé : c'est pourquoi je bâtirai sur toi mon Eglise, et les portes de l'enfer ne prévaudront point contre elle... Ma force doit rester près de tes successeurs jusqu'à la fin du monde. Jésus le montra aux autres apôtres, et leur dit que lorsqu'il n'y serait plus, Pierre devait remplir sa place auprès d'eux. Pierre lui dit : Vous ne me laverez jamais les pieds. Le Seigneur lui répondit : Si je ne te lave pas, tu n'auras point de part avec moi. Alors Pierre lui dit : Seigneur, lavez-moi non seulement les pieds, mais encore les mains et la tête. Et Jésus lui répondit : Celui qui a déjà été lavé n'a plus besoin que de se laver les pieds : il est pur dans tout le reste. Pour vous aussi vous êtes purs ; mais non pas tous. Il désignait Judas par ces paroles. Il avait parlé du lavement des pieds comme d'une purification des fautes journalières, parce que les pieds, sans cesse en contact avec la terre, s'y salissent incessamment si l'on manque de vigilance. Ce lavement des pieds fut spirituel et comme une espèce d'absolution. Pierre, dans son zèle, n'y vit qu'un abaissement trop grand de son maitre : il ne savait pas que Jésus, pour le sauver, s'abaisserait le lendemain jusqu'à la mort ignominieuse de la croix.

Lorsque Jésus lava les pieds à Judas, ce fut de la manière la plus touchante et la plus affectueuse : il approcha son visage de ses pieds ; il lui dit tout bas qu'il devait rentrer en lui-même, que depuis un an il était traître et infidèle. Judas semblait ne vouloir pas s'en apercevoir, et adressait la parole à Jean ; Pierre s'en irrita et lui dit : Judas, le Maitre te parle ! Alors Judas dit à Jésus quelque chose de vague, d'évasif, comme : Seigneur, à

Dieu ne plaise ! Les autres n'avaient point remarqué que Jésus s'entretint avec Judas, car il parlait assez bas pour n'être pas entendu d'eux : d'ailleurs ils étaient occupés à remettre leurs chaussures. Rien de toute la passion n'affligea aussi profondément le Sauveur que la trahison de Judas.

Jésus lava encore les pieds de Jean et de Jacques. Jacques s'assit et Pierre tint l'outre : puis Jean s'assit et Jacques tint le bassin. Il enseigna ensuite sur l'humilité : il leur dit que celui qui servait les autres était le plus grand de tous, et qu'ils devaient dorénavant se laver humblement les pieds les uns aux autres ; il dit encore, touchant leur discussion sur la prééminence, plusieurs choses qui se trouvent dans l'Evangile : après quoi il remit ses habits. Les apôtres déployèrent leurs vêtements qu'ils avaient relevés pour manger l'agneau pascal.

VIII. INSTITUTION DE LA SAINTE EUCHARISTIE

Sur l'ordre du Seigneur, le majordome avait de nouveau tressé la table, qu'il avait quelque peu exhaussée ; il la couvrit d'un tapis sur lequel il étendit une couverture rouge, et par-dessus celle-ci une couverture blanche ouvrée à jour. Ayant ensuite replacé la table au milieu de la salle, il mit dessous une urne pleine d'eau et une autre pleine de vin. Pierre et Jean allèrent dans la partie de la salle où se trouvait le foyer de l'agneau pascal pour y prendre le calice qu'ils avaient apporté de chez Séraphia, et qui était dans son enveloppe. Ils le portèrent entre eux deux comme s'ils eussent porté un tabernacle, et le placèrent sur la table devant Jésus. N'y avait là une assiette ovale avec trois pains azymes blancs et minces, qui étaient rayés de lignes régulières ; il y avait trois de ces lignes dans la largeur, et chaque pain était à peu près une fois plus long que large. Ces pains, où Jésus avait déjà fait de légères incisions pour les rompre plus facilement furent placés sous un linge auprès au demi pain déjà mis de côté par Jésus lors du repas pascal : il y avait aussi un vase d'eau et de vin, et trois boites, l'une d'huile épaisse, l'autre d'huile liquide, et la troisième vide avec une cuiller à spatule.

Dès les temps anciens, on avait coutume de partager le pain et de boire au même calice à la fin du repas c'était un signe de fraternité et d'amour usité pour souhaiter la bienvenue et pour prendre congé ; je pense qu'il doit y avoir quelque chose à ce sujet dans l'Ecriture sainte. Jésus, aujourd'hui, éleva à la dignité du plus saint des sacrements cet usage qui n'avait été jusqu'alors qu'un rite symbolique et figuratif. Ceci fut un des griefs portés devant Caïphe par suite de la trahison de Judas : Jésus fut accusé d'avoir ajouté aux cérémonies de la Pâque quelque chose de nouveau : mais Nicodème prouva par les Ecritures que c'était un ancien usage.

Jésus était placé entre Pierre et Jean : les portes étaient fermées, tout se faisait avec mystère et solennité. Lorsque le calice fut tiré de son enveloppe, Jésus pria et parla très solennellement. Je vis Jésus leur expliquer la Cène et toute la cérémonie : cela me fit l'effet d'un prêtre qui enseignerait aux autres à dire la sainte Messe.

Il retira du plateau sur lequel se trouvaient les vases une tablette à coulisse, prit un linge blanc qui couvrait le calice et l'étendit sur le plateau et la tablette. Je le vis ensuite ôter de dessus le calice une plaque ronde qu'il plaça sur cette même tablette. Puis il retira les pains azymes de dessous le linge qui les couvrait, et les mit devant lui sur cette plaque ou patène. Ces pains, qui avaient la forme d'un carré oblong, dépassaient des deux côtés la patène, dont les bords cependant étaient visibles dans le sens de la largeur Ensuite il rapprocha de lui le calice, en retira un vase plus petit qui s'y trouvait, et plaça à droite et à gauche les six petits verres dont il était entouré. Alors il bénit le pain, et aussi les huiles, à ce que je crois : il éleva dans ses deux mains la patène avec les pains azymes, leva les yeux, pria, offrit, remit de nouveau la patène sur la table et la recouvrit. Il prit ensuite le calice, y fit verser le vin par Pierre, et l'eau qu'il bénit auparavant, par Jean, et y ajouta encore un peu d'eau qu'il versa dans une petite cuiller : alors il bénit le calice, l'éleva en pliant, en fit l'offrande et le replaça sur la table.

Jean et Pierre lui versèrent de l'eau sur les mains au-dessus de l'assiette où les pains azymes avaient été placés précédemment : il prit avec la cuiller, tirée du pied du calice, un peu de l'eau qui avait été versée sur ses mains, et qu'il répandit sur les leurs ; puis l'assiette passa autour de la table, et tous s'y lavèrent les mains. Je ne me souviens pas si tel fut l'ordre exact des cérémonies : ce que je sais, c'est que tout me rappela d'une manière frappante le saint sacrifice de la Messe et me toucha profondément.

Cependant Jésus devenait de plus en plus affectueux ; il leur dit qu'il allait leur donner tout ce qu'il avait, c'est-à-dire lui-même : c'était comme s'il se fût répandu tout entier dans l'amour. Je le vis devenir transparent ; il ressemblait à une ombre lumineuse se recueillant dans une ardente prière, il rompit le pain en plusieurs morceaux, qu'il entassa sur la patène en forme de pyramide ; puis, du bout des doigts, il prit un peu du premier morceau, qu'il laissa tomber dans le calice. Au moment où il faisait cela, il me sembla voir la sainte Vierge recevoir le sacrement d'une manière spirituelle, quoiqu'elle ne fût point présente là[4]. Je ne sais comment cela se fit, mais je crus la voir qui entrait sans toucher la terre, et venait en face du Seigneur recevoir la sainte Eucharistie, puis je ne la vis plus, Jésus lui avait dit le matin, à Béthanie, qu'il célébrerait la Pâque avec elle d'une manière spirituelle, et il lui avait indiqué l'heure où elle devait se mettre en prière pour la recevoir en esprit.

Il pria et enseigna encore : toutes ses paroles sortaient de sa bouche comme du feu et de la lumière, et entraient dans les apôtres, à l'exception de Judas. Il prit la patène avec les morceaux de pain (je ne sais plus bien s'il l'avait placée sur le calice, et dit : Prenez et mangez, ceci est mon corps, qui est donné pour vous. En même temps, il étendit sa main droite comme pour bénir, et, pendant qu'il faisait cela, une splendeur sortit de lui ; ses paroles étaient lumineuses : le pain l'était aussi et se précipitait dans la bouche des apôtres comme un corps brillant : c'était comme si lui-même fût entré en eux. Je les vis tous pénétrés de lumière.

Judas seul était ténébreux. Il présenta d'abord le pain à Pierre, puis à Jean[5] : ensuite il fit signe à Judas de s'approcher ; celui-ci fut le troisième auquel il présenta le sacrement, mais ce fut comme si la parole du Sauveur se détournait de la bouche du traître et revenait à lui. J'étais tellement troublée, que je ne puis rendre les sentiments que j'éprouvais. Jésus lui dit : Fais vite ce que tu veux faire. Il donna ensuite le sacrement au reste des apôtres, qui s'approchèrent deux à deux, tenant tour à tour l'un devant l'autre, un petit voile empesé et brodé sur les bords qui avait servi à recouvrir le calice.

Jésus éleva le calice par ses deux anses jusqu'à la hauteur de son visage, et prononça les paroles de la consécration : pendant qu'il le faisait, il était tout transfiguré et comme transparent ; il semblait qu'il passât tout entier dans ce qu'il allait leur donner. Il fit boire Pierre et Jean dans le calice qu'il tenait à la main, et le remit sur la table. Jean, à l'aide de la petite cuiller, versa le sang divin du calice dans les petits vases, et Pierre les présenta aux apôtres, qui burent deux dans la même coupe. Je crois, mais sans en être bien sûr, que Judas prit aussi sa part du calice, il ne revint pas à sa place, mais sortit aussitôt du Cénacle les autres crurent, comme Jésus lui avait fait un signe, qu'il l'avait charge de quelque affaire. Il se retira sans prier et sans rendre grâces, et vous pouvez voir par là combien l'on a tort de se retirer sans actions de grâces après le pain quotidien et après le pain éternel. Pendant tout le repas, j'avais vu près de Judas une hideuse petite figure rouge, qui avait un pied comme un os desséché, et qui quelquefois montait jusqu'à son cœur ; lorsqu'il fut devant la porte, je vis trois démons autour de lui : l'un entra dans sa bouche, l'autre le poussait, le troisième courait devant lui. Il était nuit, et on aurait cru qu'ils l'éclairaient ; pour lui, il courait comme un insensé.

Le Seigneur versa dans le petit vase dont j'ai déjà parlé un reste du sang divin qui se trouvait au fond du calice, puis il plaça ses doigts au-dessus du calice, et y fit verser encore de l'eau et du vin par Pierre et Jean. Cela fait, il les fit boire encore dans le calice, et le reste, versé dans les coupes, fut distribué aux autres apôtres. Ensuite Jésus essuya le calice, y mit le petit vase où était le reste du sang divin, plaça au-dessus la patène avec les fragments du pain consacré, puis remit le couvercle, enveloppa le calice et le replaça au milieu des six petites coupes. Je vis, après la résurrection, les apôtres communier avec le reste du saint Sacrement.

Je ne me souviens pas d'avoir vu que le Seigneur ait lui-même mangé et bu le pain et le vin consacrés, à moins qu'il ne l'ait fait sans que je m'en sois aperçue. En donnant l'eucharistie, il se donna de telle sorte qu'il m'apparut comme sorti de lui-même et répandu au dehors dans une effusion d'amour miséricordieux. C'est quelque chose qui ne peut s'exprimer. Je n'ai pas vu non plus que Melchisédech lorsqu'il offrit le pain et le vin n'y ait goûté lui-même. J'ai su pourquoi les prêtres y participent, quoique Jésus ne l'ait point fait. Pendant qu'elle parlait, elle regarda tout à coup autour d'elle comme si elle écoutait. Elle reçut une explication dont elle ne put communiquer que ceci : Si les anges l'avaient distribué, ils n'y auraient point participé ; si les prêtres n'y participaient pas, l'Eucharistie se serait perdue : c'est par là qu'elle se conserve.

Il y eut quelque chose de très régulier et de très solennel dans les cérémonies dont Jésus accompagna l'institution de la sainte Eucharistie, quoique ce fussent en même temps des enseignements et des leçons. Aussi je vis les apôtres noter ensuite certaines choses sur les petits rouleaux qu'ils portaient avec eux. Tous ses mouvements à droite et à Fauche étaient solennels comme toujours lorsqu'il priait. Tout montrait en germe le saint sacrifice de la Messe. Pendant la cérémonie, je vis les apôtres, à diverses reprises, s'incliner l'un devant l'autre, comme font nos prêtres.

IX. INSTRUCTIONS SECRÈTES ET CONSPIRATIONS

Jésus fit encore une instruction secrète. Il leur dit comment ils devaient conserver le saint Sacrement en mémoire de lui jusqu'à la fin du monde ; il leur enseigna quelles étaient les formes essentielles pour en faire usage et le communiquer, et de quelle manière ils devaient, par degrés, enseigner et publier ce mystère, il leur apprit quand ils devaient manger le reste des espèces consacrées, quand ils devaient en donner à la sainte Vierge, et comment ils devaient consacrer eux-mêmes lorsqu'il leur aurait envoyé le Consolateur. Il leur parla ensuite du sacerdoce, de l'onction, de la préparation du saint Carême et des saintes huiles[6]. Il y avait là trois boites, dont deux contenaient un mélange d'huile et de baume, et qu'on pouvait mettre l'une sur l'autre, il y avait aussi du coton près du calice. Il leur enseigna à ce sujet plusieurs mystères, leur dit comment il fallait préparer le saint Carême, à quelles parties du corps il fallait l'appliquer, et dans quelles occasions. Je me souviens, entre autres choses, qu'il mentionna un cas où la sainte Eucharistie n'était plus applicable : peut-être cela se rapportait-il à l'extrême Onction ; mes souvenirs sur ce point ne sont pas très clairs. Il parla de diverses onctions, notamment de celle des rois, et dit que les rois, même injustes, qui étaient sacrées, tiraient de là une force intérieure et mystérieuse qui n'était pas donnée aux autres. Il mit de l'onguent et de l'huile dans la boite vide, et en fit un mélange. Je ne sais pas positivement si c'est dans ce moment, ou lors de la consécration du pain, qu'il bénit l'huile.

Je vis ensuite Jésus oindre Pierre et Jean, sur les mains desquels il avait déjà, lors de l'institution du saint

Sacrement, versé l'eau qui avait coulé sur les siennes, et auxquels il avait donné à boire dans le calice. Puis, du milieu de la table, s'avançant un peu sur le côté, il leur imposa les mains, d'abord sur les épaules et ensuite sur la tête.

Pour eux, ils joignirent leurs mains et mirent leurs pouces en croix, ils se courbèrent profondément devant lui, peut-être s'agenouillèrent-ils. Il leur oignit le pouce et l'index de chaque main, et leur fit une croix sur la tête avec le Carême. Il dit aussi que cela leur resterait jusqu'à la fin du monde. Jacques le Mineur, André, Jacques le Majeur et Barthélémy reçurent aussi une consécration. Je vis aussi qu'il mit en croix, sur la poitrine de Pierre, une sorte d'étole qu'on portait autour du cou, tandis qu'il la passa en sautoir aux autres, de l'épaule droite au côté gauche. Je ne sais pas bien si ceci se fit lors de l'institution du saint Sacrement ou seulement lors de l'onction.

Je vis que Jésus leur communiquait par cette onction quelque chose d'essentiel et de surnaturel que je ne saurais exprimer. Il leur dit que, lorsqu'ils auraient reçu le Saint Esprit, ils consacreraient le pain et le vin et donneraient l'onction aux autres apôtres. Il me fut montré ici qu'au jour de la Pentecôte, avant le grand baptême, Pierre et Jean imposèrent les mains aux autres apôtres, et qu'ils les imposèrent à plusieurs disciples huit jours plus tard. Jean, après la résurrection, administra pour la première fois le saint Sacrement à la sainte Vierge. Cette circonstance fut fêtée parmi les apôtres. L'Eglise n'a plus cette fête ; mais je la vois célébrer dans l'Eglise triomphante. Les premiers jours qui suivirent la Pentecôte, je vis Pierre et Jean seuls consacrer la sainte Eucharistie ; plus tard, d'autres consacrèrent aussi.

Le Seigneur consacra encore du feu dans un vase d'airain ; il resta toujours allumé par la suite, même pendant de longues absences ; il lut conservé à côté de l'endroit où était déposé le saint Sacrement, dans une partie de l'ancien foyer pascal, et on l'y alla toujours prendre pour des usages spirituels. Tout ce que Jésus fit lors de l'institution de la sainte Eucharistie et de l'onction des apôtres se passa très secrètement, et ne fut aussi enseigné qu'en secret. L'Eglise en a conservé l'essentiel en le développant sous l'inspiration du Saint Esprit pour l'accommoder à ses besoins. Les apôtres assistèrent le Seigneur lors de la préparation et de la consécration du saint Carême, et lorsque Jésus les oignit et leur imposa les mains, cela se fit d'une façon solennelle.

Pierre et Jean furent-ils consacrés tous deux comme évêques, ou seulement Pierre comme évêque et Jean comme prêtre[2] ? Quelle fut l'élévation en dignité des quatre autres ? C'est ce que je ne saurais dire. La manière différente dont le Seigneur plaça l'étole des apôtres semble se rapporter à des degrés différents de consécration.

Quand ces saintes cérémonies turent terminées, le calice près duquel se trouvait aussi le saint Carême fut recouvert et le saint Sacrement fut porta par Pierre et Jean dans la derrière de la salle, qui était séparé du reste par un rideau et qui fut désormais le sanctuaire. Le lieu où reposait le saint Sacrement n'était pas tort élevé au-dessus du fourneau pascal. Joseph d'Arimathie et Nicodème prisent soin du sanctuaire et du Cénacle pendant l'absence des Apôtres.

Jésus fit encore une longue instruction et pria plusieurs fois. Souvent il semblait converser avec son Père céleste : il était plein d'enthousiasme et d'amour. Les apôtres aussi étaient remplis d'allégresse et de zèle, et lui faisaient différentes questions auxquelles il répondait. Tout cela doit être en grande partie dans l'Ecriture sainte. Il dit à Pierre et à Jean qui étaient assis la plus près de lui différentes choses qu'ils devaient communiquer plus tard, comme complément d'enseignements antérieurs, aux autres apôtres, et ceux-ci aux disciples et aux saintes femmes, selon la mesure de leur maturité pour de semblables connaissances. Il eut un entretien particulier avec Jean ; je me rappelle seulement qu'il lui dit que sa vie serait plus longue que celle des autres. Il lui parla aussi de sept Eglises, de couronnes, d'anges, et lui fit connaître plusieurs figures d'un sens profond et mystérieux qui désignaient, à ce que je crois, certaines époques. Les autres apôtres ressentirent, à l'occasion de cette confidence particulière, un léger mouvement de jalousie.

Il parla aussi de celui qui le trahissait. Maintenant il fait ceci ou cela, disait-il ; et je voyais, en effet, Judas faire ce qu'il disait. Comme Pierre assurait avec beaucoup de chaleur qu'il resterait toujours fidèlement auprès de lui, Jésus lui dit : Simon, Simon, Satan vous a demandé pour vous cribler comme du froment ; mais j'ai prié pour toi, afin que la foi ne défaille point.

Quand une fois tu seras converti, confirme tes frères. Comme il disait encore qu'ils ne pouvaient pas le suivre où il allait, Pierre dit qu'il le suivrait jusqu'à la mort, et Jésus répondit : En vérité, avant que le coq n'ait chanté trois fois, tu me renieras trois fois. Comme il leur annonçait les temps difficiles qui allaient venir, il leur dit : Quand je vous ai envoyés, sans sac, sans bourse, sans souliers, avez-vous manqué de quelque chose ? Non, répondirent-ils. Maintenant, reprit-il, que celui qui a un sac et une bourse les prenne. Que celui qui n'a rien vende sa robe pour acheter une épée, car on va voir l'accomplissement de cette prophétie : il a été mis au rang des malfaiteurs. Tout ce qui a été écrit de moi va s'accomplir. Les apôtres n'entendirent tout ceci que d'une façon charnelle, et Pierre lui montra deux épées, elles étaient courtes et larges comme des couperets. Jésus dit : C'est assez, sortons d'ici. Alors ils chantèrent le chant d'actions de grâces, la table fut mise de côté, et ils allèrent dans le vestibule.

Là, Jésus rencontra sa mère Marie, fille de Cléophas et Madeleine, qui le supplièrent instamment de ne pas aller sur le mont des Oliviers ; car le bruit s'était répandu qu'on voulait s'emparer de lui. Mais Jésus les consola en peu de paroles et passa rapidement : il pouvait être 9 heures. Ils redescendirent à grands pas le chemin par où Pierre et Jean étaient venus au Cénacle, et se dirigèrent vers le mont des Oliviers.

J'ai toujours vu ainsi la Pâque et l'institution de la sainte Eucharistie. Mais mon émotion était autrefois si grande que mes perceptions ne pouvaient être bien distinctes : maintenant je l'ai vue avec plus de netteté. C'est une fatigue et une peine que rien ne peut rendre. On aperçoit l'intérieur des cœurs, on voit l'amour sincère et cordial du Sauveur, et l'on sait tout ce qui va arriver. Comment serait-il possible alors d'observer exactement tout ce qui n'est qu'extérieur : on est plein d'admiration, de reconnaissance et d'amour : on ne peut comprendre l'aveuglement des hommes ; on pense avec douleur à l'ingratitude du monde entier et à ses propres péchés. Le repas pascal de Jésus se fit rapidement, et tout y fut conforme aux prescriptions légales. Les Pharisiens y ajoutaient çà et là quelques observances minutieuses.

X. COUP D'ŒIL SUR MELCHISÉDECH

Lorsque Notre-Seigneur Jésus-Christ prit le calice lors de l'institution de la sainte Eucharistie, j'eus une autre vision qui se rapportait à l'Ancien Testament. Je vis Abraham agenouille devant un autel ; dans le lointain étaient des guerriers avec des bêtes de somme et des chameaux : un homme majestueux s'avança près d'Abraham et plaça sur l'autel le même calice dont Jésus se servit plus tard. Je vis que cet homme avait comme des ailes aux épaules ; il ne les avait pas réellement ; mais c'était un signe pour m'indiquer qu'un ange était devant mes yeux. C'est la première fois que j'ai vu des ailes à un ange. Ce personnage était Melchisédech Derrière l'autel d'Abraham, montaient trois nuages de fumée : celui du milieu s'élevait assez haut ; les autres étaient plus bas.

Je vis ensuite deux rangs de figures se terminant à Jésus. David et Salomon s'y trouvaient. (Etait-ce la suite des possesseurs du calice, des sacrificateurs, ou des ancêtres de Jésus ? la Sœur a oublié de le dire.) Je vis des noms au-dessus de Melchisédech, d'Abraham et de quelques rois. Puis je revins à Jésus et au calice.

Le 3 avril 1821, elle dit, étant en extase : Le sacrifice de Melchisédech eut lieu dans la vallée de Josaphat, sur une hauteur[8]. Je ne puis maintenant retrouver l'endroit.

Melchisédech avait déjà le calice. Je vis qu'Abraham devait savoir d'avance qu'il viendrait sacrifier ; car il avait élevé un bel autel, au-dessus duquel était comme une tente de feuillage. Il y avait aussi une sorte de tabernacle où Melchisédech plaça le calice. Les vases où l'on buvait semblaient être de pierres précieuses. Il y avait un trou sur l'autel, probablement pour le sacrifice. Abraham avait amené un superbe troupeau. Lorsque ce patriarche avait reçu le mystère de la promesse, il lui avait été révélé que le prêtre du Très-Haut célébrerait devant lui le sacrifice qui devait être institué par le Messie et durer éternellement. C'est pourquoi, lorsque Melchisédech fit annoncer son arrivée par deux coureurs dont il se servait souvent, Abraham l'attendit avec une crainte respectueuse, et éleva l'autel et la tente de feuillage.

Je vis qu'Abraham plaça sur l'autel, comme il le faisait toujours en sacrifiant, quelques ossements d'Adam ; Noé les avait gardés dans l'arche. L'un et l'autre priaient Dieu d'accomplir la promesse qu'il avait faite à ces os, et qui n'était autre que le Messie. Abraham désirait vivement la bénédiction de Melchisédech.

La plaine était couverte d'hommes, de bêtes de somme et de bagages. Le roi de Sodome était avec Abraham sous la tante. Melchisédech vint d'un lieu qui fut depuis Jérusalem ; il y avait abattu une forêt et jeté les fondements de quelques édifices ; un bâtiment semi-circulaire était à moitié achevé et un palais était commencé. Il vint avec une bête de somme grise, ce n'était pas un chameau, ce n'était pas non plus notre âne ; cet animal avait le cou large et court. Il était très léger à la course, il portait d'un côté un grand vaisseau plein de vin et de l'autre une caisse où se trouvaient des pains aplatis et différents vases. Les vases, en forme de petits tonneaux, étaient transparents comme des pierres précieuses. Abraham vint à la rencontre de Melchisédech. Je vis celui-ci entrer dans la tente derrière l'autel, offrir le pain et le vin en les élevant dans ses mains, les bénir et les distribuer : il y avait dans cette cérémonie quelque chose de la sainte Messe. Abraham reçut un pain plus blanc que les autres, et but du calice qui servit ensuite à la Cène de Jésus, et qui n'avait pas encore de pied. Les plus distingués d'entre les assistants distribuèrent ensuite au peuple qui les entourait du vin et des morceaux de pain.

Il n'y eut pas de consécration : les anges ne peuvent pas consacrer. Mais les oblations furent bénies, et je les vis reluire. Tous ceux qui en mangèrent furent fortifiés et élevés vers Dieu, Abraham fut aussi béni par Melchisédech : je vis que c'était une figure de l'ordination des prêtres. Abraham avait déjà reçu la promesse que le Messie sortirait de sa chair et de son sang. Il me fut enseigné plusieurs fois que Melchisédech lui avait fait connaître ces paroles prophétiques sur le Messie et son sacrifice : Le Seigneur a dit à mon Seigneur, asseyez-vous à ma droite[2] jusqu'à ce que je réduise vos ennemis à vous servir de marchepied. Le Seigneur l'a juré et ne s'en repentira pas. Vous êtes prêtre dans l'éternité selon l'ordre de Melchisédech. Je vis aussi que David. Lorsqu'il écrivit ces paroles, eut une vision de la bénédiction donnée par Melchisédech à Abraham. Abraham, ayant reçu le pain et le vin, prophétisa et parla par avance de Moise, des lévites, et de ce que le premier donna à ceux-ci en partage.

Je ne sais pas si Abraham offrit aussi lui-même ce sacrifice. Je le vis ensuite donner la dime de ses troupeaux et de ses trésors ; j'ignore ce que Melchisédech en fit ; je crois qu'il la distribua. Melchisédech ne paraissait pas vieux ; il était svelte, grand, plein d'une douce majesté ; il avait un long vêtement, plus blanc qu'aucun vêtement que j'aie jamais vu : le vêtement blanc d'Abraham paraissait terne à côté. Lors du sacrifice. Il mit une ceinture où étaient brodés quelques caractères, et une coiffure blanche semblable à celle que portèrent plus tard les prêtres. Sa longue chevelure était d'un blond clair et brillanta comme de la soie ; il avait une barbe blanche, courte et pointue, son visage était resplendissant. Tout le monde le traitait avec respect ; sa présence répandait partout la vénération et un calme majestueux. Il me fut dit que c'était un ange sacerdotal et un messager de Dieu. Il était envoyé pour établir diverses institutions religieuses. Il conduisait les peuples, déplaçait les races, fondait les villes. Je l'ai vu en divers lieux avant le temps d'Abraham. Ensuite je ne l'ai plus revu.

LA DOULOUREUSE PASSION DE N. S. JESUS-CHRIST

AVANT-PROPOS

Le soir du 18 février 1823, un ami de la malade s'approcha de son lit où elle semblait dormir ; frappé de la belle et douloureuse expression de son visage, il se sentit élevé vers Dieu par un rapide élan de l'âme, et offrit au Père céleste la Passion du Sauveur, en l'unissant aux souffrances de tous ceux qui ont porté sa croix après lui. Pendant cette courte prière, il fixa un moment ses regards sur les mains stigmatisées de la Sœur. Aussitôt elle les cacha sous sa couverture, tressaillant comme si on l'eût frappée inopinément. Surpris de ce mouvement, il lui demanda : Que vous est-il arrivé ? – Bien des choses, répondit la malade d'un ton très expressif. Pendant qu'il réfléchissait sur le sens de cette réponse, elle sembla plongée dans un profond sommeil qui dura un quart d'heure. Puis elle se leva tout à coup sur son séant avec la vivacité de quelqu'un qui soutiendrait une lutte violente ; elle étendit les deux bras, le poing fermé, comme si elle repoussait un ennemi placé au côté gauche de son lit, et elle s'écria, pleine de colère : Que prétends-tu avec ce contrat de Magdalum ? Son ami, qui ne comprenait rien à cette exclamation, lui demanda tout surpris : Qui donc prétend quelque chose avec un contrat de Magdalum ? Sur quoi elle répondit avec la chaleur d'une personne qu'on interrogerait pendant une querelle : Oui, c'est ce maudit, ce menteur dès le commencement, Satan qui lui reproche le contrat de Magdalum, d'autres encore, et dit qu'il a dépensé tout cela pour lui-même. Sur la demande : Qui est-ce qui a dépensé ? A qui parle-t-on ainsi ? Elle répond ! :

A Jésus, mon fiancé sur le mont des Oliviers. Alors elle se tourna de nouveau à gauche avec des gestes menaçants : Que prétends-tu, père, du mensonge, avec ce contrat de Magdalum ? N'a-t-il pas, avec le prix de la vente de Magdalum, délivré vingt-sept pauvres prisonniers à Thirza ? Je l'ai vu, et toi tu dis qu'il a bouleversé ce bien, chassé ceux qui l'habitaient, et qu'il en a dissipé le prix. Mais attends, maudit, tu seras enchaîné et étranglé et son pied écrasera ta tête.

Ici, elle fut interrompue par l'entrée d'une autre personne. On crut qu'elle avait eu le délire, et on la plaignit de ce qu'elle souffrait, ce dont elle se montra reconnaissante. Le matin du jour suivant, elle avoua que, la veille, il lui avait semblé suivre le Sauveur sur le mont des Oliviers après l'institution de la sainte Eucharistie, et qu'elle y avait vu plus distinctement que jamais ses angoisses pendant la première heure et demie. Mais elle avait ou l'impression que quelqu'un regardait les stigmates de ses mains avec une sorte de vénération : cela lui avait paru si déplacé en présence du Seigneur, qu'elle les avait cachés, disant qu'il lui manquait encore beaucoup pour qu'il fût permis de lui témoigner une telle vénération. Elle raconta ensuite cette vision du mont des Oliviers, et, comme elle continua ses récits les jours suivants, les tableaux de la Passion qui suivent purent être rassemblés. Mais, comme pendant le carême elle célébrait aussi les combats de Notre-Seigneur contre Satan dans le désert, elle eut de son côté à lutter contre beaucoup de souffrances et de tentations ; c'est pourquoi il y eut dans le récit de la Passion quelques lacunes, qui ont pourtant été facilement comblées grâce à des communications partielles recueillies journellement à une époque antérieure.

Elle parlait ordinairement le bas allemand. Dans l'état d'extase, son langage s'épurait souvent ; ses récits étaient mêlés de simplicité enfantine et d'inspirations élevées. Son ami écrivait ce qu'il lui avait entendu dire, aussitôt qu'il était rentré chez lui ; car, en sa présence, il était rare qu'il pût prendre quelques notes. Celui dont découlent tous les biens lui a donné la mémoire, le zèle et la force de résister à bien des peines ; ce qui lui a rendu possible de mettre ce travail à fin. L'écrivain à la conscience d'avoir fait ce qu'il a pu, et il demande au lecteur, s'il est satisfait, l'aumône de ses prières.

I. JÉSUS SUR LE MONT DES OLIVIERS

Lorsque Jésus, après l'institution du Saint-Sacrement de l'autel, quitta le Cénacle avec les onze Apôtres, son âme était déjà dans le trouble et sa tristesse allait toujours croissant. Il conduisit les onze, par un sentier détourné, dans la vallée de Josaphat, en se dirigeant vers la montagne des Oliviers. Lorsqu'ils furent devant la porte, je vis la lune, qui n'était pas encore tout à fait pleine, se lever sur la montagne. Le Seigneur, errant avec eux dans la vallée, leur disait qu'il reviendrait en ce lieu pour juger le monde ; mais non pauvre et languissant comme aujourd'hui ; qu'alors d'autres trembleraient et crieraient : Montagnes, couvrez-nous ! Ses disciples ne le comprirent pas, et crurent, ce qui leur arriva souvent dans cette soirée, que la faiblesse et l'épuisement le faisaient délirer. Ils marchaient le plus souvent, et de temps en temps ils s'arrêtaient, s'entretenant avec lui. Il leur dit encore : Vous vous scandaliserez tous à mon sujet cette nuit ; car il est écrit : Je frapperai le berger, et les brebis seront dispersées. Mais quand je serai ressuscité, je vous précéderai en Galilée.

Les Apôtres conservaient encore quelque chose de l'enthousiasme et du recueillement que leur avaient donnés la réception du Saint-Sacrement et les discours solennels et affectueux de Jésus. Ils se pressaient autour de lui, lui exprimaient leur amour de différentes manières, protestaient qu'ils ne l'abandonneraient jamais. Mais Jésus continuant de parler dans le même sens, Pierre lui dit : Quand tous se scandaliseraient à votre égard, je ne me scandaliserai jamais, et le Seigneur lui prédit qu'il le renierait trois fois avant le chant du coq. Mais Pierre insista encore, et dit : Quand je devrais mourir avec vous, je ne vous renierai point. Ainsi parlèrent aussi les autres. Ils marchaient et s'arrêtaient tour à tour, et la tristesse de Jésus devenait de plus en plus grande. Pour eux, ils voulaient le consoler d'une manière toute humaine, en lui assurant que ce qu'il prévoyait n'arriverait pas. Ils se fatiguèrent dans cette vaine tentative, commencèrent à douter, et la tentation vint sur eux.

Ils traversèrent le torrent de Cédron, non sur le pont où plus tard fut conduit Jésus prisonnier, mais sur un autre, car ils avaient fait un détour. Gethsémani, où ils allaient, est situé près de la montagne des Oliviers, à peu près à une demi-lieue du Cénacle, il y a du Cénacle à la porte de la vallée de Josaphat un quart de lieue, et environ autant de là à Gethsémani. Ce lieu, où dans les derniers jours Jésus avait quelquefois enseigné ses disciples et passé la nuit avec eux, se composait de quelques maisons vides et ouvertes et d'un grand jardin entouré d'une haie, où il ne croissait que des plantes d'agrément et des arbres fruitiers. Les Apôtres et plusieurs autres personnes avaient une clef de ce jardin, qui était un lieu de récréation et de prière. Quelquefois des gens qui n'avaient pas de jardins à eux y donnaient des fêtes et des repas. Il s'y trouvait des cabanes de feuillage, où restèrent huit des Apôtres auxquels se joignirent plus tard d'autres disciples. Le jardin des Oliviers est séparé par un chemin de celui de Gethsémani, et s'étend plus haut vers la montagne. Il est ouvert, entouré seulement d'un mur de terre, et plus petit que le jardin de Gethsémani. On y voit des cavernes, des terrasses et beaucoup d'oliviers. Il est plus soigné dans une de ses parties où l'on trouve des sièges, des bancs de gazon bien entretenus et des grottes fraiches, et spacieuses. Il est facile d'y trouver un endroit propre à la prière et à la méditation. C'est dans la partie la plus sauvage que Jésus alla prier. Il était environ neuf heures quand Jésus vint à Gethsémani avec ses disciples. Il faisait encore obscur sur la terre, mais la lune répandait déjà sa lumière dans le ciel. Jésus était très triste et annonçait l'approche du danger. Les disciples, en étaient troublés, et il dit à huit de ceux qui l'accompagnaient de rester dans le jardin de Gethsémani, dans un endroit où il y a une espèce de cabinet de verdure. Restez ici, leur dit-il, pendant que je vais prier à l'endroit que j'ai choisi. Il prit avec lui Pierre. Jacques et Jean, monta plus haut, et, franchissant un chemin, poussa plus avant dans le jardin des Oliviers jusqu'au pied de la montagne. Il était indiciblement triste, car il sentait l'angoisse et l'épreuve qui approchaient. Jean lui demanda comment lui, qui les avait toujours consolés, pouvait être si abattu. Mon âme est triste jusqu'à la mort, répondit-il. Et, regardant autour de lui, il vit de tous côtés l'angoisse et la tentation s'approcher comme des nuages chargés de figures effrayantes. C'est alors qu'il dit aux trois Apôtres : Restez là et veillez avec moi ; priez afin que vous ne tombiez pas en tentation. Il avança encore quelques pas ; mais les terribles visions l'assaillirent de telle sorte que, dans son angoisse, il descendit un peu à gauche, et se cacha sous un rocher, dans une grotte d'environ six pieds de profondeur, au-dessus de laquelle les Apôtres se tenaient dans une espèce d'enfoncement. Le terrain s'abaissait doucement dans cette grotte, et les plantes suspendues au rocher qui surplombait formaient un rideau devant l'entrée, en sorte qu'on ne pouvait y être vu.

Lorsque Jésus s'éloigna des disciples, je vis autour de lui un large cercle d'images effrayantes qui se resserrait de plus en plus. Sa tristesse et son angoisse croissaient ; il se retira tout tremblant dans la grotte afin d'y prier, semblable à un homme qui cherche un abri contre un orage soudain ; mais les visions menaçantes le poursuivirent et devinrent de plus en plus distinctes. Hélas ! Cette étroite caverne semblait renfermer l'horrible spectacle de tous les péchés commis depuis la première chute jusqu'à la fin du monde, et celui de leur châtiment. C'était ici, sur le mont des Oliviers, qu'étaient venus Adam et Eve, chassés du paradis sur la terre inhospitalière ; ils avaient gémi et pleuré dans cette même grotte. J'eus le sentiment que Jésus, s'abandonnant aux douleurs de sa Passion qui allait commencer et se livrant à la justice divine en satisfaction pour les péchés du monde, faisait rentrer en quelque façon sa divinité dans le sein de la sainte Trinité ; sous l'impulsion de sa charité infinie, il se renfermait, pour ainsi dire, dans sa pure, aimante, innocente humanité, et, armé seulement de l'amour qui enflammait son cœur d'homme, il la dévouait, pour les péchés du monde, à toutes les angoisses et à toutes les souffrances. Voulant satisfaire pour la racine et le développement de tous les péchés et de tous les mauvais penchants, le miséricordieux Jésus prit dans son cœur, par amour pour nous autres pécheurs, la racine de toute expiation purificatrice et de toute peine sanctifiante, et il laissa cette souffrance infinie, afin de satisfaire pour des péchés infinis, s'étendre comme un arbre de douleur aux mille branches et pénétrer tous les membres de son corps sacré, toutes les facultés de sa sainte âme.

Ainsi laissé tout entier à sa seule humanité, implorant Dieu avec une tristesse et une angoisse inexprimables, il tomba sur son visage, et tous les péchés du monde lui apparurent sous des formes infinies avec toute leur laideur intérieure : il les prit tous sur lui, et s'offrit, dans sa prière, à la justice de son Père céleste pour payer cette effroyable dette. Mais Satan, qui, sous une forme effrayante, s'agitait au milieu de toutes ces horreurs avec un rire infernal, montrait une fureur toujours croissante contre Jésus, et, faisant passer devant son âme des tableaux de plus en plus affreux, criait sans cesse à l'humanité de Jésus : Comment ! Prends-tu aussi celui-ci sur toi, en souffriras-tu la peine ? Veux-tu satisfaire pour tout cela ?

Cependant il partit, de ce côté du ciel où le soleil se montre entre dix et onze heures du matin, un rayon semblable à une voie lumineuse : c'était une ligue d'anges qui descendaient jusqu'à Jésus, et je vis qu'ils le ranimaient et le fortifiaient. Le reste de la grotte était plein d'affreuses visions de nos crimes et de mauvais esprits qui insultaient et assaillaient Jésus ; il prit tout sur lui ; mais son cœur, le seul qui aimât parfaitement Dieu et les hommes au milieu de ce désert plein d'horreur, se sentit cruellement torturé et déchiré sous le poids de tant d'abominations. Hélas ! Je vis alors tant de choses qu'une année ne suffirait pas pour les raconter. Lorsque cette masse de forfaits eut passé sur son âme comme un océan et que Jésus, s'étant offert comme victime expiatoire, eut appelé sur lui-même toutes les peines et les châtiments dus à tous ces crimes, Satan lui suscita. Comme autrefois dans le désert, des tentations innombrables ; il osa même présenter contre celui qui était la pureté même une suite d'accusations : Comment, disait-il, tu veux prendre tout cela sur toi, et tu n'es pas pur toi même ! Regarde ceci ! Et cela ! Et cela encore. Alors il déroula devant lui, avec une impudence infernale, une foule de griefs imaginaires, il lui reprochait les fautes de ses disciples, les scandales qu'ils avaient donnés, le trouble qu'il avait apporté dans le monde en renonçant aux anciens usages. Satan se fit le pharisien le plus habile et le plus sévère – il lui reprocha d'avoir été l'occasion du massacre des Innocents, ainsi que des souffrances de ses parents en Egypte, de n'avoir pas sauvé Jean-Baptiste de la mort, d'avoir désuni des familles, d'avoir protégé des hommes décriés, de n'avoir pas guéri plusieurs malades, d'avoir fait tort aux habitants de Gergesa en permettant aux possédés, de renverser leurs cuves[10] et aux démons de précipiter leurs porcs dans la mer ; il lui imputa les fautes de Marie, Madeleine parce qu'il ne l'avait pas empêchée de retomber dans la péché ; il l'accusa d'avoir abandonné sa famille, d'avoir dilapidé le bien d'autrui ; en un mot, Satan présenta devant l'âme de Jésus, pour l'ébranler, tout ce que le tentateur eût reproché au moment de la mort à un homme ordinaire qui eût fait toutes ces actions sans des motifs supérieurs ; car il lui était caché que Jésus fût le Fils de Dieu, et il le tentait seulement comme le plus juste des hommes. Notre divin Sauveur laissa tellement prédominer en lui sa sainte humanité, qu'il voulut souffrir jusqu'à la tentation dont les hommes qui meurent saintement sont assaillis sur le mérite de leurs bonnes œuvres. Il permit, pour vider tout le calice de l'agonie, que le mauvais esprit auquel sa divinité était cachée, lui présentât toutes ses œuvres de charité comme autant d'actes coupables que la grâce de Dieu ne lui avait pas encore remis. Il lui reprocha de vouloir effacer les fautes d'autrui tandis que lui-même, dépourvu de tout mérite, avait encore à satisfaire à la justice divine pour beaucoup de prétendues bonnes œuvres. La divinité de Jésus souffrit que l'ennemi tentât son humanité comme il pourrait tenter un homme qui voudrait attribuer à ses bonnes œuvres une valeur propre, outre la seule qu'elles puissent avoir par leur union aux mérites de la mort du Sauveur.

Ainsi le tentateur lui présenta les œuvres de son amour comme des actes dépourvus de mérite et qui le constituaient débiteur envers Dieu : il fit comme si Jésus en eût, en quelque manière, prélevé le prix à l'avance sur celui de sa Passion qui n'était pas consommée et dont Satan ne connaissait pas encore le prix infini, et par conséquent comme s'il n'eût pas satisfait pour les grâces données à l'occasion de ces œuvres. Il lui mit sous les yeux, pour toutes ses bonnes œuvres, des contrats où elles étaient inscrites comme -des dettes, et il disait en les montrant du doigt : Tu es encore redevable pour et pour cette autre, etc. Enfin, il déroula devant lui un contrat portant que Jésus avait reçu de Lazare et dépensé le prix de vente de la propriété de Marie-Madeleine à Magdalum et lui dit : Comment as-tu osé dissiper le bien d'autrui et faire ce tort à cette famille ? J'ai vu la représentation de tous les péchés pour l'expiation desquels le Seigneur s'offrit et j'ai senti avec lui tout le poids des nombreuses accusations que le tentateur éleva contre lui, car parmi les péchés du monde dont le Sauveur se chargea, je vis aussi les miens qui sont si nombreux, et du cercle de tentation qui l'entourait, il sortit vers moi comme un fleuve où toutes mes fautes me furent montrées. Pendant ce temps, j'avais toujours les yeux fixés sur mon fiancé céleste, je gémissais et priais avec lui, je me tournais avec lui vers les anges consolateurs. Hélas ! Le Seigneur se tordait comme un ver sous le poids de sa douleur et de ses angoisses.

Pendant les accusations de Satan contre Jésus, j'avais peine à retenir ma colère ; mais lorsqu'il parla de la vente du bien de Madeleine, il me fut impossible de me contenir, et je criai : Comment peux-tu lui reprocher comme un péché la vente de ce bien ? n'ai-je pas vu le Seigneur employer cette somme donnée par Lazare à des œuvres de miséricorde, et délivrer à Thirza vingt-sept pauvres prisonniers pour dettes[11] ?

Au commencement, Jésus était agenouillé et priait avec assez de calme ; mais plus tard son âme fut épouvantée à l'aspect des crimes innombrables des hommes et de leur ingratitude envers Dieu : il fut en proie à une angoisse et à une douleur si violentes qu'il s'écria, tremblant et frissonnant : Mon Père, si c'est possible, que ce calice s'éloigne de moi ! Mon Père tout vous est possible ; éloigner ce calice ! Puis il se recueillit et dit : Cependant que votre volonté se fasse et non la mienne. Sa volonté et celle de son Père étaient une ; mais, livré par son amour aux faiblesses de l'humanité, il tremblait à l'aspect de la mort.

Je vis la caverne autour de lui remplie de formes effrayantes ; je vis tous les péchés, toute la méchanceté, tous les vices, tous les tourments, toutes les ingratitudes qui l'accablaient : les épouvantements de la mort, la terreur qu'il ressentait comme homme à l'aspect de ses souffrances expiatoires le pressaient et l'assaillaient sous la forme de spectres hideux. Il tombait çà et là, se tordait les mains, la sueur le couvrait, il tremblait et frémissait. Il se releva ; ses genoux chancelaient et le portaient à peine, il était tout à fait défait et presque méconnaissable, ses lèvres étaient pâles, ses cheveux se dressaient sur sa tête. Il était environ 10 h 1/2 lorsqu'il se leva ; puis, tout chancelant, tombant à chaque pas, baigné d'une sueur froide, il se traina jusqu'auprès des trois Apôtres. On monta à gauche de la caverne jusqu'à une plate-forme où ceux-ci s'étaient endormis, couchés les uns à côté des autres, accablés qu'ils étaient de fatigue, de tristesse et d'inquiétude, Jésus vint à eux, semblable à un homme dans l'angoisse, que la terreur pousse vers ses amis, et semblable encore à un bon pasteur qui, profondément bouleversé lui-même, vient visiter son troupeau qu'il sait menacé d'un péril prochain : car il n'ignorait pas qu'eux aussi étaient dans l'angoisse et la tentation. Les terribles visions l'entouraient, même pendant ce court chemin. Lorsqu'il les trouva dormants, il joignit les mains, tomba près d'eux plein de tristesse et d'inquiétude, et dit : Simon, dors-tu ? Ils s'éveillèrent, le relevèrent, et il leur dit dans son délaissement : Ne pouviez-vous veiller une heure avec moi ? Lorsqu'ils le virent défait pâle, chancelant, trempé de sueur, tremblant et frissonnant lorsqu'ils entendirent sa voix altérée et presque éteinte, ils ne surent plus ce qu'ils devaient penser, et s'il ne leur était pas apparu entouré d'une lumière bien connue, ils n'auraient jamais retrouvé Jésus en lui. Jean lui dit : Maitre, qu'avez-vous ? Dois-je appeler les autres disciples ! Devons-nous fuir ? Jésus répondit : Si je vivais, enseignais et guérissais encore trente-trois ans, cela ne suffirait pas pour faire ce qui me reste à accomplir d'ici à demain. N'appelle pas les huit ; je les ai laissés, parce ci qu'ils ne pourraient me voir dans cette détresse sans se scandaliser : ils tomberaient en tentation, oublieraient beaucoup et douteraient de moi. Pour vous, qui avez vu le Fils de l'homme transfiguré, vous pouvez le voir aussi dans son obscurcissement et son délaissement ; mais veillez et priez pour ne pas tomber en tentation l'esprit est prompt, mais la chair est faible.

Il parlait ainsi par rapport à eux et à lui-même. Il voulait par là les engager à la persévérance et leur faire connaître le combat de sa nature humaine contre la mort et la cause de sa faiblesse. Il leur parla encore, toujours accablé de tristesse, et resta près d'un quart d'heure avec eux. Il retourna dans la grotte, son angoisse croissant toujours : pour eux, ils étendaient les mains vers lui, pleuraient, tombaient dans les bras les uns des autres, se demandaient : Qu'est-ce donc ? Que lui arrive-t-il ? Il est dans un délaissement complet ! Ils se mirent à prier, la tête couverte, pleins de trouble et de tristesse. Tout ce qui vient d'être dit remplit à peu près une heure et demie depuis que Jésus était entré dans le jardin des Oliviers. Il dit à la vérité dans l'écriture : N'avez-vous pu veiller une heure avec moi ? Mais cela ne doit point se prendre à la lettre, et d'après notre manière de compter. Les trois Apôtres qui étaient avec Jésus avaient d'abord prié, puis ils s'étaient endormis, car ils étaient tombés en tentation par leur manque de confiance. Les huit autres, qui étaient postés à l'entrée, ne dormaient pas : la tristesse oui respirait dans les derniers discours de Jésus les avait laissés très inquiets ; ils erraient sur le mont des Oliviers pour y chercher quelque lieu de refuge en cas de danger.

Ce soir-là, il y avait peu de bruit dans Jérusalem, les Juifs étaient dans leurs maisons, occupés des préparatifs de la fête ; les campements des étrangers venus pour la

Pâque n'étaient pas dans le voisinage de la montagne des Oliviers. En errant de côté et d'autre, je vis çà et là des amis et des disciples de Jésus qui marchaient et s'entretenaient ensemble. Ils paraissaient inquiets et dans l'attente de quelque événement. La mère du Seigneur, Madeleine, Marthe, Marie, fille de Cléophas, Marie Salomé et Salomé étaient allées du Cénacle dans la maison de Marie, mère de Marc ; puis Marie, effrayée des bruits qui couraient, avait voulu venir devant la ville avec ses amies pour savoir des nouvelles de Jésus. Lazare, Nicodème, Joseph d'Arimathie et quelques parents d'Hébron vinrent la trouver et essayèrent de la tranquilliser ; car ayant eu connaissance par eux-mêmes ou par les disciples des tristes prédictions faites par Jésus dans le Cénacle, ils avaient été prendre des Informations chez des pharisiens de leur connaissance et n'avaient point appris qu'on dût faire des tentatives prochaines contre le Sauveur : ils disaient que le danger ne pouvait être encore très grand, qu'on n'attaquerait pas le Seigneur si près de la fête ; mais ils ne savaient rien encore de la trahison de Judas. Marie leur parla du trouble de celui-ci dans les derniers jours, de la manière dont il avait quitté le Cénacle ; il était sûrement allé trahir ; elle l'avait souvent averti qu'il était un fils de perdition. Les saintes femmes retournèrent ensuite dans la maison de Marie, mère de Marc.

Lorsque Jésus fut revenu dans la grotte et toutes ses douleurs avec lui, il se prosterna sur le visage, les bras étendus, et pria son Père céleste ; mais il y eut dans son âme une nouvelle lutte qui dura trois quarts d'heure. Des anges vinrent lui montrer dans des séries de visions tout ce qu'il devait embrasser de douleurs afin d'expier le péché ; ils lui montrèrent quelle était avant la chute la beauté de l'homme, image de Dieu, et combien cette chute l'avait altéré et défiguré. Il vit l'origine de tous les péchés dans le premier péché, la signification et l'essence de la concupiscence, ses terribles effets sur les forces de l'âme humaine ; et aussi l'essence et la signification de toutes les peines correspondant à la concupiscence. Ils lui montrèrent dans la satisfaction qu'il devait donner à la justice divine, une souffrance du corps et de l'âme comprenant toutes les peines dues à la concupiscence de l'humanité tout entière ; et comment la dette du genre humain devait être payée par la seule nature humaine exempte de péché, celle du fils de Dieu, lequel, afin de prendre sur lui la dette et le châtiment de l'humanité tout entière, devait aussi combattre et surmonter la répugnance humaine pour la souffrance et la mort. Les anges lui montraient tout cela sous des formes diverses, et j'avais la perception de ce qu'ils disaient quoique sans entendre leurs voix. Aucune langue ne peut exprimer quelle épouvante et quelle douleur vinrent fondre sur l'âme de-Jésus à la vue de ces terribles expiations ; l'horreur de -cette vision fut telle qu'une sueur de sang sortit de son corps.

Pendant que l'humanité du Christ était écrasée sous cette effroyable masse de souffrances, j'aperçus un mouvement de compassion dans les anges ; il y eut une petite lueur.

Il me sembla qu'ils désiraient ardemment le consoler et qu'ils priaient à cet effet devant le trône de Dieu. Il y eut comme un combat d'un instant entre la miséricorde et la justice de Dieu, et l'amour qui se sacrifiait. Une image de Dieu me fut montrée, non comme d'autres fois sur un trône, mais dans une forme lumineuse ; je vis la nature divine du Fils dans la personne de son Père, et comme retirée dans son sein ; la personne du Saint-Esprit procédait du Père et du Fils ; elle était comme entre eux, et tout cela n'était pourtant qu'un seul Dieu ; mais ces choses sont inexprimables. J'eus moins une vision avec des figures humaines qu'une perception intérieure où il me fut montré par des images que la volonté divine du Christ se retirait davantage dans le Père pour laisser peser sur son humanité toutes ces souffrances que la volonté humaine de Jésus priait le Père de détourner de lui. Je vis cela dans le moment de la compassion des anges, lorsqu'ils désirèrent consoler Jésus, et en effet il reçut en cet instant quelque soulagement. Alors tout disparut, et les anges abandonnèrent le Seigneur dont l'âme allait avoir à souffrir de nouvelles attaques.

Lorsque le Rédempteur, sur le mont des Oliviers, s'abandonna, comme homme véritable et réel, à la tentation de la répugnance humaine pour la douleur et la mort, lorsqu'il voulut éprouver et surmonter cette répugnance à souffrir qui fait Partie de toute souffrance, il fut permis au tentateur de lui faire ce qu'il fait à tout homme qui veut se sacrifier pour une cause sainte. Dans la première agonie, Satan montra à Notre-Seigneur l'énormité de la dette du péché qu'il voulait acquitter, et poussa l'audace jusqu'à chercher des fautes dans les œuvres du Rédempteur lui-même. Dans la seconde agonie, Jésus vit dans toute son étendue et son amertume la souffrance expiatoire nécessaire pour satisfaire à la justice divine ; ceci lui fut présenté par les anges, car il n'appartient pas à Satan de montrer que l'expiation est possible ; le père du mensonge et du désespoir ne montre point les œuvres de la miséricorde divine. Jésus ayant résisté victorieusement à tous ces combats par son abandon complet à la volonté de son Père céleste, un nouveau cercle d'effrayantes visions lui fut offert : le doute et l'inquiétude qui précèdent le sacrifice dans l'homme qui se dévoue s'éveillèrent dans l'âme du Seigneur ; il se fit cette terrible question : Quel sera le profit de ce sacrifice ? Et le tableau du plus terrible avenir accabla son cœur aimant.

Lorsque Dieu eut créé le premier Adam, il lui envoya le sommeil, ouvrit son côté, prit une de ses côtes dont il fit Eve, sa femme, la mère de tous les vivants, puis il la mena devant Adam, et celui-ci dit : C'est la chair de ma chair et l'os de mes os : l'homme quittera son père et sa mère pour s'attacher à sa femme, et ils seront deux en une seule chair. Ce fut là le mariage dont il est écrit : Ce sacrement est grand, je dis en Jésus-Christ et en l'Eglise. Le Christ, le nouvel Adam voulait aussi laisser venir sur lui le sommeil, celui de la mort sur la croix ; il voulait aussi laisser ouvrir son côté, afin que la nouvelle Eve, sa fiancée virginale, l'Eglise, mère de tous les vivants, en fût faite ; il voulait lui donner le sang de la rédemption, l'eau de la purification et son esprit, les trois qui rendent témoignage sur la terre ; il voulait lui donner les saints sacrements, afin qu'elle fût une fiancée pure, sainte, sans tache : il voulait être sa tête, nous devions être ses membres soumis à la tête, l'os de ses es, la chair de sa chair. En prenant la nature humaine, afin de souffrir la mort pour nous, il avait quitté aussi son père et sa mère et s'était attaché à sa fiancée, l'Eglise : il est devenu une seule chair avec elle, en la nourrissant du sacrement de l'autel où il s'unit à nous. Il voulait être sur la terre avec l'Eglise, jusqu'à ce que nous fussions tous réunis en elle par lui, et il a dit : Les portes de l'enfer ne prévaudront point contre elle. Voulant exercer cet incommensurable amour pour les pécheurs, le Seigneur était devenu homme et un frère de ces mêmes pécheurs afin de prendre sur lui la punition due à tous leurs crimes. Il avait vu avec une grande tristesse l'immensité de cette dette et celle de la douleur qui devait y satisfaire, et s'était pourtant abandonné avec joie comme victime expiatoire à la volonté de son -Père céleste ; mais à présent il voyait les douleurs, les combats et les blessures à venir de sa fiancée céleste qu'il voulait racheter à un si haut prix, au prix de son sang ; il voyait l'ingratitude des hommes.

Devant l'âme de Jésus parurent toutes les souffrances futures de ses Apôtres, de ses disciples et de ses amis ; il vit l'Eglise primitive si peu nombreuse, puis à mesure qu'elle s'accroissait, les hérésies et les schismes y faisant irruption et répétant la première chute de l'homme par l'orgueil et la désobéissance. Il vit la tiédeur, la corruption et la malice d'un nombre infini de chrétiens, le mensonge et la fourberie de tous les docteurs orgueilleux, le lèges de tous les prêtres vicieux, les suites funestes de tous ces actes, l'abomination de la désolation dans le royaume de Dieu, dans le sanctuaire de cette ingrate humanité qu'il voulait racheter de son sang au prix de souffrances indicibles.

Je vis passer devant l'âme du pauvre Jésus, dans une série de visions innombrables, les scandales de tous les siècles jusqu'à notre temps et même jusqu'à la fin du monde. C'étaient tour à tour toutes les formes de l'erreur, de la fourberie, du fanatisme furieux, de l'opiniâtreté et de la malice ; tous les apostats, les hérésiarques, les réformateurs à l'apparence sainte, les corrupteurs et les corrompus l'outrageaient et le tourmentaient, comme n'ayant pas été bien crucifié à leurs yeux, n'ayant pas souffert de la manière que leur présomption orgueilleuse l'entendait et l'imaginait, et tous déchiraient à l'envi la robe sans couture de son Eglise : chacun voulait l'avoir pour Rédempteur autrement qu'il ne s'était donné dans l'excès de son amour. Beaucoup le maltraitaient, l'insultaient, le reniaient ; beaucoup haussaient les épaules et secouaient la tête sur lui, évitaient les bras qu'il leur tendait, et s'en allaient vers l'abime où ils étaient engloutis. Il en vit une infinité d'autres qui n'osaient pas le renier hautement, mais qui s'éloignaient avec dégoût des plaies de son Eglise, comme le lévite s'éloigna du pauvre assassiné par les voleurs. Ils s'éloignaient de son épouse blessée comme des enfants lâches et sans foi abandonnant leur mère au moment de la nuit, quand viennent les voleurs et les meurtriers auxquels leur négligence ou leur malice a ouvert la porte. Il les vit s'approprier le butin qu'ils transportaient au désert, les vases d'or et les colliers brisés. Il vit tous ces hommes tantôt séparés de la vraie vigne et couchés parmi les raisins sauvages, tantôt comme des troupeaux égarés, livrés en proie aux loups, conduits par des mercenaires dans de mauvais pâturages, et refusant d'entrer dans le bercail du bon pasteur qui donne sa vie pour ses brebis. Ils erraient sans patrie dans le désert au milieu des sables agités par les vents, et ils ne voulaient pas voir sa ville placée sur la montagne qui ne peut rester cachée, la maison de sa fiancée, son Eglise bâtie sur le roc près de laquelle il a promis d'être jusqu'à la fin des siècles et contre laquelle les portes de l'enfer ne doivent pas prévaloir. Ils refusaient d'entrer par la porte étroite pour n'avoir pas à se courber. Il les vit suivre ceux qui s'étaient dirigés ailleurs que vers la porte. Ils bâtissaient sur le sable des huttes qu'ils refaisaient et défaisaient sans cesse, mais où il n'y avait ni autel, ni sacrifice ; ils avaient des girouettes sur leurs toits, et leurs doctrines changeaient avec le vent ; aussi étaient-ils en contradiction les uns avec les autres. Ils ne pouvaient pas s'entendre et n'avaient jamais de position fixe : souvent ils détruisaient leurs cabanes et en lançaient les débris contre la pierre angulaire de l'Eglise qui restait Inébranlable. Plusieurs d'entre eux, comme les ténèbres régnaient dans leurs demeures, ne venaient pas vers la lumière placée sur le chandelier dans la maison de l'épouse, mais erraient les yeux fermés autour des jardins de l'Eglise, et ne vivant plus que des parfums qui s'en exhalaient ; ils tendaient les bras vers des idoles nébuleuses, et suivaient les astres errants qui les conduisaient à des puits sans eau : au bord du précipice, ils ne voulaient pas écouter la voix de l'épouse qui les appelait, et, dévorés par la faim, ils riaient avec une pitié arrogante des serviteurs et des messagers qui les invitaient au festin nuptial. Ils ne voulaient pas entrer dans le jardin, car ils craignaient les épines de la haie : ivres d'eux-mêmes, ils n'avaient ni froment pour leur faim, ni vin pour leur soif ; et aveuglés par leur propre lumière. Ils nommaient invisible l'Eglise du Verbe fait chair. Jésus les vit tous ; il pleura sur eux ; il voulut souffrir pour tous ceux qui ne le voient pas, qui ne veulent pas porter leur croix avec lui dans sa ville bâtie sur la montagne qui ne peut rester cachée, dans son Eglise fondée sur le roc, à laquelle il s'est donné dans le saint sacrement, et contre laquelle les portes de l'enfer ne prévaudront pas.

Je voyais ces tableaux innombrables de l'ingratitude des hommes et de l'abus fait de la mort expiatoire de mon fiancé céleste, passer alternativement sous des formes diverses ou douloureusement semblables devant l'âme contristée, du Seigneur, et j'y voyais figurer Satan, qui arrachait violemment à Jésus et étranglait une multitude d'hommes rachetés par son sang, et même ayant reçu l'onction de son sacrement. Le Sauveur vit avec une douleur amère toute l'ingratitude, toute la corruption des premiers chrétiens, de ceux qui vinrent ensuite, de ceux du temps présent et de ceux de l'avenir. Toutes ces apparitions, pendant lesquelles la voix du tentateur répétait sans cesse : Veux-tu donc souffrir pour de pareils ingrats ? Fondaient sur Jésus avec tant d'impétuosité et de fureur, qu'une angoisse indicible opprimait son humanité. Le Christ, le Fils de l'homme, luttait et joignait les mains, il tombait, comme accablé, sur ses genoux, tantôt d'un côté, tantôt d'un autre, et sa volonté humaine livrait un si terrible combat contre la répugnance à tant souffrir pour une race si ingrate, que la sueur en larges gouttes de sang coulait de son corps jusqu'à terre. Dans sa détresse, il regardait autour de lui comme cherchant du secours, et semblait prendre le ciel, la terre et les astres du firmament à témoin de ses souffrances. Il me semblait l'entendre crier : Est-il possible de supporter une telle ingratitude ? Je vous prends à témoin de ce que j'endure !

Ce fut alors comme si la lune et les étoiles se rapprochaient ; je sentis, en cet instant, qu'il faisait plus clair. J'observai alors la lune, ce que je n'avais pas fait jusqu'alors, et je la vis tout autre qu'à l'ordinaire. Elle n'était pas encore tout à fait pleine et me parut pourtant plus grande que chez nous. Au milieu je vis une tache obscure, semblable à un disque placé devant elle, et au centre de laquelle était une ouverture par laquelle la lumière rayonnait vers le côté où la lune n'était pas encore pleine. Ce corps opaque était comme une montagne, et autour de la lune je vis encore un cercle lumineux semblable à un arc-en-ciel.

Jésus, dans sa détresse, éleva la voix, et fit entendre quelques cris douloureux. Les trois Apôtres se réveillèrent ; ils prêtèrent l'oreille, levant les mains avec effroi, et voulaient aller le rejoindre ; mais Pierre retint Jacques et Jean, et leur dit : Restez, je vais aller vers lui. Je le vis courir et entrer dans la grotte :

Maitre, dit-il, qu'avez-vous ? Et il se tenait là, tremblant à la vue de Jésus tout sanglant et frappé de terreur. Jésus ne lui répondit pas et ne parut pas faire attention à lui. Pierre revint vers les deux autres ; Il leur dit que le Seigneur ne lui avait pas répondu, et qu'il ne faisait que gémir et soupirer. Leur tristesse augmenta, ils voilèrent leur tête, s'assirent et prièrent en pleurant.

Je retournai vers mon céleste fiancé dans sa douloureuse agonie. Les images hideuses de l'ingratitude des hommes futurs dont il prenait sur lui la dette envers la justice divine, roulaient vers lui toujours plus terribles et plus Impétueuses, et il continuait à lutter contre la répugnance de la nature humaine à souffrir. Plusieurs fois, je l'entendis s'écrier : Mon Père, est-il possible de souffrir pour tous ces ingrats ? Ô mon Père, si ce calice ne peut pas s'éloigner de moi, que votre volonté soit faite !

Au milieu de toutes ces apparitions, je voyais Satan se mouvoir sous diverses formes hideuses, qui se rapportaient aux diverses espèces de péchés. Tantôt Il apparaissait comme un grand homme noir, tantôt sous la figure d'un tigre, tantôt sous celles d'un renard, d'un loup, d'un dragon, d'un serpent. Ce n'était pas la forme même de ces animaux, mais seulement le trait saillant de leur nature, mêlé avec d'autres formes hideuses. Il n'y avait là rien de semblable à une créature complète, c'était seulement des symboles d'abomination, de discorde, de contradiction, de péché, enfin des formes du démon. Ces figures diaboliques poussaient, entrainaient, déchiraient aux yeux de Jésus des multitudes d'hommes, pour la rédemption desquels il entrait dans le douloureux chemin de la croix. Au commencement, je vis plus rarement le serpent, mais ensuite je le vis apparaître avec une couronne sur la tête ; sa taille était gigantesque, sa force semblait démesurée, et il menait à l'assaut contre Jésus d'innombrables légions de tous les temps et de toutes les races. Armées de toute espèce d'instruments de destruction, elles combattaient quelquefois les unes contre les autres, puis revenaient sur le Sauveur avec rage. C'était un horrible spectacle ; car ils l'accablaient d'outrages, de malédictions, le déchiraient, le frappaient, le perçaient. Leurs armes, leurs glaives, leurs épieux, allaient et venaient incessamment comme les fléaux des batteurs en grange dans une aire immense, et tous faisaient rage contre le grain de froment céleste, tombé sur la terre pour y mourir, afin de nourrir éternellement tous les hommes du pain de vie.

Au milieu de ces cohortes furieuses, dont quelques-unes me semblaient composées d'aveugles, Jésus était ébranlé comme s'il eût réellement ressenti leurs coups. Je le vis chanceler de côté et d'autre ; tantôt il se redressait, tantôt il s'abattait ; et le serpent, parmi ces multitudes qu'il ramenait sans cesse contre Jésus, frappait çà et là de sa queue, et déchirait ou engloutissait tous ceux qui étaient renversés par elle.

Il me fut dit que ces troupes innombrables d'ennemis du Sauveur étaient ceux qui maltraitaient de différentes manières Jésus-Christ, leur Rédempteur, réellement présent dans le saint Sacrement sous les espèces du pain et du vin, avec sa divinité et son humanité, son corps et son âme, sa chair et son sang. Je reconnus parmi eux toutes les espèces de profanateurs de la divine Eucharistie, ce gage vivant de sa présence personnelle toujours subsistante dans l'Eglise catholique. Je vis avec horreur tous ces outrages, depuis la négligence, l'irrévérence, l'omission, jusqu'au mépris, à l'abus et au sacrilège la plus affreux ; depuis la déviation vers les idoles du monde, les ténèbres et la fausse science, jusqu'à l'erreur, l'incrédulité, le fanatisme, la haine et la persécution. Je vis parmi ces ennemis du Sauveur toute espèce de personnes, notamment des aveugles, des paralytiques, des sourds, des muets, et même des enfants. Des aveugles qui ne voulaient pas voir la vérité, des paralytiques qui ne voulaient pas marcher avec elle, des sourds qui refusaient d'écouter ses avertissements et ses menaces, des muets qui ne voulaient jamais combattre pour elle avec le glaive de la parole, des enfants égarés à la suite de parents et de maitres mondains et oublieux de Dieu, nourris de convoitises terrestres, enivrés d'une vaine sagesse et dégoûtés des choses célestes, ou ayant dépéri loin d'elles et devenus à jamais incapables de les goûter. Parmi ces derniers, dont l'aspect m'affligea particulièrement parce que Jésus aimait les enfants, je vis beaucoup d'enfants de chœur mal élevés, irrévérencieux, qui n'honorent pas le Christ dans les saintes cérémonies auxquelles ils prennent part. Leurs fautes retombaient en partie sur la négligence de leurs maitres et sur celle des administrateurs des églises. Je vis avec épouvante que beaucoup de prêtres, quelques-uns même se regardant comme pleins de foi et de piété, maltraitaient aussi Jésus dans le saint Sacrement. Parmi le grand nombre de ceux que j'eus la douleur de voir, je n'en mentionnerai qu'une catégorie. J'en vis beaucoup qui croyaient et enseignaient la présence du Dieu vivant dans le très saint Sacrement, mais ne la prenaient pas assez à cœur ; car ils oubliaient et négligeaient le palais, le trône, la tente, le siège, les ornements royaux du Roi du ciel et de la terre ; à savoir : l'église, l'autel, le tabernacle, le calice, l'ostensoir, les vases, les ornements, en un mot, tout ce qui sert à l'usage et à la parure de sa maison. Tout était abandonné, tout dépérissait dans la poussière et dans la saleté, et le culte divin était, sinon profané intérieurement, aux mains déshonoré à l'extérieur. Tout cela n'était pas le finit d'une pauvreté véritable, mais de l'indifférence, de la paresse, de la préoccupation de vains Intérêts terrestres, souvent aussi de l'égoïsme et de la mort intérieure ; car je vis des négligences semblables dans des églises riches, ou du moins aisées. J'en vis beaucoup d'autres où un luxe mondain, sans goût et sans convenance, avait remplacé les ornements magnifiques d'une époque plus pieuse, pour recouvrir comme d'un fard éclatant et cacher sous des apparences menteuses la négligence, la malpropreté et les dégâts. Ce que les riches faisaient par une vaine ostentation, les pauvres l'imitaient bientôt sottement par manque de simplicité. Je ne pus m'empêcher de penser à cette occasion à l'église de notre pauvre couvent, où l'on avait recouvert le vieil et bel autel de pierre artistement sculpté d'une grande construction en bois avec un barbouillage imitant le marbre, ce qui me faisait toujours beaucoup de peine. Je vis toutes ces offenses à Jésus dans le saint Sacrement multipliées par un grand nombre de préposés aux églises, lesquels ne sentaient pas qu'il eût été juste de partager au moins ce qu'ils possédaient avec le Rédempteur présent sur l'autel qui s'est livré tout entier à la mort pour eux, et qui pour eux s'est laissé tout entier dans le Sacrement. Je vis que souvent les plus pauvres étaient mieux entourés dans leurs cabanes que le Maître du ciel et de la terre dans son église. Ah ! Combien l'inhospitalité des hommes contristait Jésus, qui s'était donné à eux pour nourriture ! Certes, il n'y a pas besoin d'être riche pour recevoir celui qui récompense au centuple le verre d'eau donné à celui qui a soif ; mais lui, qui a si soif de nous, n'a-t-il pas lieu de se plaindre quand le verre est impur et l'eau corrompue ? Par suite de semblables négligences, je vis les faibles scandalisés, la Sacrement profané, l'église abandonnée, les prêtres méprisés ; l'impureté et la négligence s'étendaient jusque sur les âmes des fidèles ; ils laissaient dans la saleté le tabernacle de leur cœur lorsque Jésus devait y descendre, tout comme ils y laissaient le tabernacle placé, sur l'autel. Je vis de ces insensés administrateurs des églises qui pour complaire aux princes, aux grands du monde, pour satisfaire des caprices et faire réussir des projets ambitieux, travaillaient et s'empressaient avec une activité sans pareille, tandis que le Roi du ciel et de la terre était couché comme le pauvre Lazare devant la porte, et désirait en vain les miettes de la charité que personne ne lui donnait. Il n'avait que ses plaies qui sont l'œuvre de nos mains et qui étaient léchées par les chiens, je veux dire par ces pécheurs qui retombent toujours, semblables au chien qui revient à son vomissement.

Quand je parlerais un an entier, je ne pourrais dire tous les affronts faits à Jésus dans le saint Sacrement que je connus de cette manière. J'en vis les auteurs assaillir le Seigneur par troupes, et le frapper de diverses armes, selon la diversité de leurs offenses. Je vis des clercs irrévérencieux, des prêtres légers ou sacrilèges dans la célébration du saint Sacrifice et la distribution de la sainte Eucharistie des troupes de communiants tièdes et indignes. Je vis, en nombre infini, des gens pour qui la source de toute bénédiction, le mystère du Dieu vivant, était devenue une imprécation, une formule de malédiction, des guerriers furieux profanant les vases sacrés, des serviteurs du démon employant la sainte Eucharistie aux mystères d'un effroyable culte infernal. A côté de ces insultes brutales et violentes, je vis une foule d'impiétés moins grossières qui paraissaient tout aussi abominables. Je vis beaucoup de personnes séduites par de mauvais exemples ou des enseignements perfides perdre la foi à la présence réelle de Jésus dans le saint Sacrement et ne plus y adorer humblement le Sauveur. Je vis dans ces troupes un grand nombre de docteurs que leurs péchés avaient rendu hérésiarques ; ils se disputaient entre eux au commencement puis ils s'unissaient pour attaquer Jésus avec fureur dans le saint Sacrement de son église. Je vis une troupe nombreuse de ces apostats, chefs de secte, insulter le sacerdoce catholique, combattre la présence réelle de Jésus dans l'Eucharistie, nier qu'il ait donné ce sacrement à son

Eglise et qu'elle l'ait fidèlement conservé, et arracher de son cœur, par leurs séductions, une multitude d'hommes pour lesquels il a répandu son sang. Ah ! C'était un affreux spectacle, car je voyais l'Eglise comme le corps de Jésus dont il avait réuni ensemble, par sa douloureuse Passion, les membres isoles et dispersés, et toutes ces masses d'hommes, qui se séparaient de l'Eglise, déchiraient et arrachaient comme des morceaux entiers de sa chair vivante. Hélas ! Il jetait sur eux des regards touchants, et gémissait de les voir se perdre. Lui, qui s'était donné à nous pour nourriture dans le saint Sacrement, afin de rassembler en un seul corps celui de l'Eglise, son épouse, les hommes séparés et divisés à l'infini, il se voyait déchiré dans ce corps même, car la table de la communion, de l'union dans le saint Sacrement, ce chef-d'œuvre de son amour, dans lequel il avait voulu rester à jamais parmi les hommes, était devenue, par la malice des faux docteurs, la borne de séparation, en sorte que là où il est par-dessus tout juste et salutaire que beaucoup ne fusent plus qu'un, à cette sainte table où le Dieu vivant lui-même est l'aliment qu'on reçoit, ses enfants devaient se séparer des incroyants et des hérétiques pour ne pas se rendre complices du péché d'autrui. Je vis, de cette manière, des peuples entiers arrachés de son sein, et privés de la participation au trésor des grâces laissées à l'Eglise. C'était un spectacle affreux de les voir se séparer d'abord en petit nombre, puis, devenus des peuples entiers, se diviser sur les choses les plus saintes, et se poser en ennemis les uns vis-à-vis des autres. A la fin, je vis tous ceux qui s'étaient séparés de l'Eglise plongés dans l'incrédulité, la superstition, l'hérésie, la fausse Philosophie mondaine : pleins d'une fureur sauvage, ils se réunissaient en grandes troupes pour assaillir l'Eglise, excités par le serpent homicide qui s'agitait au milieu d'eux. Hélas ! C'était comme si Jésus s'était senti déchirer lui-même en mille lambeaux. Le seigneur, livré à ces angoisses, vit et sentit tout l'arbre empoisonné de la division avec toutes ses branches et ses fruits qui se subdivisaient sans cesse jusqu'à la fin des temps où le froment sera recueilli dans les greniers et la paille jetée au feu.

J'étais tellement saisie d'horreur et d'effroi qu'une apparition de mon fiancé céleste me plaça miséricordieusement la main sur le cœur, avec ces paroles : Personne n'a encore vu cela, et ton cœur se briserait de douleur si je ne le soutenais.

Je vis le sang rouler en larges gouttes sur le pâle visage du Sauveur ; ses cheveux étaient collés ensemble et dressés sur sa tête, sa barbe sanglante et en désordre comme si on eût voulu l'arracher. Après la vision dont je viens de parler, il s'enfuit en quelque sorte hors de la caverne, et revint vers ses disciples. Mais sa démarche était comme celle d'un homme couvert de blessures et courbé sous un lourd fardeau, qui trébucherait à chaque pas. Lorsqu'il vint vers les trois Apôtres, ils ne s'étaient pas couchés pour dormir comme la première fois ; ils avaient la tête voilée et affaissée sur leurs genoux, dans une position où je vois souvent les gens de ce pays-là lorsqu'ils sont dans le deuil ou qu'ils veulent prier. Ils s'étaient assoupis, vaincus par la tristesse et la fatigue. Jésus, tremblant et gémissant, s'approcha d'eux, et ils se réveillèrent. Mais, lorsqu'à la clarté de la lune ils le virent debout devant eux, avec son visage pâle et sanglant et sa chevelure en désordre, leurs yeux fatigués ne le reconnurent pas d'abord tout de suite, car il était indiciblement défiguré. Comme il joignait les mains, ils se levèrent, le prirent sous les bras, le soutinrent avec amour, et il leur dit avec tristesse qu'on le ferait mourir le lendemain, qu'on s'emparerait de lui dans une heure, qu'on le mènerait devant un tribunal, qu'il serait maltraité, outragé, flagellé, et enfin livré à la mort la plus cruelle. Il les pria de consoler sa mère, et aussi de consoler Madeleine. Il leur parla ainsi pendant quelques minutes ; pour eux, ils ne lui répondirent pas, car ils ne savaient que dire, tant son aspect et ces discours les avaient troublés ; ils croyaient même qu'il était en délire. Mais lorsqu'il voulut retourner à la grotte, il n'eut pas la force de marcher. Je vis Jean et Jacques le conduire, et revenir lorsqu'il fut entré dans la grotte. Il était à peu près onze heures et un quart.

Pendant cette agonie de Jésus, je vis la sainte Vierge accablée aussi de tristesse et d'angoisses dans la maison de Marie, mère de Marc. Elle se tenait avec Madeleine et Marie dans le jardin de la maison ; elle était là, courbée en deux sur une pierre et affaissée sur ses genoux. Plusieurs fois elle perdit connaissance, car elle vit intérieurement plusieurs choses de l'agonie de Jésus. Elle avait déjà envoyé des messagers pour avoir de ses nouvelles ; mais, ne pouvant pas attendre leur retour, elle s'en fut, toute inquiète, avec Madeleine et Salomé, jusqu'à la vallée de Josaphat. Elle marchait voilée, et étendait souvent les bras vers le mont des Oliviers ; car elle voyait en esprit Jésus baigné d'une sueur de sang, et il semblait qu'elle voulût de ses mains étendues essuyer le visage de son fils. Je vis ces élans de son âme aller jusqu'à Jésus, qui pensa à elle et regarda de son côté comme pour y chercher du secours. Je vis cette communication entre eux sous forme de rayons qui allaient de l'un à l'autre. Le Seigneur pensa aussi à Madeleine, et fut touché de sa douleur ; c'est pourquoi il recommanda aux disciples de la consoler ; car il savait que son amour était le plus grand après celui de sa mère, et il avait vu qu'elle souffrirait encore beaucoup pour lui, et qu'elle ne l'offenserait plus jamais.

Vers ce moment, à onze heures un quart à peu près, les huit Apôtres revinrent dans la cabane de feuillage de Gethsémani ; ils s'y entretinrent et finirent par s'endormir. Ils étaient très ébranlés, très découragés, et violemment assaillis par la tentation. Chacun avait cherché un lieu où il pût se réfugier, et ils se demandaient avec inquiétude : Que ferons-nous lorsqu'on l'aura fait mourir ? Nous avons tout quitté pour le suivre ; nous sommes pauvres et le rebut de ce monde, nous nous sommes entièrement abandonnés à lui, et le voilà maintenant si languissant, si abattu, qu'on ne peut trouver en lui aucune consolation. Les autres disciples avaient d'abord erré de côté et d'autre ; puis, ayant appris quelque chose des effrayantes prophéties de Jésus, ils s'étaient retirés pour la plupart à Bethphagé.

Je vis Jésus priant encore dans la grotte et luttant contre la répugnance de la nature humaine à souffrir. Il était épuisé de fatigue et abattu, et il disait : Mon père, si c'est votre volonté, éloignez de moi ce calice. Cependant, que votre volonté se fasse et non pas la mienne. Mais alors l'abime s'ouvrit devant lui, et les premiers degrés des Limbes lui apparurent comme à l'extrémité d'une voie lumineuse. Il vit Adam et Eve, les patriarches, les prophètes, les justes, les parents de sa mère et Jean-Baptiste attendant son arrivée dans le monde inférieur avec un désir si violent, que cette vue fortifia et ranima son cœur plein d'amour. Sa mort devait ouvrir le ciel à ces captifs ; elle devait les tirer de la prison où ils languissaient dans l'attente. Lorsque Jésus eut regardé avec une profonde émotion ces saints de l'ancien monde, les anges lui présentèrent toutes les cohortes des bienheureux à venir qui, joignant leurs combats aux mérites de sa passion, devaient s'unir par lui au Père céleste. C'était une vision inexprimablement belle et consolante. Tous rangés, suivant leur date, leur classe et leur dignité, passèrent devant la Seigneur, parés de leurs souffrances et de leurs œuvres. Il vit le salut et la sanctification sortant à flots intarissables de la source de rédemption ouverte par sa mort. Les Apôtres, les disciples, les vierges et les saintes femmes, tous les martyrs, les confesseurs et les ermites, les papes et les évêques, des troupes nombreuses de religieux, en un mot l'armée entière des bienheureux s'offrit à sa vue. Tous portaient sur la tête des couronnes triomphales, et les fleurs de leurs couronnes différaient de forme, de couleur, de parfum et de vertu suivant la différence des souffrances, des combats et des victoires qui leur avaient valu la gloire éternelle. Toute leur vie et tous leurs actes, tous leurs mérites et toute leur force, ainsi que toute la gloire de leur triomphe, venaient uniquement de leur union aux mérites de Jésus-Christ.

L'action et l'influence réciproque que tous ces saints exerçaient les uns sur les autres, la manière dont ils puisaient à une source unique, au saint Sacrement et à la passion du Seigneur, offraient un spectacle singulièrement touchant et merveilleux. Rien ne paraissait fortuit en eux ; leurs œuvres, leur martyre, leurs victoires, leur apparence et leur vêtement, tout cela, quoi que bien divers, se fondait dans une harmonie et une unité infinies ; et cette unité dans la diversité était produite par les rayons d'un soleil unique, par la passion du Seigneur, du Verbe fait chair, en qui la vie était la lumière des hommes qui lait dans les ténèbres et que les ténèbres n'ont pas comprise.

C'était la communauté des Saints futurs qui passait devant l'âme du Sauveur, lequel se trouvait placé entre le désir des patriarches et le cortège triomphal des bienheureux à venir ; ces deux troupes s'unissant et se complétant en quelque sorte l'une l'autre, entouraient le cœur aimant du Rédempteur comme d'une couronne de victoire. Cette vue inexprimablement touchante donna à l'âme de Jésus un peu de consolation et de force. Ah ! Il aimait tellement ses frères et ses créatures, qu'il aurait accepté avec joie toutes les souffrances auxquelles il se dévouait pour la rédemption d'une seule âme. Comme ces visions se rapportaient à l'avenir, elles planaient à une certaine hauteur.

Mais ces images consolantes s'évanouirent, et les anges lui montrèrent sa Passion tout près de terre, parce qu'elle était proche. Ces anges étaient en grand nombre. Je vis toutes les scènes se présenter très distinctement devant lui, depuis le baiser de Judas jusqu'aux dernières paroles sur la croix : je vis là tout ce que je vois dans mes méditations de la Passion, la trahison de Judas, la fuite des disciples, les insultes devant Anne et Caïphe, le reniement de Pierre, le tribunal de Pilate, les dérisions d'Hérode, la flagellation et le couronnement d'épines, la condamnation à mort, le portement de la croix, la rencontre de la Sainte Vierge, son évanouissement, les insultes que les bourreaux lui prodiguaient, le suaire de Véronique, le crucifiement, les outrages des Pharisiens, les douleurs de Marie, de Madeleine et de Jean, le coup de lance dans le côté : en un mot, tout lui fut présenté avec les plus petites circonstances. Je vis comment le Seigneur, dans son angoisse, voyait tous les gestes, entendait toutes les paroles, percevait tout ce qui se passait dans les âmes. Il accepta tout volontairement, il se soumit à tout par amour pour les hommes. Ce qui le contrista le plus douloureusement fut de se voir attaché à la croix dans un état de nudité complète, pour expier l'impudicité des hommes : il pria instamment pour que cela lui fût épargné et qu'il lui fût au moins accordé d'avoir une ceinture autour des reins : je vis qu'il serait assisté en cela, non par ses bourreaux, mais par un homme compatissant. Il vit et ressentit aussi la douleur actuelle de sa mère que l'union à ses souffrances avait fait tomber sans connaissance dans les bras de ses deux amies.

A la fin des visions de la Passion, Jésus tomba sur le visage, comme un mourant : les Anges disparurent, la sueur de sang coula plus abondante, et je la vis traverser son vêtement. La plus profonde obscurité régnait dans la caverne. Je vis alors un ange descendre vers Jésus : il était plus grand, plus distinct et plus semblable à un homme que ceux que j'avais vus auparavant. Il était revêtu comme un prêtre d'une longue robe flottante, ornée de franges, et portait dans ses mains devant lui, un petit vase de la forme du calice de la sainte Cène. A l'ouverture de ce calice, se montrait un petit corps ovale, de la grosseur d'une fève, et qui répandait une lumière rougeâtre. L'ange, sans se poser à terre, étendit la main droite vers Jésus, qui se releva ; Il lui mit dans la bouche cet aliment mystérieux, et le fit boire du petit calice lumineux. Ensuite il disparut.

Jésus, ayant accepté librement le calice de ses souffrances il reçut une nouvelle force, resta encore quelques minutes dans la grotte, plongé dans une méditation tranquille et rendant grâces à son Père céleste. Il était encore affligé mais réconforté surnaturellement, au point de pouvoir aller vers les disciples sans chanceler et sans plier sous le poids de sa douleur. Il était toujours pâle et défait mais son pas était ferme et décidé. Il avait essuyé son visage avec un suaire, et remis en ordre ses cheveux qui pendaient sur ses épaules, humides de sang et de sueur et colles ensemble.

Quand il sortit de la grotte, je vis la lune comme auparavant, avec la tache singulière qui en occupait le centre et le cercle qui l'entourait, mais sa clarté et celle des étoiles étaient autres que précédemment, lors des grandes angoisses du Seigneur. La lumière maintenant était plus naturelle. Lorsque Jésus vint vers ses disciples, ils étaient couchés, comme la première fois, contre le mur de la terrasse ; ils avaient la tête voilée et dormaient. Le Seigneur leur dit que ce n'était pas le temps de dormir, qu'ils devaient se réveiller et prier. Voici l'heure où le Fils de l'homme sera livré dans les mains des pécheurs, dit-il ; levez-vous et marchons : le traitre est proche : mieux vaudrait pour lui qu'il ne fût jamais né. Les Apôtres se relevèrent tout effrayés, et autour d'eux avec inquiétude. Lorsqu'ils se furent un peu remis, Pierre lui dit avec chaleur : Maitre, je vais appeler les autres, afin que nous vous défendions. Mais Jésus à quelque distance dans la vallée, de l'autre côté du torrent de Cédron, une troupe d'hommes armés, qui s'approchaient avec des flambeaux, et il leur dit qu'un d'entre eux l'avait trahi. Les Apôtres regardaient la chose comme impossible. Il leur parla encore avec calme, leur recommanda de nouveau de consoler sa mère, et dit : Allons au-devant d'eux, je me livrerai sans résistance entre les mains de mes ennemis. Il sortit alors du jardin des Oliviers avec les trois Apôtres, et vint au-devant des archers sur le chemin qui était entre ce jardin et celui de Gethsémani.

Lorsque la sainte Vierge reprit connaissance entre les bras de Madeleine et de Salomé, quelques disciples, qui avaient vu les soldats s'approcher, vinrent à elle et la ramenèrent dans la maison de Marie, mère de Marc. Les archers prirent un chemin plus court que celui qu'avait suivi Jésus en venant du Cénacle.

La grotte dans laquelle Jésus avait prié aujourd'hui n'était pas celle où il avait coutume de prier sur le mont des Oliviers. Il allait ordinairement dans une caverne plus éloignée où, un jour, après avoir maudit le figuier stérile, il avait prié dans une grande affliction, les bras étendus et appuyé contre un rocher.

Les traces de son corps et de ses mains restèrent imprimées sur la pierre et furent honorées plus tard ; mais on ne savait plus à quelle occasion ce prodige avait eu lieu. J'ai vu plusieurs fois de semblables empreintes laissées sur la pierre, soit par les prophètes de l'Ancien Testament, soit par Jésus, Marie, ou quelques-uns des apôtres : j'ai vu aussi celles du corps de sainte Catherine d'Alexandrie sur le mont Sinaï. Ces empreintes ne paraissaient pas profondes, mais semblables à celles qu'on laisserait en appuyant la main sur une pâte épaisse[12].

II. JUDAS ET SA TROUPE

Judas ne s'attendait pas à ce que sa trahison eut les conséquences dont elle fut suivie. Il voulait mériter la récompense promise et se rendre agréable aux Pharisiens en leur livrant Jésus ; mais il ne pensait pas au résultat qui devait être la condamnation et le crucifiement du Sauveur, ses vues n'allaient pas jusque-là. L'argent seul préoccupait son esprit, et depuis longtemps il s'était mis en relation avec quelques Pharisiens et quelques Sadducéens rusés qui l'excitaient à la trahison en le flattant. Il était las de la vie fatigante, errante et persécutée que menaient les apôtres. Dans les derniers mois il n'avait cessé de voler les aumônes dont il était dépositaire, et sa cupidité, irritée par la libéralité de Madeleine lorsqu'elle versa des parfums sur Jésus, le poussa au dernier des crimes. Il avait toujours espéré un royaume temporel de Jésus et un emploi brillant et lucratif dans ce royaume, ne le voyant pas paraître, il cherchait à amasser une fortune. Il voyait les peines et les persécutions s'accroître, et il pensait à se mettre bien avec les puissants ennemis du Sauveur avant l'approche du danger ; car il voyait que Jésus ne devenait pas roi, tandis que la dignité du grand prêtre et l'importance de ses affidés faisaient une vive impression sur lui. Il se rapprochait de plus en plus de leurs agents qui le flattaient sans cesse et lui disaient d'un ton très assuré que, dans tous les cas, on en finirait bientôt avec Jésus. Récemment encore, ils étaient venus le trouver plusieurs fois à Béthanie. Il s'enfonça de plus en plus dans ses pensées criminelles, et il avait multiplié ses courses, dans les derniers jours, pour décider les princes des prêtres à agir. Ceux-ci ne voulaient pas encore commencer, et ils le traitèrent avec mépris. Ils disaient qu'il n'y avait pas assez de temps avant la fête, que cela y mettrait du désordre et du trouble. Le sanhédrin seul donna quelque attention aux propositions de Judas. Après la réception sacrilège du Sacrement, Satan s'empara tout à fait de lui et il partit pour achever son crime. Il chercha d'abord les négociateurs qui l'avaient toujours flatté jusque-là, et qui l'accueillirent encore avec une amitié feinte. Il en vint d'autres, parmi lesquels Caiphe et Anne, ce dernier, toutefois, prit avec lui un ton hautain et moqueur. On était irrésolu, et on ne comptait pas sur le succès, parce qu'on ne se fiait pas à Judas.

Je vis l'empire infernal divisé : Satan voulait le crime des Juifs, il désirait la mort de Jésus, le convertisseur, le saint docteur, le juste qu'il haïssait ; mais il éprouvait aussi je ne sais quelle crainte intérieure de la mort de cette innocente victime qui ne voulait pas se dérober à ses persécuteurs ; il lui portait envie de souffrir sans l'avoir mérité. Je le vis donc, d'un côté, exciter la haine et la fureur des ennemis de Jésus, et, d'un autre côté, insinuer à quelques-uns d'entre eux que Judas était un coquin, un misérable, qu'on ne pourrait pas rendre le jugement avant la fête, ni réunir un nombre suffisant de témoins contre Jésus.

Chacun mettait en avant une proposition différente ; et entre autres choses, ils demandèrent à Judas : Pourrons nous le prendre ? N'a-t-il pas des hommes armés avec lui ? Et le traître répondit : non, il est seul avec onze disciples ; lui-même est tout découragé et les onze sont des hommes peureux. Il leur dit aussi qu'il fallait s'emparer de Jésus maintenant ou jamais, qu'une autre fois il ne pourrait plus le leur livrer, qu'il ne retournerait peut-être plus près de lui que depuis quelques jours les autres disciples et Jésus lui-même avaient évidemment des soupçons sur lui, qu'ils semblaient se douter de ses menées, et qu'ils le tueraient sans doute s'il revenait à eux. Il leur dit encore que s'ils ne prenaient pas Jésus actuellement, il s'échapperait et reviendrait avec une armée de ses partisans pour se faire proclamer roi. Ces menaces de Judas firent effet. On revint à son avis, et il reçut le prix de sa trahison, les trente pièces d'argent. Ces pièces avaient la forme d'une langue, elles étaient percées du côté arrondi et enflées au moyen d'anneaux dans une espèce de chaine elles portaient certaines empreintes.

Judas, frappé du mépris et de la défiance qui perçaient dans leurs manières, fut poussé par l'orgueil à leur remettre cet argent pour l'offrir dans le Temple, afin de passer à leurs yeux pour un homme juste et désintéressé. Mais ils s'y refusèrent, parce que c'était le prix du sang qui ne pouvait être offert dans le Temple. Judas vit combien ils le méprisaient, et il en éprouva un profond ressentiment il ne s'était pas attendu à goûter les fruits amers de sa trahison avant même qu'elle fût accomplie ; mais il s'était tellement engagé avec ces hommes qu'il était entre leurs mains et ne pouvait plus s'en délivrer. Ils l'observaient de très près et ne le laissèrent point partir qu'il n'eût exposé la marche à suivre pour s'emparer de Jésus. Trois Pharisiens l'accompagnèrent lorsqu'il descendit dans une salle où se trouvaient des soldats du Temple, qui n'étaient pas seulement des Juifs mais des hommes de toute nation. Lorsque tout fut arrangé et qu'on eût rassemblé le nombre de soldats nécessaire, Judas courut d'abord au Cénacle, accompagné d'un serviteur des Pharisiens, afin de leur faire savoir si Jésus y était encore, à cause de la facilité de le prendre là en s'emparant des portes. Il devait le leur faire dire par un messager.

Un peu auparavant, lorsque Judas eut reçu le prix de sa trahison, un Pharisien était sorti et avait envoyé sept esclaves chercher du bois pour préparer la croix du Christ, dans le cas où il serait juge, parce que le lendemain on n'aurait pas eu assez de temps à cause du commencement de la Pâque. Ils prirent ce bois à un quart de lieue de là, près d'un grand mur où il y avait beaucoup d'autre bois appartenant au service du Temple, et le traînèrent sur une place derrière le tribunal de Caïphe, pour le façonner. La pièce principale de la croix avait été autrefois un arbre de la vallée de Josaphat, planté près du torrent de Cédron ; plus tard, étant tombé en travers, on en avait fait une espèce de pont. Lorsque Néhémie cacha le feu sacré et les saints vases dans l'étang de Bethsaïde, on le jeta par-dessus avec d'autres pièces de bois, plus tard, on l'en avait tiré et laissé de côté. La croix fut préparée d'une façon qui n'était pas ordinaire, soit parce qu'on voulait se moquer de la royauté de Jésus, soit par un hasard apparent, mais qui était dans les desseins de Dieu. Elle fut faite de cinq pièces de bois sans compter l'inscription. J'ai vu bien d'autres choses relatives à la croix, et j'ai su la signification des différentes circonstances, mais j'ai oublié tout cela.

Judas revint et dit que Jésus n'était plus dans le Cénacle, mais qu'il devait être certainement sur le mont des Oliviers, au lieu où il avait coutume de prier. Il demanda qu'on n'envoyât avec lui qu'une petite troupe, de peur que les disciples qui étaient aux aguets ne s'aperçussent de quelque chose et n'excitassent une sédition, Trois cents hommes devaient occuper les portes et les rues d'Ophel, partie de la ville située au sud du Temple, et la vallée de Millo jusqu'à la maison d'Anne, au haut de Sion, afin d'envoyer des renforts si cela était nécessaire, car, disait-il, tout le petit peuple d'Ophel était partisan de Jésus. Le traître leur dit encore qu'ils devaient prendre garde qu'il ne leur échappât, lui qui, par des moyens mystérieux, s'était souvent dérobé dans la montagne et rendu tout à coup invisible à ceux qui l'accompagnaient. Il leur conseilla aussi de l'attacher avec une chaine, et de se servir de certains moyens magiques pour l'empêcher de la briser. Les Juifs reçurent tous ces avis avec dédain et lui dirent : Tu ne nous en imposeras pas ; si nous le tenons une fois, nous ne le laisserons pas s'échapper.

Judas prit ses mesures avec ceux qui devaient l'accompagner : il voulait entrer dans le jardin avant eux, embrasser et saluer Jésus comme s'il revenait à lui en ami et en disciple après avoir fait ce dont il était chargé : alors les soldats accourraient et s'empareraient de Jésus. Il désirait qu'on crût qu'ils étaient venus là par hasard ; à leur vue il se serait enfui comme les autres disciples et on n'aurait plus entendu parler de lui. Il pensait aussi qu'il y aurait peut-être du tumulte, que les apôtres se défendraient et que Jésus se déroberait comme il l'avait fait souvent, cette pensée lui venait par intervalles quand il se sentait blessé par les dédains des ennemis de Jésus, mais il ne se repentait pas, car il s'était donné tout entier à Satan. Il ne voulait pas non plus que ceux qui viendraient derrière lui portassent des liens et des cordes : on eut l'air de lui accorder ce qu'il désirait, mais on en agit avec lui comme on fait avec un traître auquel on ne se fie pas, et qu'on repousse quand on s'en est servi. Les soldats avaient ordre de surveiller Judas de très près, et de ne pas le laisser aller qu'on ne se fût emparé de Jésus, car il avait reçu sa récompense. On pouvait craindre qu'il ne s'enfuît avec l'argent, et qu'on ne prît pas Jésus ou qu'on en prît un autre à sa place, ce qui n'aurait amené, pour tout résultat, que du désordre et des troubles pendant les fêtes de Pâques. La troupe choisie pour accompagner Judas était de vingt soldats pris dans la garde du Temple et dans ceux qui étaient aux ordres d'Anne et de Caïphe. Ils étaient costumés à peu près comme les soldats romains, ils portaient des morions et avaient comme eux des courroies pendantes autour des cuisses : ils s'en distinguaient principalement par la barbe, car les Romains à Jérusalem n'en portaient que sur les joues et avaient le menton et la lèvre rasés. Tous les vingt avaient des épées, quelques-uns étaient en outre armés de piques, ils portaient des bâtons avec des lanternes et des torches, mais lorsqu'ils partirent, ils n'en allumèrent qu'une seule. On avait d'abord voulu donner à Judas une escorte plus nombreuse, mais il fit observer qu'elle serait trop facile à apercevoir, parce que du mont des Oliviers on avait vue sur la vallée. La plus grande partie resta donc à Ophel, et l'on plaça des postes de tous côtés pour comprimer tout soulèvement et toute tentative en faveur de Jésus. Judas partit avec les vingt soldats, mais il fut suivi à quelque distance par quatre archers, records de la dernière classe, qui portaient des cordes et des chaines ; quelques pas derrière ceux-ci venaient ces six agents avec lesquels Judas s'était mis en rapport depuis quelque temps. C'était un prêtre, confident d'Anne, un affidé de Caïphe, deux employés pharisiens et deux employés sadducéens qui étaient aussi hérodiens. Ces hommes étaient des flatteurs d'Anne et de Caiphe, ils leur servaient d'espions, et Jésus n'avait pas d'ennemis plus acharnés.

Les soldats restèrent d'accord avec Judas jusqu'à l'endroit où le chemin sépare le jardin des Oliviers de celui de Gethsémani ; là ils ne voulurent pas le laisser aller seul en avant, ils prirent un autre ton avec lui et le traitèrent durement et insolemment.

III. JÉSUS EST FAIT PRISONNIER

Jésus se trouvant avec les trois apôtres sur le chemin entre Gethsémani et le jardin des Oliviers, Judas et sa troupe parurent à vingt pas de là, à l'entrée de ce chemin : il y eut contestation entre eux, parce que Judas voulait se séparer des soldats et aborder Jésus seul et en ami, de manière à ne pas paraître d'intelligence avec eux ; mais ceux-ci l'arrêtèrent et lui dirent : Non pas ainsi, camarade, tu ne nous échapperas pas que nous n'ayons le Galiléen. Et comme ils virent les huit apôtres qui accouraient au bruit, ils appelèrent à eux les quatre archers qui étaient à quelque distance. Judas ne voulait pas que ceux-ci intervinssent alors et, à cette occasion, il se disputa vivement avec eux. Lorsque Jésus et les trois apôtres reconnurent, à la lueur de la torche, cette troupe de gens armés, Pierre voulut le repousser par la force : Seigneur, dit-il, les huit sont tout près d'ici, attaquons les archers. Mais Jésus lui dit de rester tranquille, et il fit quelques pas en arrière sur un endroit couvert de gazon, de l'autre côté du chemin. Quatre disciples étaient sortis du jardin de Gethsémani et demandaient ce qui arrivait : Judas voulait entrer en conversation avec eux et leur faire des mensonges, mais les gardés l'en empêchèrent. Ces quatre disciples étaient Jacques le Mineur, Philippe, Thomas et Nathanaël : ce dernier, un fils du vieux Siméon et quelques autres, étaient venus vers les huit apôtres à Gethsémani, soit envoyés pour avoir des nouvelles par les amis de Jésus, soit poussés par l'inquiétude et la curiosité. Les autres disciples erraient çà et là dans l'éloignement, se tenant aux aguets et prêts à s'enfuir.

Jésus fit quelques pas pour s'approcher de la troupe et dit à hauts et intelligible voix : Qui cherchez-vous ? Les chefs des soldats répondirent : Jésus de Nazareth. C'est moi, réplique Jésus. A peine avait-il prononcé ces mots qu'ils reculèrent et tombèrent par terre comme frappés d'apoplexie. Judas qui était à côté d'eux fut encore plus déconcerté dans ses projets, et comme il semblait vouloir s'approcher de Jésus, le Seigneur étendit la main et dit : Mon ami ! Qu'es-tu venu faire ici ? Et Judas balbutia quelques paroles sur une affaire dont il avait été chargé. Jésus lui répondit en peu de mots dont le sens était : il voudrait mieux pour toi n'être jamais né ! Je ne m'en souviens pas très distinctement. Pendant ce temps, les soldats s'étaient relevés et s'étaient rapprochés du Seigneur, attendant le signe de reconnaissance du traître, le baiser qu'il devait donner à Jésus. Pierre et les autres disciples entourèrent Judas et l'appelèrent voleur et traître ; il chercha à se débarrasser d'eux en leur faisant des mensonges, mais il ne put y réussir, parce que les archers cherchaient à le défendre contre les apôtres et par là même témoignaient contre lui.

Jésus dit encore une fois : Qui cherchez-vous ? Ils répondirent encore : Jésus de Nazareth. – C'est moi, dit-il, je vous l'ai déjà dit, si c'est moi que vous cherchez laissez aller ceux-ci. A ces paroles, les soldats tombèrent une seconde fois avec des contorsions semblables à celles de l'épilepsie, et Judas fut de nouveau entouré par les apôtres qui étaient exaspérés contre lui. Jésus dit aux soldats : Levez-vous ! Ils se relevèrent pleins de terreur ; mais comme les apôtres serraient Judas de près, les gardes le délivrèrent de leurs mains et le sommèrent avec menaces de leur donner le signal convenu, car ils avaient ordre de se saisir seulement de celui qu'il embrasserait. Alors Judas vint à Jésus et lui donna un baiser avec ces paroles : Maitre, je vous salue. Jésus dit : Judas tu trahis le Fils de l'homme par un baiser. Alors les soldats entourèrent Jésus, et les archers qui s'étaient approchés mirent la main sur lui. Judas voulut s'enfuir, mais les apôtres le retinrent : ils s'élancèrent sur les soldats en criant : Maitre ! Devons-nous frapper avec l'épée ? Pierre, plus ardent, saisit l'épée, frappa Malchus, valet du grand prêtre, qui voulait repousser les apôtres, et le blessa à l'oreille : celui-ci tomba par terre et le tumulte fut alors à son comble.

Cependant Jésus avait été saisi par les archers, qui voulaient le lier : les soldats l'entouraient d'un peu plus loin, et c'était parmi eux que Pierre avait frappé Malchus. D'autres soldats étaient occupés à repousser ceux des disciples qui s'approchaient ou à poursuivre ceux qui fuyaient. Quatre disciples erraient aux environs et se montraient çà et là dans l'éloignement, les soldats n'étaient pas remis de la frayeur de leur chute, et d'ailleurs ils n'osaient guère s'écarter pour ne pas affaiblir la troupe qui entourait Jésus. Judas qui s'était enfui après avoir donné le baiser du traître fut arrêté à peu de distance par quelques-uns des disciples qui l'accablèrent d'injures ; mais les six employés pharisiens qui arrivèrent en ce moment le délivrèrent encore, et les quatre archers s'occupèrent d'entrainer le Seigneur qui était entre leurs mains.

Tel était l'état des choses lorsque Pierre renversa Malchus, et Jésus lui avait dit aussitôt : Pierre, remets ton épée dans le fourreau, car celui qui tire l'épée périra par l'épée, crois-tu que Je ne puisse pas prier mon père de m'envoyer plus de douze légions d'anges ? Ne dois-je pas vider le calice que mon père m'a donné à boire ? Comment l'Ecriture s'accomplirait-elle, si ces choses ne se faisaient pas. Il dit encore : Laisse-moi guérir cet homme. Puis il s'approcha de Malchus, toucha son oreille, pria, et la guérit. Les soldats étaient autour de lui, ainsi que les archers et les six Pharisiens, et ceux-ci l'insultaient, disant à la troupe : C'est un suppôt du diable, l'oreille a paru blessée par suite de ses enchantements, et c'est par ces mêmes enchantements qu'elle est guérie.

Alors Jésus leur dit : Vous êtes venus me prendre comme un assassin avec des pieux et des bâtons : j'ai enseigné tous les jours, parmi vous, dans le Temple, et vous n'avez pas mis la main sur moi : mais votre heure, l'heure de la puissance des ténèbres est venue. Ils ordonnèrent de l'attacher et ils l'insultèrent, disant : Tu n'as pas pu nous renverser avec tes sortilèges. Les recors lui dirent de leur côté : Nous saurons bien mettre fin à tes pratiques. Jésus fit une réponse dont je ne souviens pas bien, et les disciples s'enfuirent dans toutes les directions. Les quatre archers et les six Pharisiens n'étaient pas tombés, et, par conséquent, ne s'étaient pas relevés. C'était, ainsi qu'il me fut révélé, parce qu'ils étaient entièrement dans les liens de Satan aussi bien que Judas qui ne tomba pas, quoiqu'il tôt à côté des soldats. Tous ceux qui tombèrent et se relevèrent se convertirent depuis et devinrent chrétiens : ç'avait été la figure de leur conversion. Ces soldats avaient seulement entouré Jésus, mais ils n'avaient pas mis la main sur lui : Malchus se convertit aussitôt après sa guérison, si bien qu'il ne continua son service que pour maintenir l'ordre, et que, pendant les heures qui suivirent, il servit souvent de messager à Marie et aux autres amis du Sauveur pour leur rapporter ce qui se passait.

Pendant que les Pharisiens prodiguaient à Jésus les insultes et les railleries. Les archers le garrottèrent avec une grande dureté et une brutalité de bourreaux. Ces hommes étaient des païens de la plus basse extraction. Ils avaient le cou, les bras et les jambes nus ; ils portaient une bande d'étoffe autour des reins et des jaquettes sans manches ; ils étaient petits, robustes, très agiles ; leur teint était d'un brun rougeâtre, et ils ressemblaient à des esclaves égyptiens.

Ils garrottèrent les mains de Jésus devant sa poitrine, et cela de la manière la plus cruelle, car ils lui attachèrent le poignet droit au-dessous du coude du bras gauche et le poignet gauche au-dessous du coude du bras droit avec des cordes neuves, très dures et très serrées. Ils lui mirent autour du corps une espèce de large ceinture où étaient des pointes de fer et y assujettirent ses mains avec des liens d'osier. Ils lui passèrent autour du cou une sorte de collier où étaient encore des piquants ou d'autres corps propres à blesser, et d'où partaient deux courroies se croisant sur sa poitrine comme une étole et fortement attachées à la ceinture. A cette ceinture aboutissaient quatre longues cordes au moyen desquelles ils tiraient çà et là le Seigneur selon leurs caprices inhumains. Toutes ces cordes étaient neuves et paraissaient avoir été préparées tout exprès, depuis qu'on avait formé le projet de d'emparer de Jésus.

On se mit en marche après avoir allumé un plus grand nombre de torches. Dix hommes de la garde marchaient en avant, puis venaient les archers, qui trainaient Jésus avec leurs cordes, puis les Pharisiens qui l'accablaient d'injures, les dix autres soldats fermaient la marche. Les disciples erraient à quelque distance, poussant des sanglots et comme hors d'eux-mêmes ; Jean suivait d'un peu plus près les soldats qui étaient en arrière, et les Pharisiens leur ordonnèrent d'arrêter cet homme. Quelques-uns se retournèrent en effet et coururent sur lui, mais il s'enfuit, laissant entre leurs mains son suaire par lequel ils l'avaient saisi. Il avait quitté son manteau et ne portait qu'un vêtement de dessous court et sans manches afin de pouvoir s'échapper plus facilement. Il avait roulé autour de son cou, de sa tête et de ses bras, cette longue bande d'étoffe que les Juifs portent ordinairement. Les archers tiraient et maltraitaient Jésus de la Manière la plus cruelle : ils inventaient mille manières de le tourmenter, ce qu'ils faisaient surtout pour flatter bassement les six Pharisiens qui étaient pleins de haine et de rage contre le Sauveur. Ils le menaient par les chemins les plus rudes, sur les pierres, dans la boue, en cherchant pour eux-mêmes des sentiers commodes, et tendaient les cordes de toutes leurs forces ; ils tenaient d'autres cordes à nœuds avec lesquelles ils le frappaient, comme un boucher frappe les bestiaux qu'il mène à la boucherie, et ils accompagnaient toutes ces cruautés d'insultes tellement ignobles que la décence ne permettrait pas de répéter leurs discours. Jésus était pieds nus ; il avait, outre le vêtement qui couvrait la peau, une tunique de laine sans couture et un autre vêtement par-dessus. Les disciples, comme, du reste, les Juifs en général, portaient immédiatement sur la peau un scapulaire composé de deux pièces d'étoffes qui se réunissaient sur les épaules, avec des ouvertures sur les côtés. Le bas du corps était recouvert d'une ceinture d'où pendaient quatre morceaux d'étoffe qui enveloppaient les reins et formaient une espèce de caleçon. Je dois ajouter que, lors de l'arrestation du Sauveur, je ne vis pas qu'on lui présentât aucun ordre, aucune écriture : on le traita comme s'il eût été hors la loi.

Le cortège marchait assez vite. Lorsqu'il eut quitté le chemin qui est entre le Jardin des Oliviers et celui de Gethsémani, il tourna à droite et arriva bientôt à un pont jeté sur le torrent de Cédron. Jésus, allant au jardin des Olivier, avec les apôtres, n'avait point passé sur ce pont ; il avait pris un chemin détourné par la vallée de Josaphat qui l'avait conduit à un autre pont placé plus au sud. Celui où on le trainait actuellement était très long, parce qu'il s'étendait plus loin que le lit du Cédron, par-dessus quelques inégalités du terrain. Avant qu'on n'y arrivât, je vis deux fois Jésus renversé à terre par les violentes secousses que lui donnaient les archers. Mais lorsqu'ils furent arrivés sur le milieu du pont, ils ne mirent pas de bornes à leurs cruautés : ils poussèrent brutalement Jésus enchaîné et le jetèrent de toute sa hauteur dans le torrent, lui disant de s'y désaltérer. Sans une assistance divine cela eut suffi pour le tuer. Il tomba sur les genoux, puis sur son visage, qui eut été grièvement blessé contre des rochers à peine couverts d'un peu d'eau, s'il ne l'avait pas garanti avec ses mains liées ensemble. Elles s'étaient détachées de la ceinture, soit par une assistance d'en haut, soit parce que les archers les avaient déliées. Ses genoux, ses pieds, ses coudes et ses doigts s'imprimèrent miraculeusement sur le rocher où il tomba, et cette empreinte fut plus tard l'objet d'un culte. On ne croit plus à ces sortes de choses : mais j'ai vu souvent dans des visions historiques des empreintes de ce genre laissées dans la pierre par les pieds, les genoux et les mains des patriarches, des prophètes, de Jésus, de la sainte Vierge et de divers saints. Les rochers étaient moins durs et plus croyants que le cœur des hommes, et rendaient témoignage, dans ces terribles moments, de l'impression que la vérité faisait sur eux.

Je n'avais pas vu Jésus se désaltérer, malgré la terrible soif que suivit son agonie au jardin des Oliviers ; je le vis boire de l'eau du Cédron lorsqu'on l'y eut poussé, et j'appris que c'était l'accomplissement d'un passage prophétique des Psaumes, où il est dit qu'il boira dans le chemin l'eau du torrent (Ps. 109). Les archers tenaient toujours Jésus attaché au bout de leurs longues cordes. Mais ne pouvant lui faire traverser le torrent, à cause d'un ouvrage en maçonnerie qui était de l'autre côté, ils revinrent sur leurs pas, le trainant avec leurs cordes à travers le Cédron, puis, ils descendirent et le firent remonter sur le bord. Alors ces misérables le poussèrent sur le pont, l'accablant d'injures, de malédictions et de coups. Son long vêtement de laine, tout imbibé d'eau se collait sur ses membres. Il pouvait à peine marcher, et de l'autre côté du pont, il tomba encore par terre. Ils le relevèrent violemment, le frappant avec leurs cordes, et rattachèrent à sa ceinture les bords de sa robe humide, au milieu des insultes les plus ignobles ; faisant allusion, par exemple, à la manière dont on relève ses habits pour manger l'agneau pascal. Il n'était pas encore minuit lorsque je vis Jésus de l'autre côté du Cédron, trainé inhumainement par les quatre archers sur un étroit sentier, parmi les pierres, les fragments de rochers, les chardons et les épines. Les six méchants Pharisiens se tenaient aussi près de lui que le chemin le permettait, et, avec des bâtons de formes différentes, ils le poussaient, le piquaient ou le frappaient quand les pieds nus et saignants de Jésus étaient déchirés par les pierres et les épines, ils l'insultaient avec une ruelle ironie. Son précurseur, Jean-Baptiste, disaient-ils ne lui a pas préparé ici un bon chemin ; ou bien : Le mot de Malachie : J'envoie devant toi mon ange pour te préparer le chemin, ne s'applique pas ici, ou bien encore : Pourquoi ne ressuscite-t-il pas Jean d'entre les morts pour lui préparer la voie. Et chaque moquerie de ces hommes, accompagnée d'un rire insolent, était comme un aiguillon pour les archers, qui redoublaient leurs mauvais traitements envers le pauvre Jésus.

Bientôt cependant ils remarquèrent que plusieurs personnes se montraient. Ça et là dans l'éloignement ; car, le bruit s'était répandu que Jésus était arrêté, plusieurs disciples arrivaient de Bethphagé et d'autres endroits où ils s'étaient cachés, voulant savoir ce qui allait advenir de leur Maitre. Les ennemis de Jésus, craignant quelque attaque, donnèrent avec leurs cris, dans la direction d'Ophel, le signal de leur envoyer du renfort. Ils étaient encore à quelques minutes d'une porte située au midi du Temple, et qui conduit, à travers un petit faubourg nommé Ophel, sur la montagne de Sion où demeuraient Anne et Caïphe. Je vis sortir de cette porte une troupe de cinquante soldats. Ils étaient divisés en trois groupes, le premier de dix, le dernier de quinze, car je les ai bien comptés ; celui du milieu était donc de vingt-cinq hommes. Ils avaient plusieurs torches avec eux ; ils étaient insolents, bruyants, et poussaient des cris pour annoncer leur approche et féliciter ceux qui arrivaient de leur victoire. Lorsque le premier groupe se fut joint à l'escorte de Jésus, je vis Malchus et quelques autres profiter du désordre excité par cette réunion pour quitter l'arrière-garde et s'enfuir vers le mont des Oliviers.

Quand cette nouvelle troupe sortit d'Ophel, je vis les disciples qui s'étaient montrés à quelque distance se disperser. La sainte Vierge et neuf des saintes femmes avaient été poussées de nouveau par leur inquiétude dans la vallée de Josaphat. C'étaient Marthe, Madeleine, Marie de Cléophas, Marie Salomé. Marie, mère de Marc, Suzanne, Jeanne Chusa, Véronique et Salomé. Elles se trouvaient plus au midi que Gethsémani, en face de cet endroit de la montagne des Oliviers où est une autre grotte dans laquelle Jésus allait quelquefois prier. Lazare, Jean-Marc, le fils de Véronique et celui de Siméon étaient avec elles. Le dernier s'était trouvé à Gethsémani avec Nathanael et les huit apôtres, et il s'était enfui à travers les soldats. Ils apportaient des nouvelles aux saintes femmes. Dans le même moment, on entendait les cris et on voyait les torches des deux troupes qui se réunissaient. La sainte Vierge perdit connaissance et tomba dans les bras de ses compagnes. Celles-ci se retirèrent avec elle pour la ramener dans la maison de Marie, mère de Marc.

Les cinquante soldats étaient détachés d'une troupe de trois cents hommes qui avaient occupé à l'improviste les portes et les rues d'Ophel ; car le traître Judas avait fait observer aux princes des prêtres que les habitants d'Ophel pauvres journaliers pour la plupart, porteurs d'eau et de bois pour le Temple, étaient les partisans les plus déterminés de Jésus, et qu'on pouvait craindre qu'ils ne tentassent de le délivrer. Le traître savait bien que Jésus avait consolé, enseigné, secouru ou guéri un grand nombre de ces pauvres ouvriers. C'était aussi à Ophel que le Seigneur s'était arrêté lors de son voyage de Béthanie à Hébron après le meurtre de Jean-Baptiste, et qu'il avait guéri beaucoup de maçons blessés par la chute du grand bâtiment et de la tour de Siloé : la plupart de ces pauvres gens, après la Pentecôte se réunirent à la première communauté chrétienne. Lorsque les chrétiens se séparèrent des Juifs, et qu'on établit des demeures pour la communauté, des tentes et des cabanes furent tendues depuis ici jusqu'au mont des Oliviers, à travers la vallée. C'était aussi là qu'alors s'était établi saint Etienne. Ophel couvre une colline entourée de murs et située au midi du Temple. Ce bourg ne me semble guère plus petit que Dulmen[13][14].

Les bons habitants d'Ophel furent réveillés par les cris des soldats. Ils sortirent de leurs maisons et coururent dans les rues et aux portes pour savoir ce qui arrivait. Mais les soldats les repoussèrent brutalement dans leurs demeures. Jésus, le malfaiteur, votre faux prophète, leur disaient-ils, va être amené prisonnier. Le grand prêtre ne peut plus le laisser continuer le métier qu'il fait : il sera mis en croix. A cette nouvelle, on n'entendit que gémissements et sanglots. Ces pauvres gens, hommes et femmes, couraient çà et là en pleurant, ou se jetaient à genoux, les bras étendus, et criaient vers le ciel en rappelant les bienfaits de Jésus. Mais les soldats les poussaient, las frappaient, les faisaient rentrer de force dans leurs maisons, et se répandaient en injures contre Jésus, disant : Voici bien la preuve que c'est un agitateur du peuple. Ils ne voulaient pourtant pas exercer de trop grandes violences contre les habitants d'Ophel, de peur de les pousser à une résistance ouverte, et ils cherchaient seulement à les écarter du chemin que Jésus devait parcourir.

Pendant ce temps, la troupe inhumaine qui amenait le Sauveur s'approchait de la porte d'Ophel. Jésus était de nouveau tombé par terre, et il ne paraissait pas pouvoir aller plus loin. Alors un soldat compatissant profita de cette occasion pour dire aux autres : Vous voyez que ce malheureux homme ne peut plus marcher. Si nous devons l'amener vivant aux princes des Prêtres, desserrez un peu les cordes qui lui lient les mains afin qu'il puisse s'appuyer quand il tombera. La troupe s'étant arrêtée un instant et les archers ayant relâché ses liens, un autre soldat miséricordieux lui apporta de l'eau d'une fontaine située dans le voisinage[15]. Il puisa cette eau dans un cornet d'écorce roulée, tel que les soldats et les voyageurs en portent sur eux dans ce pays. Jésus lui adressa quelques paroles de remerciement, et cita, à cette occasion, un passage des prophètes où il est question de sources d'eau vive, ce qui lui attira beaucoup d'injures et de moqueries de la part des Pharisiens. Ils l'accusaient de forfanterie et de blasphème, lui disant de laisser là ces vains discours et qu'il ne donnerait plus à boire, même à un animal, bien loin de désaltérer les hommes. Je vis ces deux hommes, celui qui avait fait relâcher les liens de Jésus et celui qui lui avait donné à boire, favorisés d'une illumination intérieure de la grâce. Ils se convertirent avant la mort de Jésus, et se réunirent ensuite à ses disciples. J'ai su leurs noms actuels, ceux qu'ils portèrent plus tard comme disciples et toutes les circonstances de leur conversion ; mais on ne peut pas retenir tout cela, il y a trop de choses.

Le cortège se remit en marche au milieu des mauvais traitements prodigués à Jésus, et arriva à la porte d'Ophel, où il fut accueilli par les cris douloureux des habitants, que la reconnaissance attachait à Jésus. Les soldats avaient beaucoup de peine à retenir les hommes et les femmes qui se pressaient de tous les côtés. Ils joignaient les mains, se jetaient à genoux, et criaient : Délivrez-nous cet homme ! Délivrez-nous cet homme ! Qui nous aidera, qui nous consolera et nous guérira ? Rendez-nous cet homme ! C'était un spectacle déchirant de voir Jésus pâle, défait, meurtri, avec sa chevelure en désordre, sa robe humide et souillée, trainé avec des cordes et poussé avec des bâtons comme un pauvre animal qu'on mène au sacrificateur, conduit par d'ignobles archers demi nus et des soldats grossiers et insolents, à travers la foule affligée des habitants d'Ophel qui tendaient vers lui des mains qu'il avait guéries de la paralysie, faisaient entendre en suppliant ses bourreaux la voix qu'il leur avait rendue, le suivaient de leurs yeux pleins de larmes qui lui devaient la lumière.

Les habitants d'Ophel étaient encore remplis d'effroi et d'affliction lorsqu'un nouvel incident vint exciter leur pitié. La Mère de Jésus fut ramenée par les saintes femmes, à travers Ophel, vers la maison de Marie, mère de Marc, qui était au pied de la montagne de Sion. Lorsqu'ils la reconnurent, ils donnèrent de nouvelles marques de douleur et de compassion, et ils se pressèrent tellement autour de Marie, qu'elle était presque portée par la foule. Marie était muette de douleur. Arrivée chez Marie, mère de Marc, elle ne parla qu'à l'arrivée de Jean, qui lui raconta tout ce qu'il avait vu depuis la sortie du Cénacle. Plus tard on conduisit la sainte Vierge dans la maison de Marthe, qui était dans la partie occidentale de la ville, près du château de Lazare. On lui fit faire plusieurs détours, en évitant les chemins par lesquels Jésus avait été conduit, pour ne pas trop augmenter son chagrin. Pierre et Jean, qui avaient suivi Jésus de loin, coururent chez quelques serviteurs des princes et prêtres que Jean connaissait, afin de pouvoir entrer dans les salles du tribunal où Leur maitre était conduit. Ces hommes de la connaissance de Jean étaient des espèces de messagers de chancellerie, lesquels devaient actuellement courir toute la ville pour réveiller les anciens du peuple et plusieurs autres personnes convoquées pour le jugement ils désiraient rendre service aux deux apôtres, mais ils ne trouvèrent pas d'autre moyen que de revêtir Pierre et Jean d'un manteau semblable aux leurs, et de se faire aider par eux à porter des convocations, afin qu'ils pussent ensuite rentrer, si la faveur de leur costume, dans le tribunal de Caiphe, où se trouvaient rassemblés des soldats et des faux témoins, et d'où on faisait sortir toute autre personne.

Nicomède, Joseph d'Arimathie, et d'autres gens bien intentionnés étant membres du conseil, les apôtres se chargèrent de les avertir, et ils firent venir ainsi quelques amis de leur maitre que peut-être les Pharisiens auraient volontairement oubliés de convoquer pendant ce temps-là, Judas errait comme un criminel fou de désespoir que le démon obsède au pied des escarpements qui terminent Jérusalem au midi parmi les décombres et les immondices entassés en ce lieu.

IV. MESURES PRISES PAR LES ENNEMIS DE JESUS

Anne et Caiphe avaient été avertis immédiatement de l'arrestation de Jésus, et tout était en mouvement autour d'eux. Les salles étaient éclairées et les avenues gardées ; les messagers couraient la ville pour convoquer les membres du conseil, les scribes et tous ceux qui devaient prendre part du jugement. Plusieurs étaient restés on permanence chez Caïphe, depuis la trahison de Judas, pour attendre l'événement. Les anciens de trois classes de la bourgeoisie furent aussi rassembles. Comme les Pharisiens, les Sadducéens et les Hérodiens de toutes les parties du pays étaient venus. Jérusalem pour la tête, et que l'entreprise tentée contre Jésus avait été concertée de longue main entre eux et le grand conseil, ceux qui avaient la plus de haine contre le Sauveur furent convoqués, avec l'ordre de rassembler et d'apporter, au moment du témoignage, tout ce qu'ils pourraient trouver de preuves et de témoignages contre Jésus. Tous les Pharisiens, les Sadducéens, et beaucoup d'autres hommes méchants et orgueilleux de Nazareth, de Capharnaum, de Thirza, de Gabara, de Jotapat, de Siloh et d'ailleurs, auxquels Jésus avait dit si souvent la vérité, les couvrant de confusion en face du peuple, se trouvaient rassemblés à Jérusalem. Ils étaient pleins de haine et de rage, et chacun d'eux cherchait, parmi les gens de son pays que la fête avait attirés, quelques misérables qui voulussent à prix d'argent se porter accusateurs de Jésus. Mais tous, outre quelques mensonges palpables, se bornaient à répéter ces griefs rebattus à l'occasion desquels Jésus les avait si souvent réduits au silence dans leurs synagogues.

Toute la masse des ennemis de Jésus se rendait donc au tribunal de Caïphe, guidés par les orgueilleux Pharisiens, les Scribes et leurs affidés de Jérusalem, parmi lesquels se trouvaient bien des marchands chassés du Temple par le Sauveur, bien des docteurs vaniteux auxquels il avait fermé la bouche devant le peuple, peut-être même quelques-uns qui ne pouvaient lui pardonner de les avoir convaincus d'erreur et couverts de contusion, lorsqu'à l'âge de douze ans il avait fait sa première instruction au Temple. Parmi cette foule d'ennemis sa trouvaient encore des pécheurs impénitents qu'il n'avait pas voulu guérir ; des pécheurs retombés qui étaient redevenus malades ; des jeunes gens vaniteux dont il n'avait pas voulu pour disciples ; des chercheurs de successions, furieux de ce qu'il avait fait donner aux pauvres des biens sur lesquels ils comptaient ou de ce qu'il avait guéri ceux dont ils voulaient hériter ; des débauchés dont il avait converti les camarades ; des adultères dont il avait ramené les complices à la vertu ; beaucoup de gens flatteurs de tous ceux-là, beaucoup d'autres instruments de Satan tout pleins de rage intérieure contre toute sainteté et par conséquent contre la Saint des saints Cette lie du peuple juif, dont une si grande partie se trouvait rassemblée pour la fête de Pâques, s'était mise en mouvement, excitée par quelques-uns des principaux ennemis de Jésus, et elle refluait de tous côtés vers le palais de Caiphe, pour accuser faussement de tous les crimes le véritable Agneau sans tache qui porte les péchés du monde, et le souiller de leurs ouvres, qu'il a en effet prises sur lui portées et expiées.

Pendant que cette foule impure s'agitait, beaucoup de gens pieux et d'amis de Jésus, tristes et troublés, car ils ne savaient pas quel mystère allait s'accomplir, erraient çà et là, écoutaient, gémissaient. S'ils parlaient, on les chassait : s'ils se taisaient, on les regardait de travers. D'autres personnes bien intentionnées, mais faibles et indécises, se scandalisaient, tombaient en tentation et chancelaient dans leur conviction. Le nombre de ceux qui persévéraient était petit. Il arrivait alors ce qui arrive aujourd'hui, où l'on veut bien être bon chrétien quand cela ne déplaît pas aux hommes mais où l'on rougit de la croix quand le monde la voit de mauvais œil. Néanmoins il y en eut plusieurs qui, dès le commencement de cette procédure inique, injustifiable, et que les vils outrages dont elle était accompagnée rendaient révoltante, eurent le cœur touché de la patience résignée du Sauveur et se retirèrent silencieux et tristes.

V. COUP D'ŒIL SUR JERUSALEM

La grande et populeuse ville et les tentes des étrangers venus pour la Pâque étaient plongées dans le repos et le sommeil, succédant à beaucoup de prières et de cérémonies publiques et privées par lesquelles on s'était préparé à la fête, lorsque la nouvelle de l'arrestation de Jésus réveilla tous ses ennemis et ses amis ; et sur tous les points de la ville on vit se mettre en mouvement les personnes convoquées par les messagers des Princes des prêtres. Ils allaient et clair de lune ou à la lueur de leurs torches, le long des rues, sombres et désertes à cette heure, car la plupart des maisons avaient leurs fenêtres et leurs sorties sur des cours intérieures. Tous montent vers Sion d'où leur arrive un bruit tumultueux et où ils voient briller la lueur des torches. On entend çà et là frapper aux portes pour éveiller ceux qui dorment ; le bruit et le tumulte renaissent en divers endroits ; on ouvre à ceux qui frappent, on les interrogea, on se rend à la convocation. Des curieux et des serviteurs vont voir ce qui se passe pour raconter à ceux qui restent ; on entend verrouiller et barricader plusieurs portes, car quelques personnes s'inquiètent et craignent une émeute. Parfois des gens se montrent aux portes et demandent des nouvelles à des passants de leur connaissance, ou ceux-ci échangent rapidement quelques paroles avec eux. On entend mille propos dictés par une joie maligne, ainsi qu'il arrive aussi de nos jours dans de semblables occasions. Ainsi l'on entend dire, par exemple : Lazare et ses sœurs vont voir à qui ils se sont livrés ; Jeanne, femme de Chusa, Suzanne et Salomé se repentiront trop tard de leur imprudence ; Séraphia, la femme de Sirach, sera obligée de s'humilier devant son mari qui lui a si souvent reproché sa partialité pour le Galiléen. Tous les partisans de cet agitateur, de ce fanatique, semblaient prendre en pitié ceux qui pensaient autrement qu'eux, et maintenant plus d'un ne saura où se cacher. Il n'y a plus là personne pour jeter sous les pieds de sa monture des vêtements et des branches de palmier. Ces hypocrites, qui veulent toujours être meilleurs que les autres, vont avoir ce qu'ils méritent, car ils sont tous impliqués dans les affaires de ce Galiléen. La chose est plus grave qu'on ne le croyait. Je voudrais savoir comment Nicodème et Joseph d'Arimathie s'en tireront : il y a longtemps qu'on se méfie d'eux. Ils sont d'accord avec Lazare ; mais ils sont adroits. Tout va s'éclaircir maintenant, etc., etc.

C'est ainsi qu'on entend parler beaucoup de gens qui sont irrités contre quelques familles dévouées à Jésus, et surtout contre les saintes femmes qui se sont attachées à Jésus et qui lui ont publiquement rendu témoignage. En d'autres lieux, la nouvelle est reçue d'une manière plus convenable : quelques-uns sont terrifiés, d'autres gémissent secrètement, ou cherchent quelque ami dont les sentiments soient conformes aux leurs pour s'épancher avec lui. Il en est peu qui osent exprimer hautement l'intérêt qu'ils prennent à Jésus.

Tout n'est pourtant pas réveillé dans la ville, mais on l'est seulement là où les messagers portent les invitations du grand-prêtre, où les Pharisiens vont chercher leurs faux moins et où les rues aboutissent au chemin qui conduit vers Sion. Il semble qu'on voie en différents points de Jérusalem jaillir des étincelles de haine et de fureur qui, parcourant les rues, en rencontrent d'autres auxquelles elles se joignent, et croissant et grossissant toujours, montent vers Sion, et vont aboutir au tribunal de Caïphe comme un sombre fleuve de feu. Les soldats romains ne prennent aucune part à ce qui se fait. Mais leurs postes sont renforcés et leurs cohortes rassemblées ; ils observent avec soin tout ce qui se passe. Ils sont toujours ainsi en observation au temps des fêtes de Pâques, à cause de la grande affluence d'étrangers. Les Juifs évitent les environs de leurs corps de garde, parce que les Pharisiens souffrent d'être obliges de répondre à leur appel. Les Princes des prêtres n'ont pas manqué de faire savoir à Pilate pourquoi ils ont occupé avec des soldats Ophel et une partie de Sion. Mais il y a entre eux défiance réciproque. Pilate ne dort pas, il reçoit des rapports et donne des ordres. Sa femme est couchée ; son sommeil est profond, mais elle soupire et pleure comme si elle avait des songes pénibles. Elle dort, et cependant elle apprend bien des choses, plus de choses que son mari.

En aucun lieu de la ville on ne prend une part plus touchante aux maux de Jésus qu'à Ophel, parmi les pauvres serviteurs du temple et les journaliers qui habitent cette colline. Ils ont été réveillés subitement, au sein d'une nuit tranquille, pour voir, comme dans une horrible vision nocturne, leur maitre, Leur bienfaiteur, celui qui les a guéris et consolés, accablé d'injures et de mauvais traitements. Puis ils ont vu passer au milieu d'eux la douloureuse Mère de Jésus, et leur affliction a redoublé à son aspect. Ah ! c'est un spectacle déchirant de voir, dans leur douleur poignante, la mère et les amies de Jésus, obligées de courir les rues tremblantes et inquiètes, à cette heure de minuit, si indue pour de si saintes femmes, afin d'aller d'une maison d'ami à une autre. Tantôt elles sont obligées de se cacher à l'approche d'une troupe grossière et insolente, tantôt on les injurie comme des femmes de mauvaise vie ; souvent elles entendent des discours pleins d'une joie cruelle qui leur déchirent le cœur, plus rarement une parole de compassion sur Jésus. Enfin, arrivées à leur asile, eues tombent accablées, pleurant et joignant les mains, elles se soutiennent et s'embrassent, ou s'affaissent sur leurs genoux, la tête cachée sous un long voile. On frappe doucement et timidement : ce n'est pas un ennemi qui frappe ainsi ; elles ouvrent en tremblant : c'est un ami ou le serviteur d'un ami de leur maitre. Elles se pressent autour de lui, en le questionnant, et ses réponses sont de nouvelles douleurs. Elles ne peuvent rester en repos, se hasardent de nouveau dans les rues, et reviennent toujours avec un redoublement de tristesse.

La plupart des apôtres et des disciples errent effrayés dans les vallées qui entourent Jérusalem, et se cachent dans les cavernes du mont des Oliviers. Ils tremblent quand ils se rencontrent, se demandent des nouvelles à voix basse, et le moindre bruit interrompt leurs timides communications. Ils changent sans cesse de place, et cherchent à se rapprocher de la ville. Quelques-uns se glissent dans les campements des étrangers où ils ont reconnu des gens de leur pays venus pour la fête, et ils y cherchent des nouvelles ou envoient à la ville des messagers qui puissent en rapporter. Plusieurs montent sur le mont des Oliviers ; ils regardent avec inquiétude les torches qui se remuent à Sion, écoutent les bruits lointains, se livrent à mille conjectures différentes, puis redescendent dans la vallée, dans l'espoir d'y trouver des nouvelles positives.

Le bruit augmente de plus en plus autour du tribunal de Caiphe. Cette partie de la ville brille de l'éclat des torches et des falots. Autour de Jérusalem, on entend crier les animaux que tant d'étrangers ont amenés pour les sacrifier. Il y a quelque chose de singulièrement touchant dans le bêlement des innombrables agneaux qui doivent être immolés dans le Temple le lendemain. Un seul est sacrifié parce qu'il l'a voulu, et il n'ouvre pas la bouche ; semblable à la brebis qu'on mène à la boucherie, à l'agneau qui se tait devant le tondeur : celui-là, c'est l'agneau de Dieu, pur et sans tache, c'est Jésus-Christ.

Sur toutes ces scènes s'étend un ciel sinistre où se montrent des signes extraordinaires ; la lune y monte menaçante et troublée de taches étranges, car c'est en ce moment que Jésus mourra. Pendant ce temps, au midi de la ville, Judas Iscariote, le traître, aiguillonné par le diable, erre dans la sauvage vallée d'Hinnom : le remords le pousse par des sentiers impraticables à des endroits maudits, marécageux, pleins de fange et d'immondices. Seul, sans compagnons, il fuit devant son ombre. Des milliers de mauvais esprits sont répandus partout, troublant la raison des hommes et les poussant au mal. L'enfer est déchaîné : il excite partout au péché ; le fardeau de l'Agneau s'accroît : Satan, redouble de rage et sème partout le désordre et la contusion. L'Agneau prend sur lui tout ce fardeau, mais Satan veut le péché, et, si ce juste ne pèche point, si la tentation est impuissante à le faire tomber, il faut au moins que ses ennemis meurent dans leur péché. Les Anges sont entre la douleur et la joie, ils voudraient prier devant le trône de Dieu, et pouvoir porter secours à Jésus ; mais ils ne peuvent qu'adorer dans leur étonnement le miracle de la justice et de la miséricorde divine, qui était dans le ciel de toute éternité et qui commence à s'accomplir dans le temps ; car les Anges aussi croient en Dieu le Père tout-puissant créateur du ciel et de la terre ; et en Jésus-Christ, son Fus unique Notre Seigneur, qui a été conçu du Saint Esprit, est né de la Vierge Marie, qui commence cette nuit à souffrir sous Ponce Pilate, qui demain sera crucifié, mourra et sera enseveli : qui descendra aux enfers et ressuscitera le troisième jour : qui montera au ciel où il est assis à la droite de Dieu le Père tout-puissant ; d'où il viendra juger les vivants et les morts : eux aussi croient au Saint Esprit, à la sainte Eglise catholique, à la communion des Saints, à la rémission des péchés, à la résurrection de la chair et à la vie éternelle. Ainsi soit-il.

Tout cela n'est qu'une faible partie des impressions qui nécessairement remplissaient d'angoisses, de repentir de consolation et de compassion, jusqu'au point de le briser, un pauvre cœur tout souillé de péchés, quand la contemplation, comme pour implorer du secours, se détournait des souffrances du Sauveur, cruellement trainé par ses bourreaux, et s'élevait au-dessus de Jérusalem à cette heure de minuit, la plus solennelle des siècles, où la justice infinie et l'infinie miséricorde de Dieu, se rencontrant, s'embrassant et se pénétrant, commencèrent la plus sainte œuvre de la charité envers Dieu et les hommes, pour châtier sur l'Homme-Dieu et expier par l'Homme-Dieu les péchés de l'humanité.

Tel était l'état des choses lorsque notre cher Sauveur fut conduit devant Anne.

VI. JESUS DEVANT ANNE

Vers minuit, Jésus fut introduit dans le palais d'Anne, et on le conduisit à travers une cour éclairée, dans une salle qui avait les dimensions d'une petite église. Vis-à-vis l'entrée, siégeait Anne, entouré de vingt-huit conseillers, sur une terrasse élevée au-dessous de laquelle était un passage où l'on entrait par un des côtés. Sur le devant un escalier, interrompu par des bancs de distance en distance, conduisait à ce siège d'Anne ; lui-même y arrivait par une entrée communiquant avec l'intérieur du bâtiment. Jésus, encore entouré d'une partie des soldats qui l'avaient arrêté, fut trainé par les archers sur les premières marches de l'extrade. Le reste de la salle était rempli de soldats, de gens de la populace, de juifs qui insultaient Jésus, de domestiques d'Anne, et d'une partie des faux témoins qu'Anne avait rassemblés et qui se rendirent plus tard chez Caiphe. Anne attendait impatiemment l'arrivée du Sauveur. Il était plein de haine et de ruse, et une joie cruelle l'animait. Il était à la tête d'un certain tribunal chargé de veiller à la pureté de la doctrine et d'accuser devant les Princes des prêtres ceux qui y portaient atteinte, et il siégeait ici avec les membres du tribunal. Jésus était debout devant Anne, pâle, défait, silencieux et la tête baissée. Son vêtement était humide et couvert de bons. Les archers tenaient toujours le bout des cordes qui serraient ses mains. Anne, vieillard maigre et sec, à la barbe peu fournie, plein d'insolence et d'orgueil, s'assit avec un sourire ironique, feignant de ne rien savoir et de s'étonner grandement que Jésus fût le prisonnier qu'on lui avait annoncé. Voici ce qu'il dit à Jésus, ou du moins le sens de ses paroles : Comment, Jésus de

Nazareth ? C'est toi ! Où sont donc tes disciples, où sont tes nombreux adhérents ? Où est ton royaume ? Il me semble que les choses n'ont pas tourné comme tu le croyais ? On a trouvé que c'était assez d'insultes à Dieu et aux prêtres, assez de violations du Sabbat. Qui sont tes disciples, où sont-ils ? Tu te tais ! Parle donc, agitateur, séducteur ! N'as-tu pas mangé l'agneau pascal d'une manière inaccoutumée, en un temps et dans un lieu où tu ne devais pas le faire ? Tu veux introduire une nouvelle doctrine ? Qui t'a donné le droit d'enseigner ? Où as-tu étudié ? Parle, quelle est ta doctrine qui met le trouble partout ? Allons, parle, quelle est ta doctrine ?

Alors Jésus releva sa tête fatiguée, regarda Anne, et dit : J'ai parlé en public devant tout le monde ; j'ai toujours enseigné dans le temple et dans les synagogues où tous les Juifs se rassemblent. Je n'ai rien dit en secret. Pourquoi m'interroges-tu ? Demande à ceux qui m'ont entendu ce que je leur ai dit. Regarde autour de toi ! Ils savent ce que j'ai dit.

Le visage d'Anne, à ces paroles de Jésus, exprima le ressentiment et la fureur. Un infâme archer, vil flatteur du Pontife, qui se trouvait près de Jésus, s'en aperçut et ce misérable frappa de sa main couverte d'un gantelet de fer la bouche et les joues du Seigneur, lui disant : est-ce ainsi que tu réponds au grand-prêtre ? Jésus, ébranlé par la violence du coup, poussé d'ailleurs et brutalement secoué par les sergents, tomba de coté sur les marches, et le sang coula de son visage. La salle retentit de murmures, de rires et d'injures. Ils relevèrent Jésus en le maltraitant et le Seigneur dit tranquillement : Si j'ai mal parlé, montre-moi en quoi. Mais si j'ai bien parlé, pourquoi me frappez-vous ?

Anne, poussé à bout par le calme de Jésus, invita tous ceux qui étaient présents à exposer, ainsi qu'il le désirait lui-même, ce qu'ils lui avaient entendu dire. Alors ce fut une explosion de clameurs confuses et de grossières imprécations. Il a dit qu'il était roi, que Dieu était son père, que les Pharisiens étaient des adultères. Il soulève le peuple, il guérit au nom du diable le jour du Sabbat les gens d'Ophel l'ont entouré comme des furieux, l'ont appelé leur sauveur et leur prophète. Il se laisse nommer le Fils de Dieu ; il se dit l'envoyé de Dieu : il crie malheur à Jérusalem, prédit la destruction de la ville, n'observe pas les jeûnes, parcourt le pays avec une suite nombreuse, mange avec les impurs, les païens, les publicains et les pécheurs, fait société avec des femmes de mauvaise vie. Il a encore dit tout à l'heure, devant la porte d'Ophel, à un homme qui lui donnait à boire, qu'il lui donnerait l'eau de la vie éternelle après laquelle il n'aurait plus jamais soif. Il séduit le peuple par des paroles à double sens : il dissipe le bien d'autrui, débits toute sorte de mensonges sur son royaume, etc., etc.

Tous ces reproches lui étaient faits à la fois : les accusateurs venaient les lui adresser en face, en y mêlant les injures les plus grossières, et les archers le poussaient, le frappaient, en lui disant de répondre. Anne et ses conseillers ajoutaient leurs railleries à ces outrages, et lui disaient : C'est donc là ta doctrine ! Belle doctrine en vérité ! Qu'as-tu à répondre ? C'est donc là ton enseignement public ! Le pays en est plein. N'as-tu rien à dire ici ? Roi, donne tes ordres ; envoyé de Dieu, montre ta mission. Chacune de ces exclamations était accompagnée d'insultes et de coups de la part des archers et de leurs voisins, qui, tous, auraient volontiers imité celui qui l'avait frappé au visage. Jésus chancelait de côté et d'autre, et Anne reprit avec une froide insolence : Qui es-tu ? Qui t'a envoyé ? Es-tu le fils d'un obscur charpentier, ou bien es-tu Elie qui a été enlevé sur un char de feu ? On dit qu'il vit encore, et que toi, tu peux à volonté te rendre invisible. Au moins est-il vrai que tu nous as souvent échappé. N'es-tu pas plutôt Malachie dont tu empruntes souvent les paroles pour t'en prévaloir ? On a prétendu que ce prophète n'avait pas eu de père, que ç'avait été un ange, qu'il n'était pas mort. Belle occasion pour un fourbe de se faire passer pour lui. Quelle espèce de roi es-tu donc ? Tu as dit que tu étais plus que Salomon. Sois tranquille, je ne te refuserai pas plus longtemps le titre de ta royauté.

Alors Anne se fit donner une espèce d'écriteau long de près d'une aune et large de trois doigts ; il le posa sur une table qu'on plaça devant lui et y écrivit une série de grandes lettres, dont chacune indiquait un chef d'accusation contre le Seigneur. Puis il le roula, et le plaça dans une petite calebasse creuse, qu'il boucha soigneusement et assujettit ensuite au bout d'un roseau. Il présenta ce roseau à Jésus, lui disant avec une froide ironie : Voilà le sceptre de ton royaume : là sont renfermés tes titres, tes dignités et tes droits. Porte-les au grand-prêtre, pour qu'il reconnaisse ta mission et te traite suivant ta dignité Qu'on lie les mains à ce roi, et qu'on le mène devant le grand-prêtre.

On attacha de nouveau, en les croisant sur la poitrine les mains de Jésus qui avaient été déliées ; on y assujettit le simulacre de sceptre qui portait les accusations d'Anne, et on conduisit Jésus chez Caïphe, au milieu des rires, des injures et des mauvais traitements de la foule.

En conduisant Jésus chez Anne, on avait dépassé, en la laissant de côté, la maison de Caïphe : il fallut maintenant décrire un angle pour l'y ramener. La maison d'Anne n'était guère qu'à trois cents pas de celle de Caïphe[16]. Le chemin qui passait le long de murs et de petits bâtiments dépendant du tribunal du grand-prêtre, était éclairé avec des lanternes placées sur des perches, et couvert de Juifs qui vociféraient et s'agitaient. Les soldats pouvaient à peine ouvrir un passage à travers la foule. Ceux qui avaient outragé Jésus chez Anne répétaient leurs outrages devant le peuple, et le Sauveur fut encore injurié et maltraité tout le long du chemin. Je vis des hommes armés, et attachés au service du tribunal, repousser quelques groupes qui semblaient compatir aux souffrances du Sauveur, donner de l'argent à ceux qui se distinguaient par leur brutalité et leur dureté envers Jésus, et les faire entrer dans la cour de Caïphe.

VII. TRIBUNAL DE CAIPHE

Pour arriver au tribunal de Caïphe, on passe par une première cour extérieure, et de là on entre dans une autre cour, que nous appellerons intérieure, et qui entoure tout le bâtiment. La maison est deux fois plus longue que large.

Sur le devant se trouve une espèce de vestibule à ciel ouvert, qu'on appelle atrium, entouré de trois côtés de colonnes formant des galeries couvertes avec des entrées de ces trois côtés. L'entrée principale est sur le côté le plus long de l'édifice : en entrant par là, on trouve à gauche une fosse revêtue en maçonnerie où l'on entretient du feu : si l'on tourne à droite, on voit, derrière des colonnes plus hautes, formant le quatrième côté de la maison et plus élevée de deux marches, une salle à moitié grande comme le vestibule, où se trouvent les sièges des membres du conseil, sur une extrade en fer à cheval élevée de plusieurs marches. Le siège du grand-prêtre occupe vers le milieu la place la plus éminente. L'accusé se tient au centre du demi-cercle, entouré de gardes. Des deux côtés et derrière lui est la place des témoins et des accusateurs. Derrière les sièges des juges sont trois portes communiquant à une autre salle ronde, entourée aussi de sièges, et où se tiennent les délibérations secrètes. Quand on vient du tribunal dans cette salle, on voit, à droite et à gauche, des portes donnant dans la cour intérieure, dont l'enceinte est ici de forme ronde, comme le derrière de l'édifice. En sortant de la salle par la porte à droite, on aperçoit dans la cour, à sa gauche, l'entrée d'une prison souterraine qui règne sous cette dernière salle. Il y a là plusieurs cachots : Pierre et Jean restèrent toute une nuit dans l'un d'eux, lorsqu'ils eurent guéri le boiteux du Temple, après la Pentecôte.

Dans le bâtiment et à l'entour, tout était rempli de torches et de lampes, il faisait clair comme en plein jour. Au milieu du vestibule brillait en outre le feu allumé dans la fosse qui était comme un bassin creusé dans le sol et où l'on jetait de temps en temps des combustibles, du charbon de terre, si je ne me trompe : des deux côtés s'élevaient, à hauteur d'homme, des conduits pour la fumée. Des soldats, des employés subalternes, des témoins de bas étage gagnés à prix d'argent se pressaient autour du feu. Il y avait aussi des femmes parmi eux ; elles versaient aux soldats d'une liqueur rouge, et leur faisaient cuire des gâteaux pour de l'argent. C'était un mouvement comme celui d'une soirée de mardi gras. La plupart des juges siégeaient déjà autour de Caïphe. Les autres arrivèrent successivement. Les accusateurs et les faux témoins remplissaient à peu près le vestibule. Il y avait une grande foule qu'il fallait contenir par la force.

Un peu avant l'arrivée de Jésus, Pierre et Jean, encore revêtus du costume de messagers, entrèrent dans la cour extérieure. Jean, avec l'aide d'un employé du tribunal qu'il connaissait, put même pénétrer jusque dans la seconde cour dont on ferma pourtant la porte derrière lui, à cause de la foule. Pierre, qui était resté un peu en arrière, arriva devant cette porte fermée, et la portière refusa de lui ouvrir. Il ne serait pas allé plus loin, malgré les efforts de Jean, si Nicodème et Joseph d'Arimathie, qui arrivaient en ce moment, ne l'eussent fait entrer avec eux. Les deux apôtres, ayant rendu les manteaux qu'on leur avait prêtés, se placèrent au milieu de la foule qui encombrait le vestibule, en un lieu d'où l'on pouvait voir les juges. Caïphe était déjà assis sur son siège au milieu de l'extrade semi-circulaire. Autour de lui siégeaient environ soixante-dix membres du grand conseil. Des deux côtés se tenaient des fonctionnaires publics, des anciens, des scribes, et derrière eux des faux témoins. Des soldats étaient rangés depuis le pied de l'extrade jusqu'à la porte du vestibule par où Jésus devait être introduit. Ce n'était pas la porte placée en face du siège des juges, elle était située, par rapport au tribunal, sur le côté gauche de l'atrium.

Caiphe était un homme d'apparence grave ; son visage était enflammé et menaçant. Il portait un long manteau d'un rouge sombre, orné de fleurs et de franges d'or, attaché à la poitrine et aux épaules et couvert sur le devant de plusieurs plaques d'un métal brillant. Sa coiffure ressemblait un peu par le haut à une mitre d'évêque ; sur les côtés étaient des ouvertures par où pendaient quelques morceaux d'étoffe qui tombaient d'un côté jusque sur l'épaule. Caiphe était là depuis quelque temps avec ses adhérents du grand conseil, dont plusieurs étaient restés réunis depuis que Judas était sorti avec les soldats et les archers. Son impatience et sa rage étaient telles, qu'il descendit de son siège en grand costume, courut dans le vestibule, et demanda avec colère si Jésus n'arrivait pas. Comme le cortège approchait, il retourna à sa place.

VIII. JESUS DEVANT CAIPHE

Jésus fut conduit dans le vestibule, au milieu des clameurs, des injures et des coups ; mais bientôt les cris tumultueux cessèrent et l'on n'entendit plus que le sourd murmure et les chuchotements d'une rage contenue. On l'amena devant les juges, et comme il passait près de Pierre et de Jean, il les regarda, mais sans tourner la tête vers eux, afin de ne pas les trahir. A peine fut-il devant le conseil, que Caiphe s'écria : Te voilà, ennemi de Dieu, qui trouble pour nous cette sainte nuit. La calebasse où se trouvaient les accusations d'Anne fut détachée du sceptre dérisoire mis aux mains de Jésus. Lorsqu'elles eurent été lues, Caiphe se répandit en invectives contre le Sauveur ; les archers se frappèrent et le poussèrent avec des petits bâtons ferrés à l'extrémité desquels étaient des espèces de pommeaux terminés en pointe, et ils lui dirent : Réponds donc ! Ouvre la bouche ! Ne sais-tu pas parler ? Caiphe, avec plus d'emportement encore qu'Anne n'en avait montré, adressait une foule de questions à Jésus qui restait là calme, patient, les yeux baissés à terre. Les archers voulaient le forcer à parler : ils le frappaient à la nuque et dans les côtés, ils lui donnaient des coups sur les mains, et le piquaient avec des instruments pointus. Il y eut même un méchant enfant qui lui appliqua fortement le pouce sur la bouche, en lui disant de mordre.

Bientôt commença l'audition des témoins. Tantôt la populace excitée poussait des clameurs tumultueuses, tantôt on écoutait parler les plus grands ennemis de Jésus parmi les Pharisiens et les Sadducéens convoqués à Jérusalem de tous les points du pays. On répétait toutes les accusations auxquelles il avait mille fois répondu :

qu'il guérissait les maladies et chassait les démons par le démon, qu'il violait le sabbat, qu'il soulevait le peuple, qu'il appelait les Pharisiens race de vipères et adultères, qu'il prédisait la destruction de Jérusalem, qu'il hantait les publicains, les pêcheurs et les femmes de mauvaise vie, qu'il parcourait le pays avec une suite nombreuse, qu'il se faisait appeler roi, prophète et fils de Dieu, qu'il parlait toujours de son royaume, qu'il rejetait le divorce, qu'il avait crié malheur sur Jérusalem, qu'il se nommait le pain de vie, qu'il enseignait des choses inouïes, disant que quiconque ne mangerait pas sa chair et ne boirait pas son sang, ne pouvait être sauve, etc. C'était ainsi que ses paroles, ses instructions et ses paraboles étaient défigurées, entremêlées d'injures et présentées comme des crimes. Mais tous se contredisaient et s'embarrassaient dans leurs discours. L'un disait : il se donne comme roi. L'autre : Non, il se laisse seulement appeler de ce nom, et quand on a voulu le proclamer tel, il s'est enfui. Un troisième : Il dit qu'il est le fils de Dieu. Un quatrième : Non, il ne se nomme le fils que parce qu'il accomplit la volonté du Père. Quelques-uns disaient qu'il les avait guéris, mais qu'ils étaient retombés malades, que ces guérisons n'étaient que de la sorcellerie, il y avait beaucoup d'accusations et de témoignages sur ce chef de la sorcellerie ; on débitait aussi toute sorte de mensonges et d'assertions contradictoires sur la guérison de l'homme de la piscine de Bethsaïda. Les Pharisiens de Sephoris avec lesquels il avait disputé une fois sur le divorce, l'accusaient de fausse doctrine, et ce jeune homme de Nazareth qu'il n'avait pas voulu prendre parmi ses disciples avait la bassesse de témoigner contre lui. On lui reprochait aussi, entre autres choses, d'avoir absous la femme adultère dans le Temple et incriminé à ce sujet les Pharisiens.

Toutefois on ne pouvait présenter aucune accusation solidement établie. Les témoins comparaissaient plutôt pour lui dire des injures en face que pour rapporter des faits. Ils ne faisaient que se disputer violemment entre eux, et pendant ce temps Caphe et quelques membres du conseil ne cessaient d'invectiver Jésus : Quel roi es-tu ? Montre ton pouvoir, fais venir les légions d'anges dont tu as parlé au jardin des Oliviers ! Où as-tu mis l'argent des veuves et des fous que tu as séduits ? Tu as dissipé des fortunes entières ; réponds, parle devant le juge ! Es-tu muet ? Tu aurais mieux fait de te taire devant la populace et les troupeaux de femmes que tu endoctrinais. Là, tu parlais beaucoup trop.

Tous ces discours étaient accompagnés de mauvais traitements de la part des employés subalternes du tribunal. Ce ne fut que par miracle qu'il put résister à tout cela. Quelques misérables disaient qu'il était bâtard : mais d'autres disaient au contraire que c'était faux, que sa mère avait été une vierge pieuse dans le Temple et qu'ils l'avaient vue fiancer avec un homme craignant Dieu. On reprocha à Jésus et à ses disciples de ne point sacrifier dans le Temple. En effet, je n'ai jamais vu que Jésus ou les apôtres aient amené de victimes dans le Temple, si ce n'est les agneaux de la Pâque. Toutefois Joseph et Anne, pendant qu'ils vivaient, sacrifiaient souvent pour Jésus. Cette accusation était sans valeur, car les Esséniens ne faisaient point sacrifier, et ils n'étaient passibles d'aucune peine pour cela. On représentait sans cesse le reproche de sorcellerie, et Caphe assura plusieurs fois que la contusion qui régnait dans les dires des témoins était un effet de ses maléfices.

Quelques-uns dirent qu'il avait mangé la Pâque la veille ce qui était contraire à la loi, et que l'année précédente il avait déjà apporté des changements dans la célébration de cette cérémonie ; ce fut l'occasion de nouveaux cris et de nouvelles insultes. Mais les témoins s'étaient encore tellement contredits que Caiphe et les siens étaient honteux : et irrités de ce qu'ils ne pouvaient rien avancer qui eût quelque consistance. Nicodème et Joseph d'Arimathie furent sommés de s'expliquer sur ce qu'il avait mangé la Pâque dans une salle appartenant à l'un d'eux, et ils prouvèrent d'après d'anciens écrits que de temps immémorial les Galiléens avaient la permission de manger la Pâque un jour plus tôt. Ils ajoutèrent que du reste la cérémonie avait eu lieu conformément à la loi, puisque des gens du Temple y avaient aidé. Ceci embarrassa beaucoup les témoins, mais Nicodème surtout irrita vivement les ennemis de Jésus lorsqu'il montra dans les archives le droit des Galiléens. Ce droit leur avait été accordé, entre autres motifs dont je ne me souviens plus, parce qu'autrefois il y avait une telle affluence dans le Temple qu'on n'aurait pu avoir fini pour le jour du sabbat s'il avait tout fallu faire dans la même journée. Quoique les Galiléens n'eussent pas fait constamment usage de ce droit, il fut pourtant parfaitement établi par les textes que cita Nicodème ; et la fureur des Pharisiens contre celui-ci s'accrut encore, lorsqu'il représenta combien le conseil devait se sentir oiiens6 par les choquantes contradictions de tous ces témoins dans une affaire entreprise avec tant de précipitation, la nuit d'avant la plus solennelle des fêtes, sous l'empire de préventions les plus opiniâtres. Ils lancèrent des regards furieux contre Nicodème, et firent continuer leur audition de témoins avec un redoublement de précipitation et d'impudence. Après un grand nombre de dépositions ignobles, absurdes, calomnieuses, il en vint enfin deux qui dirent : Jésus a dit : Je renverserai le Temple qui a été bâti par les hommes et j'en relèverai en trois jours un nouveau qui ne sera pas fait de main d'homme. Mais ceux-ci encore n'étaient pas d'accord. L'un disait qu'il voulait construire un nouveau Temple ; qu'il avait mangé une nouvelle Pâque dans un autre édifice parce qu'il voulait abolir l'ancien Temple. Mais l'autre disait que cet édifice était bâti de main d'homme, que par conséquent il n'avait pas pu vouloir parler de celui-là.

Caiphe était plein de colère, car les cruautés exercées envers Jésus, les contradictions des témoins et l'ineffable patience du Sauveur faisaient une vive impression sur beaucoup d'assistants. Quelquefois les témoins étaient presque hués. Le silence de Jésus rendait quelques consciences inquiètes, et dix soldats se sentirent tellement touchés qu'ils se retirèrent sous prétexte de maladie. Comme ils passaient près de Pierre et de Jean, ils leur dirent : Ce silence de Jésus le Galiléen au milieu de tant de mauvais traitements déchire le cœur. Mais, dites-nous, où devons-nous aller ? Les deux apôtres, peut-être parce qu'ils ne se fiaient pas à eux et qu'ils craignaient, soit d'être dénoncés par eux comme disciples de Jésus, soit d'être reconnus pour tels par quelqu'un de l'assistance, leur répondirent avec un regard mélancolique et en termes généreux : Si la vérité vous appelle, laissez-vous conduire par elle : le reste se fera tout seul. Alors ces hommes quittèrent la salle et sortirent de la ville. Ils en rencontrèrent d'autres qui les conduisirent de l'autre côté de la montagne de Sion, dans les cavernes au midi de Jérusalem, et ils y trouvèrent plusieurs apôtres cachés qui d'abord eurent peur d'eux ; ils leur annoncèrent ce qui arrivait à Jésus et leur dirent qu'eux aussi étaient menacés ; sur quoi ceux-ci se dispersèrent et cherchèrent d'autres asiles.

Caïphe, poussé à bout par les discours contradictoires des deux derniers témoins, se leva de son siège, descendit deux marches et dit à Jésus : Ne réponds-tu rien à ce témoignage ? Il était très irrité de ce que Jésus ne le regardait pas. Alors les archers le saisissant par les cheveux, lui rejetèrent la tête en arrière et lui donnèrent des coups de poing sous le menton ; mais ses yeux ne se relevèrent pas. Caïphe alors éleva vivement ses mains et dit avec une voix courroucée : Je t'adjure par le Dieu vivant de nous dire si tu es le Christ, le Messie, le Fils de Dieu ? Il se fit un grand silence, et Jésus, fortifié par son Père, répondit avec une voix pleine de majesté inexprimable, avec la voix du Verbe éternel : Je le suis, tu l'as dit ! Et je vous dis que vous verrez le Fils de l'Homme assis à la droite de la Majesté divine et venant sur les nuées du ciel ! Pendant que Jésus disait ces paroles, je le vis resplendissant : le ciel était ouvert au-dessus de lui, et je vis d'une intuition que je ne saurais exprimer, Dieu, le Père tout-puissant : je vis aussi les Anges et la prière des justes qui montait jusqu'à son trône comme suppliant en faveur de Jésus. Je vis alors comme si la divinité de Jésus disait, au nom du Père et de Jésus à la fois : Si je pouvais souffrir, je souffrirais, mais parce que je suis miséricordieux, j'ai pris chair dans le fils, afin que le fils de l'homme souffre, car je suis juste, et voici qu'il porte les péchés de tous ceux-ci, les péchés du monde entier. Au-dessous de Caïphe, au contraire, je vis l'enfer comme une sphère d'un feu sombre pleine d'horribles figures : il se tenait au-dessus et ne semblait en être séparé que par une mince gaze. Je vis que toute la rage des démons était entrée en lui. Toute la maison me parut comme un enfer sortant de terre. Lorsque le Seigneur déclara solennellement qu'il était le Christ, Fils de Dieu, l'enfer sembla tressaillir devant lui, puis tout à coup vomir toutes ses fureurs dans cette maison. Tout ce que je vois m'est montré avec des formes et des figures ; ce langage est pour moi plus exact, plus bref et plus frappant que tout autre, parce que les hommes aussi sont des formes qui tombent sous les sens et ne sont pas purement des mots et des abstractions. Je vis donc l'angoisse ou la fureur des enfers se manifester sous mille formes horribles qui semblaient surgir en divers endroits. Je me souviens entre autres choses d'une troupe de petites figures noires semblables à des chiens qui couraient sur leurs pieds de derrière et armées de longues griffes : je ne saurais plus dire quelle espèce de mal me fut montrée sous cette forme. Je vis beaucoup de spectres effroyables entrer dans la plupart des assistants : quelquefois ils s'asseyaient sur leur tête ou sur leurs épaules. L'assemblée en était pleine et la rage des méchants allait toujours croissante. Je vis aussi dans ce moment d'horribles figures sortir des tombeaux de l'autre côté de Sion. Je crois que c'étaient de mauvais esprits. Je vis beaucoup d'autres apparitions dans le voisinage du Temple et parmi celles-ci beaucoup de figures qui semblaient trainer des chaines comme des captifs. Je ne sais pas si ces dernières étaient aussi des démons ou des âmes condamnées à habiter certains endroits sur la terre et qui peut-être maintenant se rendaient aux Limbes que le Sauveur leur ouvrait par sa condamnation à mort. On ne peut pas exprimer complètement de semblables choses : on ne voudrait pas scandaliser ceux qui les ignorent ; mais on les sent quand on les voit, et les cheveux se dressent sur la tête. Ce moment eut quelque chose d'horrible. Je crois que Jean vit tout cela, au moins en partie ; car je l'entendis en parler plus tard. Tous ceux qui n'étaient pas entièrement réprouvés ressentirent avec une terreur profonde tout ce qu'il y eut d'horrible en cet instant, et les méchants l'éprouvèrent par un redoublement de haine et de fureur.

Caiphe, inspiré par l'enfer, prit le bord de son manteau, le fendit avec son couteau et le déchira avec bruit, criant à haute voix : il a blasphémé ! Qu'est-il encore besoin de témoins ? Vous avez entendu le blasphème, quelle est votre sentence ? Alors tous les assistants se levèrent et s'écrièrent d'une voix terrible : Il est digne de mort ! Il est digne de mort !

Pendant ces cris, les fureurs de l'enter étaient à leur comble. Les ennemis de Jésus étaient comme enivrés par Satan, et il en était de même de leurs flatteurs et de leurs agents. C'était comme si les ténèbres eussent célébré leur triomphe sur la lumière. Tous les assistants chez lesquels il restait une étincelle de bien furent pénétrés d'une telle horreur que plusieurs se voilèrent la tête et se retirèrent. Les plus distingués parmi les témoins quittèrent avec une conscience troublée l'audience où ils n'étaient plus nécessaires. Les autres se pressèrent autour du feu dans le vestibule, où on leur donna de l'argent et où ils mangèrent et burent. Le grand-prêtre dit aux archers : Je vous livre ce roi ; rendez au blasphémateur les honneurs qu'il mérite. Puis il se retira avec les membres du conseil dans la salle ronde située derrière le tribunal, et où l'on ne pouvait pas être vu du vestibule.

Jean, dans sa profonde affliction, pensa à la pauvre mère de Jésus. Il craignait que la terrible nouvelle ne lui arrivât d'une manière plus douloureuse, peut-être, par la bouche d'un ennemi : il regarda encore le Seigneur, disant en lui-même : Maitre, vous savez pourquoi je m'en vais, et se rendit en hâte près de la sainte Vierge comme s'il y eût été envoyé par Jésus même. Pierre, accablé d'inquiétude et de douleur, et ressentant plus vivement à cause de sa fatigue la fraîcheur pénétrante du matin, dissimula son désespoir du mieux qu'il put et s'approcha timidement du foyer où se chauffait beaucoup de canaille. Il ne savait que faire, mais il ne pouvait pas s'éloigner de son maitre.

IX. NOUVEAUX OUTRAGES CHEZ CAIPHE

Lorsque Caiphe quitta la salle du tribunal avec les membres du conseil, une foule de misérables se précipita comme un essaim de guêpes irritées sur Notre Seigneur toujours attaché par des cordes que tenaient deux des quatre premiers archers. Les deux autres s'étaient éloignés avant le jugement pour se faire remplacer par d'autres. Déjà, pendant l'audition des témoins, les archers et quelques autres misérables avaient arraché des boucles entières de la chevelure et de la barbe de Jésus. Des gens de bien ramassèrent en secret quelques-unes de ces mèches de cheveux et se retirèrent en les emportant ; mais plus tard ils ne les retrouvèrent plus. En outre toute cette canaille l'avait couvert de crachats, frappé à coups de poing, poussé avec des bâtons pointus et piqué avec des aiguilles. Maintenant ils se livrèrent sans contrainte à leur rage insensée. Ils lui plaçaient sur la tête des couronnes de paille et d'écorce d'arbre, qu'ils lui ôtaient ensuite en l'injuriant. Ils disaient : Voici le fils de David avec la couronne de son père. Voici plus que Salomon. C'est le roi qui fait un repas de noces pour son fils. C'est ainsi qu'ils se raillaient des vérités éternelles, présentées par lui en paraboles aux hommes qu'il venait sauver ; et ils ne cessaient, en disant ces choses, de le frapper avec leurs poings et leurs bâtons, et de lui cracher à la figure. Ils tressèrent de nouveau une couronne de grosse paille de froment qu'ils lui mirent sur la tête par-dessus une espèce de bonnet assez semblable à la mitre de nos évêques, après lui avoir ôté sa robe. Il ne lui restait plus que le linge qu'il avait autour des reins avec un scapulaire qui lui couvrait le dos et la poitrine. Ils lui arrachèrent encore ce scapulaire qui ne lui fut plus rendu, et jetèrent sur ses épaules un vieux manteau en lambeaux dont le devant lui venait à peine aux genoux. Ils lui mirent autour du cou une longue chaine de fer, qui lui descendait comme une étole, des épaules sur la poitrine et pendait jusqu'aux genoux. Elle était terminée par deux lourds anneaux avec des pointes qui lui ensanglantaient les genoux quand il marchait et quand il tombait. Ils lui lièrent de nouveau les mains sur la poitrine, y placèrent un roseau, et couvrirent son divin visage de leurs crachats. Ils avaient versé toute espèce d'immondices sur sa chevelure, ils en avaient souillé sa poitrine et la partie supérieure de son manteau de dérision. Ils lui bandèrent les yeux avec un dégoûtant lambeau d'étoffe, et ils le frappèrent, lui disant : Grand prophète, dis-nous qui t'a frappé ? Pour lui, il ne parlait pas, priait intérieurement pour eux et soupirait. L'ayant mis en cet état, ils le trainèrent avec la chaine dans la salle où le conseil s'était retiré. En avant le roi de paille, s'écrièrent-ils en lui donnant des coups de pied et en le frappant de leurs bâtons noueux ; il doit se montrer au conseil avec les marques de respect qu'il a reçues de nous. Quand ils entrèrent, ce fut un redoublement d'ignobles railleries et d'allusions sacrilèges aux choses les plus saintes. Ainsi, quand ils crachaient sur lui et lui jetaient de la boue : Voilà ton onction de roi, ton onction de prophète, disaient-ils, tournant en ridicule l'onction de Madeleine et le baptême, et encore : Comment peux-tu te montrer en pareil état devant le grand conseil ? Tu veux toujours purifier les autres et tu n'es pas pur toi-même : mais nous allons te nettoyer. Alors ils prirent un vase plein d'eau sale et infecte dans laquelle se trouvait un affreux torchon, puis, avec des coups, des huées et des injures entremêlées de compliments et de salutations dérisoires, les uns lui tirant la langue, d'autres lui tournant le dos dans des postures indécentes, ils lui promenèrent ce torchon sur je visage et sur les épaules, faisant semblant de l'essuyer et le souillant plus ignominieusement qu'auparavant. Ils finirent par lui verser sur la figure toutes les immondices contenues dans le bassin, lui disant d'un ton moqueur : Voici ton onction précieuse, ton eau de nard du prix de trente deniers : c'est ton baptême de la piscine de Bethsaïda.

Cette dernière moquerie indiquait, sans qu'ils en eussent l'intention, la ressemblance de Jésus avec l'Agneau pascal ; car les victimes d'aujourd'hui étaient d'abord lavées dans l'étang voisin de la porte des Brebis ; puis on les menait à la piscine de Bethsaïda où elles recevraient une aspersion cérémonielle avant d'être sacrifiées dans le Temple. Pour eux, ils faisaient allusion au malade de trente-huit ans guéri par Jésus près de la piscine de Bethsaïda ; car je vis cet homme lavé ou baptisé en ce lieu : je dis lavé ou baptisé, parce que cette circonstance n'est pas bien présente à mon esprit.

Après cela, sans cesser de le frapper et de l'insulter, ils traînèrent Jésus autour de la salle devant les membres du conseil qui lui prodiguaient de leur côté les sarcasmes et les insultes. Je vis que tout était plein de figures diaboliques, c'était quelque chose de ténébreux, de désordonné, d'effrayant. Mais je vis souvent une lueur resplendir autour de Jésus depuis qu'il avait dit qu'il était le Fils de Dieu. Plusieurs des assistants semblaient en avoir une perception, plus ou moins confuse ; du moins ils sentaient avec inquiétude que toutes les ignominies, toutes les insultes ne pouvaient lui faire perdre son inexprimable majesté. La lumière qui environnait Jésus ne paraissait avoir d'autre effet sur ses aveugles ennemis que de redoubler leur rage. Quant à moi, sa gloire m'apparut si éclatante que je ne pus, m'empêcher de penser que, s'ils lui avaient voilé le visage, c'était uniquement parce que le grand prêtre ne pouvait plus supporter le regard de Jésus, depuis qu'il avait dit : Je le suis.

X. RENIEMENT DE PIERRE

Lorsque Jésus eut dit : Je le suis ; lorsque Caïphe déchira ses habits et que le cri : il est digne de mort ! se fit entendre au milieu du plus horrible tumulte, lorsque le ciel se fut ouvert au-dessus de Jésus, que l'enfer eut déchainé sa rage et les tombeaux rendu les esprits qui y étaient emprisonnés, lorsque tout fut rempli d'angoisses et de terreur, Pierre et Jean, qui avaient cruellement souffert de l'affreux spectacle qu'il leur avait fallu contempler dans le silence et l'inaction, sans même proférer une plainte, n'eurent pas la force de rester là plus longtemps. Jean alla rejoindre la mère de Jésus, qui se trouvait avec les saintes femmes dans la demeure de Marthe, non loin de la porte de l'Angle, où Lazare possédait une grande et belle maison. Pierre aimait trop Jésus pour le quitter. Il pouvait à peine se contenir et pleurait amèrement, s'efforçant de cacher ses larmes : ne voulant pas rester dans la salle du tribunal où il se serait trahi, il vint dans le vestibule auprès du feu, où des soldats et des gens du peuple se pressaient, tenant d'horribles et dégoûtants propos sur Jésus et racontant les scènes auxquelles ils venaient de prendre part. Pierre gardait le silence, mais ce silence même et son air de tristesse le rendaient suspect. La portière s'approcha du feu : comme on parlait de Jésus et de ses disciples, elle regarda Pierre d'un air effronté et lui dit : Tu es aussi un des disciples du Galiléen. Pierre, troublé, inquiet, craignant d'être maltraité par ces gens grossiers, répondit : Femme, je ne le connais pas ; je ne sais ce que tu veux dire. Alors il se leva, et, cherchant à se délivrer de cette compagnie. Il sortit du vestibule ; c'était le moment où le coq chantait devant la ville. Je ne me souviens pas de l'avoir entendu mais j'en eux le sentiment. Comme il sortait, une autre servante le regarda, et dit à ceux qui étaient près d'elle : Celui-ci était aussi avec Jésus de Nazareth ! Et les assistants dirent également : N'étais-tu pas un de ses disciples ? Pierre, effrayé, fit des protestations et s'écria : En vérité, je n'étais pas son disciple ; je ne connais pas cet homme.

Il traversa la première cour et vint dans la cour extérieure, parce qu'il voyait des personnes de sa connaissance qui regardaient par-dessus le mur et qu'il voulait avertir. Il pleurait, et son anxiété et sa tristesse au sujet de Jésus étaient si grandes, qu'il se souvenait à peine de ce qu'il venait de dire. Il y avait beaucoup de gens dans la cour extérieure, parmi lesquels des amis de Jésus. On ne les laissa pas entrer, mais on laissa sortir Pierre. Quelques-uns grimpaient sur les murs pour entendre ce qui se disait. Pierre trouva là un certain nombre de disciples de Jésus que l'inquiétude avait chassés hors des cavernes du mont Hinnom. Ils vinrent vers Pierre et lui firent des questions, mais il était si troublé, qu'il leur conseilla en peu de mots de se retirer, parce qu'il y avait du danger pour eux. Il s'éloigna d'eux aussitôt, errant tristement de côté et d'autre et ils sortirent pour regagner leurs retraites. Ils étaient environ seize, parmi lesquels Barthélémy, Nathanael, Saturnin, Judas Barsabas, Siméon, qui devint évêque de Jérusalem, Zachée et Manahem, le jeune homme prophétique, l'aveugle-né guéri par Jésus[17].

Pierre ne pouvait trouver de repos, et son amour pour Jésus le poussa de nouveau dans la cour intérieure qui entourait la maison. On l'y laissa rentrer parce que Joseph d'Arimathie et Nicodème l'y avaient introduit au commencement. Il ne revint pas dans le vestibule, mais il tourna à droite et s'en vint à l'entrée de la salle ronde placée derrière le tribunal, où la canaille promenait Jésus au milieu des huées. Pierre s'approcha timidement, et quoiqu'il vit bien qu'on l'observait comme un homme suspect, son inquiétude le poussa au milieu de la foule qui se pressait à la porte pour regarder. On trainait alors Jésus avec sa couronne de paille sur la tête ; il jeta sur Pierre un regard triste et presque sévère, et Pierre fut pénétré de douleur. Mais comme il n'avait pas surmonté sa frayeur, et qu'il entendait dire à quelques-uns des assistants : Qu'est-ce que cet homme ? Il revint dans la cour, marchant d'un pas mal assuré, tant il était accablé de tristesse et d'inquiétude ; puis, comme on l'observait encore dans le vestibule, il s'approcha du feu et resta assis là quelque temps. Mais quelques personnes qui avaient remarqué son trouble se mirent à lui parler de Jésus en termes injurieux. L'une d'elles lui dit : Vraiment tu es aussi de ses partisans ; tu es Galiléen et ton accent te fait reconnaître. Comme Pierre voulait se retirer, un frère de Malchus vint à lui et lui dit : N'est-ce pas toi que j'ai vu avec eux dans le jardin des Oliviers, et qui as blessé mon frère à l'oreille ?

Pierre, alors dans son anxiété, perdit presque l'usage de sa raison ; il se mit, avec la vivacité qui lui était propre, à faire des serments exécrables et à jurer qu'il ne connaissait pas cet homme ; puis il courut hors du vestibule dans la cour qui entourait la maison. Alors le coq chanta de nouveau, et Jésus, qu'on conduisait de la salle ronde à la prison à travers cette cour, se tourna vers Pierre, et lui adressa un regard plein de douleur et de compassion. Les paroles de Jésus : Avant que le coq ne chante deux fois, tu me renieras trois fois, lui revinrent au cœur avec une force terrible. Il avait oublié la promesse faite à son maitre de mourir plutôt que de le renier et le menaçant avertissement qu'elle lui avait attiré ; mais lorsque Jésus le regarda, il sentit combien sa faute était énorme et son cœur en fut déchiré. Il avait renié son maitre au moment où celui-ci était couvert d'outrages, livré à des juges iniques, patient et silencieux au milieu des tourments : pénétré de repentir et comme hors de lui, il vint dans la cour extérieure, la tête voilée et pleurant amèrement. Il ne craignait plus qu'on l'interpellât : maintenant il aurait dit à tout le monde qui il était et combien il était coupable.

Qui oserait dire qu'au milieu de pareils dangers, en proie à de telles angoisses et à un tel trouble, livré à une lutte si violente entre l'amour et la crainte, accablé de fatigues inouïes et d'une douleur capable de faire perdre la raison, avec la nature ardente et naïve de Pierre il eut été plus fort que lui ? Le Seigneur l'abandonna à sa propre force, et il fut faible comme sont tous ceux qui oublient cette parole : Veillez et priez pour ne pas tomber en tentation.

XI. MARIE DANS LA MAISON DE CAIPHE

La sainte Vierge était constamment en rapport spirituel avec Jésus, elle savait tout ce qui lui arrivait et souffrait avec lui. Elle était comme lui en prière continuelle pour ses bourreaux. Mais son cœur maternel criait aussi vers Dieu pour qu'il ne laissât pas ce crime s'achever, pour qu'il voulût détourner ces douleurs de son très saint Fils, et elle avait un désir irrésistible de se rapprocher de Jésus. Lorsque Jean, après avoir entendu l'horrible cri : Il est digne de mort, fut venu la trouver dans la maison de Lazare, située près de la porte de l'Angle, et lui eut raconté l'horrible spectacle auquel il avait assisté, elle demanda ainsi que Madeleine et quelques-unes des saintes femmes, à être menée près du lieu où Jésus souffrait. Jean, qui n'avait quitté son divin maitre que pour consoler celle qui était le plus près de son cœur après lui, conduisit les saintes femmes à travers les rues éclairées par la lune, et où l'on voyait beaucoup de gens qui retournaient chez eux. Elles marchaient voilées, mais leurs sanglots qu'elles ne pouvaient étouffer attirèrent sur elles l'attention de plusieurs groupes, et elles eurent à entendre bien des paroles injurieuses contre le Sauveur. La mère de Jésus contemplait intérieurement le supplice de son Fils et conservait cela dans son cœur comme tout le reste, elle souffrait en silence comme lui, et plus d'une fois elle tomba évanouie. Comme elle était ainsi sans connaissance dans les bras des saintes femmes, sous une des portes de la ville intérieure, quelques gens bien intentionnés qui revenaient de chez Caiphe la reconnurent, et s'arrêtant un instant avec une compassion sincère, la saluèrent de ces paroles : Ô malheureuse Mère, ô déplorable Mère, ô Mère riche en douleurs du Saint d'Israël ! Marie revint à elle et les remercia cordialement ; puis elle continua son triste chemin.

Comme elles approchaient de la maison de Caïphe, elles passèrent du côté opposé à l'entrée où il n'y a qu'un seul mur, tandis que du côté de l'entrée, on traverse deux cours et elles rencontrèrent là une nouvelle douleur, car il leur fallut passer par un endroit où l'on travaillait à la croix du Christ sous une tente éclairée par des torches. Les ennemis de Jésus avaient ordonné de préparer une croix pour lui dès qu'on se serait emparé de sa personne, afin d'exécuter le jugement aussitôt qu'il aurait été rendu par Pilate ; car ils voulaient mener le Sauveur devant celui-ci de très bonne heure, et ne prévoyaient pas que cela dût durer si longtemps. Les Romains avaient déjà préparé les croix des deux larrons. Les ouvriers maudissaient Jésus pour qui il leur fallait travailler la nuit ; et leurs paroles allèrent percer le cœur de sa mère déjà perce de mille douleurs. Elle pria toutefois pour ces aveugles qui préparaient avec des malédictions l'instrument de leur rédemption et du supplice de son Fils.

Arrivée dans la cour extérieure, après avoir fait le tour de la maison, Marie, accompagnée des saintes femmes et de Jean, traversa cette cour et s'arrêta à l'entrée de la cour suivante : mais son âme, livrée à des douleurs indicibles était auprès de Jésus. Elle désirait vivement que la porte lui fût ouverte, car elle sentait que cette porte seule la séparait de son Fils, lequel, au second chant du coq, avait été conduit dans le cachot placé sous la maison. La porte s'ouvrit, et Pierre, précédant plusieurs autres personnes qui sortaient, se précipita au dehors les mains étendues en avant, la tête voilée, et pleurant amèrement. Il reconnut Jean et la sainte Vierge à la lueur des torches et de la lune : ce fut comme si sa conscience réveillée par le regard du fils se présentait maintenant à lui dans la personne de la mère. Marie lui dit : Simon, que devient Jésus mon fils ? Et ces paroles retentirent jusqu'au fond de son âme. Il ne put supporter son regard et se détourna en tordant ses mains : mais Marie alla à lui et lui dit avec une profonde tristesse : Simon, fils de Jean, tu ne me réponds pas ? Alors Pierre s'écria en gémissant : Ô mère, ne me parlez pas ; ils l'ont condamné à mort, et je l'ai honteusement renié trois fois. Jean s'approcha pour lui parler ; mais Pierre, comme hors de lui-même, s'enfuit de la cour, et gagna cette caverne du mont des Oliviers ou les mains de Jésus priant s'étaient imprimées dans la pierre. Je crois que c'est dans cette même caverne qu'alla pleurer notre père Adam, lorsqu'il vint sur la terre chargée de la malédiction divine.

La sainte Vierge, le cœur déchiré de cette nouvelle douleur de son fils renié par le disciple même qui l'avait reconnu le premier comme fils du Dieu vivant, tomba près de la porte sur la pierre où elle se tenait, et les traces de sa main ou de son pied s'y imprimèrent. Cette pierre existe encore, mais je ne me rappelle plus où. Je l'ai vue quelque part. Or les portes des cours restaient ouvertes à cause de la foule qui se retirait après l'emprisonnement de Jésus, et quand la sainte Vierge fut revenue à elle, elle désira se rapprocher de son fils bien-aimé. Jean la conduisit ainsi que les saintes femmes devant le lieu où le Seigneur était renfermé. Elle était en esprit avec Jésus, et Jésus était avec elle ; mais cette tendre mère voulait entendre de ses oreilles les soupirs de son fils : elle les entendit et aussi les injures de ceux qui l'entouraient. Les saintes femmes ne pouvaient s'arrêter longtemps là sans être remarquée : Madeleine montrait un désespoir trop extérieur et trop violent, et quoique la sainte Vierge au plus fort de la douleur conservât une dignité et une décence merveilleuses, elle eut pourtant à entendre ces cruelles paroles : N'est-ce pas la mère du Galiléen ? Son fils sera certainement crucifié mais pas avant la fête, à moins que ce ne soit le plus grand des scélérats. Elle s'éloigna alors et, poussée par une inspiration intérieure, alla jusqu'au foyer, dans le vestibule où se trouvait encore un reste de populace. Les saintes femmes la suivaient dans un même silence. A l'endroit où Jésus avait dit qu'il était le Fils de Dieu et où les fils de Satan avaient crié : Il est digne de mort, elle perdit encore connaissance, et Jean et les saintes femmes l'emportèrent plus semblable à une morte qu'à une vivante. La populace ne dit rien et resta dans le silence et l'étonnement : c'était comme si un esprit céleste eût traversé l'enfer.

On repassa à l'endroit où se préparait la croix. Les ouvriers ne pouvaient pas plus la terminer que les juges ne pouvaient s'accorder sur la sentence. Il leur fallait sans cesse apporter d'autre bois, parce que telle ou telle pièce n'allait pas ou se fendait, jusqu'à ce que les différentes espèces de bois fussent combinées de la manière que Dieu voulait. J'eus diverses visions à ce sujet. Je vis que les anges les forçaient à recommencer jusqu'à ce que la chose fût faite selon ce qui était marqué ; mais je n'ai pas un souvenir très distinct de cette vision.

XII. JESUS DANS LA PRISON

Jésus était enferme dans un petit cachot voûté dont une partie subsiste encore. Deux des quatre archers seulement restèrent près de lui, mais ils se firent bientôt remplacer par d'autres. On ne lui avait pas encore rendu ses habits : il était vêtu seulement du vieux manteau couvert de crachats qu'on lui avait mis par dérision : ses mains avaient été liées de nouveau.

Lorsque le Sauveur entra dans la prison, il pria son Père céleste de vouloir bien accepter tous les mauvais traitements qu'il avait eu à souffrir et qu'il allait souffrir encore, comme un sacrifice expiatoire pour ses bourreaux et pour tous les hommes qui, livrés à des tourments du même genre, se rendraient coupables d'impatience et de colère. Du reste ses bourreaux ne lui laissèrent pas même ici un instant de repos. Ils l'attachèrent au milieu de la prison à un piller et ne lui permirent pas de s'appuyer, de sorte qu'il avait peine à se tenir sur ses pieds fatigués, meurtris et gonflés. Ils ne cessèrent pas de l'insulter et de le tourmenter, et quand les deux archers charges de le garder étaient las, ils étaient remplacés par deux autres qui imaginaient de nouvelles cruautés.

Je ne puis raconter tout ce que ces méchants hommes firent souffrir au Saint des saints : je suis trop malade, et j'étais presque mourante à cette vue. Ah ! Combien il est honteux pour nous que notre mollesse ne puisse dire ou entendre sans dégoût et sans répugnance le récit des innombrables outrages que le Rédempteur a souffert patiemment pour notre salut. Nous sommes saisis d'une horreur comparable à celle du meurtrier forcé de poser la main sur les blessures de sa victime. Jésus souffrit tout sans ouvrir la bouche ; et c'étaient les hommes, les pécheurs qui exerçaient leur rage sur leur frère, leur Rédempteur, leur Dieu. Je suis aussi une pauvre pécheresse, et c'est à cause de moi aussi que tout cela s'est fait. Au jour du jugement où tout sera manifesté, nous verrons tous quelle part nous avons prise au supplice du Fils de Dieu par les péchés que nous ne cessons de commettre et qui sont une sorte de consentement et de participation aux mauvais traitements que ces misérables firent éprouver à Jésus. Ah ! Si nous réfléchissions, nous répéterions bien plus sérieusement ces paroles qui se trouvent dans bien des livres de prières : Seigneur, faites-moi mourir plutôt que de permettre que je vous offense encore par le péché.

Jésus dans sa prison priait incessamment pour ses bourreaux ; et comme à la fin, accablés de fatigue, ils lui laissèrent un instant de repos, je le vis appuyé au piller et tout entouré de lumière. Le jour commençait à poindre, le jour de sa Passion, le jour de notre rédemption, et un rayon arrivait en tremblant, par le soupirait du cachot, jusque sur notre saint Agneau pascal tout meurtri qui a pris sur lui tous les péchés du monde. Jésus leva ses mains enchaînées vers la lumière naissante, et pria son Père à haute voix, le remerciant de la manière la plus touchante pour le don de ce jour que les patriarches avaient tant désiré, après lequel lui-même avait soupiré avec tant d'ardeur, depuis son arrivée sur la terre, qu'il avait dit à ses disciples : Je dois être baptisé d'un autre baptême et je suis dans l'impatience jusqu'à ce qu'il s'accomplisse. Combien étaient touchantes ses actions de grâces pour l'arrivée de ce jour qui devait procurer notre salut, le but de sa vie, ouvrir le ciel, vaincre l'enfer, faire jaillir sur les hommes la source des bénédictions et accomplir la volonté de son Père. J'ai prié avec lui, mais je ne puis rendre sa prière, tant j'étais accablée et malade : lorsqu'il remerciait pour ces horribles souffrances qu'il subissait aussi pour moi, je ne pouvais que dire et redire : Ah ! Donnez-moi vos douleurs ; elles m'appartiennent, elles sont le prix de mes péchés. Il saluait le jour avec une action de grâce si touchante que j'étais comme anéantie d'amour et de pitié, et que je répétais chacune de ses paroles comme un enfant. C'était un spectacle indiciblement triste, attendrissant et imposant de voir Jésus, entouré de lumière, accueillir ainsi le premier rayon du grand jour de son sacrifice. On eut dit que ce rayon venait à lui comme un juge qui vient visiter un condamné dans sa prison pour se réconcilier avec lui avant l'exécution. Les archers qui semblaient s'être assoupis un instant se réveillèrent et le regardèrent avec surprise, mais ils ne le troublèrent pas. Ils avaient l'air étonné et effrayé. Jésus resta un peu plus d'une heure dans cette prison.

Pendant que Jésus était dans le cachot, Judas qui jusque-là avait erré comme un désespéré dans la vallée de Hinnom, se rapprocha du tribunal de Caïphe. Il se glissa près de cet édifice, ayant encore pendues à sa ceinture les trente pièces d'argent, prix de sa trahison. Tout était rentré dans le silence, et il demanda aux gardes de la maison, sans se faire connaître d'eux, ce qui adviendrait du Galiléen. Il a été condamné à mort, dirent-ils, et il sera crucifié il entendit d'autres personnes parler entre elles des cruautés exercées sur Jésus, de sa patience, du jugement solennel qui devait avoir lieu au point du jour devant le grand conseil. Pendant que le traître recueillait çà et là ces nouvelles, le jour parut, et on commença à faire divers préparatifs dans le tribunal. Judas se retira derrière le bâtiment pour ne pas être vu : car il fuyait les hommes comme Caïn, et le désespoir s'emparait de plus en plus de son âme. Mais quel spectacle s'offrit à sa vue. L'endroit où il s'était réfugié était celui où l'on avait travaillé à la croix : les différentes pièces dont elle devait se composer étaient rangées en ordre, et les ouvriers dormaient à côté. Le ciel blanchissait au-dessus de la montagne des Oliviers : il semblait voir avec terreur l'instrument de notre rédemption. Judas tressaillit et s'enfuit : il avait vu le gibet auquel il avait vendu le Seigneur. Il se cacha dans les environs, attendant la conclusion du jugement du matin.

XIII. JUGEMENT DU MATIN

Au point du jour, Caïphe, Anne. Les Anciens et les Scribes se rassemblèrent de nouveau dans la grande salle du tribunal pour rendre un jugement tout à fait régulier : car il n'était pas conforme à la loi qu'on jugeât la nuit, et il pouvait y avoir seulement une instruction préparatoire, à cause de l'urgence. La plupart des membres avaient passé le reste de la nuit dans la maison de Caïphe, où on leur avait préparé des lits de repos. Plusieurs, comme Nicodème et Joseph d'Arimathie, vinrent au point du jour. L'assemblée était nombreuse et il y avait dans toutes ses allures beaucoup de précipitation. Comme on voulait condamner Jésus à mort. Nicodème, Joseph et quelques autres tinrent tête à ses ennemis, et demandèrent qu'on différât le jugement jusqu'après la fête, de peur qu'il ne survint des troubles à cette occasion ; ils ajoutèrent qu'on ne pouvait point asseoir un jugement sur les griefs portés devant le tribunal, puisque tous les témoins s'étaient contredits. Les Princes des prêtres et leurs adhérents s'irritèrent et firent entendre clairement à ceux qui les contrariaient qu'étant soupçonnés eux-mêmes d'être favorables à la doctrine du Galiléen. Ce jugement ne leur déplaisait tant que parce qu'il les atteignait aussi. Ils allèrent jusqu'à vouloir exclure du conseil tous ceux qui étaient favorables à Jésus ; ceux-ci de leur côté protestèrent qu'ils ne prenaient aucune part à tout ce qui pourrait être décidé, quittèrent la salle et se retirèrent dans le Temple.

Caiphe ordonna d'amener Jésus devant ses juges et de se préparer à le conduire vers Pilate immédiatement après le jugement. Les archers se précipitèrent en tumulte dans la prison, délièrent les mains de Jésus en l'accablant d'injures, lui arrachèrent le vieux manteau dont ils l'avaient revêtu, le forcèrent à coups de poing à remettre sa longue robe encore toute couverte des ordures qu'ils y avaient jetées, lui attachèrent de nouveau des cordes au milieu du corps et le conduisirent hors de la prison. Tout cela se fit précipitamment et avec une horrible brutalité. Jésus fut conduit à travers les soldats déjà rassemblés devant la maison, et quand il parut à leurs yeux, semblable à une victime qu'on mène au sacrifice, horriblement défiguré par les mauvais traitements, vêtu seulement de sa robe toute souillée, le dégoût leur inspira de nouvelles cruautés ; car la pitié ne trouvait point de place dans ces Juifs au cœur dur.

Caïphe, plein de rage contre Jésus qui se présentait devant lui dans un état si déplorable, lui dit : Si tu es l'oint du Seigneur, le Messie, dis-le-nous. Jésus leva la tête et dit avec une sainte patience et une gravité solennelle : Si je vous le dis, vous ne me croirez pas ; et si je vous interroge, vous ne me répondrez pas, ni ne me laisserez aller ; mais désormais le Fils de l'homme sera assis à la droite de la puissance de Dieu. Ils se regardèrent entre eux et dirent à Jésus avec un rire dédaigneux : Tu es donc le Fus de Dieu ? Et Jésus répondit avec la voix de la vérité éternelle : Vous le dites, je le suis. A cette parole, ils crièrent tous : Qu'avons-nous besoin de preuves ? Nous venons de l'entendre de sa propre bouche.

En même temps ils prodiguaient les termes de mépris à Jésus, ce misérable, ce vagabond, ce mendiant de basse extraction qui voulait être leur Messie et s'asseoir à la droite de Dieu. Ils ordonnèrent aux archers de le lier de nouveau, et lui firent mettre une chaine autour du cou, ainsi qu'on le faisait aux condamnés à mort, afin de le conduire à Pilate. Ils avaient déjà envoyé un messager à celui pour le prier de se tenir prêt à juger un criminel, parce qu'ils devaient se hâter à cause de leur fête. Ils parlaient entre eux avec dépit de ce qu'il leur fallait aller d'abord vers le gouverneur romain ; car, quand il s'agissait de quelque chose de plus que de leurs lois religieuses et de la police du Temple, ils ne pouvaient rendre exécutoire une sentence de mort sans son concours. Or, pour donner à la condamnation de Jésus une plus grande apparence de justice, ils voulaient le faire juger aussi comme coupable envers l'empereur, et c'est sous ce rapport que la chose était principalement du ressort de Pilate. Les soldats étaient déjà rangés devant la maison ; il y avait en outre beaucoup d'ennemis de Jésus et de populace. Les Princes des prêtres et une partie du conseil allaient en avant, puis venait le Sauveur mené par les archers et entouré de soldats ; la populace fermait la marche. C'est dans cet ordre qu'ils descendirent de Sion dans la partie inférieure de la ville, se dirigeant vers le palais de Pilate. Une partie des prêtres qui avaient assisté au conseil se rendit au Temple, où us avaient à s'occuper des cérémonies du jour.

XIV. DESESPOIR DE JUDAS

Pendant qu'on conduisait Jésus à Pilate, le traître Judas qui ne s'était pas beaucoup éloigné, entendait ce qui se disait dans la foule, et son oreille était frappée de paroles semblables à celles-ci : On le conduit à Pilate ; le grand Conseil a condamné le Galiléen à mort, il doit être crucifié, on ne le laissera pas en vie, on l'a déjà terriblement maltraité, il est d'une patience qui confond ; il ne répond rien, il a dit seulement qu'il était le Messie et qu'il siégerait à la droite de Dieu ; c'est pourquoi on le crucifiera : s'il n'avait pas dit cela, on n'aurait pas pu le condamner à mort. Le coquin qui l'a vendu était son disciple, et avait, peu de temps avant, mangé l'agneau pascal avec lui : je ne voudrais pas avoir pris part à cette action ; que le Galiléen soit ce qu'il voudra, au moins n'a-t-il pas livré son ami à la mort pour de l'argent ; vraiment ce misérable mériterait aussi la potence. Alors l'angoisse, le remords trop tardif et le désespoir luttaient dans l'âme de Judas. Satan le poussa à s'enfuir en courant. Le faisceau des trente pièces d'argent, suspendu à sa ceinture, était pour lui comme un éperon de l'enfer, il le prit dans sa main pour l'empêcher de le frapper ainsi dans sa course, il courait en toute hâte, non pas après le cortège pour se jeter aux pieds de Jésus et demander son pardon au Rédempteur miséricordieux, non pour mourir avec lui, non pour confesser, plein de repentir, sa faute devant Dieu, mais pour rejeter loin de lui, en face des hommes, son crime et le prix de sa trahison. Il courut comme un insensé jusque dans le Temple où plusieurs membres du conseil s'étaient rendus après le jugement de Jésus. Ils se regardèrent avec étonnement ; puis, avec un sourire de mépris, ils fixèrent leurs regards hautains sur Judas qui tout hors de lui, arracha de sa ceinture les trente pièces d'argent, et, les leur présentant de la main droite, dit dans un violent désespoir : reprenez votre argent avec lequel vous m'avez entraîné à vous livrer le juste : reprenez votre argent, délivrez Jésus, je romps notre pacte : j'ai péché grièvement, car j'ai livré le sang innocent. Mais les prêtres lui témoignèrent tout leur mépris : ils retirèrent leurs mains de l'argent qu'il leur tendait, comme pour ne pas se souiller en touchant la récompense du traître, et lui dirent : Que nous importe que tu aies péché ! Si tu crois avoir vendu le sang innocent, c'est ton affaire : nous savons ce que nous avons acheté, et nous l'avons trouvé digne de mort. Tu as ton argent : nous ne voulons plus en entendre parler, etc... Ils lui tinrent ces discours du ton qu'on prend quand on veut se débarrasser d'un importun, et ils éloignèrent de lui. A ces paroles, Judas fut saisi d'une telle rage et d'un tel désespoir qu'il était comme hors de lui : ses cheveux se dressaient sur sa tête : il déchira à deux mains la ceinture où étaient les pièces d'argent, les jeta dans le Temple et s'enfuit hors de la ville.

Je le vis de nouveau courir comme un insensé dans la vallée d'Hinnom : Satan sous une forme horrible était à ses côtés, et lui soufflait à l'oreille, pour le porter au désespoir, toutes les malédictions des prophètes sur cette vallée où les Juifs autrefois avaient sacrifie leurs enfants aux idoles. Il semblait que toutes ces paroles le montrassent au doigt, comme par exemple : ils sortiront et verront le cadavre de ceux qui ont péché envers moi, dont le ver ne mourra point, dont le feu ne s'éteindra pas. Puis il répétait à ses oreilles : Caïn, où est Abel, ton frère ?

Qu'as-tu fait ? Son sang crie vers moi, tu es maintenant maudit sur la terre, errante et fugitive. Lorsqu'il arriva au torrent de Cédron, et vit le mont des Oliviers, il frissonna, détourna les veux, et entendit de nouveau ces paroles : Mon ami, qu'es-tu veut faire ? Judas, tu trahis le Fils de l'homme par un baiser ! Il fut pénétré d'horreur jusqu'au fond de l'âme, sa raison commença à s'égarer, et l'ennemi lui souffla à l'oreille : C'est ici que David a passé le Cédron, fuyant devant Absalon : Absalon mourut pendu à un arbre ; David a parlé de toi lorsqu'il a dit : ils m'ont rendu le mal pour le bien, la haine pour l'amour. Que Satan soit toujours à sa droite ; lorsqu'on le jugera, qu'il soit condamné : que ses jours soient abrégés, et qu'un autre reçoive son épiscopat. Le Seigneur se souviendra de l'iniquité de ses pères et le péché de sa mère ne sera pas effacé, parce qu'il a poursuivi le pauvre sans miséricorde, qu'il a livré à la mort l'affligé. Il a aimé la malédiction : elle viendra sur lui ; il s'est revêtu de la malédiction comme d'un vêtement elle a pénétré comme l'eau dans ses entrailles, comme l'huile dans ses os ; elle est autour de lui comme un vêtement, comme une ceinture dont il est toujours ceint. Judas, livré à ces terribles pensées, arriva au sud-est de Jérusalem, au pied de la montagne des Scandales, en un lieu marécageux, plein de décombres et d'immondices, où personne ne pouvait le voir : le bruit de la ville arrivait de temps en temps jusqu'à lui avec plus de force, et Satan lui disait : Maintenant on le mène à la mort, tu l'as vendu, sais-tu ce qu'il y a dans la loi : Celui qui aura vendu une âme parmi ses frères les enfants d'Israël, et qui en aura reçu le prix, doit mourir de mort. Finis-en, misérable, finis-en ! Alors Judas, désespéré, prit sa ceinture et se pendit à un arbre qui croissait là dans un creux, sortant de la terre en plusieurs tiges[18] alors qu'il fut pendu, son corps creva et ses entrailles se répandirent sur la terre.

XV. JESUS EST CONDUIT A PILATE

On conduisit le Sauveur à Pilate à travers la partie la plus fréquentée de la ville, laquelle en ce moment fourmillait de Juifs venus de toutes les parties du pays pour les fêtes de Pâques, sans parler d'une multitude d'étrangers. Le cortège descendit la montagne de Sion par le côté du nord, traversa une rue étroite située au bas, puis se dirigea par le quartier d'Acra, le long de la partie occidentale du Temple, vis-à-vis du grand forum ou marché. Caiphe, Anne et beaucoup de membres du grand conseil marchaient devant en habits de fêtes et on portait derrière eux des rouleaux d'écritures ; ils étaient suivis d'un grand nombre de Scribes et de plusieurs autres Juifs, parmi lesquels se trouvaient tous les faux témoins et les méchants Pharisiens qui s'étaient donné le plus de mouvement lors de la mise en accusation de Jésus. A une petite distance venait le Sauveur entouré d'une troupe de soldats et de ces six agents qui avaient assisté à son arrestation ; les archers le conduisaient avec des cordes. La populace affluait de tous les côtés, et se joignait au cortège avec des cris et des imprécations ; des groupes se pressaient sur tout le chemin.

Jésus n'était couvert que de sa robe de dessous toute souillée d'immondices ; la longue chaine passée autour de son cou frappait contre ses genoux lorsqu'il marchait, ses mains étaient liées comme la veille, et les archers le trainaient encore avec des cordes attachées à sa ceinture. Il allait chancelant, défiguré par les outrages de la nuit, pâle défait, je visage enflé et meurtri, la barbe et les cheveux en désordre ; et les injures et les mauvais traitements continuaient sans relâche. On avait ameuté beaucoup de populace, pour parodier en quelque sorte son entrée royale du Dimanche des Rameaux. On lui donnait par dérision plusieurs des titres qu'on donne aux rois ; on jetait sous ses pieds des pierres, des morceaux de bois, de sales haillons ; on se raillait de mille façons de cette entrée triomphale. Les bourreaux le trainaient avec leurs cordes par-dessous tous ces objets qui encombraient la voie, le secouant, le poussant et le maltraitant sans relâche.

Non loin de la maison de Caiphe attendait la sainte mère de Jésus, serrée dans l'angle d'un bâtiment, avec Jean et Madeleine. Son âme était toujours avec Jésus ; toutefois, quand elle pouvait l'approcher corporellement, l'amour ne lui laissait pas de repos, et la poussait sur les traces de son Fils. Après sa visite nocturne au tribunal de Caïphe, elle était restée quelque temps au Cénacle, plongée dans une douleur muette ; puis, lorsque Jésus fut tiré de sa prison pour être de nouveau amené devant ses juges, elle se leva, mit son voile et son manteau, et sortant la première, elle dit à Madeleine et à Jean : Suivons mon Fils chez Pilate ; je veux le voir de mes yeux. Ils se rendirent par un chemin détourné à un endroit où devait passer le cortège, et où ils attendirent. La mère de Jésus savait bien ce que souffrait son Fils, elle l'avait toujours présent à l'esprit ; toutefois son œil intérieur ne pouvait le voir aussi défait et aussi meurtri qu'il l'était par la méchanceté des hommes, parce que ses douleurs lui apparaissaient adoucies dans un auréole de sainteté, d'amour et de patience. Mais voici que l'ignominieuse, la terrible réalité s'offrit à sa vue. C'étaient d'abord les orgueilleux ennemis de Jésus, les prêtres du vrai Dieu, revêtus de leurs habits de fête, avec leurs projets déicides et leur âme pleine de malice, de mensonge et de fourberie. Horrible spectacle ! Les prêtres de Dieu étaient devenus les prêtres de Satan. A leur suite venaient les faux témoins, les accusateurs sans foi, la populace avec ses clameurs, puis enfin Jésus, le Fils de Dieu, le Fils de l'homme, le Fils de Marie, horriblement défiguré et meurtri, enchaîné, frappé, poussé, se trainant plus qu'il ne marchait, perdu dans un nuage d'injures et de malédictions. Ah ! S'il n'eût pas été le plus misérable, le plus délaissé, le seul priant et aimant dans cette tempête de l'enfer déchainé, sa mère ne l'eût jamais reconnu dans cet état. Quand il s'approcha, elle s'écria en sanglotant : Hélas ! Est-ce là mon fils ? Ah ! C'est mon fils ; ô Jésus, mon Jésus ! Le cortège passa près d'elle, le Sauveur lui jeta un regard touchant, et elle perdit connaissance. Jean et Madeleine l'emportèrent ; mais à peine se fut-elle remise un peu, qu'elle se fit conduire par Jean au palais de Pilate.

Jésus devait éprouver sur ce chemin comment les amis nous abandonnent dans le malheur ; car les habitants d'Ophel étaient tous rassemblés sur son passage, et quand ils virent Jésus si humilié et si défigure, au milieu des bourreaux : qui l'injuriaient et le maltraitaient, ils furent ébranlés dans leur foi, ne pouvant se représenter ainsi le roi, le prophète, le Messie, le Fils de Dieu. Les Pharisiens se moquaient d'eux à cause de leur attachement à Jésus.

Voilà votre roi, disaient-ils ; saluez-le. N'avez-vous rien à lui dire, maintenant qu'il va à son couronnement, avant de monter sur son trône ? Ses miracles sont finis : le grand-prêtre a mis fin à ses sortilèges et autres discours de cette sorte. Ces pauvres gens, qui avaient reçu tant de grâces et de bienfaits de Jésus, furent ébranlés par le terrible spectacle que leur donnaient les personnages les plus révérés du pays, les Princes des Prêtres et le Sanhédrin. Les meilleurs se retirèrent en doutant, les pires se joignirent au cortège autant qu'il leur fut possible ; car les Pharisiens avaient mis des gardes çà et là pour maintenir la route libre et empêcher tout mouvement tumultueux.

XVI. PALAIS DE PILATE ET SES ALENTOURS

Au pied de l'angle nord-ouest de la montagne du Temple[19] est situé le palais du gouverneur romain Pilate. Il est assez élevé, car on y arrive par plusieurs degrés de marbre, et il domine une place spacieuse entourée de galeries où se tiennent des marchands : un corps de garde et quatre entrées, au couchant au nord, au levant et au midi où se trouve le palais de Pilate, interrompent cette enceinte du marché qui s'appelle le forum et qui, vers le couchant s'étend encore au-delà de l'angle nord-ouest de la montagne du Temple.

De ce point du forum on peut voir la montagne de Sion. Il est plus élevé que les rues qui y aboutissent ; dans certains endroits les maisons des rues voisines s'appuient au côté extérieur de son enceinte. Le palais de Pilate n'y est pas attenant, mais il en est séparé par une cour spacieuse. Cette cour a pour porte, vers l'orient, une grande arcade donnant sur une rue qui mène à la porte des Brebis et ensuite au mont des Oliviers, au couchant est une autre arcade par où l'on va à Sion, à travers le quartier d'Acra. De l'escalier de Pilate, on a vue, au nord, par-dessus la cour, jusque sur le forum, à l'entrée duquel sont des colonnes et quelques sièges de pierre tournés vers le palais. Les prêtres juifs n'allèrent pas plus loin que ces sièges, afin de ne pas se souiller en entrant dans le tribunal de Pilate. La limite qu'ils ne devaient pas franchir était marquée par une ligne tracée sur le pavé de la cour. Près de la porte occidentale de la cour était bâti, dans l'enceinte du marché, un grand corps de garde, se joignant au nord avec le forum et le prétoire. On appelait prétoire la partie du palais où Pilate rendait ses jugements. Ce corps de garde était entouré de colonnes : au centre se trouvait un espace à ciel ouvert, et au-dessous régnaient des prisons où les deux larrons étaient enfermés. Il y avait là beaucoup de soldats romains. Non loin de ce corps de garde, près des galeries qui l'entouraient, s'élevait sur le forum même la colonne où Jésus fut flagellé ; il y en a plusieurs autres dans l'enceinte de la place, les plus proches servent à infliger les punitions corporelles, les plus éloignées à attacher des bestiaux mis en vente. Vis-à-vis le corps de garde s'élève, au-dessus du forum, une terrasse où se trouvent des bancs de pierre ; c'est comme un tribunal. De ce lieu, appelé Gabbatha, Pilate prononce ses jugements solennels. L'escalier de marbre qui monte au palais conduit à une terrasse découverte, d'où Pilate parle aux accusateurs assis sur les bancs de pierre à l'entrée du forum. Ils peuvent s'entretenir en parlant haut et distinctement.

Derrière le palais de Pilate sont d'autres terrasses plus élevées, avec des jardins et une maison de plaisance. Ces jardins unissent le palais du gouverneur avec la demeure de sa femme, qui s'appelle Claudia Procle. Derrière ces bâtiments est encore un fossé[20] qui les sépare de la montagne du Temple. Il y a aussi de ce côté des maisons habitées par des serviteurs du Temple. Attenant la partie orientale du palais de Pilate, se trouve ce tribunal du vieil Hérode, où les saints Innocents furent égorgés dans une cour intérieure. Il y a eu quelque chose de changé dans les distributions, l'entrée est placée aujourd'hui vers l'orient : il y en a cependant aussi une pour Pilate au palais duquel elle touche. De ce côté de la ville courent quatre rues dans la direction de l'ouest ; trois conduisent au palais de Pilate et au forum, la quatrième passe au nord du forum et mène à la porte par laquelle on va à Bethsur. Près de cette porte et dans cette rue est la belle maison que possède Lazare à Jérusalem, et où Marthe a aussi une demeure à elle. Celle de ces quatre rues qui est la plus voisine du Temple vient de la porte des Brebis, près de laquelle se trouve, à droite en entrant, la piscine des Brebis. Cette piscine est adossée à la muraille dans laquelle sont pratiqués des arcades formant une voûte au-dessus de ses eaux. Celles-ci ont en avant du mur un écoulement dans la vallée de Josaphat, ce qui fait qu'il y a, en cet endroit, une espèce de bourbier devant la porte. La piscine est entourée de quelques bâtiments. C'est là qu'on lave d'abord les agneaux avant de les conduire au Temple ; ils sont lavés une seconde fois solennellement dans la piscine de Bethsaïda, au midi du Temple. Dans la seconde rue est une maison qui a appartenu à sainte Anne mère de Marie, où sa famille et elles se tenaient et préparaient leurs victimes lorsqu'ils venaient à Jérusalem pour les fêtes. C'est aussi dans cette maison, si je ne me trompe, que fut célébré le mariage de Joseph et de Marie.

Le forum, comme je l'ai dit, est plus élevé que les rues adjacentes, et il y a dans celles-ci des conduits d'eau qui aboutissent à la piscine des Brebis. Il y a un forum semblable sur la montagne de Sion, devant l'ancien château de David. Le Cénacle est au sud-est, dans le voisinage, et au nord se trouvent le tribunal d'Anne et celui de Caïphe. Le château de David est une forteresse abandonnée, avec des cours, des salles et des écuries vides qu'on loue à des caravanes et à des étrangers pour eux et leurs bêtes de somme. Cet édifice est depuis longtemps désert, je le vis déjà dans cet état à l'époque de la naissance de Jésus-Christ. Le cortège des trois rois avec ses nombreuses bêtes de somme y fut conduit alors, dès leur entrée dans la ville.

Lorsque je vois dans les temps anciens des palais et des temples descendre ainsi aux usages les plus vils, je pense toujours à ce qui arrive aussi de notre temps, où tant de beaux ouvrages de la foi de la piété d'une autre époque, tant d'églises et de couvents magnifiques sont détruits et ravagés, ou employés à des usages mondains, si ce n'est criminel. La petite église de mon couvent, qui était pour moi le ciel sur la terre, et où le roi du ciel et de la terre aimait tant à habiter parmi nous, pauvres pécheresses, dans le Très Saint Sacrement, est maintenant sans toiture et sans fenêtres ; on a enlevé toutes les pierres tombales qui s'y trouvaient. Notre pauvre cloître, où j'étais plus heureuse dans ma cellule, avec ma chaise brisée, qu'un roi ne peut l'être sur son trône, car je pouvais voir la partie de l'église où se trouvait le Saint Sacrement, où sera-t-il dans quelque temps ? Bientôt on saura à peine en quel lieu tant d'âmes consacrées à Dieu ont prié pendant une longue suite d'années pour le monde entier et pour toutes les pauvres âmes délaissées. Mais Dieu le saura, car il n'y a point d'oubli chez lui ; le passé et l'avenir lui sont présents ; et de même qu'il me fait voir, présents près de lui, tous les anciens événements, de même tout le bien fait en des lieux oubliés, tout le mal fait en des lieux souillés et profanés, se conservent près de lui pour le jour où il faudra lui rendre compte, et où tout sera rigoureusement payé. Il n'y a point devant Dieu d'acception de lieux et de personnes ; il tient compte même de la vigne de Naboth. J'ai souvent entendu dire que notre couvent a été fondé par deux pauvres religieuses, avec une cruche d'huile et un sac de fèves. Tous les intérêts bien gagnés de ce capital, comme de tous les capitaux, seront comptés au jour du jugement. On dit souvent qu'une pauvre âme reste en peine à cause de deux pièces de monnaie injustement acquises et non restituées ; que Dieu remette leur dette à tous ceux qui se sont jamais emparés du bien des pauvres et de l'Eglise et leur donne le repos éternel[21].

XVII. JÉSUS DEVANT PILATE

Il était à peu près six heures du matin, selon notre manière de compter, lorsque la troupe qui conduisait le Sauveur si horriblement maltraité arriva devant le palais de Pilate. Anne, Caiphe et les membres du conseil venus avec eux s'arrêtèrent aux sièges placés entre le marché et l'entrée du tribunal. Jésus fut trainé par les archers ; quelques pas plus avant, jusqu'à l'escalier de Pilate. Pilate était sur la terrasse qui faisait saillie, couché sur une espèce de lit de repos, et ayant devant lui une petite table ; trois pieds sur laquelle se trouvaient quelques attributs de sa dignité et d'autres objets dont je ne me souviens pas. A ses côtés étaient des officiers et des soldats : on tenait élevés près de lui les insignes de la puissance romaine. Les Princes des Prêtres et les Juifs se tenaient loin du tribunal parce qu'autrement ils auraient contracté une souillure légale : il y avait une limite tracée qu'ils ne franchirent pas.

Lorsqu'il vit arriver Jésus au milieu d'un si grand tumulte, il se leva, et parla aux Juifs d'un ton aussi méprisant que pourrait le faire un orgueilleux général français aux envoyés d'une pauvre petite ville allemande. Que venez-vous faire de si bonne heure ? Comment avez-vous mis cet homme dans un tel état ? Commencez-vous sitôt à écorcher et à immoler vos victimes ? Pour eux ils crièrent aux bourreaux : En avant ! Menez-le au tribunal ! Puis ils répondirent à Pilate : Ecoutez nos griefs contre ce scélérat ; nous ne pouvons pas entrer dans le tribunal, pour ne pas nous rendre impurs. Lorsqu'ils eurent proféré ces paroles à haute voix, un homme de grande taille et d'un aspect vénérable s'écria, au milieu du peuple qui se pressait derrière eux dans le forum : Non, vous ne devez pas entrer dans ce tribunal, car il est sanctifié par le sang innocent ; lui seul peut y entrer, lui seul parmi les Juifs est pur comme les innocents qui ont été massacrés là. Après avoir ainsi parlé avec beaucoup d'énergie, il se perdit dans la foule. Il s'appelait Sadoch. C'était un homme riche, cousin d'Obed, le mari de Séraphia, appelée depuis Véronique ; deux de ses enfants étaient au nombre des saints Innocents égorges par l'ordre d'Hérode dans la cour du tribunal. Depuis ce temps, il avait renoncé au monde, et sa femme et lui avaient vécu dans la continence, comme faisaient les Esséniens. Il avait vu et entendu une fois Jésus chez Lazare. Lorsqu'il le vit trainé si misérablement au pied de l'escalier de Pilate, un vif souvenir de ses enfants immolés se réveilla dans son cœur, et il rendit ce témoignage éclatant de l'innocence du Sauveur. Les accusateurs de Jésus avaient trop à faire avec Pilate et ils étaient trop irrités de ses procédés envers eux et de l'humble position qu'il leur fallait garder devant lui pour pouvoir s'occuper de l'exclamation de Sadoch.

    Les archets firent monter à Jésus les degrés de marbre, et le menèrent ainsi sur le derrière de la terrasse d'où Pilate parlait aux prêtres juifs. Celui-ci avait beaucoup entendu parler de Jésus. Lorsqu'il le vit si horriblement défiguré par les mauvais traitements, et conservant toutefois une expression de dignité que rien ne pouvait effacer, il éprouva un sentiment de dégoût et de mépris pour les Princes les Prêtres, lesquels l'avaient fait prévenir d'avance qu'ils amenaient à son tribunal Jésus de Nazareth, coupable de crimes capitaux, et il leur fit sentir qu'il n'était pas disposé à le condamner sans preuves, il leur dit d'un ton de maitre : De quoi accusez-vous cet homme ? Si ce n'était pas un malfaiteur, répondirent-ils avec humeur, nous ne vous l'aurions pas livré. Prenez-le, répliqua Pilate, et jugez-le selon votre loi. Vous savez, dirent les Juifs, que nous n'avons qu'un droit restreint lorsqu'il s'agit de la peine capitale. Les ennemis de Jésus étaient pleins de violence et de précipitation ; ils étaient pressés d'en finir avec Jésus avant le temps légal de la fête, afin de pouvoir sacrifier l'agneau pascal. Ils ne savaient pas que le véritable agneau pascal était celui qu'ils avaient amené au tribunal du juge idolâtre, au seuil duquel ils ne voulaient pas se souiller, afin de pouvoir ce jour même célébrer leur Pâque.

Lorsque le gouverneur romain leur enjoignit de faire connaître leurs griefs, ils présentèrent trois chefs d'accusation principaux, dont chacun était prouvé par dix témoins ; ils s'efforcèrent surtout de présenter Jésus à Pilate comme criminel de lèse-majesté, devant par conséquent être condamné par le gouverneur romain, car dans les causes qui n'intéressaient que leur loi religieuse et leur temple, ils avaient le droit de décider eux-mêmes. Ils accusèrent d'abord Jésus d'être un séducteur du peuple qui troublait la paix publique et incitait à la révolte, et ils produisirent quelques témoignages à ce sujet. Ils dirent ensuite qu'il a ; semblait de grandes réunions d'hommes, qu'il violait le Sabbat, qu'il guérissait le jour du Sabbat. Ici Pilate les interrogea sur un ton de moquerie : Vous n'êtes pas malades apparemment, dit-il, autrement ces guérisons ne vous mettraient pas tellement en colère. Ils ajoutèrent qu'il séduisait le peuple par d'horribles enseignements, qu'il disait qu'on devait manger sa chair et boire son sang pour avoir la vie éternelle. Pilate fut choqué de l'emportement furieux avec lequel ils présentaient cette accusation ; il regarda ses officiers en souriant, et adressa aux Juifs des paroles piquantes, comme celles-ci : On croirait presque que vous voulez suivre sa doctrine et obtenir la vie éternelle ; car vous semblez vouloir manger sa chair et boire son sang.

Leur deuxième accusation était que Jésus excitait le peuple à ne pas payer l'impôt à l'empereur. Ici Pilate, en colère, les interrompit du ton d'un homme chargé spécialement de veiller à ces sortes d'objets. C'est un gros mensonge, leur dit-il : je dois savoir cela mieux que vous. Les Juifs alors mirent en avant le troisième grief. Cet homme obscur, d'extraction basse et équivoque, s'est fait un grand parti, et a dit malheur à Jérusalem ; il répand en outre parmi le peuple des paraboles à double sens sur un roi qui prépare les noces de son fils. Un jour la multitude, rassemblée par lui sur une montagne, voulu le faire roi, mais il a trouvé que c'était trop tôt et s'est caché. Dans les derniers jours il s'est produit davantage, il s'est fait préparer une entrée tumultueuse à Jérusalem et il a fait crier : Hosanna au fils de David ! Béni soit l'empire de notre père David qui arrive ! Il s'est fait rendre les honneurs royaux, car il a enseigné qu'il était le Christ, l'oint du Seigneur, le Messie, le roi promis aux Juifs, et il se fait ainsi appeler. Ces allégations furent encore appuyées par dix témoins.

Lorsqu'il fut dit que Jésus se faisait appeler le Christ, le Roi des Juifs, Pilate sembla pensif. Il alla de la terrasse dans la salle du tribunal qui y était attenante, jeta en passant un regard attentif sur Jésus, et ordonna aux gardes de le lui amener dans la salle. Pilate était un païen superstitieux, d'un esprit mobile et facile à troubler ; il avait ouï parler vaguement des enfants de ses dieux qui avaient vécu sur la terré ; il n'ignorait pas non plus que les prophètes des Juifs leur avaient annoncé depuis longtemps un oint du Seigneur, un Roi libérateur et Rédempteur, et que beaucoup de Juifs l'attendaient. Il savait aussi que des rois de l'Orient étaient venus vers le vieil Hérode, pour rendre hommage à un roi nouveau-né des Juifs, et qu'Hérode, à cette occasion, avait fait égorger un grand nombre d'enfants. Il avait bien ouï parler de ces traditions sur un Messie et un Roi des Juifs ; mais il n'y croyait pas, en païen qu'il était, et, s'il avait cherché à s'en rendre compte, il se serait figuré, comme les Juifs instruits d'alors et les Hérodiens, un roi puissant et victorieux. Il lui parut d'autant plus ridicule qu'on accusât cet homme qui paraissait devant lui dans un tel état d'abaissement et de souffrance, de s'être donné pour ce Messie et ce Roi. Mais les ennemis de Jésus avant présenté ceci comme une attaque aux droits de l'empereur, il fit amener le Sauveur devant lui pour l'interroger.

Pilate regarda Jésus avec étonnement, et lui dit : Tu es donc le Roi des Juifs ? Et Jésus répondit : Dis-tu cela de toi-même, ou est-ce que d'autres te l'ont dit de moi ? Pilate choqué que Jésus pût le croire assez extravagant pour adresser de lui-même une semblable question à un pauvre homme dans un état si misérable, lui dit avec quelque dédain : Suis-je un Juif pour m'occuper de pareilles misères ? Ton peuple et ses prêtres t'ont livré à moi comme ayant mérité la mort pour cela. Dis-moi ce que tu as fait. Jésus lui dit avec majesté : Mon royaume n'est pas de ce monde. Si mon royaume était de ce monde, j'aurais des serviteurs qui combattraient pour m'empêcher de tomber entre les mains des Juifs : mais mon royaume n'est pas de ce monde. Pilate fut quelque peu troublé à ces graves paroles, et lui dit d'un ton plus sérieux : Es-tu donc roi ? Jésus répondit : Comme tu le dis, je suis Roi. Je suis né et je suis venu dans ce monde pour rendre témoignage à la vérité. Quiconque est de la vérité entend ma voix. Pilate le regarda, et dit en se levant : La vérité ! Qu'est-ce que la vérité ? Il y eut encore quelques paroles, dont je ne me souviens pas bien.

Pilate revint sur la terrasse. Il ne pouvait pas comprendre Jésus ; mais il voyait bien que ce n'était pas un roi qui pût nuire à l'empereur, puisqu'il ne prétendait à aucun royaume dans ce monde. Or, l'empereur s'inquiétait peu des royaumes de l'autre monde. Il cria donc aux Princes des Prêtres, du haut de la terrasse : Je ne trouve aucun crime en cet homme. Les ennemis de Jésus s'irritèrent, et ce fut un torrent d'accusations contre lui. Mais le Sauveur restait silencieux, et priait pour les pauvres hommes : et lorsque Pilate, se tournant vers lui, lui dit : N'as-tu rien à répondre à ces accusations ? Jésus ne répondit pas un mot au point que Pilate, surpris, lui dit encore : Je vois bien qu'ils font des mensonges contre toi. (Au lieu du mot mensonges, il se servit d'un autre terme que j'ai oublié.)

Mais les accusateurs continuèrent à parler avec fureur, et dirent : Comment ! Vous ne trouvez pas de crime en lui ? N'est-ce point un crime que de soulever le peuple, de répandre sa doctrine dans tout le pays depuis la Galilée jusqu'ici ?

Lorsque Pilate entendit ce mot de Galilée, il réfléchit un instant, et dit : Cet homme est-il Galiléen et sujet d'Hérode ? Oui, répondit-on ; ses parents ont demeuré à Nazareth, et son séjour actuel est Capharnaüm. Puisqu'il est sujet d'Hérode, répliqua Pilate, menez-le devant lui : il est ici pour la fête, et peut le juger. Alors il fit reconduire Jésus hors du tribunal, et envoya un officier à Hérode, afin de lui faire savoir qu'on amenait devant lui Jésus de Nazareth, son sujet. Pilate était bien aise de se dérober ainsi à l'obligation de juger Jésus, car cette affaire lui était désagréable. Il désirait aussi faire une politesse à Hérode avec lequel il était brouillé, et qui avait toujours été très curieux de voir Jésus.

Les ennemis du Sauveur, furieux d'être ainsi renvoyés par Pilate en face de tout le peuple et obligés d'aller devant Hérode, firent tomber toute leur colère sur Jésus. On le lia de nouveau, et on le traina, en l'accablant d'insultes et de coups, à travers la toute qui remplissait le forum, jusqu'au palais d'Hérode qui n'était pas très éloigné. Des soldats romains s'étaient joints au cortège.

Pendant le dernier entretien, Claudia Procle, la femme de Pilate, lui avait fait dire par un domestique qu'elle désirait vivement lui parler, et, pendant qu'on conduisait Jésus à Hérode, elle se tenait secrètement sur une haute galerie, et regardait le cortège avec beaucoup de trouble et d'angoisse.

XVIII. ORIGINE DU CHEMIN DE LA CROIX

Pendant tout ce débat, la mère de Jésus, Madeleine et. Jean s'étaient tenus dans un coin du forum, regardant et écoutant avec une douleur profonde. Lorsque Jésus fut mené à Hérode, Jean conduisit la sainte Vierge et Madeleine sur tout le chemin qu'avait suivi Jésus. Ils revinrent ainsi chez Caiphe, chez Anne, dans Ophel, à Gethsémani, dans le jardin des Oliviers ; et dans tous les endroits où le Sauveur était tombé, où il avait souffert, ils s'arrêtaient en silence, pleuraient et souffraient avec lui. La sainte Vierge se prosterna plus d'une fois, et baisa la terre aux places où son fils était tombé. Madeleine se tordait les mains, et Jean pleurait, les consolait, les relevait, les conduisait plus loin. Ce fut là le commencement du saint chemin de la Croix et des honneurs rendus à la Passion de Jésus, avant même qu'elle ne fût accomplie. Ce fut dans la plus sainte fleur de l'humanité, dans la mère virginale du Fils de l'homme, que commença la méditation de l'Eglise sur les douleurs de son rédempteur. Dès ce moment, quand il n'était encore qu'à la moitié de sa voie douloureuse, la mère pleine de grâce arrosait de ses pleurs et révérait les traces des pas de son fils et de son Dieu. Ô quelle compassion ! Avec quelle force le glaive tranchant et perçant ne s'enfonça-t-il pas dans son cœur ! Elle, dont le corps bienheureux l'avait porté, dont le sein bienheureux l'avait allaité, cette bienheureuse qui avait entendu réellement et substantiellement le Verbe de Dieu, Dieu lui-même dès le commencement, qui l'avait conçu et gardé neuf mois sous son cœur plein de grâce, qui l'avait porté et senti vivre en elle avant que les hommes ne reçussent de lui la bénédiction, la doctrine et le salut, partageait toutes les souffrances de Jésus, y compris son violent désir de racheter les hommes par ses douleurs et sa mort. C'est ainsi que la Vierge pure et sans tâche inaugura pour l'Eglise le Chemin de la Croix, pour y ramasser à toutes les places, comme des pierres précieuses, les inépuisables mérites de Jésus-Christ, pour les cueillir comme des fleurs sur la route, et les offrir à son Père céleste pour ceux qui ont la foi. Tout ce qu'il y a jamais eu, et tout ce qu'il y aura jamais de saint dans l'humanité, tous ceux qui ont soupiré après la rédemption, tous ceux qui ont jamais célébré avec une compassion respectueuse l'amour et les souffrances du Sauveur, faisaient ce chemin avec Marie, s'affligeaient, priaient, s'offraient en sacrifice dans le cœur de la mère de Jésus qui est aussi une tendre Mère pour tous ses frères réunis par la foi dans le sein de l'Eglise.

Madeleine était comme hors d'elle-même à force de douleur. Elle avait un immense et saint amour pour Jésus ; mais lorsqu'elle aurait voulu verser son âme à ses pieds, comme l'huile de nard sur sa tête, un horrible abime s'ouvrait entre elle et son bien-aimé. Son repentir et sa reconnaissance étaient sans bornes, et quand elle voulait élever vers lui son cœur, comme le parfum de l'encens, elle voyait Jésus maltraite, conduit à la mort à cause de ses fautes dont il s'était chargé. Alors ces fautes pour lesquelles Jésus avait tant à souffrir, la pénétraient d'horreur ; elle se précipitait dans l'abime du repentir, sans pouvoir l'épuiser ni le combler ; elle se sentait de nouveau entraînée par son amour vers son Seigneur et Maitre, et elle le voyait livré aux plus horribles traitements. Ainsi son âme était cruellement déchirée et ballottée entre l'amour, le repentir, la reconnaissance, l'aspect de l'ingratitude de son peuple, et tous ces sentiments s'exprimaient dans sa démarche, dans ses paroles, dans ses mouvements.

Jean aimait et souffrait. Il conduisait pour la première fois la Mère de son Maitre et de son Dieu, qui l'aimait aussi et souffrait aussi pour lui, sur ces traces du chemin de la Croix où l'Eglise devait la suivre, et l'avenir lui apparaissait.

XIX. PILATE ET SA FEMME

Pendant qu'on conduisait Jésus à Hérode et que là encore on l'injuriait et on le raillait, je vis Pilate aller vers sa femme, Claudia Procle ils se rendirent ensemble dans une petite maison située sur une terrasse du jardin, derrière le palais. Claudia était troublée et vivement émue. C'était une grande et belle femme, mais pâle. Elle avait un voile qui pendait derrière elle ; cependant on voyait ses cheveux rassemblés autour de sa tête et entremêlés de quelques ornements ; elle avait aussi des pendants d'oreilles, un collier, et sur la poitrine une espèce d'agrafe qui maintenait son long vêtement. Elle s'entretint longtemps avec Pilate ; elle le conjura par tout ce qui lui était sacré de ne point faire de mal à Jésus, le Prophète, le Saint des Saints, et elle lui raconta quelque chose des visions merveilleuses qu'elle avait eues au sujet de Jésus la nuit précédente.

Pendant qu'elle parlait, je vis la plupart de ces visions ; mais je ne me souviens pas bien de la manière dont elles se suivaient. Je me rappelle toutefois qu'elle vit les principaux moments de la vie de Jésus : l'Annonciation de Marie la Nativité, l'adoration des bergers et celle des rois, la prophétie de Siméon et d'Anne, la fuite en Egypte, la tentation dans le désert, etc. Elle vit un ensemble de tableaux de sa vie publique, si sainte et si bienfaisante. Il lui apparut toujours environné de lumière, et elle vit la malice et la cruauté de ses ennemis sous les formes les plus horribles ; elle vit ses souffrances infinies, sa patience et son amour inépuisables, la sainteté et les douleurs de sa mère. Ces visions lui donnèrent beaucoup d'inquiétude et de tristesse, car tous ces objets étaient nouveaux pour elle, elle en était saisie et pénétrée, et elle voyait plusieurs de ces choses, le massacre des enfants par exemple et la prophétie de Siméon, se passer dans le voisinage de sa maison. Pour moi, je sais bien à quel point un cœur compatissant peut être déchiré par ces visions, car l'on comprend bien ce que doivent éprouver les autres lorsqu'on l'a ressenti soi-même.

Elle avait souffert toute la nuit, et aperçu plus ou moins clairement bien des vérités merveilleuses, lorsqu'elle fut réveillée par le bruit de la troupe qui conduisait Jésus. Lorsqu'elle jeta les yeux de ce côté, elle vit le Seigneur, l'objet de tous ces miracles qui lui avaient été montrés, défiguré, meurtri, maltraité par ses ennemis, et trainé par eux à travers le forum pour être conduit chez Hérode. Son cœur fut bouleversé à cette vue, et elle envoya aussitôt chercher Pilate, auquel elle raconta dans son trouble ce qui venait de lui arriver. Elle ne comprenait pas tout, et surtout ne pouvait pas bien l'exprimer ; mais elle priait, suppliait et adressait à son mari les instances les plus touchantes.

Pilate était étonné et troublé ; il rapprochait ce que lui disait sa femme de tout ce qu'il avait recueilli çà et là sur Jésus, se rappelait la fureur des Juifs, le silence de Jésus, et ses merveilleuses réponses à ses questions. Il était agité et inquiet ; il céda aux prières de sa femme, et lui dit : J'ai déclaré que je ne trouvais aucun crime en cet homme. Je ne le condamnerai pas, j'ai reconnu toute la malice des Juifs. Il parla aussi de ce qui lui avait dit Jésus ; il promit à sa femme de ne pas condamner Jésus, et lui donna un gage comme garantie de sa promesse. Je ne sais si c'était un joyau, un anneau ou un cachet. C'est ainsi qu'ils se séparèrent.

Pilate était un homme corrompu, indécis, plein d'orgueil et de bassesse à la fois : il ne reculait pas devant les actions les plus honteuses lorsqu'il y trouvait son profit, et en même temps il se livrait lâchement aux superstitions les plus ridicules lorsqu'il était dans une position difficile. Cette fois, il était très embarrassé, et il était sans cesse auprès de ses dieux, auxquels il offrait de l'encens dans un lieu secret de sa maison, et auxquels il demandait des signes. Une de ses pratiques superstitieuses était de regarder des poulets manger. Mais toutes ces choses me paraissaient si horribles, si ténébreuses et si infernales, que j'en détournais la vue avec dégoût et que je ne puis les redire exactement. Ses pensées étaient confuses, et Satan lui soufflait tantôt un projet, tantôt un autre. Il songeait d'abord à délivrer Jésus comme innocent, puis il craignit que ses dieux ne se vengeassent sur lui, Pilate, s'il sauvait Jésus, qui semblait être une sorte de demi-dieu, et qui pouvait leur faire tort. " Peut-être, se disait-il, c'est une espèce de dieu des Juifs ; il y a tant de prophéties d'un roi des Juifs qui doit régner partout, c'est un Roi semblable que les mages de l'Orient sont venus chercher ici ; il pourrait peut-être s'élever au-dessus de mes dieux et de mon empereur, et j'aurais une grande responsabilité s'il ne mourait pas. Peut-être sa mort sera-t-elle le triomphe de mes dieux ". Puis les songes merveilleux de sa femme lui revenaient à l'esprit, et jetaient un grand poids dans la balance en faveur de la délivrance de Jésus. Il finit par se décider tout à fait dans ce sens. Il voulait être juste, mais il ne le pouvait pas, car il avait demandé : " Qu'est-ce que la vérité " ? Et il n'avait pas attendu la réponse : " La vérité, c'est Jésus de Nazareth, le roi des Juifs ". La plus grande confusion régnait dans ses pensées ; je n'y pouvais rien comprendre et lui-même ne savait pas ce qu'il voulait, autrement il n'aurait pas consulté ses poulets.

Le peuple se rassemblait en foule toujours croissante sur le marché, et dans le voisinage de la rue par laquelle on conduisait Jésus à Hérode. Les groupes se formaient dans un certain ordre, d'après les lieux d'où chacun était venue à la fête, et les Pharisiens les plus haineux de tous les endroits où Jésus avait enseigne étaient près de leurs compatriotes, travaillant et excitant contre le Sauveur les gens indécis. Les soldats romains étaient en grand nombre dans le corps de garde voisin du palais de Pilate ; tous les postes importants de la ville étaient aussi occupés par eux.

XX. JESUS DEVANT HÉRODE

Le palais du Tétrarque Hérode était situé au nord du forum, dans la nouvelle ville : il n'était pas éloigné de celui de Pilate. Une escorte de soldats romains, dont la plupart venaient des pays situés entre la Suisse et l'Italie, s'était jointe au cortège ; et les ennemis de Jésus, furieux de toutes les courses qu'on leur faisait faire, ne cessaient d'outrager le Sauveur et de le faire maltraiter par les archers. Hérode, averti par l'envoyé de Pilate, attendait le cortège dans une grande salle où il était assis sur des coussins formant une espèce de trône. Beaucoup de courtisans et de gens de guerre se tenaient autour de lui. Les Princes des Prêtres entrèrent par le péristyle et se placèrent des deux côtés ; Jésus resta sur le seuil. Hérode était très flatté de ce que Pilate lui reconnaissait, en présence des prêtres juifs, le droit de juger un Galiléen. Il se réjouissait aussi de voir devant lui, dans cet état d'abaissement, ce Jésus qui avait toujours dédaigné de se montrer à lui. Jean avait parlé de Jésus en termes si magnifiques et Hérode lui-même avait reçu tant de rapports à son sujet des Hérodiens et de tous ses espions, que sa curiosité était vivement excitée. Il se préparait à lui faire subir devant ses courtisans et les Princes des Prêtres un interrogatoire prolixe dans lequel il voulait montrer combien il était habile et bien informé. Pilate lui avait fait savoir qu'il n'avait trouvé aucun crime dans cet homme, et l'hypocrite avait vu là un avertissement de traiter froidement les accusateurs, ce qui redoublait la fureur de ceux-ci. Ils présentèrent tumultueusement leurs griefs aussitôt qu'ils furent entrés ; mais Hérode regarda Jésus avec curiosité, et quand il le vit si défait, si meurtri, avec sa chevelure en désordre, son visage sanglant, son vêtement souillé, ce prince voluptueux et mou ressentit une pitié mêlée de dégoût. Il proféra un des noms de Dieu (cela ressemblait à Jéhova), détourna son visage avec répugnance, et dit aux prêtres : " Emmenez-le, nettoyez-le ; comment pouvez-vous mettre en ma présence un homme si sale et si meurtri " ? Les archers emmenèrent Jésus dans le vestibule : on apporta de l'eau dans un bassin et on le nettoya sans cesser de le maltraiter : car son visage était couvert de plaies qu'on frotta rudement et brutalement.

Hérode reprocha aux prêtres leur cruauté ; il semblait qu'il voulût imiter la manière d'agir de Pilate, car il leur dit aussi : " On voit bien qu'il est tombe entre les mains des bouchers, vous commencez les immolations avant le temps ", sur quoi les Princes des Prêtres reproduisirent avec insistance Leurs plaintes et leurs accusations. Lorsqu'on ramena Jésus devant lui, Hérode voulut feindre la bienveillance, et lui fit apporter un verre de vin pour réparer ses forces, mais Jésus secoua la tête et ne but pas. Hérode parla avec beaucoup d'emphase et longuement ; il répéta à Jésus tout ce qu'il savait de lui, il lui fit beaucoup de questions et lui demanda même de faire un prodige ; mais Jésus ne répondait pas un mot et restait devant lui les veux baissés, ce qui irrita et déconcerta Hérode. Il ne voulut pourtant pas le laisser voir et continua ses questions. D'abord il chercha à le flatter : " Je suis peiné de voir peser sur toi des accusations aussi graves ; j'ai beaucoup entendu parler de toi : sais-tu que tu m'as offensé à Thirza lorsque tu as délivré, sans ma permission, des prisonniers que j'avais fait mettre là ; mais tu l'as peut-être fait avec une bonne intention.

Maintenant que le gouverneur romain t'envoie à moi pour te juger, qu'as-tu à répondre à toutes ces accusations ? Tu gardes le silence ? On m'a beaucoup parlé de la sagesse de tes discours et de tes doctrines, je voudrais t'entendre répondre à tes accusateurs. Que dis-tu ? Est-il vrai que tu es le roi des Juifs ? Es-tu le Fils de Dieu ? Qui es-tu ? On dit que tu as fait de grands miracles : fais-en quelqu'un devant moi. Il dépend de moi de te faire relâcher. Est-il vrai que tu as rendu la vue à des aveugles-nés ? Ressuscité Lazare d'entre les morts ? Nourri des milliers d'hommes avec quelques pains ? Pourquoi ne réponds-tu pas ? Crois-moi, fais un de tes prodiges, cela te sera utile ". Comme Jésus continuait à se taire, Hérode parla avec beaucoup de volubilité : " Qui es-tu ? disait-il. Qui t'a donné cette puissance ? Pourquoi ne la possèdes-tu plus ? Es-tu celui dont la naissance est racontée d'une manière merveilleuse ? Des rois de l'Orient sont venus vers mon père pour voir un roi des Juifs nouveau-né ; est-il vrai, comme on le dit, que cet enfant c'était toi ? As-tu échappé à la mort qui a été donnée à tant d'enfants ? Comment cela s'est-il fait ? Comment est-on resté si longtemps sans parler de toi ? Ou bien ne rattachent-on à toi cet événement que pour faire de toi un roi ? Réponds donc ? Quelle espèce de roi es-tu ? En vérité, je ne vois rien de royal en toi ! On dit qu'on t'a récemment conduit en triomphe jusqu'au Temple, qu'est-ce que cela signifie ? Parle donc ! Réponds-moi ! D'où vient que les choses ont pris une telle tournure " !

Tout ce flux de paroles n'obtint aucune réponse de la part le Jésus. Il me fut expliqué aujourd'hui, comme cela m'avait été déjà dit précédemment, que Jésus ne lui parla pas, parce qu'il se trouvait excommunié à raison de son mariage adultère avec Hérodiade et du meurtre de Jean-Baptiste. Anne et Caïphe profitèrent du mécontentement que lui causait le silence de Jésus et recommencèrent leurs accusations : ils ajoutèrent qu'il avait traite Hérode de renard, qu'il avait travaillé depuis longtemps à l'abaissement de la puissance de sa famille, qu'il avait voulu établir une nouvelle religion et célébré la Pâque la veille. Hérode, quoique irrité contre Jésus, n'en resta pas moins fidèle à ses vues politiques. Il ne voulait pas condamner Jésus, car il éprouvait devant lui une terreur secrète, et il avait souvent des remords du meurtre de Jean, puis il détestait les Princes des Prêtres qui n'avaient pas voulu excuser son adultère et l'avaient exclu des sacrifices à cause de ce crime.

Sur toute chose on ne voulait pas condamner celui que Pilate avait déclaré innocent, et il convenait à sa politique de se montrer obséquieux envers le gouverneur en présence des Princes des Prêtres. Il accabla Jésus de paroles méprisantes, et dit à ses serviteurs et à ses gardes, dont il y avait bien deux cents dans son palais : " Prenez cet insensé, et rendez à ce roi risible les honneurs qui lui sont dus ; c'est plutôt un fou qu'un criminel ".

Ils conduisirent donc le Sauveur dans une grande cour où ils lui prodiguèrent les mauvais traitements et les moqueries. Cette cour était comprise entre les ailes du palais, et Hérode les regarda pendant quelque temps du haut d'un toit en terrasse. Anne et Caïphe, qui étaient toujours derrière lui, essayèrent encore par tous les moyens imaginables de le pousser à condamner Jésus ; mais Hérode leur dit, de manière à être entendu des Romains : " Ce serait un crime à moi de le juger ", il voulait dire sans doute : " un crime contre le jugement de Pilate qui a eu la politesse de l'envoyer devant moi ".

Les Princes des Prêtres et les ennemis de Jésus voyant qu'Hérode ne voulait pas entrer dans leurs vues, envoyèrent quelques-uns des leurs dans le quartier d'Acra pour dire à plusieurs Pharisiens qui s'y trouvaient de se rendre avec leurs adhérents dans les environs du palais de Pilate : ils firent aussi distribuer de l'argent dans la multitude pour la porter à demander tumultueusement la mort de Jésus. D'autres furent chargés de menacer le peuple du courroux céleste si on n'obtenait pas la mort de ce blasphémateur sacrilège. Ils devaient ajouter que si Jésus ne mourait pas, il s'unirait aux Romains pour anéantir les Juifs, et que c'était là l'empire dont il avait toujours parlé. Ailleurs ils répandaient le bruit qu'Hérode l'avait condamné, mais ils ajoutaient que le peuple devait exprimer sa volonté ; qu'on craignait les partisans de Jésus ; que s'il était délivré, la fête serait troublée par eux et par les Romains, avec l'aide desquels ils exerceraient une cruelle vengeance. Ils répandirent ainsi les bruits les plus contradictoires et les plus propres à inquiéter, afin d'irriter et de soulever le peuple : quelques-uns d'entre eux, pendant ce temps, donnaient de l'argent aux soldats d'Hérode, afin qu'ils maltraitassent Jésus jusqu'à le faire mourir, car ils désiraient qu'il perdît la vie avant que Pilate pût le mettre en liberté.

Pendant que les Pharisiens complotaient ainsi, Notre Seigneur avait à souffrir les brutalités d'une soldatesque grossière à laquelle Hérode l'avait livré. Ils le poussèrent dans la cour, et l'un d'eux apporta un grand sac blanc qui se trouvait dans la chambre du portier et où il y avait eu autrefois du coton. On y fit un trou à coups d'épée et on le jeta avec de bruyants éclats de rire sur la tête de Jésus. Un autre de ces soldats apporta un lambeau d'étoffe rouge qu'on lui passa autour du cou ; le sac lui tombait sur les pieds. Alors ils s'inclinèrent devant lui, le poussant, l'injuriant, crachant sur lui, le frappant au visage, parce qu'il n'avait pas voulu répondre à leur roi, lui rendant mille hommages dérisoires, lui jetant de la boue, le tirant comme pour le faire danser ; puis, l'ayant jeté par terre, ils le traînèrent dans une rigole qui faisait le tour de la cour de sorte que sa tête sacrée frappait contre les colonnes et les angles des murailles : ils le relevèrent ensuite et recommencèrent leurs insultes.

Il y avait là environ deux cents soldats et serviteurs d'Hérode appartenant à différents pays, et chacun d'eux se faisait gloire d'imaginer quelque nouvel outrage pour Jésus. Ils faisaient tout cela précipitamment, en se poussant les uns les autres et au milieu des huées. Quelques-uns étaient gagnés par les ennemis du Sauveur pour assener des coups de bâton sur sa tête sacrée. Jésus les regardait avec un sentiment de compassion. La douleur lui arrachait des soupirs et des gémissements, mais ils en prenaient occasion pour le railler en contrefaisant sa voix ; à chaque nouvel outrage, ils éclataient de rire, et aucun n'avait pitié de lui. Su tête était tout ensanglantée et je le vis tomber trois fois sous leurs bâtons ; mais je vis aussi au-dessus de lui des anges en pleurs qui lui oignaient la tête, et il me fut révélé que sans cette assistance d'en haut, les coups qui lui étaient portés auraient été mortels. Les Philistins qui tourmentèrent Samson aveugle dans la carrière de Gaza étaient moins violents et moins cruels que ces hommes.

Le temps pressait ; les Princes des Prêtres devaient bientôt se rendre au Temple, et lorsqu'ils surent que tout était disposé suivant leurs instructions, ils prièrent encore une fois Hérode de condamner Jésus. Mais celui-ci qui avait ses vues relativement à Pilate lui renvoya Jésus revêtu de son vêtement de dérision.

XXI. JÉSUS RAMENÉ D'HÉRODE A PILATE

Ce fut avec un redoublement de fureur que les ennemis de Jésus le ramenèrent d'Hérode à Pilate. Ils étaient honteux de revenir sans l'avoir fait condamner au lieu où il avait déjà été déclaré innocent. Aussi prirent-ils un autre chemin deux fois plus long, pour le montrer dans son humiliation à une autre partie de la ville, pour pouvoir le maltraiter d'autant plus longtemps, et aussi pour laisser à leurs agents le temps de travailler les masses selon leurs vues. Ce chemin était plus rude et plus inégal, et tant qu'il dura, les archers maltraitèrent Jésus. Le long vêtement qu'on lui avait mis l'empêchait de marcher, il tomba plusieurs fois dans la boue, et fut relevé à coups de pied et à coups de bâton sur la tête ; il eut à subir des outrages infinis, tant de la part de ceux qui le conduisaient que de la part du peuple rassemblé sur la route. Pour lui, il demandait à Dieu de ne pas en mourir, afin d'accomplir sa Passion et notre Rédemption.

Il était environ huit heures un quart lorsque le cortège arriva au palais de Pilate par un autre côté (probablement le côté oriental), en traversant le forum. La foule était très nombreuse ; tous étaient groupés selon les pays auxquels ils appartenaient ; les Pharisiens couraient parmi le peuple et l'excitaient. Pilate, se souvenant de la sédition des zélateurs Galiléens à la dernière Pâque, avait rassemblé à peu près un millier d'hommes, qui occupaient le prétoire, le corps de garde, les entrées du forum et celles de son palais.

La sainte Vierge, sa sœur ainée Marie, fille d'Héli, Marie, fille de Cléophas. Madeleine, et plusieurs autres des saintes femmes[22], au nombre de vingt, se tenaient dans un lieu où elles pouvaient tout entendre. Jean s'y trouvait aussi au commencement. Jésus, couvert de son manteau de dérision, était conduit à travers les huées de la populace : car les Pharisiens avaient rassemblé sur son passage tout ce qu'il y avait de plus vil et de plus pervers dans le peuple et ils lui donnaient l'exemple de l'insulte et de l'outrage. Un serviteur d'Hérode était déjà venu dire à Pilate que son maitre était très reconnaissant de sa déférence : mais, ajoutait-il, n'ayant vu qu'un fou stupide dans le célèbre Galiléen, il l'avait traité comme tel, et le lui renvoyait. Pilate fut satisfait de ce qu'Hérode avait fait comme lui, et n'avait pas condamné Jésus. Il lui fit faire de nouveau ses compliments et ils devinrent amis, d'ennemis qu'ils étaient depuis que l'aqueduc s'était écroulé[23].

La sœur vit la nouvelle de cet événement portée par des disciples à Thimnath-Serah, dans la Samarie, où Jésus enseignait ce même 8 janvier (26 Thébet. Lorsque Jésus se rendit de là à Hébron pour consoler la famille de Jean, elle le vit le 13 Janvier (25 Thébet) guérir à Ophel beaucoup d'ouvriers blessés par cet écroulement. Il a été question plus haut de la reconnaissance de ces pauvres gens. L'inimitié d'Hérode contre Pilate s'accrut encore à l'occasion de la vengeance que celui-ci tira des partisans d'Hérode à l'occasion de cette trahison de ses architectes. Nous tirerons quelques renseignements à ce sujet des communications de la sœur. Le 25 mars (7 Nisan) de la seconde année de la prédication, Lazare avertit le Sauveur et les siens, dans un lieu voisin de Béthulie, que Judas de Gaulon va exciter une Insurrection contre Pilate. Le 28 mars (10 Nisan), Pilate proclame à Jérusalem un Impôt sur le Temple, en partie pour couvrir les frais des bâtisses écroulées, et il s'élève une sédition parmi les partisans galiléens de Judas de Gaulon, zélateur de liberté, qui, sans le savoir, était, ainsi que tous les siens, un instrument des Hérodiens. Les hérodiens étaient une société semblable à ce que sont aujourd'hui les francs-maçons. Le 30 mars (12 Nisan), Jésus est dans le Temple de Jérusalem avec les apôtres et trente disciples ; il enseigne vers dix heures du matin, revêtu d'une robe brune galiléenne. Ce même jour a lieu l'insurrection de Judas de Gaulon contre Pilate ; les séditieux délivrent cinquante de leurs adhérents emprisonnés l'avant-veille, et tuent plusieurs Romains. Le 6 avril (19 Nisan), Pilate fait attaquer et égorger, dans le Temple, par des Romains déguisés un grand nombre de Galiléens au moment où ils présentaient leurs offrandes ; Judas de Gaulon est tué. Pilate se vengea ainsi sur Hérode, dans la personne de ses sujets et de ses partisans ; mais leur inimité prit fin lorsque Pilate envoya Jésus à Hérode, pour être jugé par lui.

Jésus fut conduit de nouveau devant la maison de Pilate. Les archers lui firent monter l'escalier avec leur brutalité accoutumée ; mais il s'embarrassa dans son vêtement, et tomba sur les degrés de marbre blanc qui se teignirent du sang de sa tête sacrée. Les ennemis de Jésus qui avaient repris leurs places à l'entrée du forum, rirent de sa chute ainsi que la populace, et les archers le frappèrent à coups de pied pour qu'il se relevât. Pilate était appuyé sur son siège, qui ressemblait à un petit lit de repos ; la petite table était devant lui ; comme précédemment il était entouré d'officiers et d'hommes tenant des écritures. Il s'avança sur la terrasse, et dit aux accusateurs de Jésus : Vous m'avez livré cet homme comme un agitateur du peuple ; je l'ai interrogé devant vous, et je ne l'ai point trouvé coupable de ce que vous lui imputiez. Hérode ne l'a point trouvé criminel non plus, car je vous ai envoyés à lui, et je vois qu'il n'a point porté de sentence de mort. Je vais donc le faire fouetter et le renvoyer. De violents murmures s'élevèrent parmi les Pharisiens et les distributions d'argent parmi le peuple se firent avec une nouvelle activité. Pilate accueillit ces démonstrations avec un grand mépris, et y répondit par des paroles piquantes. Il leur demanda, entre autres choses, s'ils ne verraient pas aujourd'hui verser assez de sang innocent dans leurs immolations d'agneaux.

Or, c'était le temps où le peuple venait devant lui, avant la célébration de la fête, pour lui demander, d'après une ancienne coutume, la délivrance d'un prisonnier. Les Pharisiens avaient envoyé d'avance leurs agents pour exciter la foule à ne pas demander la délivrance de Jésus, mais son supplice. Pilate espérait qu'on lui demanderait de rechercher Jésus, et il imagina de donner le choix entre lui et un affreux scélérat, nommé Barabbas, que tout le peuple avait en horreur et qui était déjà condamné à mort. Il avait commis un meurtre dans une sédition, et je l'ai vu se rendre coupable de bien, autres crimes ; il s'était livré à des sortilèges, et avait arraché à des femmes enceintes le fruit qui était encore dans leurs entrailles. J'ai oublié le reste. Il y eut un mouvement parmi le peuple sur le forum : un groupe s'avança ayant en tête ses orateurs, qui crièrent à Pilate : Faites ce que vous avez toujours fait pour la fête. Pilate leur dit : C'est la coutume que je vous délivre un criminel à la Pâque. Qui voulez-vous que Je vous délivre : Barabbas, ou Jésus, le Roi des Juifs, Jésus, qu'on dit être l'oint du Seigneur ?

Pilate, toujours indécis, appelait Jésus roi des Juifs, parce que cet orgueilleux Romain voulait leur témoigner son mépris en leur attribuant un si pauvre roi qu'il mettait en concurrence avec un assassin ; mais il lui donnait aussi ce nom par une sorte de persuasion que Jésus pouvait être en effet le Roi miraculeux, le Messie promis aux Juifs, puis il cédait à ce pressentiment qu'il avait de la vérité, parce qu'il sentait bien que les Princes des Prêtres étaient pleins d'envie contre Jésus qu'il considérait comme innocent. A cette demande de Pilate, il y eut quelque hésitation dans la multitude, et quelques voix seulement crièrent : Barabbas ! Pilate ayant été appelé par un serviteur de sa femme, quitta un instant la terrasse, et le serviteur lui montra le gage qu'il avait donné, en lui disant : Claudia Procle vous rappelle votre promesse de ce matin. Pendant ce temps, les Pharisiens et les Princes des Prêtres étaient dans une grande agitation ; ils se rapprochaient du peuple, menaçaient et ordonnaient ; mais ils avaient peu à faire pour l'exciter. Marie, Madeleine, Jean et les saintes femmes se tenaient dans un coin du forum, tremblant et pleurant. Quoique la mère de Jésus sût bien que sa mort était le seul moyen de salut pour les hommes, elle était pleine d'angoisse et de désir de l'arracher au supplice ; de même que Jésus, devenu homme et destiné au supplice de la croix par sa libre volonté, n'en souffrait pas moins comme un homme ordinaire toutes les peines et les tortures d'un innocent conduit à la mort et horriblement maltraité, de même Marie souffrait toutes les douleurs que peut ressentir une mère à la vue d'un fils vertueux et saint, ainsi traité par un peuple ingrat et cruel. Elle et ses compagnes tremblaient, se désolaient, espéraient, et Jean s'éloignait souvent d'elles pour voir s'il n'aurait pas quelque bonne nouvelle à leur rapporter. Marie priait pour qu'un si grand crime ne s'achevât pas. Elle disait comme Jésus au jardin des Oliviers : Si cela est possible, que ce calice s'éloigne.

Elle espérait encore un peu parce que le bruit courait dans le peuple que Pilate voulait délivrer Jésus. Au loin d'elle étaient des groupes de gens de Capharnaüm que Jésus avait guéris et enseignés, ils faisaient semblant de ne pas la connaître, et regardaient à la dérobée les malheureuses femmes cachées sous leurs voiles. Mais Marie pensait, et tous pensaient comme elle, que ceux-ci, du moins, repousseraient certainement Barabbas, pour avoir leur bienfaiteur et leur sauveur. Il n'en fut pourtant pas ainsi.

Pilate avait renvoyé son gage à sa femme pour lui indiquer qu'il voulait tenir sa promesse. Il s'avança de nouveau sur la terrasse, et s'assit auprès de la petite table. Les Princes des Prêtres avaient aussi repris leurs sièges, et Pilate cria de nouveau : Lequel des deux dois-je vous délivrer ? Ici s'éleva un cri général dans tout le forum : Nous ne voulons point celui-ci ; donnez-nous Barabbas ! Pilate dit encore : Que dois-je donc faire de Jésus, qui est appelé le Christ, le Roi des Juifs ? Tous crièrent tumultueusement : Qu'il soit crucifié ! Qu'il soit crucifié ! Pilate demanda pour la troisième fois : Mais qu'a-t-il fait de mal ? Je ne trouve point en lui de crime qui mérite la mort. Je vais le faire fouetter et le laisser aller. Mais le cri : Crucifiez-le ! Crucifiez-le ! Éclata partout comme une tempête infernale ; les Princes des Prêtres et les Pharisiens s'agitaient et criaient comme des furieux. Alors le faible Pilate délivra le malfaiteur Barabbas, et condamna Jésus à la flagellation.

XXII. FLAGELLATION DE JÉSUS

Pilate, ce juge lâche et irrésolu, avait fait entendre plusieurs fois ces paroles pleines de déraison : Je ne trouve point de crime en lui : c'est pourquoi je vais le faire flageller et ensuite le mettre en liberté. Les Juifs, de leur côté, continuaient de crier : Crucifiez-le ! Crucifiez-le ! Toutefois Pilate voulut encore essayer de faire prévaloir sa volonté, et il ordonna de flageller Jésus à la manière des Romains. Alors les archers, frappant et poussant Jésus avec leurs bâtons, le conduisirent sur le forum à travers les flots tumultueux d'une populace furieuse. Au nord du palais de Pilate, à peu de distance du corps de garde, se trouvait, en avant d'une des halles qui entouraient le marché, une colonne où se faisaient les flagellations. Les exécuteurs vinrent avec des fouets, des verges et des cordes, qu'ils jetèrent au pied de la colonne. C'étaient six hommes bruns, plus petits que Jésus, aux cheveux crépus et hérissés, à la barbe courte et peu fournie. Ils portaient pour tout vêtement une ceinture autour du corps, de méchantes sandales et une pièce de cuir, ou de je ne sais quelle mauvaise étoffe ouverte sur les côtés comme un scapulaire et couvrant la poitrine et le dos ; ils avaient les bras nus. C'étaient des malfaiteurs des frontières de l'Egypte, condamnés pour leurs crimes à travailler aux canaux et aux édifices publics, et dont les plus méchants et les plus il nobles remplissaient les fonctions d'exécuteurs dans le prétoire. Ces hommes cruels avaient déjà attaché à cette même colonne et fouetté jusqu'à la mort de pauvres condamnés. Ils ressemblaient à des bêtes sauvages ou à des démons, et paraissaient à moitié ivres. Ils frappèrent le Sauveur à coups de poing, le traînèrent avec leurs cordes, quoiqu'il se laissât conduire sans résistance, et l'attachèrent brutalement à la colonne. Cette colonne était tout à fait isolée et ne servait de support à aucun édifice. Elle n'était pas très élevé, car un homme de haute taille aurait pu en étendant le bras, en atteindre la partie supérieure qui était arrondie et pourvue d'un anneau de fer. Par derrière. A la moitié de sa hauteur se trouvaient encore des anneaux ou des crochets. On ne saurait exprimer avec quelle barbarie ces chiens furieux traitèrent Jésus en le conduisant là ; ils lui arrachèrent le manteau dérisoire d'Hérode, et le jetèrent presque par terre. Jésus tremblait et frissonnait devant la colonne. Quoique se soutenant à peine, il se hâta d'ôter lui-même ses habits avec ses mains enflées et sanglantes. Pendant qu'ils le frappaient et le poussaient, il pria de la manière la plus touchante, et tourna la tête un instant vers sa mère, qui se tenait, navrée de douleur, dans le coin d'une des salles du marché, et, comme il lui fallut ôter jusqu'au linge qui ceignait ses reins, il dit en se tournant vers la colonne pour cacher sa nudité : Détournez vos yeux de moi. Je ne sais s'il prononça ces paroles ou s'il les dit intérieurement, mais je vis que Marie l'entendit : car, au même instant, elle tomba sans connaissance dans les bras des saintes femmes qui l'entouraient. Jésus embrassa la colonne ; les archers lièrent ses mains élevées en l'air derrière l'anneau de fer qui y était figé, et tendirent tellement ses bras en haut, que ses pieds, attachés fortement au bas de la colonne, touchaient à peine la terre. Le Saint des Saints, dans sa nudité humaine fut ainsi étendu avec violence sur la colonne des malfaiteurs, et deux de ces furieux, altérés de son sang, commencèrent à flageller son corps sacré de la tête aux pieds. Les premières verges dont ils se servirent semblaient de bois blanc très dur ; peut-être aussi étaient ce des nerfs de bœuf ou de fortes lanières de cuir blanc.

Notre Sauveur, le Fils de Dieu, vrai Dieu et vrai homme, frémissait et se tordait comme un ver sous les coups de ces misérables ; ses gémissements doux et clairs se faisaient entendre comme une prière affectueuse sous la bruit des verges de ses bourreaux. De temps en temps, le cri du peuple et des Pharisiens venait comme une sombra nuée d'orage étouffer et emporter ces plaintes douloureuses et pleines de bénédictions ; on criait : Faites-le mourir ! Crucifiez-le ! Car Pilate était encore en pourparlers avec le peuple ; et quand il voulait faire entendre quelques paroles au milieu du tumulte populaire, une trompette sonnait pour demander un instant de silence. Alors on entendait de nouveau le bruit des rouets. Les sanglots de Jésus, les imprécations des archers et le bêlement des agneaux de Pâques, qu'on lavait à peu de distance, dans la piscine des Brebis. Quand ils étaient lavés, on les portait, la bouche enveloppée, jusqu'au chemin qui menait au Temple, afin qu'ils ne se salissent pas de nouveau, puis on les conduisait à l'extérieur vers la partie occidental où ils étaient encore soumis à une ablution rituelle. Ce bêlement avait quelque chose de singulièrement touchant. C'étaient les seules voix à s'unir aux gémissements du Sauveur.

Le peuple juif se tenait à quelque distance du lieu de la flagellation. Les soldats romains étaient postés en différents endroits et surtout du côté du corps de garde. Beaucoup de gens de la populace allaient et venaient, silencieux ou l'insulte à la bouche ; quelques-uns se sentirent touchés, et il semblait qu'un rayon partant de

Jésus les frappait. Je vis d'infâmes jeunes gens presque nus, qui préparaient des verges fraiches près du corps de garde, d'autres allaient chercher des branches d'épine. Quelques archers des Princes des Prêtres s'étaient mis en rapport avec les bourreaux, et leur donnaient de l'argent. On leur apporta aussi une cruche pleine d'un épais breuvage rouge, dont ils burent jusqu'à s'enivrer. Au bout d'un quart d'heure, les deux bourreaux qui flagellaient Jésus furent remplacés par deux autres. Le corps du Sauveur était couvert de taches noires, bleues et rouges, et son sang coulait par terre ; il tremblait et son corps était agité de mouvements convulsifs. Les injures et les moqueries se faisaient entendre de tous côtés.

Il avait fait froid cette nuit ; depuis le matin jusqu'à présent, le ciel était resté couvert : par intervalles, il tombait un peu de grêle, au grand étonnement du peuple. Vers midi, le ciel s'éclaircit et le soleil brilla.

Le second couple de bourreaux tomba avec une nouvelle rage sur Jésus ; ils avaient une autre espèce de baguettes ; s'étaient comme des bâtons d'épines avec des nœuds et des pointes. Leurs coups déchirèrent tout le corps de Jésus ; son sang jaillit à quelque distance, et leurs bras en étaient arrosés. Jésus gémissait, priait et tremblait. Plusieurs étrangers passèrent dans le forum sur des chameaux, et regardèrent avec effroi et avec tristesse, lorsque le peuple leur expliqua ce qui se passait. C'étaient des voyageurs, dont quelques-uns avaient reçu le baptême de Jean ou entendu les sermons de Jésus sur la montagne. Le tumulte et les cris ne cessaient pas près de la maison de Pilate.

De nouveaux bourreaux frappèrent Jésus avec des fouets : c'étaient des lanières, au bout desquelles étaient des crochets de fer qui enlevaient des morceaux de chair à chaque coup. Hélas ! Qui pourrait rendre ce terrible et douloureux spectacle ? Leur rage n'était pourtant pas encore satisfaite : ils délièrent Jésus et l'attachèrent de nouveau, le des tourné à la colonne. Comme il ne pouvait plus se soutenir, ils lui passèrent des cordes sur la poitrine, sous les bras et au-dessous des genoux, et attachèrent aussi ses mains derrière la colonne. Tout son corps se contractait douloureusement : il était couvert de sang et de plaies. Alors ils fondirent de nouveau sur lui comme des chiens furieux. L'un d'eux tenait une verge plus déliée, dont il frappait son visage. Le corps du Sauveur n'était plus qu'une plaie ; il regardait ses bourreaux avec ses yeux pleins de sang, et semblait demander merci ; mais leur rage redoublait, et les gémissements de Jésus devenaient de plus en plus faibles.

L'horrible flagellation avait duré près de trois quarts d'heure, lorsqu'un étranger de la classe inférieure, parent de l'aveugle Ctésiphon guéri par Jésus, se précipita vers le derrière de la colonne avec un couteau en forme de faucille ; il cria d'une voir indignée : Arrêtez ! Ne frappez pas cet innocent jusqu'à le faire mourir ! Les bourreaux, qui étaient ivres, s'arrêtèrent, étonnes ; il coupa rapidement les cordes assujetties derrière la colonne qui retenaient Jésus, puis il s'enfuit et se perdit dans la foule. Jésus tomba presque sans connaissance au pied de la colonne sur la terre toute baignée de son sang. Les exécuteurs le laissèrent là, s'en allèrent boire, et appelèrent des valets de bourreau, qui étaient occupés dans le corps de garde à tresser la couronne d'épines.

Comme Jésus, couvert de plaies saignantes, s'agitait convulsivement au pied de la colonne, je vis quelques filles perdues, à l'air effronté, s'approcher de lui en se tenant par les mains. Elles s'arrêtèrent un moment et le regardèrent avec dégoût. Dans ce moment, la douleur de ses blessures redoubla et il leva vers elles sa face meurtrie. Elles s'éloignèrent, et les soldats et les archers leur adressèrent en riant des paroles indécentes.

Je vis à plusieurs reprises, pendant la flagellation, des anges en pleurs entourer Jésus, et j'entendis sa prière pour nos péchés, qui montait constamment vers son Père au milieu de la grêle de coups qui tombait sur lui. Pendant qu'il était étendu dans son sang au pied de la colonne, je vis un ange lui présenter quelque chose de lumineux qui lui rendit des forces. Les archers revinrent et le frappèrent avec leurs pieds et leurs bâtons, lui disant de se relever parce qu'ils n'en avaient pas fini avec ce roi. Jésus voulut prendre sa ceinture qui était à quelque distance : alors ces misérables le poussèrent avec le pied de côté et d'autre, en sorte que le pauvre Jésus fut obligé de se trainer péniblement sur le sol, dans sa nudité sanglante, comme un ver à moitié écrasé, pour pouvoir atteindre sa ceinture et en couvrir ses reins déchires. Quand ils l'eurent remis sur ses jambes tremblantes, ils ne lui laissèrent pas le temps de remettre sa robe, qu'ils jetèrent seulement sur ses épaules nues, et avec laquelle il essuya le sang qui coulait sur son visage, pendant qu'ils le conduisaient en hâte au corps de garde, en lui faisait faire un détour. Ils auraient pu s'y rendre plus directement parce que les halles et le bâtiment qui était en face du forum étaient ouverts, en sorte qu'on pouvait voir le passage sous lequel les deux larrons et Barabbas étaient emprisonnés ; mais ils le conduisirent devant le lieu où siégeaient les Princes des Prêtres qui s'écrièrent : Qu'on le fasse mourir !

Qu'on le fasse mourir ! Et ce détournèrent avec dégoût. Puis ils le menèrent dans la cour intérieure du corps de garde. Lorsque Jésus entra, il n'y avait pas de soldats, mais des esclaves, des archers, des goujats, enfin le rebut de la population.

Comme le peuple était dans une grande agitation, Pilate avait fait venir un renfort de garnison romaine de la citadelle Antonia. Ces troupes, rangées en bon ordre, entouraient le corps de garde. Elles pouvaient parler, rire et se moquer de Jésus ; mais il leur était interdit de quitter leurs rangs. Pilate voulait par là tenir le peuple en respect. Il y avait bien un millier d'hommes.

XXIII. MARIE PENDANT LA FLAGELLAION DE JESUS

Je vis la sainte Vierge en extase continuelle pendant la flagellation de notre divin Rédempteur ; elle vit et souffrit intérieurement avec un amour et une douleur indicibles tout ce que souffrait son fils. Souvent de faibles gémissements sortaient de sa bouche ; ses yeux étaient rouges de larmes. Elle était voilée et étendue dans les bras de Marie d'Héli, sa sœur ainée, qui était déjà vieille et ressemblait beaucoup à Anne, leur Mère. Marie de Cléophas, fille de Marie d'Héli était aussi la et se tenait presque toujours au bras de sa mère. Les saintes amies de Marie et de Jésus étaient voilées, tremblantes de douleur et d'inquiétude, serrées autour de la sainte Vierge, et poussant de faibles gémissements comme si elles eussent attendu leur propre sentence de mort. Marie avait une longue robe blanche et par-dessus un grand manteau de laine blanche avec un voile d'un blanc approchant du jaune. Madeleine était bouleversée et terrassé par la douleur, ses cheveux étaient épars sous son voile.

Note : Marie d'Héli est souvent mentionnée dans ce récit. D'après l'ensemble des visions de la sœur sur la sainte Famille, celle-ci était fille de Joachim et d'Anne, née près de vingt ans avant la sainte Vierge. Elle n'était pas l'enfant de la promesse et elle est distinguée des autres Marie par le nom de Marie d'Héli, parce qu'elle était fille de Joachim ou Heliachim. Son mari s'appelait Cléophas et sa fille Marie de Cléophas. Celle-ci, nièce de la sainte Vierge, était pourtant plus âgée qu'elle. Son premier mari s'appelait Alphée : les fils qu'elle avait eus de celui-ci étaient les apôtres Simon, Jacques-le-Mineur et Jude

Thaddée. Elle avait en de Sabas, son second mari, Joseph Barsabas, et d'un troisième mariage avec un certain Jonas, Siméon, qui fut évêque de Jérusalem.

Lorsque Jésus, après la Flagellation, tomba au pied de la colonne, je vis Claudia Procle, la femme de Pilate, envoyer à la mère de Dieu de grandes pièces de toile. Je ne sais si elle croyait que Jésus serait délivré et que cette toile serait nécessaire à sa mère pour panser ses blessures, ou si la païenne compatissante savait l'usage auquel la sainte Vierge emploierait son présent. Marie, revenue à elle, vit son fils tout déchiré conduit par les archers : il essuya ses yeux pleins de sang pour regarder sa mère. Elle étendit les mains vers lui et suivit des yeux la trace sanglante de ses pieds. Jr vis bientôt Marie et Madeleine, comme le peuple se portait d'un autre côté, s'approcher de la place où Jésus avait été flagellé : cachées par les autres saintes femmes et par quelques personnes bien intentionnées qui les entouraient elles se prosternèrent à terre près de la colonne, et essuyèrent partout le sang sacré de Jésus avec les linges qu'avait envoyés Claudia Procle. Jean n'était pas en ce moment près des saintes femmes, qui étaient à peu près au nombre de vingt. Le fils de Siméon, celui de Véronique, celui d'Obed, Aram et Themni, neveu d'Arimathie, étaient occupés dans le Temple, pleins de tristesse et d'angoisse. Il était environ neuf heures du matin lorsque finit la flagellation.

XXIV. INTERRUPTION DES TABLEAUX DE LA PASSION

La sœur Emmerich vit jour par jour cette suite de tableaux, depuis le 18 février jusqu'au 8 mars, veille du quatrième dimanche de carême, et pendant ce temps elle souffrit d'inexprimables douleurs du corps et de l'âme. Plongée dans ces contemplations, fermée à toutes les sensations extérieures, elle pleurait et gémissait comme un enfant livré aux bourreaux ; elle tremblait, tressaillait et se tordait sur sa couche en gémissant ; son visage ressemblait à celui d'un homme mourant dans les supplices, et une sœur de sang ruisselait souvent sur sa poitrine et sur ses épaules. En général, sa sœur était si abondante, que tout ce qui était près d'elle en était trempé et que son lit en était pénétré. Elle souffrait aussi de la soif au point qu'on eût dit d'un homme altéré, perdu dans un désert sans eau. Sa bouche était desséchée le matin, et sa langue retirée et contractée, en sorte qu'elle ne pouvait demander qu'on la soulageât qu'avec des sons inarticulés et des signes d'une fièvre continuelle accompagnait toutes ses souffrances ou en était la suite, et en outre ses douleurs habituelles et celles dont elle se chargeait au profit d'autrui continuaient sans relâche. Ce n'était qu'après avoir repris quelque force à grand peine qu'elle pouvait raconter les tableaux de la Passion : encore ne les racontait-elle pas tous les jours et d'une haleine, mais en s'y prenant à plusieurs reprises.

Le samedi 8 mars 1823, elle avait raconté avec une souffrance infinie la flagellation de Jésus-Christ, qui avait été la vision de la nuit précédente, et qui sembla lui être encore présente pendant une partie de la journée : mais vers la fin du jour il y eut une interruption dans la série, jusque-là régulière, de ses visions de la Passion. Nous en rendons compte ici, comme faisant mieux connaître la vie intérieure d'une personne aussi extraordinaire, et aussi comme un point de repos pour le lecteur de ce livre. Car nous avons éprouvé nous-mêmes qu'il y a pour les faibles une certaine fatigue dans la représentation de la Passion du Sauveur, bien qu'elle se soit accomplie pour leur salut.

La vie spirituelle et corporelle de la Sœur était en union continuelle avec la vie journalière de l'Eglise dans le temps. C'était un rapport plus impérieux peut-être que celui qui met notre vie dans la dépendance des saisons, des heures du jour, du soleil et de la lune, du climat et de la température, et par suite duquel elle rendait un témoignage perpétuel de l'existence et de la signification de tous les mystères et de toutes les solennités célébrées par l'Eglise dans le temps. Elle les suivait si fidèlement, qu'au moment où commençait l'office de chaque fête, c'est-à-dire la veille au soir, tout son état intérieur et extérieur, spirituel et corporel, éprouvait un changement. Quand le soleil spirituel d'un des jours de l'Eglise s'était couché, elle se tournait à l'instant vers celui du jour suivant pour pénétrer toutes ses prières, tous ses travaux, toutes ses souffrances de la grâce spéciale attachée à cette nouvelle journée, de même qu'une plante se baigne dans la rosée, se joue dans la lumière et la chaleur de l'aurore naissante.

Il se faisait une révolution dans tout son être, non pas précisément quand la cloche du soir tintait l'Angélus, lequel peut être sonné trop tôt ou trop tard, à cause de l'ignorance ou de la paresse de ceux qui en sont chargés, mais quand ce moment d'une nouvelle reproduction de l'ordre éternel dans le temps arrivait réellement, à une heure dont les autres humains ne pouvaient être avertis par leurs sens.

Si l'Eglise célébrait une fête douloureuse, on la voyait accablée, languissante et comme flétrie : mais au moment où commençait une fête de réjouissance, son corps et son âme se relevaient soudainement comme ranimés par la rosée d'une grâce nouvelle, et elle restait jusqu'au soir suivant calme, sérieuse, joyeuse, comme si un voile eût été jeté sur ses douleurs, rendant par là témoignage à la vérité intime et éternelle de cette fête. Or, tout cela se passait en elle sans la participation de sa volonté, au moins n'en avait-elle pas plus la conscience réfléchie que l'abeille, lorsqu'avec le suc des fleurs, elle construit artistement des rayons de miel : mais comme elle avait eu dès sa plus tendre enfance le désir sincère d'être toujours obéissante envers Jésus et l'Eglise, elle avait trouvé grâce devant Dieu, qui pour récompenser sa bonne volonté, avait transformé sa nature de manière à ce qu'elle se tournât spontanément et irrésistiblement vers l'Eglise comme une plante vers la lumière, même quand on l'entoure d'une nuit artificielle.

Le samedi 8 mars 1823, après le coucher du soleil, comme elle venait de raconter, non sans beaucoup de peine, les scènes de la flagellation de Notre-Seigneur, elle se fut tout à coup, et celui qui écrit ces pages croyait que son âme était déjà passée à la contemplation du couronnement d'épines. Mais après quelques minutes de repos, son visage, altéré et défait comme celui d'une agonisante, brilla d'une douce et aimable sérénité, et elle prononça quelques paroles de ce ton affectueux avec lequel une personne innocente parle à des enfants : Ah !

L'aimable petit garçon ! disait-elle. Qui est-il donc ? Attendez, je vais le lui demander. Il s'appelle le petit Joseph. Il vient à moi en courant à travers la foule. Le pauvre enfant ! Il est si aimable, il sourit ; il ne sait rien de ce qui se passe. Il me fait pitié ; il est presque nu ; j'ai peur qu'il n'ait froid. L'air est si frais ce matin. Attends, je vais te couvrir un peu. Après ces paroles, prononcées avec tant de vérité qu'on eût pu regarder autour de soi si l'enfant n'y était pas, elle prit des linges qui étaient près d'elle, et fit tous les gestes d'une personne compatissante qui veut préserver du froid un petit enfant. Son ami l'observa attentivement et soupçonna que ces gestes indiquaient une prière et un acte intérieur comme il l'avait souvent remarqué déjà.

Cependant il ne put avoir alors l'explication de ce qui avait motivé ses paroles ; car il y eut un changement subit dans son état. Une personne qui la soignait fit entendre le mot d'obéissance : ce mot était le nom d'un des vœux par lesquels elle s'était consacrée au Seigneur, et à l'instant elle recueillit ses esprits comme un enfant docile que sa mère appelle à elle, en le réveillant d'un profond sommeil. Elle saisit vivement son rosaire et le petit crucifix qu'elle avait toujours sur elle, ajusta ses vêtements, se frotta les yeux, et se mit sur son séant ; puis on la porta de son lit sur une chaise, incapable qu'elle était de se tenir debout ou de marcher : c'était le temps où l'on faisait son lit. Son ami la quitta pour mettre par écrit ce qu'il avait recueilli dans la journée.

Le dimanche 9 mars, il demanda à la personne qui la soignait : Que voulait dire la malade hier soir, lorsqu'elle parlait d'un enfant appelé Joseph ? Et cette personne répondit : Elle a été encore longtemps occupée du petit

Joseph, c'est le fils d'une de mes cousines qu'elle aime beaucoup. J'ai peur que cela ne présage d'une maladie à cet enfant ; car elle a dit plusieurs fois qu'il était presque nu, qu'elle craignait qu'il n'eût froid. Son ami se ressouvint alors d'avoir vu, en effet, ce petit Joseph jouer plusieurs fois sur le lit de la malade, et il crut seulement qu'elle avait rêvé la veille à cet enfant. Lorsque plus tard il la visita, pour se faire raconter par elle la suite des scènes de la Passion, il la trouva, contre son attente, plus sereine et en meilleur état que les jours précédents. Elle lui dit qu'elle n'avait plus rien vu après la flagellation et lorsqu'il la questionna au sujet de ce petit Joseph dont elle avait tant parlé, elle ne se souvint plus d'avoir pensé cet enfant. Il lui demanda ce qui faisait qu'elle était en ce jour beaucoup plus calme, plus sereine et mieux portante, et elle répondit qu'il en était toujours ainsi au milieu du Carême, que l'Eglise chantait avec Isaïe à l'introït du saint sacrifice de la messe : Réjouis-toi, Jérusalem ! Rassemblez-vous, vous tous qui l'aimez ; réjouissez-vous, vous qui étiez tristes ; soyez dans la joie, et rassasiez-vous des mamelles de votre consolation ; que c'était donc un jour d'allégresse ; que d'ailleurs, dans l'Evangile du jour, le Seigneur avait nourri cinq mille hommes avec cinq pains et deux poissons, dont il était reste douze corbeilles, qu'il fallait donc se réjouir. Elle ajouta qu'il l'avait aussi nourrie le matin avec la sainte communion, et qu'en ce jour de Carême, elle s'était sentie fortifiée corporellement et spirituellement. Son ami jeta les yeux sur l'almanach de Munster, et il y vit qu'outre le dimanche de Laetare, on célébrait encore, dans ce diocèse, la fête de saint Joseph, ce qu'il ignorait, parce qu'ailleurs cette fête tombe le 19 mars. Il le lui rit remarquer, et lui demanda si ce n'était pas là ce qui l'avait fait parler de Joseph, et elle lui dit qu'elle savait bien que c'était la fête du père nourricier de Jésus ; mais qu'elle n'avait point pensé à cet enfant qui portait son nom et qu'on amenait quelquefois près d'elle. Au milieu de cette conversation, elle se souvint tout à coup de ce qui avait été l'objet de sa vision de la veille. C'était, en effet, une joyeuse image de saint Joseph, qui, à l'occasion de sa fête et du dimanche de Laetare, s'était introduite tout d'un coup au milieu des visions de la Passion.

Nous avons souvent reconnu que celui qui lui parlait lui envoyait souvent ses messagers sous une forme enfantine, et que cela arrivait toujours dans des cas où l'art humain aussi aurait pu se servir d'une figure d'enfant pour interpréter sa pensée. Si, par exemple, une de ses visions de l'histoire sainte lui représentait une prophétie accomplie, elle voyait courir près du tableau qui se déroulait sous ses yeux un enfant qui, dans sa pose, dans son vêtement, dans la manière dont il portait à la main ou faisait flotter en l'air au bout d'un bâton un écrit prophétique reproduisait les traits caractéristiques de tel ou tel prophète. Avait-elle de grandes douleurs à souffrir, il venait vers elle un petit enfant doux et silencieux, habillé de vert ; il s'asseyait, d'un air résigné, dans une position très incommode, sur le bord étroit et dur de son lit, se laissait porter d'un bras à l'autre, ou poser à terre sans rien dire. Il la regardait constamment d'un air affectueux, et lui donnait des consolations : c'était la patience. Si, dans un moment de fatigue ou de souffrance extraordinaire prise pour soulager autrui, elle entrait en rapport avec un saint, soit par la célébration de sa fête, soit par l'intermédiaire d'une relique, elle ne voyait que des scènes de l'enfance de ce saint, tandis que, dans d'autres cas, elle voyait son martyre, avec les plus terribles circonstances. Dans ses plus grandes souffrances, lorsqu'elle était totalement épuisée, la consolation, souvent même l'instruction et l'avertissement lui venaient par des figures d'enfants. Il arrivait souvent aussi que, dans certaines peines, dans certaines angoisses auxquelles elle ne savait pas résister, elle s'endormait, et se trouvait reportée à quelque danger couru pendant son enfance. Elle croyait, comme le montraient ses paroles et ses gestes pendant son sommeil, être redevenue une pauvre petite paysanne de cinq ans, qui, en voulant traverser une haie, restait prise dans les épines et pleurait. C'étaient toujours des scènes réelles de son enfance qui se reproduisaient alors, et l'application en était souvent faite par des paroles comme celles-ci : Pourquoi cries-tu ? Je ne te tirerai pas de la haie tant que tu n'attendras pas mon secours patiemment, en me priant avec amour. Elle avait obéi à cet ordre étant enfant, lorsqu'elle se trouvait dans la haie, et elle le suivait dans sa vieillesse, lors de ses plus terribles épreuves, puis, quand elle était réveillée, elle parlait en riant de la haie où elle avait été emprisonnée, de ce moyen de la patience et de la prière qui lui avait été donné comme une clef pour en sortir, qu'eue avait reçu dans son enfance et qu'elle avait souvent négligé, mais auquel elle recourait de nouveau avec une confiance qui n'était jamais trompée. Ce rapport symbolique de certaines circonstances de son enfance avec les événements de sa vie postérieure, montrait qu'il y a dans la vie de l'individu, comme dans cette de l'humanité, des types prophétiques. Mais à l'individu, comme au genre humain, un type divin a été donné dans la personne du

Rédempteur, afin que l'un et l'autre, s'élançant sur ses traces, et dépassant avec son aide les bornes de la nature, arrivent à la pleine liberté de l'esprit, à l'âge de la plénitude du Christ ; en sorte que la volonté de Dieu se fasse sur la terre comme dans le ciel et que son règne nous arrive.

Elle raconta les fragments suivants des visions qui, la veille, avaient interrompu les scènes de la Passion, au moment des premières vêpres de la fête de saint Joseph.

XXV. SAINT JOSEPH ENFANT
INTERROMPT LES VISIONS DE LA PASSION

Au milieu de ces terribles événements, j'étais à Jérusalem, tantôt dans un lieu, tantôt dans un autre, et je pliais sous le poids de l'affliction et d'une souffrance aussi amère que la mort. Pendant qu'ils fouettaient mon adorable fiancé, j'étais assise tout auprès, dans un endroit où aucun Juif n'osait venir de peur de se souiller. Pour moi, ce n'était pas ce que je craignais ; je désirais au contraire qu'une seule goutte de son sang jaillit sur moi pour me purifier. J'avais le cœur si déchiré, qu'il me semblait que j'allais mourir, car je ne pouvais secourir Jésus : je ne pouvais rien empêcher et j'en souffrais à tel point que j'étais près d'expirer. Je gémissais, je sanglotais à chaque coup qu'on lui portait, et m'étonnais seulement de ce qu'on ne me chassait pas. Hélas ! Quel affreux spectacle de voir mon fiancé chéri tout déchiré, étendu au pied de la colonne sur le sol tout couvert de son sang précieux ! Combien étaient révoltantes ces misérables filles de joie qui le raillaient et se détournaient avec dégoût en passant près de lui ! Avec quel regard touchant il semble leur dire : C'est vous qui m'avez ainsi déchiré et vous vous raillez de moi ! Avec quelle inhumanité les bourreaux le poussaient à coups de pied pour le faire avancer pendant qu'il se traînait tout couvert de plaies saignantes pour reprendre ses vêtements ! Et à peine s'en était-il recouvert de ses mains tremblantes, qu'ils le poussaient et le traînaient à de nouveaux supplices en présence de sa pauvre mère. Où ! Comme elle tordait ses mains en regardant la trace sanglante de ses pas ! Pendant ce temps, j'entendais, à travers le corps de garde ouvert du côté du marché, les plaisanteries grossières des ignobles valets de bourreau qui, de leurs mains protégées par des gants, tressaient la couronne d'épines et en essayaient les pointes aiguës. Je frissonnais, je tremblais et voulais courir, dans mon angoisse, pour voir mon pauvre fiancé livré à son nouveau martyre. Ce fut alors que la mère de Jésus, avec l'aide des saintes femmes et de quelques hommes compatissants qui l'entouraient et la cachaient, s'approcha furtivement et essuya à la dérobée le sang de son fils au pied de la colonne et ailleurs. Le peuple et les ennemis de Jésus poussaient des cris tumultueux pendant qu'on le conduisait. J'étais malade de douleur et d'angoisse ; je ne pouvais plus pleurer et je voulais pourtant me traîner jusqu'au lieu où Jésus allait être couronné d'épines.

C'est alors que je vis arriver tout à coup un merveilleux enfant, aux cheveux blonds, n'ayant qu'une ceinture autour des reins. Il se glissait au milieu des longs voiles des saintes femmes, passait lestement entre les jambes des hommes, et vint à moi en courant. Il était tout joyeux, tout aimable, me prenait la tête pour la tourner d'un autre côté, me bouchait tantôt les yeux, tantôt les oreilles et cherchait avec ses caresses enfantines à m'empêcher de regarder les tristes spectacles qui étaient sous mes yeux. Cet enfant me dit : Ne me connais-tu pas ? Je m'appelle Joseph, et je suis de Bethléem. Puis il se mit à me parler de la crèche, de la naissance du Christ, des bergers, des trois rois, et il racontait combien tout cela avait été beau et merveilleux. Je craignais toujours qu'il n'eût froid, parce qu'il était si peu vêtu, et qu'il tombait un peu de grêle, mais il mit ses petites mains contre mes joues, et me dit : Vois comme j'ai chaud ; là où je suis on ne sent pas le froid. Je pleurais toujours à cause de la couronne d'épines que je voyais tresser, mais il me consola et me dit une belle parabole pour m'expliquer comment la joie sortirait de toutes ces souffrances. Il y avait dans cette parabole beaucoup d'explications du sens mystique des souffrances du Christ. Il me montra les champs où étaient venues les épines dont on tressait la couronne de Jésus, m'enseigna ce que signifiaient ces épines, me dit comment ces champs se couvriraient de magnifiques moissons, et comment les épines formeraient autour d'eux une haie protectrice tout ornée de belles roses[24]. Il savait tout expliquer d'une manière si affectueuse et si riante, que toutes les épines semblèrent devenir des roses, avec lesquelles nous nous mimes à jouer. Tout ce qu'il disait était plein d'intérêt ; mais j'en ai malheureusement oublié la plus grande partie. Il y avait un long et touchant tableau de la naissance et du développement de l'Eglise, avec de charmantes comparaisons enfantines. L'aimable enfant ne me laissa plus regarder la Passion de Jésus, et m'entraîna dans d'autres scènes tout à fait différentes. J'étais moi-même un enfant ; je ne m'en étonnais pas, et je courais avec Joseph enfant à Bethléem. Il me montrait les lieux où s'était passée son enfance ; nous priions ensemble dans la grotte qui fut plus tard celle de la crèche et où il se réfugiait pendant son enfance quand ses frères le tourmentaient à cause de sa piété précoce. Il me semblait voir sa famille vivant encore dans l'ancienne maison qu'avait habitée autrefois le père David, et qui, à l'époque de la naissance de Jésus-Christ, était tombée en des mains étrangères car il y avait là alors des employés romains auxquels Joseph devait payer l'impôt. Nous étions joyeux comme des enfants, et c'était comme si Jésus et sa mère n'étaient pas encore nés. C'est ainsi que la veille de la Saint Joseph je passai des scènes douloureuses de la Passion a une vision riante et consolante.

Le jour de Saint Joseph, elle ne vit rien des tableaux de la Passion, mais dit seulement ce qui suit au sujet de la contenance de Marie et de celle de Madeleine.

Les joues de la sainte Vierge sont pâles et tirées ; ses yeux sont rouges de larmes. Je ne saurais exprimer combien elle m'apparat pleine de naturel et de simplicité. Elle n'a cessé depuis hier d'errer, dans son angoisse, à travers la vallée de Josaphat et les rues de Jérusalem, et pourtant il n'y a ni dérangement ni désordre dans ses vêtements, il n'y a pas un pli de ses habits qui ne respire sa sainteté : tout en elle est simple, digne, plein de pureté et d'innocence. Elle regarde majestueusement autour d'elle, et les plis de son voile, quand elle tourne un peu la tête, ont une beauté singulière. Ses mouvements sont sans violence, et au milieu de la plus poignante douleur, toute son allure est simple et calme. Sa robe est humectée de la rosée de la nuit et des pleurs abondants qu'elle a versés ; mais tout reste propre et bien ordonné dans son costume. Elle est belle d'une beauté inexprimable et tout à fait surnaturelle ; cette beauté n'est que pureté ineffable, simplicité, majesté et sainteté.

Madeleine a un tout autre aspect. Elle est plus grande et plus forte ; il y a quelque chose de plus prononcé dans sa personne et dans ses mouvements. Mais les passions, le repentir, son énergique douleur ont détruit toute sa beauté ; elle est effrayante à voir, tant elle est défigurée par la violence sans bornes de son désespoir. Ses vêtements mouillés, tachés de boue sont en désordre et déchirés ; ses longs cheveux pendent déliés sous son voile humide et presque en lambeaux. Elle est toute bouleversée ; elle ne pense à rien qu'à sa douleur, et ressemble presque à une folle. Il y a là beaucoup de gens de Magdalum et des environs qui l'ont vue autrefois mener une vie d'abord si élégante, puis si scandaleuse. Comme elle a vécu longtemps cachée, ils la montrent aujourd'hui au doigt, et la poursuivent de leurs injures ; même des hommes de la populace de Magdalum lui jettent de la boue. Mais elle ne s'aperçoit de rien, tant elle est absorbée dans sa douleur !

XXVI. COURONNEMENT D'EPINES

Lorsque la Sœur rentra dans ses visions sur la Passion, elle ressentit une fièvre très forte et une soif tellement brûlante que sa langue était contractée convulsivement et comme desséchée. Elle était si épuisée et si souffrante, le lundi d'après le dimanche de Laetare, qu'elle ne fit les récits qui suivent qu'avec beaucoup de peine et sans beaucoup d'ordre. Elle ajouta qu'il lui était impossible, dans l'état où elle se trouvait, de raconter tous les mauvais traitements qui avaient accompagné le couronnement d'épines de Jésus, parce que cela faisait revenir sous ses yeux toutes ces scènes, etc.

Pendant la flagellation de Jésus, Pilate parla encore plusieurs fois au peuple, qui une fois fit entendre ce cri : il faut qu'il meure, quand nous devrions tous mourir aussi ! Quand Jésus fut conduit au corps de garde, ils crièrent encore : Qu'on le tue ! Qu'on le tue ! Car il arrivait sans cesse de nouvelles troupes de Juifs que les Commissaires des Princes des Prêtres excitaient à crier ainsi. Il y eut ensuite une pause. Pilate donna des ordres à ses soldats ; les Princes des Princes et leurs conseillers, qui se tenaient sous des arbres et sous des toiles tendues, assis sur des bancs placés des deux côtés de la rue devant la terrasse de Pilate, se firent apporter à manger et à boire par leurs serviteurs. Pilate, l'esprit troublé par ses superstitions, se retira quelques instants pour consulter ses dieux et Leur offrir de l'encens.

La sainte Vierge et ses amis se retirèrent du forum après avoir recueilli le sang de Jésus. Je les vis entrer avec Leurs linges sanglants dans une petite maison peu éloignée bâtie contre un mur. Je ne sais plus à qui elle appartenait. Je ne me souviens pas d'avoir vu Jean pendant la flagellation.

Le couronnement d'épines eut lieu dans la cour intérieure du corps de Barde situé contre le forum, au-dessus des prisons. Elle était entourée de colonnes et les portes étaient ouvertes. Il y avait là environ cinquante misérables, valets de geôliers, archers, esclaves et autres gens de même espèce qui prirent une part active aux mauvais traitements qu'eut à subir Jésus. La foule se pressait d'abord autour de l'édifice ; mais il fut bientôt entouré d'un millier de soldats romains, rangés en bon ordre, dont les rires et les plaisanteries excitaient l'ardeur des bourreaux de Jésus comme les applaudissements du public excitent les comédiens.

Au milieu de la cour ils roulèrent la base d'une colonne où se trouvait un trou qui avait dû servir pour assujettir le fût. Ils placèrent dessus un escabeau très bas, qu'ils couvrirent par méchanceté de cailloux pointus et de tessons de pot. Ils arrachèrent les vêtements de Jésus de dessus son corps couvert de plaies, et lui mirent un vieux manteau rouge de soldat qui ne lui allait pas aux genoux et où pendaient des restes de houppes jaunes. Ce manteau se trouvait dans un coin de la chambre : on en revêtait ordinairement les criminels après leur flagellation, soit pour étancher leur sang, soit pour les tourner en dérision. Ils traînèrent ensuite Jésus au siège qu'ils lui avaient préparé et l'y firent asseoir brutalement. C'est alors qu'ils lui mirent la couronne d'épines. Elle était haute de deux largeurs de main, très épaisse et artistement tressée. Le bord supérieur était saillant. Ils la lui placèrent autour du front en manière de bandeau, et la lièrent fortement par derrière. Elle était faite de trois branches d'épines d'un doigt d'épaisseur, artistement entrelacées, et la plupart des pointes étaient à dessein tournées en dedans. Elles appartenaient à trois espèces d'arbustes épineux, ayant quelques rapports avec ce que sont chez nous le nerprun, le prunellier et l'épine blanche. Ils avaient ajouté un bord supérieur saillant d'une épine semblable à nos ronces : c'était par là qu'ils saisissaient la couronne et la secouaient violemment. J'ai vu l'endroit où us avaient été chercher ces épines. Quand ils l'eurent attachée sur la tête de Jésus, ils lui mirent un épais roseau dans la main. Ils firent tout cela avec une gravité dérisoire, comme s'ils l'eussent réellement couronné Toi. Ils lui prirent le roseau des mains, et frappèrent si violemment sur la couronne d'épines que les yeux du Sauveur étaient inondés de sang. Ils s'agenouillèrent devant lui, lui firent des grimaces, lui crachèrent au visage et le souffletèrent en criant : Salut, Roi des Juifs ! Puis ils le renversèrent avec son siège en riant aux éclats, et l'y replacèrent de nouveau avec violence.

Je ne saurais répéter tous les outrages qu'imaginaient ces hommes. Jésus souffrait horriblement de la soif ; car les blessures faites par sa barbare flagellation lui avaient donné la fièvre[25], et il frissonnait ; sa chair était déchirée jusqu'aux os, sa langue était retirée, et le sang sacré qui coulait de sa tête rafraîchissait seul sa bouche brûlante et entrouverte. Jésus fut ainsi maltraité pendant environ une demi-heure, aux rires et aux cris de joie de la cohorte rangée autour du prétoire.

XXVII. ECCE HOMO

Jésus recouvert du manteau rouge, la couronne d'épines sur la tête, le sceptre de roseau entre ses mains garrottées, fut reconduit dans le palais de Pilate. Il était méconnaissable à cause du sang qui remplissait ses yeux, sa bouche et sa barbe. Son corps n'était qu'une plaie ; il ressemblait à un linge trempé dans du sang.

Il marchait courbé et chancelant ; le manteau était si court qu'il lui fallait se plier en deux pour cacher sa nudité : car lors du couronnement d'épines, ils lui avaient de nouveau arraché tous ses vêtements. Quand il arriva devant Pilate, cet homme cruel, il ne put s'empêcher de frémir d'horreur et de pitié ; il s'appuya sur un de ses officiers et tandis que le peuple et les prêtres insultaient et raillaient, il s'écria : Si le diable des Juifs est aussi cruel qu'eux, il ne fait pas bon être en enfer auprès de lui. Lorsque Jésus eut été trainé péniblement au haut de l'escalier, Pilate s'avança sur la terrasse et on sonna de la trompette pour annoncer que le gouverneur voulait parler : il s'adressa aux Princes des Prêtres et à tous les assistants, et leur dit : Je le fais amener encore une fois devant vous, afin que vous sachiez que je ne le trouve coupable d'aucun crime.

Jésus fut alors conduit près de Pilate par les archers, de sorte que tout le peuple rassemblé sur le forum pouvait le voir. C'était un spectacle terrible et déchirant, accueilli d'abord par une horreur muette, que cette apparition du fils de Dieu tout sanglant sous sa couronne d'épines, abaissant ses yeux éteints sur les flots du peuple, pendant que Pilate le montrait du doigt et criait aux Juifs Voilà l'homme.

Pendant que Jésus, le corps déchiré, couvert de son manteau de dérision, baissant sa tête inondée de sang et transpercée par les épines, tenant le sceptre de roseau dans ses mains garrottées, courbé en deux pour cacher sa nudité, navré de douleur et de tristesse et pourtant ne respirant qu'amour et mansuétude, était exposé comme un fantôme sanglant, devant le palais de Pilate, en face des prêtres et du peuple qui poussaient des cris de fureur, des troupes d'étrangers court vêtus, hommes et femmes, traversaient le forum pour descendre à la piscine des Brebis, afin de prendre part à l'ablution des agneaux de Pâque, dont les bêlements plaintifs se mêlaient sans cesse aux clameurs sanguinaires de la multitude, comme s'ils eussent voulu rendre témoignage en faveur de la vérité qui se taisait. Cependant le véritable Agneau pascal de Dieu, le mystère révélé, mais inconnu de ce saint jour, accomplissait les prophéties et se courbait en silence sur le billot où il devait être immolé.

Les Princes des Prêtres et leurs adhérents furent saisis de rage à l'aspect de Jésus, et ils crièrent : Qu'on le fasse mourir ! Qu'on le crucifie ! N'en avez-vous pas assez ? dit Pilate ; il a été traité de manière à ne plus avoir le désir d'être roi. Mais ces forcenés criaient toujours plus fort, et tout le peuple faisait entendre ces terribles paroles : Qu'on le fasse mourir ! Qu'on le crucifie ! Pilate fit encore sonner de la trompette, et dit : Alors prenez-le et crucifiez-le, car je ne le trouve coupable d'aucun crime. Ici, quelques-uns des prêtres s'écrièrent : Nous avons une loi selon laquelle il doit mourir, car il s'est dit le fils de Dieu ! Sur quoi Pilate répondit : Si vous avez des lois d'après lesquelles celui-ci doit mourir, je ne me soucie point d'être Juif. Toutefois cette parole il s'est dit le fils de

Dieu, réveilla les craintes superstitieuses de Pilate : il fit conduire Jésus ailleurs, alla à lui et lui demanda d'où il était. Mais Jésus ne répondit pas, et Pilate lui dit : Tu ne me réponds pas ! Ne sais-tu pas que j'ai le pouvoir de te faire crucifier et celui de te remettre en liberté ? Et Jésus répondit : Tu n'aurais aucun pouvoir sur moi s'il ne t'avait été donné d'en haut : c'est pourquoi celui qui m'a livré à toi a commis un plus grand péché.

Claudia Procle, que les hésitations de son mari inquiétaient, lui envoya de nouveau son gage pour lui rappeler sa promesse, mais celui-ci lui fit faire une réponse vague et superstitieuse dont le sens était qu'il s'en rapportait à ses dieux. Les ennemis du Sauveur apprirent les démarches de Claudia en sa faveur, et ils firent répandre parmi le peuple que les partisans de Jésus avaient séduit la femme de Pilate ; que, s'il était mis en liberté, il s'unirait aux Romains et que tous les Juifs seraient exterminés.

Pilate dans son irrésolution était comme un homme ivre sa raison ne savait plus où se prendre. Il dit encore une fois aux ennemis de Jésus qu'il ne trouvait en lui rien de criminel, et comme ceux-ci demandèrent sa mort avec plus de violence que jamais, Pilate, troublé, jeté dans l'indécision, tant par la contusion de ses propres pensées que par les songes de sa femme et les graves paroles de Jésus, voulut obtenir du Sauveur une réponse qui le tirât de ce pénible état ; il revint vers lui dans le prétoire et resta seul avec lui. Serait-ce donc là un Dieu ?, se dit-il à lui-même en regardant Jésus sanglant et défiguré ; puis tout à coup il l'adjura de lui tirs s'il était Dieu, s'il était ce roi promis aux Juifs, jusqu'où s'étendait son empire et de ; quel ordre était sa divinité ; lui promettant de lui rendre la liberté, s'il lui disait tout cela. Je ne puis répéter que le sens de la réponse que lui fit Jésus. Le Sauveur lui parla avec une sévérité effrayante ; il lui fit voir en quoi consistait sa royauté et son empire, il lui montra ce que c'était que la vérité, car il lui dit la vérité. Il lui dévoila tout ce que lui, Pilate, avait commis de crimes secrets, lui prédit le sort qui l'attendait, l'exil, la misère et une fin terrible, puis il lui annonça que le Fils de l'homme viendrait un jour prononcer sur lui un juste jugement.

Pilate à moitié effrayé, à moitié irrité des paroles de Jésus, revint sur la terrasse et dit encore qu'il voulait délivrer Jésus : alors on lui cria : Si tu le délivres, tu n'es pas l'ami de César, car celui qui veut se faire roi est l'ennemi de César. D'autres disaient qu'ils l'accuseraient devant l'empereur d'avoir troublé leur fête ; qu'il fallait en finir parce qu'ils étaient obligés d'être à dix heures au Temple. Le cri : Qu'il soit crucifié ! se faisait entendre de tous les côtes, il retentissait jusque sur les toits plats du forum ou beaucoup de gens étaient montés. Pilate vit que ses efforts auprès de ces furieux étaient inutiles. Le tumulte et les cris avaient quelque chose d'effrayant, et la masse entière du peuple était dans un tel état d'agitation qu'une insurrection était à craindre. Pilate se fit apporter de l'eau ; un de ses serviteurs la lui versa sur les mains devant le peuple, et il cria au haut de la terrasse : Je suis innocent du sang de ce juste, ce sera à vous à en répondre. Alors s'éleva un cri horriblement unanime de tout le peuple parmi lequel se trouvaient des gens de toutes les parties de la Palestine : Que son sang soit sur nous et sur nos enfants.

XXVIII. REFLEXIONS SUR CES VISIONS

Toutes les fois qu'en méditant sur la douloureuse Passion de Notre-Seigneur, j'entends cet effroyable cri des Juifs : Que son sang soit sur nous et sur nos enfants ! L'effet de cette malédiction solennelle m'est montré et rendu sensible par de merveilleuses et terribles images. Il me semble voir au-dessus du peuple qui rie, un ciel sombre, couvert de nuages sanglants, d'où partent comme des verges et des glaives de feu. C'est comme si cette malédiction pénétrait jusqu'à la moelle de leurs os et atteignait jusqu'aux enfants dans le sein de leur Mère. Tout le peuple me parait enveloppé de ténèbres : leur cri sort de leur bouche comme un trait de feu sombre qui revient sur eux, rentre profondément dans quelques-uns et voltige seulement sur quelques autres.

Ceux-ci sont ceux qui se convertirent après la mort de Jésus : leur nombre fut assez considérable, car, pendant toutes ces horribles souffrances, Jésus et Marie ne cessèrent pas de prier pour le salut des bourreaux, et tous ces affreux traitements ne leur causèrent pas un instant d'irritation. Pendant tout le cours de la Passion du Sauveur, au milieu des tortures les plus cruelles, des injures les plus insolentes et les plus ignobles, de la rage et de l'acharnement sanguinaire de ses ennemis et de leurs suppôts, de l'ingratitude et de la défection de plusieurs de ses adhérents, toutes choses qui concourent à en faire le dernier degré de la souffrance physique et morale, je vois Jésus toujours priant, toujours aimant ses ennemis, toujours implorant leur conversion jusqu'à son dernier soupir ; mais je vois aussi toute cette patience et cette charité enflammer davantage la fureur de ses bourreaux et pousser à bout leur rage parce que tous leurs mauvais traitements ne peuvent arracher à sa bouche ni une plainte, ni un reproche qui puisse excuser leur méchanceté. A la fête d'aujourd'hui ils immolent l'agneau pascal et ils ne savent pas qu'ils immolent le véritable agneau.

Lorsque, pendant des visions de ce genre, je tourne mes pensées vers les âmes des ennemis de Jésus et sur celles du Sauveur et de sa sainte Mère, tout ce qui s'y passe m'est montré sous diverses figures que les gens d'alors ne voyaient pas, quoiqu'ils ressentissent l'impression de ce qu'elles représentent. Je vois une infinité de démons s'agiter parmi la multitude : je les vois exciter, pousser les Juifs, leur parler à l'oreille, leur entrer dans la bouche, les animer contre Jésus et trembler pourtant à la vue de son amour et de sa patience inaltérable. Mais dans tout ce qu'ils font, il y a quelque chose de désespéré, de confus, de contradictoire : c'est un tiraillement désordonné et insensé dans tous les sens. Autour de Jésus, de Marie, et du petit nombre de saints qui sont là, beaucoup d'anges sont rassemblés ; leur figure et leurs vêtements diffèrent selon leurs fonctions ; leurs actions représentent la consolation, la prière, l'onction ou quelqu'une des œuvres de miséricorde.

Je vois également des voix consolantes ou menaçantes sortir de la bouche de ces diverses apparitions comme des rayons diversement lumineux ou colorés ; si ce sont des messages, je les vois dans leurs mains sous forme d'écriteaux. Je vois aussi souvent, lorsque je dois en être instruite, les mouvements de l'âme, les souffrances intérieures, en un mot tous les sentiments se montrer à travers la poitrine et tout le corps sous mille formes lumineuses ou ténébreuses, suivant des directions différentes avec divers degrés de lenteur ou de vitesse. Je comprends alors tout cela, mais c'est impossible à expliquer parce qu'il y a infiniment trop de choses ; d'ailleurs je suis si malade et si accablée par la douleur que me causent mes péchés et ceux de tous les hommes, je suis si déchirée par les souffrances de Notre-Seigneur que je ne sais comment je puis mettre le moindre ordre dans ce que je raconte. Beaucoup de ces choses, spécialement les apparitions de démons et d'anges, racontées par d'autres personnes qui ont eu des visions de la Passion de Jésus-Christ, sous des fragments d'intuitions intérieures et symboliques de ce genre, qui varient selon l'état de l'âme du spectateur et qui sont en liaison avec le récit. De là des contradictions nombreuses, parce qu'on oublie ou qu'on omet beaucoup de choses. Tout ce qui est mal a coopéré au supplice de Jésus-Christ, tout ce qui est amour et charité a souffert en lui ; en sa qualité d'agneau de Dieu, il a pris sur lui tous les péchés du monde : il y a donc là à voir et à raconter des choses infinies en fait d'abomination et de sainteté. Du reste, si les visions et les contemplations de plusieurs personnes pieuses ne concordent pas parfaitement, cela vient de ce qu'elles n'ont pas eu le même degré de grâce pour voir, comprendre et raconter.

La malade parlait souvent d'objets de cette nature, soit pendant ses visions de la Passion, soit auparavant. Elle refusait le plus souvent d'en parler pour ne pas mettre la confusion dans ses tableaux. On voit combien il devait lui être difficile, au milieu de toutes ces apparitions, de conserver parfaitement dans sa mémoire le fit de la narration. Qui pourrait, dès lors, ne pas excuser une personne si violemment remuée par la compassion, s'il se trouve dans le cours de ses récits quelques lacunes ou un peu de désordre ?

XXIX. JESUS CONDAMNE A LA MORT DE LA CROIX

Pilate qui ne cherchait pas la vérité, mais un moyen de sortir d'embarras, était plus incertain que jamais : sa conscience disait : Jésus est innocent, sa femme disait : Jésus est saint ; sa superstition disait : Il est l'ennemi de tes dieux ; sa lâcheté disait : Il est un Dieu lui-même et se vengera. Il interrogea encore Jésus d'un ton inquiet et solennel, et Jésus lui parla de ses crimes les plus secrets, de la misérable destinée qui l'attendait et lui annonça que lui-même, au dernier jour, viendrait, assis sur les nuées du ciel, prononcer sur lui un juste jugement : cela jeta dans la fausse balance de la justice un nouveau poids contre la mise en liberté de Jésus. Il était furieux de se trouver là, dans toute la nudité de son ignominie intérieure, en face de Jésus qu'il ne pouvait s'expliquer : il s'indignait que cet homme qu'il avait fait fouetter, qu'il pouvait faire crucifier, lui prédit une fin misérable ; que cette bouche qui n'avait jamais été accusé de mensonge, cette bouche qui n'avait pas prononcé une parole pour se justifier, osât, dans de telles circonstances, le citer au dernier jour devant son tribunal : tout cela blessait profondément son orgueil. Toutefois, comme aucun sentiment ne pouvait prendre absolument le dessus dans ce misérable indécis, il était en même temps terrifié des menaces du Seigneur et il fit un dernier effort pour le sauver ; mais la peur que lui firent les Juifs, en le menaçant de se plaindre de lui à l'empereur, le poussa à une nouvelle lâcheté. La peur de l'empereur terrestre l'emporta en lui sur la crainte du roi dont le royaume n'est pas de ce monde. Le lâche scélérat se dit à soi-même : s'il meurt, ce qu'il sait de moi et ce qu'il m'a prédit meurt avec lui. La menace d'être dénoncé à l'empereur le détermina à faire leur volonté contrairement à la justice, à sa propre conviction et à la parole qu'il avait donnée à sa femme. Il livra aux Juifs le sang de Jésus, et il n'eut plus pour laver sa conscience que l'eau qu'il fit verser sur ses mains, en disant : Je suis innocent du sang de ce juste, c'est à vous à en répondre. Non, Pilate, tu en répondras aussi, car tu l'appelles juste et tu répands son sang ; tu es un juge infâme et sans conscience. Ce sang dont Pilate voulait purifier ses mains les Juifs le réclamaient, appelant la malédiction sur eux-mêmes et sur Leurs enfants ; ils demandèrent que ce sang rédempteur qui crie miséricorde pour nous, criât vengeance contre eux : ils crièrent : Que son sang soit sur nous et sur nos enfants !

Au bruit de ces cris sanguinaires, Pilate fit tout préparer pour prononcer sa sentence. Il se fit apporter des vêtements de cérémonie, il mit sur sa tête une espèce de diadème où brillait une pierre précieuse, et se revêtit d'un autre manteau : on porta aussi un bâton devant lui. Il était entouré de soldats, précédé d'officiers du tribunal, et suivi de scribes avec des rouleaux et des tablettes. Il y avait en avant un homme qui sonnait de la trompette. C'est ainsi qu'il se rendit de son palais sur le forum où se trouvait, en face de la colonne de la flagellation, un siège élevé pour le prononcé des jugements. Ce tribunal s'appelait Gabbatha : c'était comme une terrasse ronde où conduisaient des marches de plusieurs côtés : il y avait en haut un siège pour Pilate et, derrière ce siège, un banc pour des assesseurs ; un grand nombre de soldats entouraient cette terrasse et plusieurs se tenaient sur les degrés. Plusieurs des Pharisiens s'étaient déjà rendus au

Temple. Il n'y eut qu'Anne, Caïphe et vingt-huit autres qui vinrent vers le tribunal lorsque Pilate mit ses vêtements de cérémonie. Les deux larrons avaient déjà été conduits devant le tribunal lorsque Jésus eût été montré au peuple. Le siège de Pilate était recouvert d'une draperie rouge sur laquelle était un coussin bleu avec des galons jaunes.

Le Sauveur, portant toujours son manteau rouge et sa couronne d'épines, fut alors amené par les archers devant le tribunal, à travers la foule qui le huait, et placé entre les deux malfaiteurs. Lorsque Pilate se fut assis sur son siège, il dit encore aux ennemis de Jésus : Voilà votre roi. Crucifiez-le ! répondirent-ils. Dois-je crucifier votre roi ? dit encore Pilate. Nous n'avons pas d'autre roi que César, crièrent les Princes des Prêtres. Pilate ne dit plus rien et commença à prononcer le jugement. Les deux voleurs avaient été condamnés antérieurement au supplice de la croix, mais les Princes des Prêtres avaient demandé qu'on sursoit à leur exécution, parce qu'ils voulaient faire un affront de plus à Jésus, en l'associant dans son supplice à des malfaiteurs de la dernière classe. Les croix des deux larrons étaient auprès d'eux : celle du Sauveur n'était pas encore là, parce que sa sentence de mort n'avait pas été prononcée.

La sainte Vierge, qui s'était retirée après la flagellation, se jeta de nouveau dans la foule pour entendre la sentence de mort de son fils et de son Dieu. Jésus se tenait debout au milieu des archers, au bas des marches du tribunal. La trompette se fit entendre pour demander du silence, et Pilate prononça son jugement sur le Sauveur avec le courroux d'un lâche. Je me sentis tout accablée par tant de bassesse et de duplicité. La vue de ce misérable, tout enflé de son importance, le triomphe et la soif de sang des Princes des Prêtres, à détresse et la douleur profonde du Sauveur, les inexprimables angoisses de Marie et des saintes femmes, atroce avidité avec laquelle les Juifs guettaient leur proie. La contenance froidement insolente des soldats, enfin l'aspect de tant d'horribles figures de démons que je voyais mêlés à la foule, tout cela m'avait anéantie. Hélas ! Je sentais que j'aurais dû être où était Jésus, mon fiancé chéri, car alors le jugement aurait été juste ; mais j'étais si déchirée par mes souffrances que je ne me rappelle plus exactement dans quel ordre les choses se passèrent. Je dirai à peu près ce dont je me souviens.

Pilate commença par un long préambule où les noms les plus pompeux étaient prodigués à l'empereur Tibère ; puis il exposa l'accusation Intentée contre Jésus, que les Princes des Prêtres avaient condamné à mort pour avoir trouble la paix publique et violé leur loi, en se faisant appeler Fils de Dieu et roi des Juifs, et dont le peuple avait demandé la mort sur la croix d'une voix unanime. Lorsqu'il ajouta qu'il avait trouvé ce jugement conforme à la justice, lui qui n'avait cessé de proclamer l'innocence de Jésus, je perdis presque connaissance à la vue de cette infâme duplicité puis il dit en terminant : Je condamne Jésus de Nazareth, roi des Juifs, à être crucifié, et il ordonna aux archers d'apporter la croix. Je crois me rappeler qu'il brisa un long bâton et en jeta les morceaux aux pieds de Jésus.

La mère de Jésus tomba sans connaissance à ces mots, comme si la vie l'eût abandonnée ; maintenant il n'y avait plus de doute, la mort de son fils bien-aimé était certaine, la mort la plus cruelle et la plus ignominieuse. Jean et les saintes femmes l'emportèrent, afin que les hommes aveuglés qui l'entouraient ne missent pas le comble à leurs crimes en insultant à ses douleurs ; mais elle ne fut pas plus tôt revenue à elle qu'elle voulut parcourir les lieux témoins des souffrances de Jésus, et il fallut que ses compagnes la conduisissent de place en place, car le désir de s'associer à la Passion de Jésus par un culte mystique la poussait à offrir le sacrifice de ses larmes partout où le Rédempteur né de son sein avait souffert pour les péchés des hommes, ses frères. C'est ainsi que la mère du Sauveur consacra par ses larmes et prit possession de ces lieux sanctifiés pour l'Eglise, notre mère à tous, de même que Jacob, dressa comme un monument, et consacra, en l'oignant d'huile, la pierre près de laquelle il avait reçu la promesse.

Pilate écrivit le jugement sur son tribunal, et ceux qui se tenaient derrière lui le copièrent jusqu'à trois fois. On envoya aussi des messagers, car il y avait quelque chose qui devait être signé par d'autres personnes ; je ne sais pas si cela se rapportait au jugement ou si c'étaient d'autres ordres. Toutefois quelques-unes de ces pièces furent envoyées dans des endroits éloignés. Pilate écrivit touchant Jésus un jugement qui prouvait sa duplicité, car il était tout différent de celui qu'il avait prononcé de vive voix. Je vis que, pendant ce temps, son esprit était plein de trouble, et qu'il écrivait en quelque sorte contre sa volonté ; on eût dit qu'un ange de colère guidait sa plume ; le sens de cet écrit, dont je ne me souviens qu'en général, était à peu près celui-ci : Forcé par les Princes des Prêtres, le Sanhédrin et le peuple près de se soulever, qui demandaient la mort de Jésus de Nazareth, comme coupable d'avoir troublé la paix publique, blasphémé et violé leur loi, je le leur ai livré pour être crucifié, quoique leurs inculpations ne me parussent pas claires, afin de n'être pas accusé devant l'empereur d'avoir favorisé l'insurrection et mécontenté les Juifs par un déni de justice. Je le leur ai livré avec deux autres criminels déjà condamnés, dont leurs menées avaient fait retarder l'exécution, parce qu'ils voulaient que Jésus fût exécuté avec eux. Ici le misérable écrivit encore tout autre chose que ce qu'il voulait. Puis il écrivit l'inscription de la croix en trois lignes sur une tablette de couleur foncée. Le jugement où Pilate s'excusait fut transcrit plusieurs fois et envoyé en différents lieux. Mais les Princes des Prêtres eurent encore des contestations avec lui : ce jugement ne les satisfaisait pas ; ils se plaignaient notamment de ce qu'il avait écrit qu'ils avaient fait retarder l'exécution des larrons pour que Jésus fût crucifié avec eux ; ils s'élevèrent aussi contre l'inscription, et demandèrent qu'on ne dit pas roi des Juifs, mais qui s'est dit roi des Juifs. Pilate s'impatienta, se moqua d'eux et leur répondit avec colère : Ce que j'ai écrit est écrit. Ils voulaient aussi que la croix du Christ ne s'élevât pas plus au-dessus de sa tête que celle des deux larrons ; cependant il fallait la faire plus haute, car, par la faute des ouvriers, il y avait réellement trop peu de place pour mettre l'inscription de Pilate ; ils cherchèrent à profiter de cette circonstance afin de faire supprimer l'inscription qui leur semblait injurieuse pour eux. Mais Pilate ne voulut pas y consentir, et il fallut allonger la croix en y ajoutant un nouveau morceau de bois. Ces différentes circonstances concoururent à donner à la croix cette forme significative que j'ai souvent vue ; ainsi ses deux bras allaient en s'élevant comme les branches d'un arbre en s'écartant du tronc, et elle ressemblait à un Y dont le trait inférieur serait prolongé entre les deux autres ; les bras étaient plus minces que le tronc ; chacun d'eux y avait été ajusté séparément, et on avait enfoncé un coin de chaque côté au point de jonction pour en assurer la solidité. Or, comme la pièce du milieu, par suite de mesures mal prises, ne dépassait pas assez la tête pour que l'écriteau de Pilate pût y être placé convenablement, on y ajouta un appendice à ce cil et on assujettit un morceau de bois à la place des pieds pour les maintenir.

Pendant que Pilate prononçait son jugement inique, je vis que Claudia Procle, sa femme, lui renvoyait son gage et renonçait à lui ; le soir de ce jour elle quitta secrètement le palais pour se réfugier près des amis de Jésus, et on la tint cachée dans un souterrain sous la maison de Lazare, à Jérusalem. Ce même jour, ou quelque temps après, je vis aussi un ami du Sauveur graver sur une pierre verdâtre, derrière la terrasse de Gabbatha, deux lignes où se trouvaient les mots de Judex injustus, et le nom de Claudia Procle : je me souviens qu'un groupe nombreux de personnes qui s'entretenaient se trouvait en ce moment sur le forum, pendant que cet homme, caché derrière elle, gravait ces lignes sans qu'on pût le remarquer. Je vis enfin que cette pierre se trouve encore, sans qu'on le sache, dans les fondements d'une maison ou d'une église à Jérusalem au lieu où se trouvait Gabbatha. Claudia Procle se fit chrétienne, suivit saint Paul et devint son amie particulière.

Lorsque la sentence eut été prononcée, pendant que Pilate écrivait et se querellait avec les Princes des Prêtres, Jésus fut livré aux archers comme une proie ; jusque-là ces hommes abominables avaient gardé quelque retenue en présence du tribunal ; maintenant il était à leur discrétion. On apporta ses habits qui lui avaient été ôtés chez Caiphe ; ils avaient été mis de côté, et je pense que des hommes compatissants les avaient lavés, car ils étaient propres. C'était aussi, je crois, la coutume chez les Romains de remettre leurs vêtements à ceux qu'on conduisait au supplice. Les méchants hommes qui entouraient Jésus le mirent de nouveau à nu et lui délièrent les mains afin de pouvoir l'habiller, ils arrachèrent de son corps couvert de plaies le manteau de laine rouge qu'ils lui avaient mis par dérision, et rouvrirent par là beaucoup de ses blessures ; il mit lui-même en tremblant son vêtement de dessous, et ils lui jetèrent son scapulaire sur les épaules. Comme la couronne d'épines était trop large et empêchait qu'on pût passer la robe brune sans couture que lui avait faite sa mère, on la lui arracha de la tête, et toutes ses blessures saignèrent de nouveau avec des douleurs indicibles. Ils lui mirent encore son vêtement de laine blanche, sa large ceinture, et enfin son manteau ; puis ils lui attachèrent de nouveau, au milieu du corps, le cercle à pointes de fer auquel étaient liées les cordes avec lesquelles ils le traînaient ; tout cela se fit avec leur brutalité et leur cruauté ordinaires.

Les deux larrons étaient à droite et à gauche de Jésus ; ils avaient les mains liées, et, comme Jésus devant le tribunal, une chaine autour du cou. Ils n'avaient, pour tout vêtement, qu'un linge autour des reins, un scapulaire d'étoffe grossière, ouvert sur le côté et sans manches, et sur la tête un bonnet de paille tressée, assez semblable à un bourrelet d'enfant ; leur peau était d'un brun sale et couverte de meurtrissures livides, provenant de leur flagellation de la veille. Celui qui se convertit par la suite était dès lors calme et pensif ; l'autre était grossier et insolent ; il s'unissait aux archers pour maudire et insulter Jésus, qui regardait ses deux compagnons avec amour et offrait pour leur salut toutes ses souffrances. Les archers rassemblaient tous les instruments du supplice et préparaient tout pour cette terrible et douloureuse marche dans laquelle le Sauveur, plein d'amour et accablé de douleur, voulait porter le poids des péchés de l'ingrate humanité et répandre, pour les expier, son sang précieux coulant, comme d'un calice, de son corps percé de part en part par les plus vils des hommes. Anne et Caïphe avaient enfin terminé leurs discussions avec Pilate ; ils tenaient deux longues bandes de parchemin où étaient des copies du jugement, et se dirigeaient en hâte vers le Temple, craignant d'y arriver trop tard. C'est ici que les Princes des Prêtres se séparèrent du véritable Agneau pascal. Ils allaient au Temple de pierre pour immoler et manger le symbole, et laissaient d'ignobles bourreaux conduire à l'autel de la croix l'agneau de Dieu dont l'autre n'était que la figure. C'est ici que se séparaient les deux routes, dont l'une conduisait au symbole du sacrifice, l'autre à son accomplissement : ils abandonnèrent des bourreaux impurs et inhumains l'Agneau pascal pur et rédempteur, le véritable Agneau de Dieu qu'ils avaient défiguré extérieurement par toutes leurs abominations et qu'ils s'étaient efforcés de souiller, et ils se rendaient en toute hâte au Temple de pierre pour immoler des agneaux, purifiés, lavés et bénis. Ils avaient bien pris toutes leurs précautions pour ne pas contracter d'impuretés extérieures et leur âme était toute souillée par la colère, la haine et l'envie. Que son sang soit sur nous et sur nos enfants ! Avaient-ils dit, et par ces paroles ils avaient accompli la cérémonie, mis la main du sacrificateur sur la tête de la victime. Ici se séparaient les deux routes qui menaient à l'autel de la loi et à l'autel de la grâce : Pilate, le païen orgueilleux et irrésolu, tremblant devant Dieu et adorant les idoles, le courtisan du monde, l'esclave de la mort, triomphant dans le temps jusqu'à ce qu'arrive le terme de la mort éternelle, Pilate prit entre les deux et s'en revint dans son palais, entouré de ses officiers et de ses gardes, précédé d'un trompette. Le jugement inique fut rendu vers dis heures du matin, suivant notre manière de compter.

XXX. JÉSUS PORTE SA CROIX

Lorsque Pilate eut quitté son tribunal, une partie des soldats le suivit et se rangea devant le palais pour former le cortège ; une petits escorte resta près des condamnés.

Vingt-huit Pharisiens armés, parmi lesquels les six ennemis acharnés de Jésus qui avaient pris part à son arrestation sur le mont des Oliviers, vinrent à cheval sur le forum pour l'accompagner au supplice. Les archers conduisirent le Sauveur au milieu de la place, et plusieurs esclaves entrèrent par la porte occidentale, portant le bois de la croix qu'ils jetèrent à ses pieds avec fracas. Les deux bras étaient provisoirement attachés à la pièce principale avec des cordes. Les coins, le morceau de bois destiné à soutenir les pieds, l'appendice qui devait recevoir l'écriteau et divers autres objets furent apportés par des valets du bourreau. Jésus s'agenouilla par terre, près de la croix, l'entoura de ses bras et la baisa trois fois, en adressant à voix basse à son Père un touchant remerciement pour la rédemption du genre humain qui commençait. Comme les prêtres, chez les païens, embrassaient un nouvel autel, le Seigneur embrassait sa croix, cet autel éternel du sacrifice sanglant et expiatoire. Les archers relevèrent Jésus sur ses genoux, et il lui fallut à grand peine charger ce lourd fardeau sur son épaule droite. Je vis des anges invisibles l'aider, sans quoi il n'aurait pas même pu le soulever. Il resta à genoux, courbé sous son fardeau. Pendant que Jésus priait, des exécuteurs firent prendre aux deux larrons les pièces transversales de leurs croix, ils les leur placèrent sur le cou et y lièrent leurs mains : les grandes pièces étaient portées par des esclaves. Les pièces transversales n'étaient pas droites, mais un peu courbées. On les attacha, lors du crucifiement, à l'extrémité supérieure du tronc principal. La trompette de la cavalerie de Pilate se fit entendre, et un des Pharisiens à cheval s'approcha de Jésus agenouillé sous son fardeau, et lui dit : Le temps des beaux discours est passé ; qu'on nous débarrasse de lui. En avant, en avant ! On le releva violemment, et il sentit tomber sur ses épaules tout le poids que nous devons porter après lui, suivant ses saintes et véridiques paroles.

Alors commença la marche triomphale du Roi des rois, si ignominieuse sur la terre, si glorieuse dans le ciel.

On avait attaché deux cordes au bout de l'arbre de la croix, et deux archers la maintenaient en l'air avec des cordes, pour qu'elle ne tombât pas par terre ; quatre autres tenaient des cordes attachées à la ceinture de Jésus ; son manteau, relevé, était attaché autour de sa poitrine. Le Sauveur, sous le fardeau de ces pièces de bois liées ensemble, me rappela vivement Isaac portant vers la montagne le bois destiné au sacrifice où lui-même devait être immolé. Le trompette de Pilate donna le signal du départ, parce que le gouverneur lui-même voulait se mettre à la tête d'un détachement pour prévenir toute espèce de mouvement tumultueux dans la ville. Il était à cheval, revêtu de son armure, et entouré de ses officiers et d'une troupe de cavaliers. Ensuite venait un détachement d'environ trois cents soldats d'infanterie, tous venus des frontières de l'Italie et de la Suisse. En avant du cortège allait un joueur de trompette, qui en sonnait à tous les coins de rue et proclamait la sentence. Quelques pas en arrière marchait une troupe d'hommes et d'enfants qui portaient des cordes, des clous, des coins et des paniers où étaient différents objets ; d'autres, plus robustes, portaient des porches, des échelles et les pièces principales des croix des deux larrons ; puis venaient quelques-uns des Pharisiens à cheval ; et un jeune garçon qui portait devant sa poitrine l'inscription que Pilate avait faite pour la croix ; il portait aussi, au haut d'une perche, la couronne d'épines de Jésus, qu'on avait jugé ne pouvoir lui laisser sur la tête pendant le portement de la croix. Ce jeune homme n'était pas très méchant. Enfin s'avançait Notre Seigneur, les pieds nus et sanglants, courbé sous le pesant fardeau de la croix, chancelant, déchiré, meurtri, n'ayant ni mangé, ni bu, ni dormi depuis la Cène de la veille, épuisé par la perte de son sang, dévoré de fièvre, de soif, de souffrances intérieures infinies ; sa main droite soutenait la croix sur l'épaule droite ; sa gauche, fatiguée, faisait par moments un effort pour relever sa longue robe, où ses pieds mal assurés s'embarrassaient. Quatre archers tenaient à une grande distance le bout des cordes attachées à sa ceinture ; les deux archers de devant le tiraient à eux, les deux qui suivaient le poussaient en avant, en sorte qu'il ne pouvait assurer aucun de ses pas et que les cordes l'empêchaient de relever sa robe. Ses mains étaient blessées et gonflées par suite de la brutalité avec laquelle elles avaient été garrottées, précédemment, son visage était sanglant et enflé, sa chevelure et sa barbe souillée de sang ; son fardeau et ses chaines pressaient sur son corps son vêtement de laine, qui se collait à ses plaies et les rouvrait. Autour de lui, ce n'était que dérision et cruauté : mais ses souffrances et ses tortures indicibles ne pouvaient surmonter son amour ; sa bouche priait, et son regard éteint pardonnait. Les deux archers placés derrière lui qui maintenaient en l'air l'extrémité de l'arbre de la croix, l'aide des cordes qui y étaient attachées augmentaient les souffrances de Jésus en déplaçant le fardeau qu'ils s'élevaient et faisaient tomber tour à tour. Le long du cortège marchaient plusieurs soldats armés de lances ; derrière Jésus venaient les deux larrons, conduits aussi avec des cordes chacun par deux bourreaux ; ils portaient sur la nuque les pièces transversales de leurs croix, séparées du tronc principal, et leurs bras étendus étaient attachés aux deux bouts. Ils n'avaient que des tabliers : la partie supérieure de Leur corps était couverte d'une espèce de scapulaire sans manches et ouvert des deux côtés ; leur tête était coiffée d'un bonnet de paille. Ils étaient un peu enivrés par suite d'un breuvage qu'on leur avait fait prendre. Cependant le bon larron était très calme ; le mauvais, au contraire, était insolent, furieux et vomissait des imprécations les archers étaient des hommes bruns, petits, mais robustes avec des cheveux noirs, courts et hérissés ; ils avaient la barbe rare et peu fournie, ils n'avaient pas la physionomie juive : c'étaient des ouvriers du canal appartenant à une tribu d'esclaves égyptiens. Ils portaient des jaquettes courtes et des espèces de scapulaires de cuir sans manches : ils ressemblaient à des bêtes sauvages. La moitié des Pharisiens à cheval fermait la marche ; quelques-uns de ces cavaliers couraient çà et là pour maintenir l'ordre. Parmi les gens qui allaient en avant, portant divers objets, se trouvaient quelques enfants juifs de basse condition, qui s'y étaient joints de leur propre mouvement. A une assez grande distance était le cortège de Pilate ; le gouverneur romain était en habit de guerre, au milieu de ses officiers, précédé d'un escadron de cavalerie et suivi de trois cents soldats à pied : il traversa le forum, puis entra dans une rue assez large. Il parcourait la ville afin de prévenir tout mouvement populaire.

Jésus rut conduit par une rue excessivement étroite et longeant le derrière des maisons, afin de laisser place au peuple qui se rendait au Temple, et aussi pour ne pas gêner Pilate et sa troupe. La plus grande partie du peuple s'était mise en mouvement aussitôt après la condamnation. La plupart des Juifs se rendirent dans leurs maisons ou dans le Temple, afin de terminer à la hâte leurs préparatifs pour l'immolation de l'agneau pascal ; toutefois, la foule, composée d'un mélange de toute sorte de gens, étrangers, esclaves, ouvriers, femmes et enfants, était encore grande, et on se précipitait en avant de tous les côtés pour voir passer le triste cortège ; l'escorte des soldats romains empêchait qu'on ne s'y joignit, et les curieux étaient obligés de prendre des rues détournées et de courir en avant : la plupart allèrent jusqu'au Calvaire. La rue par laquelle on conduisit Jésus était à peine large de deux pas ; elle passait derrière des maisons, et il y avait beaucoup d'immondices. Il y eut beaucoup à souffrir : les archers se trouvaient tout près de lui, la populace aux fenêtres l'injuriait, des esclaves lui jetaient de la boue et des ordures, de méchants garnements versaient sur lui des vases pleins d'un liquide noir et infect, des enfants même, excités par ses ennemis, ramassaient des pierres dans leurs petites robes, et couraient à travers le cortège pour les jeter sous ses pieds en l'injuriant. C'était ainsi que les enfants le traitaient, lui qui avait aimé les enfants, qui les avait bénis et déclarés bienheureux.

XXXI. PREMIERE CHUTE DE JESUS SOUS LA CROIX

La rue, peu avant sa fin, se dirige à gauche, devient plus large et monte un peu ; il y passe un aqueduc souterrain venant de la montagne de Sion ; je crois qu'il longe le forum où courent aussi sous terre des rigoles revêtues en maçonnerie, et qu'il aboutit à la piscine Probatique, près de la porte des Brebis. J'ai entendu le bruit de l'eau coulant dans les conduits. On trouve avant la montée une espèce d'enfoncement où il y a souvent de l'eau et de la boue quand il a plu, et où l'on a placé une grosse pierre pour faciliter le passage, ce qui se voit souvent dans les rues de Jérusalem, lesquelles sont très inégales en plusieurs endroits. Lorsque Jésus arriva là, il n'avait plus la force de marcher ; comme les archers le tiraient et le poussaient sans miséricorde, il tomba de tout son long contre cette pierre, et la croix tomba près de lui. Les bourreaux s'arrêtèrent en le chargeant d'imprécations et en le frappant à grands coups de pied ; le cortège s'arrêta un moment en désordre : c'était en vain qu'il tendait la main pour qu'on l'aidât : Ah ! dit-il, ce sera bientôt fini, et il pria pour ses bourreaux ; mais les Pharisiens crièrent : Relèves-le ; sans cela il mourra dans nos mains. Des deux côtés du chemin on voyait çà et là des femmes qui pleuraient et des enfants, qui s'effrayaient. Soutenu par un secours surnaturel Jésus releva la tête, et ces hommes abominables, au lieu d'alléger ses souffrances, lui remirent ici la couronne d'épines. Lorsqu'ils l'eurent remis sur ses pieds en le maltraitant, ils replacèrent la croix sur son dos, et il lui fallut pencher de côté, avec des souffrances inouïes, sa tête déchirée par les épines, afin de faire place sur son épaule au fardeau dont il était chargé. C'est avec ce nouvel accroissement à ses tortures qu'il gravit en chancelant la montée que présentait ici la rue devenue plus large.

XXXII. DEUXIEME CHUTE DE JESUS SOUS LA CROIX

La mère de Jésus, toute navrée de douleur, avait guîtté le Forum près d'une heure auparavant, après le prononcé du jugement inique qui condamnait son fils, elle était accompagnée de Jean et de quelques femmes. Elle avait visité plusieurs endroits sanctifiés par les souffrances du Seigneur, mais lorsque le son de la trompette, l'empressement du peuple et la mise en mouvement du cortège de Pilate annoncèrent le départ pour le Calvaire, elle ne put résister au désir de voir encore son divin fils, et elle pria Jean de la conduire à un des endroits où Jésus devait passer. Ils venaient du quartier de Sion ; ils longèrent un des côtés de la place que Jésus venait de quitter, et passèrent par des portes et des allées ordinairement fermées, mais qu'on avait laissées ouvertes parce que la foule se précipitait dans toutes les directions. Ils passèrent ensuite par le côté occidental d'un palais dont une porte s'ouvrait sur la rue où entra le cortège après la première chute de Jésus. Je ne sais plus bien si ce bâtiment n'était pas une dépendance du palais de Pilate, avec lequel il semblait communiquer par des cours et des allées ; mais d'après mes souvenirs d'aujourd'hui, je crois plutôt que c'était la demeure du grand-prêtre Caiphe, car son tribunal seul était à Sion. Jean obtint d'un domestique ou d'un portier compatissant la permission d'aller gagner la porte en question avec Marie et ceux qui l'accompagnaient. Un des neveux de Joseph d'Arimathie était avec eux : Suzanne, Jeanne Chusa et Salomé de Jérusalem accompagnaient la sainte Vierge. Quand je vis la mère de Dieu pâle, les yeux rouges de pleurs, tremblante et se soutenant à peine, traverser cette maison, enveloppée de la tête aux pieds dans un manteau d'un gris bleuâtre, je me sentis le cœur tout déchiré. On entendait déjà le bruit du cortège qui s'approchait, le son de la trompette et la voix du héraut criant le jugement au coin des rues. La porte fut ouverte par le domestique ; le bruit devint plus distinct et plus effrayant. Marie pria et dit à Jean : Dois-je voir ce spectacle ? Dois-je m'enfuir ? Comment pourrai-je le supporter ? Si vous ne restiez pas, répondit Jean, vous vous le reprocheriez amèrement plus tard. Ils passèrent alors la porte ; elle s'arrêta et regarda à droite sur le chemin qui montait un peu et redevenait uni à l'endroit où était Marie. Hélas ! Comme le son de la trompette lui perça le cœur ! Le cortège était encore à quatre-vingts pas de là ; il n'y avait pas de peuple en avant, mais des deux côtés et derrière quelques groupes. Beaucoup de gens de la populace qui avaient quitté le forum les derniers couraient çà et là par des rues détournées pour trouver des places d'où ils pussent voir le cortège. Lorsque les gens qui portaient les instruments du supplice s'approchèrent d'un air insolent et triomphant, la mère de Jésus se prit à trembler et à gémir, elle joignit ses mains, et un de ces misérables demanda : Quelle est cette femme qui se lamente ? Un autre répond : C'est la mère du Galiléen. Quand ces scélérats entendirent ces paroles, ils accablèrent de leurs moqueries cette douloureuse mère ; ils la montrèrent au doigt, et l'un d'eux prit dans sa main les clous qui devaient attacher Jésus à la croix, et les présenta à la sainte Vierge d'un air moqueur. Elle regarda Jésus en joignant les mains, et, brisée par la douleur, s'appuya pour ne pas tomber contre la porte, pâle comme un cadavre et les lèvres bleues. Les Pharisiens passèrent sur leurs chevaux, puis l'enfant qui portait l'inscription, puis enfin, à deux pas derrière lui, le fils de Dieu son fils, le très saint, le rédempteur, son bien-aimé Jésus, chancelant, courbé sous son lourd fardeau, détournant douloureusement sa tête couronnée d'épines de la lourde croix qui pesait sur son épaule. Les archers le tiraient en avant avec des cordes ; son visage était livide, sanglant et meurtris : sa barbe inondée d'un sang à moitié figé qui en collait tous les poils ensemble. Ses yeux éteints et ensanglantés, sous l'horrible tresse de la couronne d'épines, jetèrent sur sa douloureuse mère un regard triste et compatissant, et trébuchant sous son fardeau, il tomba pour la seconde fois sur ses genoux et sur ses mains. Marie, sous la violence de sa douleur, ne vit plus ni soldats ni bourreaux elle ne vit que son fils bien-aimé réduit à ce misérable état ; elle se précipita de la porte de la maison au milieu des archers qui maltraitaient Jésus, tomba à genoux près de lui et le serra dans ses bras. J'entendis les mots : Mon fils ! Ma mère ! Mais je ne sais s'ils furent prononcés réellement ou seulement en esprit.

Il y eut un moment de désordre : Jean et les saintes femmes voulaient relever Marie. Les archers l'injurièrent ; l'un d'eux lui dit : Femme, que viens-tu faire ici ? Si tu l'avais mieux élevé il ne serait pas entre nos mains ! Quelques soldats furent émus. Cependant ils repoussèrent la sainte Vierge en arrière, mais aucun archer ne la toucha. Jean et les femmes l'entourèrent, et elle tomba comme morte sur ses genoux contre la pierre angulaire de la porte, à laquelle le mur s'appuyait. Elle tournait le dos au cortège ; ses mains touchèrent à une certaine hauteur la pierre contre laquelle elle s'affaissa.

C'était une pierre veinés de vert. Ses genoux y laissèrent des cavités ; ses mains, à l'endroit où elle les avait appuyées, des marques moins profondes. C'étaient des empreintes un peu confuses, semblables à celles que la main laisse sur une pâte épaisse en frappant dessus. Je vis cette pierre, qui était fort dure, transportée dans la première église catholique établie près de la piscine de Bethsaïda, sous l'épiscopat de saint Jacques-le-Mineur. J'ai déjà dit, et je le répète ici, que j'ai vu plusieurs fois de semblables empreintes produites sur la pierre par le contact de saints personnages, à l'occasion de grands événements. C'est aussi vrai que ce mot : Les pierres en seraient émues ; que cet autre mot : Cela fait impression. L'éternelle vérité, dans son infinie miséricorde, n'a jamais eu besoin de l'imprimerie pour transmettre à la postérité des témoignages touchant les choses saintes. Les deux disciples qui étaient avec la mère de Jésus l'emportèrent dans l'intérieur de la maison dont la porte fut fermée. Pendant ce temps, les archers avaient relevé Jésus et lui avaient remis d'une autre manière la croix sur les épaules. Les bras de la croix s'étaient détachés : l'un des deux avait glissé et s'était pris dans les cordes. Ce fut celui-ci que Jésus embrassa, de sorte que par derrière la pièce principale penchait davantage vers la terre. Je vis, çà et là, parmi la populace qui suivait le cortège en proférant des malédictions et des injures, quelques figures de femmes voilées et versant des larmes.

XXXIII. SIMON DE CYRENE, TROISIEME CHUTE DE JESUS

Le cortège arriva à la porte d'un vieux mur intérieur de la ville. Devant cette porte est une place où aboutissent trois rues. Là, Jésus, ayant à passer encore par-dessus une grosse pierre, trébucha et s'affaissa ; la crois roula à terre près de lui ; lui-même, cherchant à s'appuyer sur la pierre, tomba misérablement tout de son long et il ne put plus se relever. Des gens bien vêtus qui se rendaient au Temple passèrent par là et s'écrièrent avec compassion : Hélas ! Le pauvre homme se meurt ! Il y eut quelque tumulte on ne pouvait plus remettre Jésus sur ses pieds, et les Pharisiens, qui conduisaient la marche, dirent aux soldats : Nous ne pourrons pas l'amener vivant, si vous ne trouvez quelqu'un pour porter sa croix. Ils virent à peu de distance un païen, nommé Simon de Cyrène, accompagné de ses trois enfants, et portant sous le bras un paquet de menues branches, car il était jardinier et venait de travailler dans les jardins situés près du mur oriental de la ville. Chaque année, il venait à Jérusalem pour la fête, avec sa femme et ses enfants, et s'employait à tailler des haies comme d'autres gens de sa profession. Il se trouvait au milieu de la foule dont il ne pouvait se dégager, et quand les soldats reconnurent à son habit que c'était un païen et un ouvrier de la classe inférieure, ils s'emparèrent de lui et lui dirent d'aider le Galiléen à porter sa croix. Il s'en défendit d'abord et montra une grande répugnance, mais il fallut céder à la force. Ses enfants criaient et pleuraient, et quelques femmes qui le connaissaient les prirent avec elles. Simon ressentait beaucoup de dégoût et de répugnance à cause du triste état où se trouvait Jésus et de ses habits tout souillés de boue ; mais Jésus pleurait et le regardait de l'air le plus touchant Simon l'aida à se relever, et aussitôt les archers attachèrent beaucoup plus en arrière l'un des bras de la croix qu'ils assujettirent sur l'épaule de Simon. Il suivait immédiatement Jésus, dont le fardeau était ainsi allégé. Les archers placèrent aussi autrement la couronne d'épines. Cela fait, le cortège se remit en marche. Simon était un homme robuste, âgé de quarante ans ; il avait la tête nue : son vêtement de dessus était court : il avait autour des reins des morceaux d'étoffe : ses sandales, assujetties autour des jambes par des courroies, se terminaient en pointe : ses fils portaient des robes bariolées. Deux étaient déjà grands ; ils s'appelaient Rufus et Alexandre, et se réunirent plus tard aux disciples. Le troisième était plus petit, et je l'ai vu encore enfant près de saint Etienne. Simon ne porta pas longtemps la croix derrière Jésus sans se sentir profondément touché.

XXXIV. VERONIQUE ET LE SUAIRE

Le cortège entra dans une longue rue qui déviait un peu à gauche et où aboutissaient plusieurs rues transversales. Beaucoup de gens bien vêtus se rendaient au Temple et plusieurs s'éloignaient à la vue de Jésus par une crainte pharisaïque de se souiller, tandis que d'autres marquaient quelque pitié. On avait fait environ deux cents pas depuis que Simon était venu porter la croix avec le Seigneur, lorsqu'une femme de grande taille et d'un aspect imposant, tenant une jeune fille par la main, sortit d'une belle maison située à gauche et précédée d'une avant-cour fermée par une belle grille, à laquelle on arrivait par une terrasse avec des degrés. Elle se jeta au-devant du cortège. C'était Séraphia, femme de Sirach, membre du conseil du Temple, qui fut appelée Véronique, de vera icon (vrai portrait), à cause de ce qu'elle fit en ce jour.

Séraphia avait préparé chez elle d'excellent vin aromatisé, avec le pieux désir de le faire boire au Seigneur sur son chemin de douleur. Elle était déjà allée une fois au-devant du cortège : je l'avais vue, tenant par la main une jeune fille qu'elle avait adoptée, courir à côté des soldats, lorsque Jésus rencontra sa sainte mère. Mais il ne lui avait pas été possible de se faire jour à travers la foule et elle était retournée près de sa maison pour y attendre Jésus. Elle s'avança voilée dans la rue : un linge était suspendu sur ses épaules : la petite fille, âgée d'environ neuf ans, se tenait près d'elle et cacha, à l'approche du cortège, le vase plein de vin. Ceux qui marchaient en avant voulurent la repousser, mais, exaltée par l'amour et la compassion, elle se fraya un passage avec l'enfant qui se tenait à sa robe, travers la populace, les soldats et les archers, parvint à Jésus, tomba à genoux et lui présenta le linge qu'elle déploya devant lui en disant : Permettez-moi d'essuyer la face de mon Seigneur. Jésus prit le linge de la main gauche, l'appliqua contre son visage ensanglanté, puis le rapprochant de la main droite qui tenait le bout de la croix, il pressa ce linge entre ses deux mains et le rendit avec un remerciement. Séraphia le mit sous son manteau après l'avoir baisé et se releva. La jeune fille leva timidement le vase de vin vers Jésus, mais les soldats et les archers ne souffrirent pas qu'il s'y désaltérât. La hardiesse et la promptitude de cette action avaient excité un mouvement dans le peuple, ce qui avait arrêté le cortège pendant près de deux minutes et avait permis à Véronique de présenter le suaire. Les Pharisiens et les archers, irrités de cette pause, et surtout de cet hommage publie rendu au Sauveur, se mirent à frapper et à maltraiter Jésus, pendant que Véronique rentrait en hâte dans sa maison.

A peine était-elle rentrée dans sa chambre, qu'elle étendit le suaire sur la table placée devant elle et tomba sans connaissance : la petite fille s'agenouilla près d'elle en sanglotant. Un ami qui venait la voir, la trouva ainsi près du linge déployé où la face ensanglantée de Jésus s'était empreinte d'une façon merveilleuse, mais effrayante. Il fut très frappé de ce spectacle, la fit revenir à elle et lui montra le suaire devant lequel elle se mit à genoux en pleurant et en s'écriant : Maintenant, je veux tout quitter car le Seigneur m'a donné un souvenir. Ce suaire était de laine fine, trois fois plus long que large ; on le portait habituellement autour du cou : quelquefois on en avait un second qui pendait sur l'épaule. C'était l'usage d'aller avec un pareil suaire au-devant des gens affligés, fatigués ou malades, et de leur en essuyer je visage en signe de deuil et de compassion. Véronique garda toujours le suaire pendu au chevet de son lit. Après sa mort, il revint par les saintes femmes à la sainte Vierge, puis à l'Eglise par les apôtres.

Séraphia était cousine de Jean-Baptiste, car son père et Zacharie étaient fils des deux frères. Elle était née à Jérusalem. Lorsque Marie, à l'âge de quatre ans, fut amenée dans cette ville pour faire partie des vierges du Temple je vis Joachim, Anne et d'autres personnes qui les accompagnaient, aller dans la maison paternelle de Zacharie, qui était pas loin du marché aux poissons. Il s'y trouvait un vieux parent de celui-ci, qui était, je crois, son oncle et le grand-père de Séraphia. Elle avait au moins cinq ans de plus que la sainte Vierge et assista à son mariage avec saint Joseph. Elle était aussi parente du vieux Siméon qui prophétisa lors de la présentation de Jésus au Temple, et liée avec ses fils dès sa jeunesse. Ceux-ci tenaient de leur père un vif désir de la venue du Messie qu'éprouvait aussi Séraphia. Cette attente du salut était alors dans le cœur de bien des personnes pieuses comme une aspiration secrète et ardente : les autres ne pressentaient rien de semblable pour l'époque où ils vivaient. Lorsque Jésus, âgé de douze ans, resta à Jérusalem et enseigna dans le Temple, Séraphia, qui n'était pas encore mariée, lui envoyait sa nourriture dans une petite auberge, située à un quart de lieue de Jérusalem où il restait quand il n'était pas dans le Temple, et où Marie, peu après la nativité, venant de Bethléem pour présenter Jésus au Temple, s'était arrêtée un jour et deux nuits chez deux vieillards. C'étaient des Esséniens qui connaissaient la sainte Famille. La femme était parente de Jeanne Chusa. Cette auberge était une fondation pour les pauvres : Jésus et les disciples venaient souvent y loger. Dans les derniers temps de sa vie, lorsqu'il enseigna dans le Temple, je vis souvent Séraphia y envoyer des aliments. Mais alors elle n'était pas tenue par les mêmes personnes.

Séraphia se maria tard : son mari, Sirach, descendait de la chaste Suzanne ; il était membre du conseil du Temple. Comme dans le commencement il était très opposé à Jésus, sa femme eut beaucoup à souffrir de lui à cause de son attachement pour le Sauveur. Quelquefois même il l'enfermait pendant assez longtemps dans un caveau. Joseph d'Arimathie et Nicodème le ramenèrent à de meilleurs sentiments, et il permit à Séraphia de suivre Jésus. Lors du jugement chez Caiphe. Il se déclara pour Jésus avec Joseph et Nicodème, et se sépara comme eux du Sanhédrin. Séraphia est une grande femme encore belle : elle doit pourtant avoir plus de cinquante ans ; lors de l'entrée triomphale du dimanche des Rameaux, je la vis détacher son voile et l'étendre sur le chemin où passait le Sauveur. Ce fut ce même voile qu'elle apporta à Jésus pendant cette marche plus triste, mais plus triomphale encore, pour effacer les traces de ses souffrances, ce voile qui donna à celle qui le possédait un nouveau nom, le nom glorieux de Véronique[26] et qui reçoit encore aujourd'hui les hommages publics de l'Eglise.

XXXV. QUATRIEME ET CINQUIEME CHUTES DE JESUS

-LES FILLES DE JERUSALEM

Le cortège était encore à quelque distance de la porte qui est située dans la direction du sud-ouest. On arrive par un chemin un peu en pente à Cette porte qui est fortifiée. On passe d'abord sous une arcade voûtée, puis sur un pont, puis sous une autre arcade. A la sortie, les murs de la ville vont quelque temps au midi, puis au couchant, puis encore au midi, pour entourer la montagne de Sion. A droite de la porte, la muraille va dans la direction du nord, jusqu'à la porte de l'angle, puis elle tourne vers le levant, en longeant la partie septentrionale de Jérusalem. Lorsque le cortège approcha de la porte, les archers accélérèrent leur marche. Le chemin était très inégal et, immédiatement avant la porte, il y avait un grand bourbier. Les archers tirèrent violemment Jésus en avant et on se pressa les uns contre les autres. Simon de Cyrène voulut passer à côté, ce qui fit dévier la croix, et Jésus tombant pour la quatrième fois sous son fardeau, fut rudement précipité dans le bourbier, en sorte que Simon put à peine retenir la croix. Il dit alors d'une voix affaiblie et pourtant distincte : Hélas ! Hélas ! Jérusalem, combien je t'ai aimée ! J'ai voulu rassembler tes enfants comme la poule rassemble ses petits sous ses ailes, et tu me chasses si cruellement hors de tes portes ! Le Seigneur parla ainsi avec une tristesse profonde, mais les Pharisiens ayant entendu ces Paroles, l'insultèrent de nouveau, disant : ce perturbateur n'en a pas fini : il tient encore de mauvais propos. Puis ils le frappèrent et le trainèrent en avant pour le retirer du bourbier, Simon de Cyrène fut si indigné des cruautés exercées envers Jésus, qu'il s'écria : Si vous ne mettez pas fin à vos infamies je jette là la croix, quand même vous voudriez me tuer aussi. Au sortir de la porte on voit un chemin étroit et rocailleux, qui se dirige quelque temps au nord et conduit au Calvaire. La grande route d'où ce chemin s'écarte se partage en trois embranchements à quelque distance de là : l'un tourne à gauche vers le sud-ouest, et conduit à Bethléhem par la vallée de Bibon : l'autre se dirige au couchant, vers Emmaüs et Joppe ; le troisième tourne au nord-ouest autour du Calvaire, et aboutit à la pointe de l'angle qui conduit à Bethsur. De la porte par laquelle Jésus sortit, on peut voir à gauche, vers le sud-ouest, celle de Bethléem. Ces deux portes sont, parmi les portes de Jérusalem, les plus rapprochées l'une de l'autre. Au milieu de la route, devant la Porte, à l'endroit où commence le chemin du Calvaire, on avait placé sur un poteau un écriteau annonçant la condamnation à mort de Jésus et des deux larrons. Les caractères étaient blancs et en relief, comme si on les y eût collés. Non loin de là, à l'angle de ce chemin, était une troupe de femmes qui pleuraient et gémissaient. C'étaient pour la plupart des vierges et de pauvres femmes de Jérusalem avec leurs enfants, qui étaient allées en avant du cortège, d'autres étaient venues pour la Pâque de Bethléem, d'Hébron et des lieux circonvoisins. Jésus tomba presque en défaillance mais il n'alla pas tout à fait à terre, parce que Simon fit reposer la croix sur le sol, s'approcha de lui et le soutint. C'est la cinquième chute de Jésus sous la croix. A la vue de son visage si défait et si meurtri, les femmes poussèrent des cris de douleur, et, suivant la coutume juive, présentèrent à Jésus des linges pour essuyer sa face. Le Sauveur se tourna vers elles, et dit : Filles de Jérusalem, ne pleurez pas sur moi : pleurez sur vous-mêmes et sur vos enfants, car il viendra bientôt un temps où l'on dira : Heureuses les stériles et les entrailles qui n'ont point engendré et les seins qui n'ont point allaité ! Alors on commencera à dire aux montagnes : Tombez sur nous ! Et aux collines : Couvrez-nous ! Car si on traie ainsi le bois vert, que sera ce de celui qui est sec ? Il leur adressa d'autres belles paroles que j'ai oubliées : je me souviens seulement qu'il leur dit que leurs larmes seraient récompensées, qu'elles marcheraient dorénavant sur d'autres chemins, etc. Il y eut une pause en cet endroit : les gens qui portaient les instruments du supplice se rendirent à la montagne du Calvaire suivis de cent soldats romains de l'escorte de Pilate, lequel avait accompagné de loin le cortège ; arrivé à la porte, il rebroussa chemin vers l'intérieur de la ville.

XXXVI. JESUS SUR LE MONT GOLGOTHA

-

SIXIÈME ET SEPTIÈME CHUTES DE JÉSUS

On se remit en marche, Jésus pliant sous son fardeau et sous les coups, monta péniblement entre les murs de la ville et le Calvaire. A l'endroit où le sentier tortueux se détourne et monte vers le midi, il tomba pour la sixième fois, et cette chute fut très douloureuse. On le poussa, on le frappa brutalement qua jamais, et il arriva au rocher du Calvaire, of, il tomba sous la croix pour la septième fois. Simon de Cyrène, maltraité et fatigué lui-même, était plein d'indignation et de pitié : il aurait voulu soulager encore Jésus, mais les archers le chassèrent en l'injuriant. Il se réunit bientôt après aux disciples. On renvoya aussi tous les enfants et les manœuvres qui avaient fait partie du cortège et dont on n'avait plus besoin. Les Pharisiens à cheval étaient arrivés par des chemins commodes situés du côté occidental du Calvaire. On pouvait voir de là par-dessus les murs de la ville. Le plateau supérieur, le lieu du supplice, est de forme circulaire ; son étendue est à peu près celle d'un manège de moyenne grandeur : tout autour est un terrassement que coupent cinq chemins. Ces cinq chemins se retrouvent en beaucoup d'endroits du pays ; ainsi, aux lieux où l'on prend les eaux, où l'on baptise, à la piscine de Bethsaïda : plusieurs villes ont aussi cinq portes. C'est une disposition ordinaire dans les établissements des temps antiques ; elle s'est conservée parfois dans ceux des temps plus récents, quand une bonne inspiration y a présidé. Il y a là, comme partout dans la Terre Sainte, un sens profond et comme une prophétie accomplie aujourd'hui par l'ouverture des cinq voies de salut dans les cinq plaies sacrées du Sauveur. Les Pharisiens à cheval s'arrêtèrent devant le plateau, du côté du couchant où la pente de la montagne est douce : le côté par où l'on amène les condamnés est sauvage et escarpé. Une centaine de soldats romains, originaires des frontières de la Suisse, étaient postés de côté et d'autre. Quelques-uns étaient près des deux larrons, qu'on n'avait pas conduits tout à fait en haut pour laisser la place libre, mais qu'on avait couchés sur le dos un peu plus bas, à l'endroit où le chemin se détourne vers le midi, en leur laissant les bras attachés aux pièces transversales de leur croix. Beaucoup de gens, la plupart de la basse classe, des étrangers, des esclaves, beaucoup de femmes, toutes personnes qui n'avaient point à craindre de se souiller, se tenaient autour de la plate-forme. Leur nombre allait toujours croissant sur les hauteurs environnantes, où s'arrêtaient beaucoup de gens qui se rendaient à la ville. Vers le couchant, au penchant de la montagne de Gihon, il y avait tout un camp d'étrangers venus pour la fête. Beaucoup d'entre eux regardaient de loin, d'autres s'approchaient successivement.

Il était à peu près onze heures trois quart lors de la dernière chute de Jésus et du renvoi de Simon. Les archers tirèrent Jésus avec les cordes pour le relever, délièrent les morceaux de la Croix et les mirent par terre les uns sur les autres. Hélas ! Quel douloureux spectacle se présenta : le Sauveur debout sur le lieu de son supplice, si triste, si pâle, si déchiré, si sanglant ! Les archers le jetèrent à terre en l'insultant : Roi des juifs, lui dirent-ils, nous allons arranger ton trône. Mais lui-même se coucha sur la croix de son propre mouvement ; si le triste état où il se trouvait lui eût permis de le faire plus promptement, ils n'auraient pas eu besoin de le jeter par terre. Ils l'étendirent sur la croix pour prendre la mesure de ses membres, pendant que les Pharisiens qui se trouvaient là l'insultaient ; puis ils le relevèrent et le conduisirent à soixante-dix pas au nord, à une espèce de fosse creusés dans le roc, qui ressemblait à une cave ou à une citerne : ils l'y poussèrent si rudement, qu'il se serait brisé les genoux contre la pierre sans un secours miraculeux. Ils en fermèrent l'entrée et laissèrent là des gardes. J'entendis distinctement ses gémissements plaintifs. Je crois aussi avoir vu au-dessus de lui des anges qui l'empêchaient de se briser les genoux ; cependant il gémit d'une façon qui déchirait le cœur. La pierre s'amollit sous ses genoux. Ce fut alors que les archers commencèrent leurs préparatifs. Au milieu de la plate-forme circulaire trouvait le point le plus élevé du rocher du Calvaire ; c'était une éminence ronde d'environ deux pieds de hauteur, à laquelle on arrivait par quelques degrés. Ils creusèrent là les trous où les trois croix devaient être plantées, et dressèrent à droite et à gauche les croix des voleurs, qui étaient grossièrement préparées et plus basses que celles de Jésus. Les pièces transversales, contre lesquelles ceux-ci avaient toujours les mains liées, furent fixées plus tard au-dessous du bout supérieur de la pièce principale. Ils placèrent la croix du Christ au lieu où ils devaient la clouer, de manière à pouvoir la lever sans peine et la faire tomber dans le trou qui lui était destiné. Ils assujettirent les deux bras, clouèrent le morceau de bois où devaient reposer les pieds, percèrent des trous pour les clous et pour l'inscription, enfoncèrent des coins au-dessous de chacun des bras, et tirent çà et là quelques entailles, soit pour la couronne d'épines, soit pour les reins du Sauveur, afin que son corps fût soutenu, non suspendu, et que tout le poids ne portât pas sur les mains, qui auraient pu être arrachées des clous. Ils plantèrent des pieux en terre derrière l'éminence où devait s'élever la crois, et y fixèrent une poutre destinée à servir de point d'appui aux cordes avec lesquelles ils soulèveraient la croix ; enfin ils firent d'autres préparatifs du même genre.

XXXVII. MARIE ET SES AMIES VONT AU CALVAIRE

lorsque la sainte Vierge, après sa rencontre douloureuse avec Jésus portant sa croix, fut tombée sans connaissance, Jeanne Chusa, Suzanne et Salomé de Jérusalem, avec l'aide de Jean et du neveu de Joseph d'Arimathie, la ramenèrent, chassés par les soldats, dans la maison d'où elle était sortie et la porte se ferma entre elle et son fils bien-aimé, chargé de son pesant fardeau et accablé de mauvais traitements. L'amour, le désir ardent d'être près de son fils, de tout souffrir avec lui et de ne pas l'abandonner, lui rendirent bientôt une force surnaturelle. Elle se rendit avec ses compagnes dans la maison de Lazare, près de la porte de l'angle, où se trouvaient les autres saintes femmes, pleurant et gémissant avec Marthe et Madeleine : il y avait quelques enfants auprès d'elles. Elles partirent de là au nombre de dix-sept pour suivre le chemin de la Passion. Je les vis, pleines de gravité et de résolution, indifférentes aux injures de la populace et commandant le respect par leur douleur traverser le forum, couvertes de leurs voiles, baiser la terre au lieu où Jésus s'était chargé de la croix, puis suivre le chemin qu'il avait suivi. Marie et celles qui étaient le plus éclairées d'en haut cherchaient les traces de ses pieds ; la sainte Vierge, sentant et voyant tout à l'aide d'une lumière intérieure, les guidait sur cette voie douloureuse et tous les endroits s'imprimaient vivement dans son âme ; elle comptait tous les pas et indiquait à ses compagnes les places consacrées par quelque douloureuse circonstance. C'est de cette manière que la plus touchante dévotion de l'Eglise fut pour la première fois écrite dans le cœur maternel de Marie avec le glaive prédit par le vieux Siméon : elle passa de sa très sainte bouche à ses compagnes, et de celles-ci jusqu'à nous comme un don sacré, transmis de Dieu au cœur de la mère et de celui-ci au cœur des enfants. Ainsi se perpétue la tradition de l'Eglise. Quand on voit les choses comme je les vois, une transmission de ce genre apparat plus vivante et plus sainte qu'aucune autre. De tout temps les Juifs ont vénéré les lieux consacrés par quelque action sainte ou quelque événement dont la mémoire leur est chère : ils y dressent des pierres, y vont en pèlerinage et y prient. C'est ainsi que le culte du chemin sacré de la Croix prit naissance du fond même de la nature humaine et par suite des vues de Dieu sur son peuple, non en vertu d'un dessein formé après coup. Il fut inauguré pour ainsi dire, sous les pieds mêmes de Jésus qui y a marché le premier, par l'amour de la plus tendre des mères.

Cette sainte troupe vint à la maison de Véronique et y entra parce que Pilate revenait par cette rue avec ses cavaliers. Les saintes femmes regardèrent en pleurant je visage de Jésus empreint sur le suaire et admirèrent la grâce qu'il avait faite à sa fidèle amie. Elles prirent le vase de vin aromatisé qu'on n'avait pas permis à Véronique de taire boire à Jésus, et se dirigèrent toutes ensemble vers la porte de Golgotha. Leur troupe s'était grossie de beaucoup de gens bien intentionnés, parmi lesquels un certain nombre d'hommes et je fus singulièrement touchée de les voir passer en bon ordre le long des rues. C'était presque un cortège plus nombreux que le cortège de Jésus, si l'on ne tient pas compte de la foule de peuple qui suivait celui-ci. On ne peut exprimer les souffrances et la douleur déchirante de Marie à la vue du lieu du supplice et à l'arrivée sur la hauteur : c'étaient les souffrances de Jésus ressenties intérieurement avec le douloureux sentiment d'être obligée de lui survivre. Madeleine, navrée jusqu'au "fond de l'âme" et comme ivre de douleur ne marchait qu'en chancelant ; elle passait, pour ainsi dire, d'une émotion à l'autre, du silence aux gémissements, de la stupeur au désespoir, des lamentations aux menaces : ses compagnes étaient obligées sans cesse de la soutenir, de la protéger, de l'exhorter, de la cacher aux regards. Elles montèrent au Calvaire par le côté du couchant, où la pente est plus douce ; elles se tinrent en trois groupes, à des distances inégales de la plate-forme circulaire. La mère de Jésus, sa nièce Marie, fille de Cléophas, Salomé et Jean s'avancèrent jusqu'à cette plate-forme. Marthe, Marie Héli, Véronique, Jeanne Chusa, Suzanne et Marie, mère de Jean tinrent à quelque distance autour de Madeleine qui était comme hors d'elle-même. Plus loin étaient sept autres d'entre elles et quelques gens compatissants qui établissaient des communications d'un groupe à l'autre. Les Pharisiens à cheval se tenaient çà et là autour de la plate-forme, et des soldats romains étaient placés aux cinq entrées. Quel spectacle pour Marie que ce lieu de supplice, cette terrible croix, ces marteaux, cas cordes, ces clous effrayants, ces hideux bourreaux demi nus, à peu près ivres, faisant leur affreux travail avec des imprécations ! L'absence de Jésus prolongeait le martyre de sa mère : elle savait qu'il était encore vivant, elle désirait le voir et elle tremblait à la pensée des tourments sans nom auxquels elle le verrait livré.

Depuis le matin jusqu'à dix heures, moment où la sentence fut prononcée, il y eut de la grêle par intervalles : puis, pendant qu'on conduisait Jésus au supplice, le ciel s'éclaircit ; mais vers midi, un brouillard rougeâtre voila le soleil.

XXXVIII. JESUS DEPOUILLE ET ATTACHE A LA CROIX

Quatre archers se rendirent au cachot souterrain, situé au nord, à soixante-dix pas : ils y descendirent et en arrachèrent Jésus qui, tout le temps, avait prié Dieu de le fortifier et s'était encore offert en sacrifice pour les péchés de ses ennemis. Ils lui prodiguèrent encore les coups et les outrages pendant ces derniers pas qui lui restaient à faire. Le peuple regardait et insultait ; les soldats, froidement hautains, maintenaient l'ordre en se donnant des airs d'importance ; les archers, pleins de rage, traînaient violemment Jésus sur la plate-forme. Quand les saintes femmes le virent, elles donnèrent de l'argent à un homme pour qu'il achetât des archers la permission de faire boire à Jésus le vin aromatisé de Véronique. Nais ces misérables ne le lui donnèrent pas et le burent eux-mêmes. Ils avaient avec eux deux rases de couleur brune, dont l'un contenait du vinaigre et du fiel, l'autre une boisson qui semblait du vin mêlé de myrrhe et d'absinthe : ils présentèrent au Sauveur un verre de ce dernier breuvage : Jésus y ayant posé ses lèvres, n'en but pas.

Il y avait dix-huit archers sur la plate-forme : les six qui avaient flagellé Jésus, les quatre qui l'avaient conduit, deux qui avaient tenu les cordes attachées à la croix, et six qui devaient le crucifier. Ils étaient occupés, soit près du Sauveur soit près des deux larrons, travaillant et buvant tour à tour : c'étaient des hommes petits et robustes, avec des figures étrangères et des cheveux hérissés, ressemblant à des bêtes farouches : ils servaient les Romains et les Juifs pour de l'argent.

L'aspect de tout cela était d'autant plus effrayant pour moi que je voyais sous diverses formes les puissances du mal invisibles aux autres. C'étaient les figures hideuses de démons qui semblaient aider ces hommes cruels, et une infinité d'horribles visions sous formes de crapauds, de serpents, de dragons, d'insectes venimeux de toute espèce qui obscurcissaient l'air. Ils entraient dans la bouche et dans le cœur des assistants ou se posaient sur leurs épaules, et ceux-ci se sentaient l'âme pleine de pensées abominables ou proféraient d'affreuses imprécations. Je voyais souvent au-dessus du Sauveur de grandes figures d'anges pleurant et des gloires où je ne distinguais que de petites têtes. Je voyais aussi de ces anges compatissants et consolateurs au-dessus de la sainte Vierge et de tous les amis de Jésus.

Les archers ôtèrent à notre Seigneur son manteau qui enveloppait la partie supérieure du corps, la ceinture à l'aide de laquelle ils l'avaient trainé et sa propre ceinture. Ils lui enlevèrent ensuite, en la faisant passer par-dessus sa tête, sa robe de dessus en laine blanche qui était ouverte sur la poitrine, puis la longue bandelette jetée autour du cou sur les épaules ; enfin comme ils ne pouvaient pas lui tirer la tunique sans couture que sa mère lui avait faite, à cause de la couronne d'épines, ils arrachèrent violemment cette couronne de sa tête, rouvrant par là toutes ses blessures ; puis, retroussant la tunique, ils la lui ôtèrent, avec force injures et imprécations, en la faisant passer par-dessus sa tête ensanglantée et couverte de plaies.

Le fils de l'homme était là tremblant, couvert de sang, de contusions, de plaies fermées ou encore saignantes, de taches livides et de meurtrissures. Il n'avait plus que son court scapulaire de laine sur le haut du corps et un linge autour des reins. La laine du scapulaire en se desséchant s'était attachée à ses plaies et s'était surtout collée à la nouvelle et profonde blessure que le fardeau de la croix lui avait faite à l'épaule et qui lui causait une souffrance indicible. Ses bourreaux impitoyables lui arrachèrent violemment le scapulaire de la poitrine. Son corps mis à nu était horriblement enflé et sillonné de blessures : ses épaules et son des étaient déchirés jusqu'aux os : dans quelques endroits la laine blanche du scapulaire était restée collée aux plaies de sa poitrine dont le sang s'était desséché. Ils lui arrachèrent alors des reins sa dernière ceinture ; resté nu, il se courbait, et se détournait tout plein de confusion ; comme il était près de s'affaisser sur lui-même, ils le firent asseoir sur une pierre, lui remirent sur la tête la couronne d'épines et lui présentèrent le second vase plein de fiel et de vinaigre, mais il détourna la tête en silence.

Au moment où les archers lui saisirent les bras dont il se servait pour recouvrir sa nudité et le redressèrent pour le coucher sur la croix, des murmures d'indignation et des cris de douleur s'élevèrent parmi ses amis, à la pensée de cette dernière ignominie. Sa mère priait avec ardeur, elle pensait à arracher son voile, à se précipiter dans l'enceinte, et à le lui donner pour s'en couvrir, mais Dieu l'avait exaucée : car au même instant un homme qui, depuis la porte, s'était frayé un chemin à travers le peuple, arriva, tout hors d'haleine, se jeta au milieu des archers, et présenta un linge à Jésus qui le prit en remerciant et l'attacha autour de ses reins.

Ce bienfaiteur de son Rédempteur que Dieu envoyait à la prière de la sainte Vierge avait dans son impétuosité quelque chose d'impérieux : il montra le poing aux archers en leur disant seulement : Gardez-vous d'empêcher ce pauvre homme de se couvrir, puis, sans adresser la parole à personne, il se retira aussi précipitamment qu'il était venu. C'était Jonadab, neveu de saint Joseph, fils de ce frère qui habitait le territoire de Bethléem et auquel Joseph, après la naissance du Sauveur, avait laissé en gage l'un de ses deux ânes. Ce n'était point un partisan déclaré de Jésus :

Aujourd'hui même, il s'était tenu à l'écart, et s'était borne à observer de loin ce qui se passait. Déjà en entendant raconter comment Jésus avait été dépouillé de ses vêtement, avant la flagellation, il avait été très indigné ; plus tard quand le moment du crucifiement approcha, il ressenti, dans le Temple une anxiété extraordinaire. Pendant que la mère de Jésus criait vers Dieu sur le Golgotha, Jonadab fut poussé tout à coup par un mouvement irrésistible qui le fit sortir du Temple et courir en toute hâte au Calvaire pour couvrir la nudité du Seigneur. Il lui vint dans l'âme un vif sentiment d'indignation contre l'action honteuse de Cham qui avait tourné en dérision la nudité de Noé enivré par le vin et il se hâta d'aller, comme un autre Sem, couvrir la nudité de celui qui foulait le pressoir. Les bourreaux étaient de la race de Cham, et Jésus foulait le pressoir sanglant du vin nouveau de la rédemption lorsque Jonadab vint à son aide Cette action fut l'accomplissement d'une figure prophétique de l'Ancien Testament, et elle fut récompensée plus tard, comme je l'ai vu et comme je le raconterai.

Jésus, image vivante de la douleur, fut étendu par les a ; chers sur la croix où il était allé se placer de lui-même.

Ils le renversèrent sur le dos, et, ayant tiré son bras droit sur le bras droit de la croix, ils le lièrent fortement : puis un d'eux mit le genou sur sa poitrine sacrée ; un autre tint ouverte sa main qui se contractait ; un troisième appuya sur cette main pleine de bénédiction un gros et long clou et frappa dessus à coups redoublés avec un marteau de fer. Un gémissement doux et clair sortit de la bouche du Sauveur : son sang jaillit sur les bras des archers. Les liens qui retenaient la main furent déchirés et s'enfoncèrent avec le clou triangulaire dans l'étroite ouverture. J'ai compté les coups de marteau, mais j'en ai oublié le nombre. La sainte Vierge gémissait faiblement et semblait avoir perdu connaissance : Madeleine était hors d'elle-même.

Les vilebrequins étaient de grands morceaux de fer de la forme d'un T : il n'y entrait pas de bois. Les grands marteaux aussi étaient en fer et tout d'une pièce avec leurs manches : ils avaient à peu près la forme qu'ont les maillets avec lesquels nos menuisiers frappent sur leurs ciseaux. Les clous, dont l'aspect avait fait frissonner Jésus, étaient d'une telle longueur que, si on les tenait en fermant le poignet, ils le dépassaient d'un pouce de chaque côté, ils avaient une tête plate de la largeur d'un écu. Ces clous étaient à trois tranchants et gros comme le pouce à leur partie supérieure ; plus bas ils n'avaient que la grosseur du petit doigt ; leur pointe était limée, et je vis que quand on les eût enfoncés, ils ressortaient un peu derrière la croix.

Lorsque les bourreaux eurent cloué la main droite du Sauveur, ils s'aperçurent que sa main gauche, qui avait été aussi attachés au bras de la croix, n'arrivait pas jusqu'au trou qu'ils avaient fait et qu'il y avait encore un intervalle de deux pouces entre ce trou et l'extrémité de ses doigts : alors ils attachèrent une corde à son bras gauche et le tirèrent de toutes leurs forces, en appuyant les pieds contre la croix, jusqu'à ce que la main atteignit la place du clou. Jésus poussa des gémissements touchants : car ils lui disloquaient entièrement les bras. Ses épaules violemment tendues se creusaient, on voyait aux coudes les jointures des os. Son sein se soulevait et ses genoux se retiraient vers son corps. Ils s'agenouillèrent sur ses bras et sur sa poitrine, lui garrottèrent les bras, et enfoncèrent le second clou dans sa main gauche d'où le sang jaillit, pendant que les gémissements du Sauveur se faisaient entendre à travers le bruit des coups de marteau. Les bras de Jésus se trouvaient maintenant étendus horizontalement, en sorte qu'ils ne couvraient plus les bras de la croix qui montaient en ligne oblique : il y avait un espace vide entre ceux-ci et ses aisselles. La sainte Vierge ressentait toutes les douleurs de Jésus ; elle était pâle comme un cadavre et des sanglots entrecoupés s'échappaient de sa bouche. Les Pharisiens adressaient des insultes et des moqueries du côté où elle se trouvait, et on la conduisit à quelque distance près des autres saintes femmes. Madeleine était comme folle : elle se déchirait je visage, ses yeux et ses joues étaient en sang.

On avait cloué, au tiers à peu près de la hauteur de la croix, un morceau de bois destiné à soutenir les pieds de Jésus, afin qu'il fût plutôt debout que suspendu ; autrement les mains se seraient déchirées et on n'aurait pas pu clouer les pieds sans briser les os. Dans ce morceau de bois, on avait pratiqué d'avance un trou pour le clou qui devait percer les pieds. On y avait aussi creusé une cavité pour les talons, de même qu'il y avait d'autres cavités en divers endroits de la croix afin que le corps pût y rester plus longtemps suspendu et ne se détachât pas, entraîné par son propre poids. Tout le corps du Sauveur avait été attiré vers le haut de la croix par la violente tension de ses bras et ses genoux s'étaient redressés. Les bourreaux les étendirent et les attachèrent en les tirant avec des cordes : mais il se trouva que les pieds n'atteignaient pas jusqu'au morceau de bois placé pour les soutenir. Alors les archers se mirent en fureur ; quelques-uns d'entre eux voulaient qu'on fît des trous plus rapprochés pour les clous qui perçaient ses mains, car il était difficile de placer le morceau de bois plus haut ; d'autres vomissaient des imprécations contre Jésus : il ne veut pas s'allonger, disaient-ils, nous allons l'aider. Alors ils attachèrent des cordes à sa jambe droite et la tendirent violemment jusqu'à ce que le pied atteignit le morceau de bois. Il y eut une dislocation si horrible, qu'on entendit craquer la poitrine de Jésus, et qu'il s'écria à haute voix : Ô mon Dieu ! Ô mon Dieu ! Ce fut une épouvantable souffrance. Ils avaient lié sa poitrine et ses bras pour ne pas arracher les mains de leurs clous. Ils attachèrent ensuite fortement le pied gauche sur le pied droit, et le percèrent d'abord au cou-de-pied avec une espèce de pointe à tête plate, parce qu'il n'était pas assez solidement posé sur l'arbre pour qu'on pût les clouer ensemble. Cela fait, ils prirent un clou beaucoup plus long que ceux des mains, le plus horrible qu'ils eussent, l'enfoncèrent à travers la blessure faite au pied gauche, puis à travers le pied droit jusque dans le morceau de bois et jusque dans l'arbre de la croix. Placée de côté, j'ai vu ce clou percer les deux pieds. Cette opération fut plus douloureuse que tout le reste à cause de la distension du corps. Je comptai jusqu'à trente-six coups de marteau au milieu desquels j'entendais distinctement les gémissements doux et pénétrants du Sauveur : les voix qui proféraient autour de lui l'injure et l'imprécation me paraissaient sourdes et sinistres.

La Sainte Vierge était revenue au lieu du supplice : la dislocation des membres de son fils, le bruit des coups de marteau et les gémissements de Jésus pendant qu'on lui clouait les pieds excitèrent en elle une douleur si violente qu'elle tomba de nouveau sans connaissance entre les bras de ses compagnes. Il y eut alors de l'agitation. Les Pharisiens à cheval s'approchèrent et lui adressèrent des injures : mais ses amis l'emportèrent à quelque distance. Pendant le crucifiement et l'érection de la croix qui suivit, il s'éleva, surtout parmi les saintes femmes, des cris d'horreur : Pourquoi, disaient-elles, la terre n'engloutit-elle pas ces misérables ? Pourquoi le feu du ciel ne les consume-t-il pas ? Et à ces accents de l'amour, les bourreaux répondaient par des invectives et des insultes.

Les gémissements que la douleur arrachait à Jésus se mêlaient à une prière continuelle, remplie de passages des psaumes et des prophètes dont il accomplissait les prédictions : il n'avait cessé de prier ainsi sur le chemin de la croix, et il le fit jusqu'à sa mort. J'ai entendu et répété avec lui tous ces passages, et ils me sont revenus quelquefois en récitant les psaumes ; mais je suis si accablée de douleur que je ne saurais pas les mettre ensemble. Pendant cet horrible supplice, je vis apparaître au-dessus de Jésus des figures d'anges en pleurs.

Le chef des troupes romaines avait déjà fait attacher au haut de la croix l'inscription de Pilate. Comme les Romains riaient de ce titre de roi des Juifs, quelques-uns des Pharisiens revinrent à la ville pour demander à Pilate une autre inscription dont ils prirent d'avance la mesure. Pendant qu'on crucifiait Jésus, on élargissait le trou où la croix devait être plantée, car il était trop étroit et le rocher était extrêmement dur. Quelques archers, au lieu de donner à Jésus le vin aromatisé apporté par les saintes femmes l'avaient bu eux-mêmes et il les avait enivrés : il leur brûlait et leur déchirait les entrailles à tel point qu'ils étaient comme hors d'eux-mêmes. De injurièrent Jésus qu'ils traitèrent de magicien, entrèrent en fureur à la vue de sa patience et coururent à plusieurs reprises au bas du Calvaire pour boire du lait d'ânesse. Il y avait près de là des femmes appartenant à un campement voisin d'étrangers venus pour la Pâque, lesquelles avaient avec elles des ânesses dont elles vendaient le lait. Il était environ midi un quart lorsque Jésus fut crucifié, et au moment où l'on élevait la croix, le Temple retentissait du bruit des trompettes. C'était le moment de l'immolation de l'agneau pascal.

XXXIX. EXALTATION DE LA CROIX

Lorsque les bourreaux eurent crucifié Notre Seigneur, ils attachèrent des cordes à la partie supérieure de la croix, et faisant passer ces cordes autour d'une poutre transversale, fixée du côté opposé, ils s'en servirent pour élever la croix, tandis que quelques-uns d'entre eux la soutenaient et que d'autres en poussaient le pied jusqu'au trou, qu'on avait creusé pour elle, et où elle s'enfonça de tout son poids avec une terrible secousse. Jésus poussa un cri de douleur, tout le poids de son corps pesa verticalement, ses blessures s'élargirent, son sang coula abondamment et ses os disloqués s'entrechoquèrent. Les archers, pour affermir la croix, la secouèrent encore et enfoncèrent cinq coins tout autour.

Rien ne fut plus terrible et plus touchant à la fois que de voir, au milieu des cris insultants des archers, des Pharisiens et de la populace qui regardait de loin, la croix chanceler un instant sur sa base et s'enfoncer en tremblant dans la terre ; mais il s'éleva aussi vers elle des voix pieuses et gémissantes. Les plus saintes voix du monde, celle de Marie, celle de Jean, celles des saintes femmes et de tous ceux qui avaient le cœur pur, saluèrent avec un accent douloureux le Verbe fait chair élevé sur la croix : leurs mains tremblantes se levèrent comme pour le secourir, lorsque le saint des saints, le fiancé de toutes les âmes, cloué vivant sur la croix, s'éleva, balancé en l'air par les mains des pécheurs en furie, mais quand la croix s'enfonça avec bruit dans le creux du rocher, il y eut un moment de silence solennel, tout le monde semblait affecté d'une sensation toute nouvelle et non encore éprouvée jusqu'alors. L'enfer même ressentit avec terreur le choc de la croix qui s'enfonçait, et redoubla la fureur de ses suppôts contre elle : les âmes renfermées dans les limbes l'entendirent avec une joie pleine d'espérance : c'était pour elles comme le bruit du triomphateur qui s'approchait des portes de la rédemption. La sainte croix était dressée pour la première fois au milieu de la terre comme un autre arbre de vie dans le paradis, et des blessures de Jésus coulaient sur la terre quatre fleuves sacrés pour effacer la malédiction qui pesais sur elle, pour la fertiliser et en faire le paradis du nouvel Adam. Lorsque notre Sauveur fut élevé en croix, les cris et les injures furent interrompus quelques moments par le silence de la stupeur. Alors on entendit du côté du Temple le bruit des clairons et des trompettes qui annonçait l'immolation de l'agneau pascal, de la figure prophétique, et interrompait d'une manière solennelle et significative les cris de colère et de douleur autour du véritable agneau de Dieu. Bien des cœurs endurcis furent ébranlés et pensèrent à cette parole de Jean-Baptiste : " Voici l'Agneau de Dieu qui a pris sur lui les péchés du monde ".

Le lien où la croix était plantée était élevé d'un peu plus de deux pieds au-dessus du terrain environnant. Lorsque la croix fut enfoncée en terre, les pieds de Jésus se trouvaient assez bas pour que ses amis pussent les embrasser et les baiser. L'éminence était en talus. Le visage du Sauveur était tourné vers le nord-ouest.

XL. CRUCIFIXION DES LARRONS

Pendant qu'on crucifiait Jésus, les deux larrons, ayant toujours les mains attachées aux pièces transversales de leurs croix, qu'on leur avait placées sur la nuque, étaient couchés sur le dos, près du chemin, au côté oriental du Calvaire, et des gardes veillaient sur eux. Accusés d'avoir assassiné une femme juive et ses enfants qui allaient de Jérusalem à Joppé, on les avait arrêtés dans un château où Pilate habitait quelquefois lorsqu'il exerçait ses troupes, et où ils s'étaient donnés pour de riches marchands. Ils étaient restés longtemps en prison avant leur jugement et leur condamnation. J'ai oublié les détails. Le larron de gauche était plus âgé : c'était un grand scélérat, le maitre et le corrupteur de l'autre. On les appelle ordinairement Dismas et Gesmas ; j'ai oublié leurs noms véritables : j'appellerai donc le bon, Dismas, et le mauvais, Gesmas. Ils faisaient partie l'un et l'autre de cette troupe de voleurs établis sur les frontières d'Egypte qui avaient donné l'hospitalité, pour une nuit à la sainte Famille, lors de sa fuite avec l'enfant Jésus. Dismas était cet enfant lépreux que sa mère, sur l'invitation de Marie, lava dans l'eau où s'était baigné l'enfant Jésus, et qui fut guéri à l'instant. Les soins de sa mère envers la sainte Famille furent récompensés par cette purification, symbole de celle que le sang du Sauveur allait accomplir pour lui sur la croix. Dismas était tombé très bas ; il ne connaissait pas Jésus, mais comme son cœur n'était pas méchant, tant de patience l'avait touché. Couché par terre comme il l'était, il parlait sans cesse de Jésus à son compagnon : " ils maltraitaient horriblement le Galiléen, disait-il ; ce qu'il a fait en prêchant sa nouvelle loi doit être quelque chose de pire que ce que nous avons fait nous-mêmes, mais il a une grande patience et un grand pouvoir sur tous les hommes, ce à quoi Gesmas répondit : Quel pouvoir a-t-il donc ? S'il est aussi puissant qu'on le dit, il pourrait nous venir en aide " ? C'est ainsi qu'ils parlaient entre eux. Lorsque la croix du Sauveur fut dressée, les archers vinrent leur dire que c'était leur tour, et les dégagèrent en toute hâte des pièces transversales, car le soleil s'obscurcissait déjà, et il y avait un mouvement dans la nature comme à l'approche d'un orage. Les archers appliquèrent des échelles aux deux croix déjà plantées, et y ajustèrent les pièces transversales. Après leur avoir lait boire du vinaigre mêlé de myrrhe, on leur ôta leurs méchants justaucorps, puis on leur passa des cordes sous les bras et on les hissa en l'air à l'aide de petits échelons où ils posaient leurs pieds. On lia leurs bras aux branches de la croix avec des cordes d'écorce d'arbre ; on attacha de même leurs poignets, leurs coudes, leurs genoux et leurs pieds, et on serra si fort les cordes, que leurs jointures craquèrent et que le sang en jaillit. Ils poussèrent des cris affreux, et le bon larron dit au moment où on le hissait : " Si vous nous aviez traités comme le pauvre Galiléen, vous n'auriez pas eu la peine de nous élever ainsi en l'air ".

Pendant ce temps, les exécuteurs avaient fait plusieurs lots des habits de Jésus afin de les diviser entre eux. Le manteau était plus large d'en bas que d'en haut et il avait plusieurs plis ; il était doublé à la poitrine et formait ainsi des poches. Ils le déchirèrent en plusieurs pièces, aussi bien que sa longue robe blanche, laquelle était ouverte sur la poitrine et se fermait avec des cordons. Ils firent aussi des parts du morceau d'étoffe qu'il portait autour du cou, de sa ceinture, de son scapulaire, et du linge qui avait enveloppé ses reins, tous ces vêtements étaient imbibés de son sang. Ne pouvant tomber d'accord pour savoir qui aurait sa robe sans couture, dont les morceaux n'auraient pu servir à rien, ils prirent une table où étaient des chiffres, et y jetant des dés en forme de fèves, ils la tirèrent ainsi au sort. Mais un messager de Nicodème et de Joseph d'Arimathie vint à eux en courant et leur dit qu'ils trouveraient au bas de la montagne des acheteurs pour les habits de Jésus, alors ils mirent tous ensemble et les vendirent en masse, ce qui conserva aux chrétiens ces précieuses dépouilles.

XLI. JESUS CRUCIFIE ET LES DEUX LARRONS

Le choc terrible de la croix, qui s'enfonçait en terre, ébranla violemment la tête couronnée d'épines de Jésus et en fit jaillir une grande abondance de sang, ainsi que de ses pieds et de ses mains. Les archers appliquèrent leurs échelles à la croix, et délièrent les cordes avec lesquelles ils avaient attaché le corps du Sauveur pour que la secousse ne le fît pas tomber. Le sang, dont la circulation avait été gênée par la position horizontale et la compression des cordes, se porta avec impétuosité à ses blessures : toutes ses douleurs se renouvelèrent jusqu'à lui causer un violent étourdissement. Il pencha la tête sur sa poitrine et resta comme mort pendant près de sept minutes. Il y eut alors une pause d'un moment : les bourreaux étaient occupés à se partager les habits de Jésus, le son des trompettes du Temple se perdait dans les airs, et tous les assistants étaient épuisés de rage ou de douleur. Je regardais, pleine d'effroi et de pitié, Jésus, mon salut, le salut du monde : je le voyais sans mouvement, presque sans vie, et moi-même, il me semblait que j'allais mourir. Mon cœur était plein d'amertume, d'amour et de douleur : ma tête était comme entourée d'un réseau de poignantes épines et ma raison s'égarait ; mes mains et mes pieds étaient comme des fournaises ardentes ; mes veines, mes nerfs étaient sillonnés par mille souffrances indicibles qui, comme autant de traits de feu, se rencontraient et se livraient combat dans tous mes membres et tous mes organes intérieurs et extérieurs pour y faire naitre de nouveaux tourments. Et toutes ces horribles souffrances n'étaient pourtant que du pur amour, et tout ce feu pénétrant de la douleur produisait une nuit dans laquelle je ne voyais plus rien que mon fiancé, le fiancé de toutes les âmes, attaché à la croix, et je le regardais avec une grande tristesse et une grande consolation. Son visage, avec l'horrible couronne avec le sang qui remplissait ses yeux, sa bouche entrouverte, sa chevelure et sa barbe, s'était affaissé vers sa poitrine, et plus tard il ne put relever la tête qu'avec une peine extrême, à cause de la largeur de la couronne. Son sein était tout déchiré ; ses épaules, ses coudes, ses poignets tendus jusqu'à la dislocation ; le sang de ses mains coulait sur ses bras. Sa poitrine remontait et laissait au-dessous d'elle une cavité profonde ; le ventre était creux et rentré. Ses cuisses et ses jambes étaient horriblement disloquées comme ses bras ; ses membres, ses muscles, sa peau déchirée avaient été si violemment distendus, qu'on pouvait compter tous ses os ; le sang jaillissait autour du clou qui perçait ses pieds sacrés et arrosait l'arbre de la croix ; son corps était tout couvert de plaies, de meurtrissures, de taches noires, bleues et jaunes ; ses blessures avaient été rouvertes par la violente distension des membres et saignaient par endroits ; son sang, d'abord rouge, devint plus tard pâle et aqueux, et son corps sacré toujours plus blanc : il finit par ressembler à de la chair épuisé de sang. Toutefois, quoique si cruellement défiguré, le corps de Notre Seigneur sur la croix avait quelque chose de noble et de touchant qu'on ne saurait exprimer : oui, le Fils de Dieu, l'amour éternel s'offrant en sacrifice dans le temps, restait beau, pur et saint dans ce corps de l'Agneau pascal mourant, tout brisé sous le poids des péchés du genre humain.

Le teint de la sainte Vierge, comme celui du Sauveur, était d'une belle couleur jaunâtre où se fondait un rouge transparent. Les fatigues et les voyages des dernières années lui avaient bruni les joues au-dessous des yeux.

    Jésus avait une large poitrine ; elle n'était pas velue comme celle de Jean-Baptiste qui était toute couverte d'un poil rougeâtre. Ses épaules étaient larges, ses bras robustes, ses cuisses nerveuses, ses genoux forts et endurcis comme ceux d'un homme qui a beaucoup voyagé et s'est beaucoup agenouillé pour prier ; ses jambes étaient longues et ses jarrets nerveux ; ses pieds étaient d'une belle forme et fortement construits : la peau était devenue calleuse sous la plante à cause des courses nombreuses qu'il avait faites, pieds nus, sur des chemins cahoteux ; ses mains étaient belles, avec des doigts longs et effilés, et, sans être délicates, elles ne ressemblaient point à celles d'un homme qui les emploie à des travaux pénibles. Son cou était plutôt long que court, mais robuste et nerveux, sa tête d'une belle proportion et pas trop forte, son front haut et large ; son visage formait un ovale très pur ; ses cheveux, d'un brun cuivré, n'étaient pas très épais : ils étaient séparés sans art nu haut du front et tombaient sur ses épaules ; sa barbe n'était pas longue, mais pointue et partagée au-dessous du menton. Maintenant sa chevelure était arrachée en partie et souillée de sang ; son corps n'était qu'une plaie, sa poitrine était comme brisée, ses membres étaient disloqués, les os de ses côtés paraissaient par endroits à travers sa peau déchirée ; enfin son corps était tellement aminci par la tension violente à laquelle il avait été soumis, qu'il ne courrait pas entièrement l'arbre de la croix.

    La croix était un peu arrondie par derrière, aplatie pal devant, et on l'avait entaillée à certains endroits, sa largeur étalait à peu près son épaisseur. Les différentes pièces qui la composaient étaient de bois de diverses couleurs, les unes brunes, les autres jaunâtres ; le tronc était plus foncé, comme du bois qui est resté longtemps dans l'eau.

Les croix des deux larrons, plus grossièrement travaillées, s'élevaient à droite et à gauche de celle de Jésus : il y avait entre elles assez d'espace pour qu'un homme à cheval pût y passer ; elles étaient placées un peu plus bas, et l'une à peu près en regard de l'autre. L'un des larrons priait, l'autre insultait Jésus qui dominait un peu Dismas en lui parlant. Ces hommes, sur leur croix, présentaient un horrible spectacle, surtout celui de gauche, hideux scélérat, à peu près ivre, qui avait toujours l'imprécation et l'injure à la bouche. Leurs corps suspendus en l'air étaient disloqués, gonflés et cruellement garrottés. Leur visage était meurtri et livide : leurs lèvres noircies par le breuvage qu'on leur avait fait prendre et par le sang qui s'y portait, leurs yeux rouges et prêts à sortir de leur tête. La souffrance causée par les cordes qui les serraient leur arrachait des cris et des hurlements affreux ; Gesmas jurait et blasphémait. Les clous avec lesquels on avait attaché les pièces transversales les forçaient de courber la tête ; ils étaient agités de mouvements convulsifs, et, quoique leurs jambes fussent fortement garrottées, l'un d'eux avait réussi à dégager un peu son pied, en sorte que le genou était saillant.

XLII. PREMIERE PAROLE DE JESUS SUR LA CROIX

Lorsque les archers eurent mis les larrons en croix et partagé entre eux les habits de Jésus, ils vomirent encore quelques injures contre le Sauveur et se retirèrent. Les Pharisiens aussi passèrent à cheval devant Jésus, lui adressèrent des paroles outrageantes et s'en allèrent. Les cent soldats romains furent remplacés à leur poste par une nouvelle troupe de Cinquante hommes. Ceux-ci étaient commandés par Abénadar, Arabe de naissance, baptisé depuis sous le nom de Ctésiphon ; le commandant en second s'appelait Cassius, et reçut depuis le nom de Longin : il portait souvent les messages de Pilate. Il vint encore douze Pharisiens, douze Sadducéens, douze Scribes et quelques anciens. Parmi eux se trouvaient ceux qui avaient demandé vainement à Pilate de changer l'inscription de la croix : il n'avait pas même voulu les voir, et son refus avait redoublé leur rage. Ils firent à cheval le tour de la plate-forme et chassèrent la sainte Vierge, qu'ils appelèrent une mauvaise femme ; elle fut ramenée par Jean vers les saintes femmes ; Marthe et Madeleine la reçurent dans leurs bras Lorsqu'ils passèrent devant Jésus, ils secouèrent dédaigneusement la tête en disant : " Eh bien ! Imposteur, renverse le Temple et rebâtis-le en trois jours ! Il a toujours voulu secourir les autres et ne peut se sauver lui-même ! Si tu es le fils de Dieu, descends de la croix ! S'il est le roi d'Israël, qu'il descende de la croix, et nous croirons en lui ! Il a eu confiance en Dieu, qu'il lui vienne maintenant en aide " ! Les soldats aussi se moquaient de lui, disant : " Si tu es le roi des Juifs sauve-toi maintenant toi-même ".

Lorsque Jésus tomba en faiblesse, Gesmas, le voleur de gauche, dit : " Son démon l'a abandonné ". Alors, un soldat mit au bout d'un bâton une éponge avec du vinaigre et la présenta aux lèvres de Jésus qui sembla y goûter : on ne cessait pas de le tourner en dérision. " Si tu es le roi des Juifs, dit le soldat, sauve-toi toi-même ". Tout ceci se passa pendant que la première troupe faisait place à celle d'Abénadar. Jésus leva un peu la tête et dit : " Mon père, pardonnez-leur, car ils ne savent ce qu'ils font ". Puis il continua à prier en silence. Gesmas lui cria : " Si tu es le Christ, sauve-toi et sauve-nous " ! Les insultes ne cessaient pas, mais Dismas, le bon larron, fut profondément touché lorsque Jésus pria pour ses ennemis. Quand Marie entendit la voix de son fils, rien ne put la retenir elle se précipita vers la croix, suivie de Jean, de Salomé et de Marie de Cléophas. Le centurion ne les repoussa pas Dismas, le bon larron, obtint par la prière de Jésus. Au moment où la sainte Vierge s'approcha, une illumination intérieure : il reconnut que Jésus et sa mère l'avaient guéri dans son enfance, et dit d'une voix forte et distincte : Comment pouvez-vous l'injurier quand il prie pour vous ? Il s'est tu ; il a souffert patiemment tous vos affronts, et il prie pour vous ; c'est un prophète, c'est notre roi, c'est le fils de Dieu. A ce reproche inattendu sorti de la bouche d'un misérable assassin sur le gibet, il s'éleva un grand tumulte parmi les assistants ; ils ramassèrent des pierres et voulaient le lapider sur la croix : mais le centurion Abénadar ne le souffrit pas ; il les fit disperser et rétablit l'ordre. Pendant ce temps, la sainte Vierge se sentit fortifiée par la prière de Jésus, et Dismas dit à son compagnon qui injuriait Jésus : N'as-tu donc pas crainte de Dieu, toi qui es condamné au même supplice !

Quant à nous, c'est avec justice ; nous subissons la peine que nos crimes ont méritée : mais celui-ci n'a rien fait de mal. Songe à ta dernière heure et convertis-toi. Il était éclairé et touché : il confessa ses fautes à Jésus, disant : Seigneur, si vous me condamnez, ce sera avec Justice, mais ayez pitié de moi. Jésus lui dit : Tu éprouveras ma miséricorde. Dismas reçut pendant un quart d'heure la grâce d'un profond repentir. Tout ce qui vient d'être raconté se passa entre midi et midi et demi, quelques minutes après l'exaltation de la croix ; mais il y eut bientôt de grands changements dans l'âme des spectateurs, car, pendant que le bon larron parlait, il y eut dans la nature des signes extraordinaires qui les remplirent tous d'épouvante.

XLIII. ECLIPSE DE SOLEIL,

DEUXIEME ET TROISIEME PAROLES DE JESUS SUR LA CROIX.

Jusque vers dix heures, moment où le jugement de Pilate fut prononcé, il tomba un peu de grêle, puis le ciel fut clair jusqu'à midi, après quoi il vint un épais brouillard rougeâtre devant le soleil. Vers la sixième heure, selon la manière de compter des Juifs, ce qui correspond à peu près à midi et demi, il y eut une éclipse miraculeuse de soleil. Je vis comment cela avait lieu, mais malheureusement je ne l'ai pas bien retenu, et je n'ai pas de paroles pour l'exprimer. Je fus d'abord transportée comme hors de la terre : je voyais les divisions du ciel et les routes des astres se croisant d'une manière merveilleuse. Je vis la lune à l'un des côtés de la terre : elle fuyait rapidement semblable à un globe de feu. Je me retrouvai ensuite à Jérusalem, et je vis de nouveau la lune apparaître pleine et pâle sur le mont des Oliviers : elle vint de l'Orient avec une grande vitesse se placer devant le soleil déjà voilé par la brume. Je vis au côté occidental du soleil un corps obscur qui faisait l'effet d'une montagne et qui le couvrit bientôt tout entier. Le disque de ce corps était d'un jaune sombre : un cercle rouge, semblable à un anneau de fer rougi au feu, l'entourait. Le ciel s'obscurcit et les étoiles se montrèrent, jetant une lueur sanglante. Une terreur générale s'empara des hommes et des animaux : les bestiaux beuglaient et s'enfuyaient ; les oiseaux cherchaient des coins où s'abriter et s'abattaient en foule sur les collines qui entouraient le Calvaire ; on pouvait les prendre avec la main. Ceux qui injuriaient Jésus baissèrent le ton. Les Pharisiens essayaient encore de tout expliquer par des causes naturelles, mais cela leur réussissait mal, et eux aussi furent intérieurement saisis de terreur ; tout le monde avait les yeux levés vers le ciel. Plusieurs personnes frappaient leur poitrine et se tordaient les mains en criant : Que son sang retombe sur ses meurtriers ! Beaucoup de près et de loin, se jetèrent à genoux, implorant leur pardon, et Jésus, dans ses douleurs, tourna les yeux vers eux. Comme les ténèbres s'accroissaient et que la croix était abandonnée de tous, excepté de Marie et des plus chers amis du Sauveur, Dismas, qui était plongé dans un profond repentir, leva la tête vers Jésus avec une humble espérance et lui dit : Seigneur, pensez à moi quand vous serez dans votre royaume. Jésus lui répondit : En vérité, Je te le dis, tu seras aujourd'hui avec moi dans le paradis.

La mère de Jésus, Madeleine, Marie de Cléophas et Jean se tenaient entre la croix du Sauveur et celles des larrons et regardaient Jésus. La sainte Vierge, dans son amour de mère, priait intérieurement pour que Jésus la laissât mourir avec lui. Alors le Sauveur la regarda avec une ineffable tendresse, puis tourna les yeux vers Jean, et dit à Marie : Femme, voilà votre fils. Il sera votre fils plus que si vous l'aviez enfanté. Il fit encore l'éloge de Jean et dit : Il a toujours eu une foi inébranlable et ne s'est jamais scandalisé, si ce n'est quand sa mère a voulu qu'il fût élevé au-dessus des autres. Puis il dit à Jean : Voilà la mère. Jean embrassa respectueusement, sous la croix du Rédempteur mourant, la mère de Jésus, devenue maintenant la sienne. La sainte Vierge fut tellement accablée de douleur à ces dernières dispositions de son fils, quelle tomba sans connaissance dans les bras des saintes femmes qui l'emportèrent à quelque distance, la firent asseoir un moment sur le terrassement en face de la croix, puis la conduisirent hors de la plate-forme, auprès de ses amies.

Je ne sais pas si Jésus prononça expressément toutes ces paroles ; mais je sentis intérieurement qu'il donnait Marie pour mère à Jean et Jean pour fils à Marie. Dans de semblables visions, on perçoit bien des choses qui ne sont pas écrites, et il y en a très peu qu'on puisse rendre clairement avec le langage humain, quoiqu'en les voyant on croie qu'elles s'entendent d'elles-mêmes. Ainsi, on ne s'étonne pas que Jésus s'adressant à la sainte Vierge ne l'appelle pas ma mère, mais femme ; car elle apparaît comme la femme par excellence, qui doit écraser la tête du serpent, surtout en cet instant où cette promesse s'accomplit par la mort de son fils. On ne s'étonne pas non plus qu'il donne Jean pour fils à celle que l'ange salua en l'appelant pleine de grâce, parce que le nom de Jean est un nom qui signifie la grâce, car tous sont ici ce que leur nom signifie : Jean était devenu un enfant de Dieu, et le Christ vivait en lui. On sent aussi que Jésus en la donnant pour mère à Jean la donne pour mère à tous ceux qui croient en son nom, qui deviennent enfants de Dieu, qui ne sont pas nés de la chair et du sang ni de la volonté de l'homme, mais de Dieu. On sent encore que la plus pure, la plus humble, la plus obéissante des femmes qui, après avoir dit à l'Ange : Voici la servante du Seigneur, qu'il me soit fait selon votre parole, devint mère du Verbe fait chair, apprenant aujourd'hui de son fils mourant qu'elle doit devenir la mère spirituelle d'un autre fils, a répété ces mêmes paroles avec une humble obéissance, dans son cœur déchiré par les angoisses de la séparation, et qu'elle a adopté pour enfants tous les enfants de Dieu, tous les frères de Jésus-Christ, tout cela est plus facile à ressentir par la grâce de Dieu qu'à exprimer avec des paroles, et je pense alors à ce que me dit une fois mon fiancé céleste : Tout est écrit dans les enfants de l'Eglise qui croient, qui espèrent, qui aiment[27].

XLIV. ETAT DE LA VILLE ET DU TEMPLE -QUATRIÈME PAROLE DE JÉSUS SUR LA CROIX.

Il était à peu près une heure et demie : je fus transportée dans la ville pour voir ce qui s'y passait. Je la trouvai pleine de trouble et d'inquiétude : les rues étaient dans le brouillard et les ténèbres, les hommes erraient çà et là à tâtons : plusieurs restaient étendus par terre, la tête couverte et se frappant la poitrine ; d'autres montaient sur les toits de leurs maisons, regardaient le ciel et se lamentaient. Les animaux hurlaient et se cachaient ; les oiseaux volaient bas et tombaient. Je vis Pilate visiter Hérode : ils étaient très troublés l'un et l'autre et regardaient le ciel du haut de la terrasse même d'où Hérode, le matin, avait vu Jésus livré aux outrages du peuple. Cela n'est pas naturel, disaient-ils ; on a certainement été trop loin contre Jésus. Je les vis ensuite aller au palais en traversant la place publique : ils étaient très épouvantés l'un et l'autre ; ils marchaient vite et entourés de gardes. Pilate ne tourna pas les yeux du côté de Gabbatha où il avait condamné Jésus. La place était vide : quelques personnes rentraient à la hâte dans leurs maisons, d'autres couraient en sanglotant. On voyait aussi çà et là se former des groupes sur les places publiques. Pilate fit appeler dans son palais les plus vieux d'entre les Juifs, et il leur demanda ce que signifiaient ces ténèbres : il leur dit qu'il les regardait comme un signe effrayant, que leur Dieu paraissait courroucé contre eux de ce qu'ils avaient poursuivi la mort du Galiléen qui était certainement leur prophète et leur roi ; que pour lui, il s'était lavé les mains, qu'il était innocent de ce meurtre, etc., etc., mais ils persistèrent dans leur endurcissement, attribuèrent tout ce qui se passait à des causes qui n'avaient rien de surnaturel et ne se convertirent pas. Toutefois, bien des gens se convertirent et notamment tous les soldats qui, lors de l'arrestation de Jésus sur le mont des Oliviers, avaient été renversés et s'étaient relevés.

La foule se rassemblait devant la demeure de Pilate et là où elle avait crié le matin : Faites-le mourir ! Crucifiez-le ! Elle criait maintenant : à bas le juge inique ! Que son sang retombe sur ses meurtriers ! Pilate fut obligé de se faire garder par des soldats : ce même Sadoch qui, le matin, lorsque Jésus entrait au prétoire, avait proclamé hautement son innocence, s'agita et parla si violemment devant le palais, que Pilate fut au moment de le faire arrêter. Ce misérable sans âme rejetait tout sur les Juifs : il n'était pour rien là-dedans, disait-il : Jésus était leur prophète et non le sien : c'étaient eux qui avaient voulu sa mort. La terreur et l'angoisse étaient au comble dans le Temple : on s'occupait de l'immolation de l'agneau pascal, lorsque la nuit survint tout à coup : le trouble se mit partout et la peur éclatait çà et là par des cris douloureux. Les Princes des Prêtres s'efforcèrent de maintenir l'ordre et la tranquillité : on alluma toutes les lampes, quoique en plein jour, mais le désordre augmentait de plus en plus. Je vis Anne frappé de terreur : il courait d'un coin à un autre pour se cacher. Lorsque je m'acheminais pour sortir de la ville, les grilles des fenêtres tremblaient, et cependant il n'y avait pas d'orage. Les ténèbres allaient toujours croissant. Je vis aussi, à l'extrémité de la ville, du côté du nord-ouest, dans un endroit voisin du mur d'enceinte où il y avait beaucoup de jardins et des sépultures, quelques entrées de tombeaux s'effondrer comme si la terre eût tremblé.

Sur le Golgotha, les ténèbres produisirent une terrible impression. Au commencement, les cris, les imprécations, l'activité des hommes occupés à dresser les croix ! Les hurlements des deux larrons lorsqu'on les attacha, les insultes des Pharisiens à cheval, les allées et venues des soldats, le départ tumultueux des bourreaux ivres en avaient affaibli l'effet : puis vinrent les reproches du bon larron aux Pharisiens et leur rage contre lui. Mais à mesure que les ténèbres augmentaient, les assistants devenaient plus pensifs et s'éloignaient de la croix. Ce fut alors que Jésus recommanda sa mère à Jean, et que Marie fut emportée évanouie à quelque distance. Il y eut un moment de silence solennel : le peuple s'effrayait de l'obscurité ; la plupart regardaient le ciel ; la conscience se réveillait dans plusieurs qui tournaient vers la crois des yeux pleins de repentir et se frappaient la poitrine ; ceux qui étaient dans ces sentiments se groupaient ensemble ; les Pharisiens, frappés d'une terreur secrète, cherchaient encore à expliquer tout par des raisons naturelles, mais ils baissaient le ton de plus en plus et finirent à peu près par se taire ; s'ils hasardaient encore par moments quelque parole insolente, c'était avec un effort visible. Le disque du soleil était d'un jaune sombre comme les montagnes vues au clair de la lune : un cercle rougeâtre l'entourait ; les étoiles paraissaient et jetaient une lumière sanglante ; les oiseaux tombaient sur le Calvaire et dans les vignes voisines, et on pouvait les prendre avec la main. Les animaux hurlaient et tremblaient ; les chevaux et les ânes des Pharisiens se serraient les uns contre les autres et baissaient la tête entre leurs jambes. Le brouillard enveloppait tout.

Le calme régnait autour de la croix d'où tout le monde s'était éloigné. Le Sauveur était absorbé dans le sentiment de son profond délaissement : se tournant vers son Père céleste, il priait avec amour pour ses ennemis. Il priait, comme pendant toute sa Passion, en répétant des passages de psaumes qui trouvaient maintenant en lui leur accomplissement. Je vis des anges autour de lui. Lorsque l'obscurité s'accrut et que l'inquiétude, remuant toutes les consciences, répandit sur le peuple un sombre silence, je vis Jésus seul et sans consolateur. Il souffrait tout ce que souffre un homme affligé, plein d'angoisses, délaissé de toute consolation divine et humaine, quand la foi, l'espérance et la charité toutes seules, privées de toute lumière et de toute assistance sensible, se tiennent vides et dépouillées dans le désert de la tentation, et vivent d'elles-mêmes au sein d'une souffrance infinie. Cette douleur ne saurait s'exprimer. Ce fut alors que Jésus nous obtint la force de résister aux plus extrêmes terreurs du délaissement, quand tous les liens se brisent, quand tous nos rapports avec ce monde, avec cette terre, avec l'existence d'ici-bas vont cesser, et qu'en même temps les perspectives que cette vie nous ouvre sur une autre vie se dérobent à nos regards : nous ne pouvons sortir victorieux de cette épreuve qu'en unissant notre délaissement aux mérites de son délaissement sur la croix. Il conquit pour nous les mérites de la persévérance dans la lutte suprême du délaissement absolu. Il offrit pour nous sa misère, sa pauvreté, sa souffrance, son abandon : aussi l'homme uni à Jésus dans le sein de l'Eglise, ne doit-il jamais désespérer à l'heure suprême, quand tout s'obscurcit, que toute lumière et toute consolation disparaissent. Nous n'avons plus à descendre seuls et sans protection dans ce désert de la nuit intérieure. Jésus a jeté dans cet abime du délaissement son propre délaissement intérieur et extérieur sur la croix, et ainsi il n'a pas laissé les chrétiens isolés dans le délaissement de la mort, dans l'obscurcissement de toute consolation. Il n'y a plus pour les chrétiens de solitude, d'abandon, de désespoir dans les approches de la mort, car Jésus, qui est la lumière, la voie et la vérité, a descendu ça sombre chemin, y répandant les bénédictions, et il a planté sa croix dans ce désert pour en surmonter les terreurs.

Jésus laissé sans secours, réduit au dernier degré de l'abandon et de la pauvreté, s'offrit lui-même comme fait l'amour : il fit de son délaissement même un riche trésor ; car il s'offrit lui et toute sa vie, avec ses travaux, son amour ses souffrances et le douloureux sentiment de notre ingratitude. Il fit son testament devant Dieu, et donna tous ses mérites à l'Eglise et aux pécheurs. Il n'en oublia aucun ; il fut avec tous dans son abandon : il pria aussi pour ces hérétiques qui prétendent que, comme Dieu, il n'a pas ressenti les douleurs de sa Passion, et qu'il n'a pas souffert ce qu'eût souffert un homme dans la même position. En m'unissant à sa prière, en prenant ma part de ses angoisses, il me sembla l'entendre dire qu'il fallait enseigner le contraire, c'est-à-dire qu'il avait ressenti cette souffrance du délaissement plus cruellement que n'aurait pu le faire un homme ordinaire, parce qu'il était intimement uni à la divinité, parce qu'il était vrai Dieu et vrai homme, et que dans le sentiment de l'humanité abandonnée de Dieu, il vida, comme homme Dieu, dans toute sa plénitude, ce calice amer du délaissement. Dans sa douleur, il témoigna son délaissement par un cri, et permit ainsi à tous les affligés qui reconnaissent Dieu pour leur père une plainte confiante et filiale. Vers trois heures, il s'écria à haute voix : Eli, Eli, lamma sabachtani ! Ce qui veut dire : Mon Dieu, mon Dieu, pourquoi m'avez-vous abandonné ?

Lorsque le cri de Notre Seigneur interrompit le sombre silence qui régnait autour de la croix, les insulteurs se tournèrent de nouveau vers lui et l'un d'eux dit : il appelle Elie. Un autre : voyons si Elie viendra le secourir. Mais lorsque Marie entendit la voix de son fils, rien ne put la retenir : elle revint au pied de la croix, suivie de Jean, de Marie, fille de Cléophas, de Madeleine et de Salomé. Pendant que le peuple tremblait et gémissait, une troupe d'environ trente hommes considérables de la Judée et des environs de Joppé, étaient passés par là à cheval, se rendant à la fête : lorsqu'ils virent Jésus en croix si horriblement maltraité et les signes menaçants qui se montraient dans la nature, ils exprimèrent vivement leur horreur et s'écrièrent : Malheur à cette ville ! Si le temple de Dieu ne s'y trouvait pas, on devrait la brûler pour avoir pris sur soi une telle iniquité. Les discours de ces hommes furent comme un point d'appui pour le peuple : il y eut une explosion de murmures et de gémissements, et ceux qui étaient affectés de même se groupèrent ensemble. Tous les assistants se divisèrent en deux partis : les uns pleuraient et murmuraient ; les autres faisaient entendre des injures et des imprécations ; toutefois les Pharisiens devinrent moins arrogants ; comme ils craignaient une insurrection populaire et qu'un grand trouble régnait à Jérusalem, ils s'abouchèrent avec le centurion Abénadar : des ordres furent envoyés à la porte la plus voisine de la ville pour qu'on la fermât et qu'on interrompit toute communication. En même temps un messager fut expédié vers Pilate et Hérode pour demander au premier cinq cents hommes, au second ses gardes, à l'effet de prévenir une émeute. Pendant ce temps le centurion Abénadar maintenait l'ordre et empêchait les insultes à Jésus pour ne pas irriter le peuple.

Peu après trois heures la lumière revint un peu, la lune commença à s'éloigner du soleil dans une direction opposée. Le soleil parut dépouillé de ses rayons, entouré de vapeurs rougeâtres et la lune s'abaissa rapidement du côté opposé : on eut dit qu'elle tombait. Peu à peu le soleil recommença à rayonner et l'on ne vit plus les étoiles : cependant le ciel était encore sombre. Les ennemis de Jésus reprirent tour arrogance à mesure que la lumière revenait, c'est alors qu'us dirent : il appelle Elie. Mais Abénadar enjoignit à tous de se tenir tranquilles.

XLV. MORT DE JÉSUS.

CINQUIEME, SIXIEME ET SEPTIEME PAROLES SUR LA CROIX

Lorsque la clarté revint, on vit le corps du Sauveur livide, épuisé et plus blanc qu'auparavant à cause du sang qu'il avait perdu. Il dit encore, je ne sais si ce fut intérieurement ou si sa bouche prononça ces paroles : Je suis pressé comme le raisin qui a été pressé ici pour la première fois : je dois rendre tout mon sang jusqu'à ce que l'eau vienne et que l'enveloppe devienne blanche, mais on ne fera plus de vin en ce lieu. J'eus plus tard une vision relative à ces paroles, où je vis comment Japhet fit du vin en cet endroit. Je la raconterai plus tard.

Jésus était en défaillance, sa langue était desséchée, et il dit : J'ai soif ! Comme ses amis le regardaient tristement, il dit : Ne pouviez-vous me donner une goutte d'eau ? Faisant entendre que pendant les ténèbres on ne les en aurait pas empêchés. Jean, tout trouble, lui répondit : Ô Seigneur, nous l'avons oublié. Et Jésus dit encore quelques paroles, dont le sens était : Mes proches aussi devaient m'oublier et ne pas me donner à boire, afin que ce qui est écrit fût accompli. Cet oubli l'avait douloureusement affecté. Ses amis offrirent alors de l'argent aux soldats pour lui donner un peu d'eau, ce qu'ils ne firent pas ; mais l'un d'eux trempa une éponge en forme de poire dans du vinaigre qui se trouvait là dans un petit baril d'écorce, et y répandit aussi du fiel. Mais le centurion Abénadar, qui avait déjà le cœur touché, prit l'éponge, la pressa et y versa du vinaigre pur. Il adapta un bout de l'éponge à une tige creuse d'hysope qui servait comme de chalumeau pour boire, l'assujettit au bout de sa lance et l'éleva jusqu'à la hauteur du visage de Jésus, de manière à ce que le roseau atteignit la bouche du Sauveur, et qua celui-ci pût aspirer le vinaigre dont l'éponge était imbibée. Je ne me souviens plus de quelques mots que j'entendis encore prononcer au Seigneur pour servir d'avertissement au peuple ; je me rappelle seulement qu'il dit : Lorsque ma voix ne se fera plus entendre, la bouche des morts parlera. Sur quoi quelques-uns s'écrièrent : Il blasphème encore. Mais Abénadar leur ordonna de se tenir tranquilles. L'heure du Seigneur étant venu, il lutta avec la mort, et une sœur froide jaillit de ses membres. Jean se tenait au bas de la croix et essuyait les pieds de Jésus avec son suaire. Madeleine, brisée de douleur, s'appuyait derrière la croix. La sainte Vierge se tenait debout entre Jésus et le bon larron, soutenue par Salomé et Marte de Cléophas, et elle regardait mourir son Fils. Alors Jésus dit : Tout est consommé ! Puis il leva la tête et cria à haute voix : Mon Père, je remets mon esprit entre vos mains. Ce fut un cri doux et fort qui pénétra le ciel et la terre ; ensuite il pencha la tête et rendit l'esprit. Je vis son âme comme une forme lumineuse entrer en terre au pied de la croix pour descendre dans les limbes. Jean et les saintes femmes tombèrent le front dans la poussière.

Le centurion Abénadar, Arabe de naissance, baptisé plus tard sous le nom de Ctésiphon, depuis qu'il avait présenté le vinaigre au Seigneur, se tenait tout contre l'éminence où la croix était plantée de façon que les pieds de devant de son cheval étaient posés plus haut que les pieds de derrière. Profondément ébranlé et livré à des réflexions sérieuses, il contemplait, sans détourner les yeux, la face couronnée d'épines du Sauveur. Le cheval terrifié baissait la tête, et Abénadar, dont l'orgueil était subjugué, laissait aller les rênes. En ce moment le Seigneur prononça d'une voix forte ses dernières paroles et mourut en poussant un cri qui pénétra la terre, le ciel et l'enfer. La terre trembla et le rocher se fendit, laissant une large ouverture entre la croix de Jésus et celle du mauvais larron. Dieu se rendit témoignage par un avertissement terrible qui ébranla jusque dans ses profondeurs la nature en deuil. Tout était accompli : l'âme de Notre Seigneur abandonna son corps et le dernier cri du rédempteur mourant fit trembler tous ceux qui l'entendirent, ainsi que la terre, qui reconnut son Sauveur en tressaillant. Toutefois le cœur de ceux qui l'aimaient fut seulement traversé par la douleur, comme par une épée. Ce fut alors que la grâce vint sur Abénadar. Son cheval trembla : son âme fut ébranlée : son cœur, orgueilleux et dur, se brisa comme la roche du Calvaire ; il jeta sa lance, frappa sa poitrine avec force, et cria avec l'accent d'un homme nouveau : Béni soit le Dieu tout-puissant, le Dieu d'Abraham, d'Isaac et de Jacob ; celui-ci était un juste : c'est vraiment le fils de Dieu. Plusieurs soldats, frappés des paroles de leur chef, firent comme lui. Abénadar, devenu un nouvel homme, et ayant rendu hommage au Fils de Dieu, ne voulait plus rester au service de ses ennemis. Il donna son cheval et sa lance à Cassius, l'officier inférieur, appelé depuis Longin, qui prit le commandement ; puis il adressa quelques paroles aux soldats et quitta le Calvaire. Il s'en alla, par la vallée de Gihon, vers les cavernes de la vallée d'Hinnom, où étaient cachés les disciples. Il leur annonça la mort du Sauveur, et s'en retourna vers Pilate dans la ville.

Une grande épouvante s'empara de tous les assistants, au dernier cri de Jésus, lorsque la terre trembla et que la roche du Calvaire se tendit. Ce fut une terreur qui se fit sentir dans toute la nature, car ce fut alors aussi que le rideau du Temple se déchira en deux, que beaucoup de morts sortirent de leurs tombeaux, que des murailles s'affaissèrent dans le Temple et que des montagnes et des édifices s'écroulèrent dans plusieurs contrées. Lorsqu'Abénadar rendit témoignage de la divinité de Jésus, plusieurs soldats témoignèrent avec lui ; un certain nombre de ceux qui étaient présents, et même quelques Pharisiens venus en dernier lieu se convertirent. Beaucoup de gens se frappaient la poitrine, pleuraient et retournaient chez eux par la vallée ; d'autres déchiraient leurs vêtements et jetaient de la poussière sur leur tête. Tout était plein de stupeur et d'épouvante. Jean se releva ; quelques-unes des saintes femmes qui s'étaient tenues éloignées, vinrent prendre la Sainte Vierge et l'emmenèrent à quelque distance de la croix pour lui donner leurs soins.

Lorsque le Sauveur plein d'amour, le maitre de la vie, paya pour les pécheurs la dette de la mort, lorsqu'il recommanda son âme humaine à son Dieu et à son Père, et abandonna son corps à la mort, ce saint vase brisé prit la teinte pâle et froide de la mort. Le corps de Jésus tressaillit dans une dernière convulsion, puis devint d'une blancheur livide, et ses blessures où le sang s'était porté en abondance se montrèrent plus distinctement comme de sombres taches ; son visage se tira, ses joues s'affaissèrent, son nez s'allongea st s'enfla, ses yeux pleins de sang restèrent à moitié ouverts. Il souleva un instant sa tête couronnée d'épines, et la laissa retomber sous le poids de ses douleurs ; ses lèvres livides et contractées s'entrouvrirent, et laissèrent voir sa langue ensanglantée ; ses mains, contractées d'abord autour des clous, se détendirent ainsi que ses bras, son des se raidit le long de la croix, et tout le poids du corps porta sur les pieds : ses genoux s'affaissèrent et allèrent du même côté, et ses pieds tournèrent un peu autour du clou qui les transperçait.

Alors les mains de sa mère se raidirent, ses yeux se couvrirent d'un nuage, elle devint pâle comme la mort, ses oreilles cessèrent d'entendre, ses pieds chancelèrent et elle s'affaissa sur elle-même. Jean et les autres tombèrent aussi, la face voilée et ne pouvant plus résister à leur douleur. Lorsque la plus aimante, la plus désolée des mères, relevés par ses amis, leva les yeux, elle vit le corps de son fils conçu dans la pureté par l'opération du Saint Esprit, la chair de sa chair, l'os de ses os, le cœur de son cœur, ce vase sacré formé dans son sein lorsque le Très-Haut l'avait couverte de son ombre, elle le vit privé de toute beauté, de toute forme ; séparé de sa très sainte âme ; assujetti aux lois de la nature dont il était l'auteur, mais dont l'homme avait abusé et qu'il avait défigurée par le péché ; brisé, maltraité, défiguré, mis à mort par les mains de ceux qu'il était venu relever et vivifier. Hélas ! Le vase contenant toute beauté, toute vérité, tout amour, était là, vide, rejeté, méprisé, semblable à un lépreux, suspendu à la croix entre deux voleurs. Qui pourrait peindre la douleur de la mère de Jésus, de la reine de tous les martyrs ?

La lumière du soleil était encore troublée et voilée : air fut lourd et étouffant pendant le tremblement de terre : mais ensuite il franchit sensiblement. Le corps de Notre-Seigneur mort sur la croix avait quelque chose qui inspirait le respect et qui touchait singulièrement. Les larrons, au contraire, étaient dans d'horribles contorsions, comme des gens ivres. A la fin, ils se turent l'un et l'autre : Dismas priait intérieurement.

Il était un peu plus de trois heures lorsque Jésus rendit l'esprit. Quand la première secousse du tremblement de terre fut passée, plusieurs des Pharisiens reprirent leur audace : ils s'approchèrent de la fente du rocher du calvaire, y jetèrent des pierres et essayèrent d'en mesurer la profondeur avec des cordes. Comme ils ne purent pas en trouver le fond, cela les rendit pensifs, ils remarquèrent avec quelque inquiétude les gémissements du peuple et quittèrent le Calvaire. Beaucoup de gens se sentaient intérieurement changés ; la plupart des assistants s'en retournèrent à Jérusalem frappés de terreur ; plusieurs étaient convertis. Une partie des cinquante soldats romains qui se trouvaient là alla renforcer ceux qui gardaient la porte de la ville, en attendant l'arrivée des cinq cents autres qu'on avait demandés. La porte avait été fermée et d'autres postes voisins furent occupés pour prévenir l'affluence du peuple et toute espèce de mouvement tumultueux. Cassius et cinq soldats environ restèrent autour de la plate-forme circulaire, s'appuyant au terrassement qui la soutient. Les amis de Jésus entouraient la croix, s'asseyaient vis-à-vis elle, et pleuraient. Plusieurs des saintes femmes étaient revenues à la ville. Le silence et le deuil régnaient autour du corps de Jésus. On voyait au loin, dans la vallée et sur les hauteurs opposées, se montrer çà et là quelques disciples, qui regardaient du côté de la croix avec une curiosité inquiète et disparaissaient s'ils voyaient venir quelqu'un.

XLVI. TREMBLEMENT DE TERRE, APPARITION DES MORTS A JERUSALEM

Lorsque Jésus, poussant un grand cri, remit son esprit entre les mains du Père céleste, je vis son âme, semblable à une forme lumineuse, entrer en terre au pied de la crois, et avec elle une troupe brillante d'anges, parmi lesquels était Gabriel. Ces anges chassaient de la terre dans l'abime une multitude de mauvais esprits. Jésus envoya plusieurs âmes des limbes dans leurs corps, afin qu'elles effrayassent et avertissent les impénitents et qu'elles rendissent témoignage de lui.

Le tremblement de terre qui fendit la roche du Calvaire causa beaucoup d'écroulements, surtout à Jérusalem et dans la Palestine. On avait à peine repris courage au retour de la lumière dans la ville et dans le Temple, que les secousses qui agitaient le sol et le fracas des édifices qui s'écroulaient répandirent une terreur encore plus grande. Cette terreur fut portée au plus haut degré quand les gens qui fuyaient en pleurant rencontrèrent sur leur chemin des morts ressuscités qui les avertissaient et les menaçaient.

Dans le Temple, les Princes des Prêtres venaient de reprendre le sacrifice, momentanément interrompu par la frayeur qu'avaient répandue les ténèbres, et ils triomphaient du retour de la lumière lorsque tout à coup le sol trembla, le bruit des murs qui s'écroulaient et du voile du Temple qui se déchirait frappa la foule d'une terreur muette, à laquelle succédèrent par endroits des cris lamentables. Mais il y avait tant d'ordre partout, l'immense édifice était si plein, les allées et venues des gens qui sacrifiaient si parfaitement réglées, les cérémonies de l'immolation des agneaux et de l'aspersion de l'autel avec Leur sang se développaient si régulièrement, à travers les longues files des prêtres, au milieu du chant des cantiques et du bruit des trompettes, tout cela occupait tellement les yeux et les oreilles, que la peur ne produisit pas tout d'abord un désordre et une déroute générale. Les sacrifices se continuèrent donc tranquillement dans quelques endroits, tandis qu'ailleurs régnait l'épouvante et qu'ailleurs encore la terreur était calmée par les efforts des prêtres. Mais, à l'apparition des morts qui se montrèrent dans le Temple, tout se dispersa, et le sacrifice fut laissé la comme si le Temple eût été souillé. Toutefois, cela ne se lit encore que successivement ; et pendant qu'une partie des assistants descendait précipitamment les degrés du Temple, d'autres étaient maintenus par les prêtres, ou n'étaient pas encore atteints par la frayeur universelle. Toutefois l'angoisse et l'épouvante se manifestaient partout, à divers degrés, d'une façon qu'on ne saurait décrire. On ne peut se faire une idée du ce qui se passait qu'en se représentant une fourmilière sur laquelle on a jeté des pierres, ou qu'on a remuée avec un bâton. Pendant que la confusion règne sur un point, le travail continue sur un autre et même à l'endroit où ce trouble a commencé, tout se remet promptement en ordre.

Le grand-prêtre Caïphe et les siens, dans leur audace désespérée, conservèrent leur présence d'esprit. Semblables aux chefs habiles d'une ville révoltée, ils conjurèrent le danger en menaçant, en exhortant et en faisant jouer tous les ressorts. Grâce à leur endurcissement diabolique et à la tranquillité apparente qu'ils gardèrent, ils empêchèrent qu'il y eut une perturbation universelle et firent si bien que la masse du peuple ne vit pas dans ces terribles avertissements un témoignage rendu à l'innocence de Jésus. La garnison romaine de la forteresse Antonia fit aussi de grands efforts pour maintenir l'ordre, en sorte que, malgré la terreur et la confusion générales, la célébration de la fête cessa sans qu'il y eût de tumulte populaire ; la foule se dispersa peu à peu et l'explosion qu'on pouvait craindre fut étouffée, tout se borna à l'agitation pleine d'angoisse que chacun remporta chez soi, et que l'habileté des Pharisiens comprima chez le plus grand nombre.

Telle était la situation générale de la ville : voici maintenant les faits particuliers dont je me souviens. Les deux grandes colonnes situées à l'entrée du sanctuaire du Temple, et entre lesquelles était suspendu un magnifique rideau s'écartèrent l'une de l'autre ; le linteau qu'elles supportaient s'affaissa, le rideau se déchira avec bruit dans toute sa longueur, et le sanctuaire fut ouvert à tous les regards. Ce rideau était rouge, bleu, blanc et jaune. Plusieurs cercles astronomiques y étaient représentés ainsi que diverses figures comme colle du serpent d'airain. Près de la cellule où priait habituellement le vieux Siméon, laquelle était à côté du sanctuaire, dans les murs du nord, une grosse pierre tomba et la voûte s'écroula. Dans quelques salles, le sol s'abaissa, les seuils se déplacèrent et des colonnes s'écartèrent.

On vit apparaître dans le sanctuaire le grand-prêtre Zacharie, tué entre le Temple et l'autel, il fit entendre des paroles menaçantes, et parla de la mort de l'autre Zacharie[28], de celle de Jean, et en général du meurtre des prophètes. Il sortit de l'ouverture formée par la chute de la pierre qui était tombée près de l'oratoire du vieux Siméon, et parla aux prêtres qui étaient dans le sanctuaire. Deux fils du pieu grand-prêtre Simon le Juste, aïeul de Siméon, qui avait prophétisé lors de la présentation de Jésus au Temple, se montrèrent près de la grande chaire ; ils parlèrent aussi de la mort des prophètes et du sacrifice qui allait cesser, et exhortèrent tout le monde à embrasser la doctrine du Crucifié. Jérémie parut près de l'autel, et proclama d'une voix menaçante la fin de l'ancien sacrifice et le commencement du nouveau. Ces apparitions ayant eu lieu en des endroits où les prêtres seuls en avaient eu connaissance, furent niées ou tenues secrètes, il fut défendu d'en parler sous une peine sévère. Mais un grand bruit se fit entendre : les portes du sanctuaire s'ouvrirent, et une voix cria : Sortons d'ici. Je vis alors des anges s'éloigner. L'autel des parfums trembla : un encensoir tomba l'armoire qui contenait les écritures se renversa, et tous les rouleaux furent jetés pêle-mêle ; la confusion augmenta on ne savait plus où l'on en était. Nicodème, Joseph d'Arimathie et plusieurs autres quittèrent le Temple. Des morts ressuscités s'y montraient encore ou erraient parmi le peuple qui se retirait du Temple. A la voix des anges qui prononçaient des paroles menaçantes, ils rentrèrent dans leurs tombeaux. La chaire qui était dans le vestibule s'écroula. Cependant plusieurs des trente-deux Pharisiens qui étaient allés en dernier lieu au Calvaire étaient retournés au Temple. S'étant déjà convertis au pied de la croix, ils furent d'autant plus frappés de tous ces signes, firent de vifs reproches à Anne et à Caiphe et se retirèrent du Temple. Anne, le véritable chef des ennemis acharnés de Jésus, qui depuis longtemps avait dirigé toutes les menées secrètes contre lui et ses disciples, et qui avait fait leur leçon à ses dénonciateurs. Anne était presque fou de terreur ; il s'enfuyait d'un coin à l'autre dans les chambres les plus reculées du Temple. Je le vis criant, gémissant et se tordant dans les convulsions : on l'avait transporté dans une chambre secrète, et il était entouré de plusieurs de ses adhérents. Caïphe l'avait serré dans ses bras pour tâcher de relever son courage : mais il n'y avait pas réussi : l'apparition des morts l'avait jeté dans la consternation. Caiphe, quoique frappé de terreur, était tellement possédé du démon de l'orgueil et de l'obstination, qu'il ne laissait rien voir de ce qu'il éprouvait, et qu'il opposait un front d'airain aux signes menaçants de la colère divine. Ne pouvant plus, malgré ses efforts, faire continuer les cérémonies de la fête, il donna l'ordre de cacher tous les prodiges et toutes les apparitions dont la multitude n'avait pas eu connaissance. Il dit lui-même, et fit dire par d'autres prêtres, que ces signes du courroux céleste avaient été occasionnés par les partisans du Galiléen qui étaient venus dans le Temple en état de souillure ; que les ennemis de cette loi sainte que Jésus aussi avait voulu renverser, avaient seuls excité ces terreurs, et qu'il y avait là beaucoup de choses provenant des sortilèges de cet homme, qui, dans sa mort comme pendant sa vie, avait troublé le repos du Temple. Il réussit à tranquilliser les uns et à intimider les autres par des menaces ; cependant, plusieurs furent profondément ébranlés et cachèrent leurs véritables sentiments. La fête fut ajournée jusqu'après la purification du Temple. Beaucoup d'agneaux ne furent pas immolés et le peuple se dispersa peu à peu.

Le tombeau de Zacharie qui était sous le mur du Temple s'écroula sur lui-même, et plusieurs pierres se détachèrent du mur. Zacharie sortit du tombeau, mais il n'y rentra pas ; j'ignore où il déposa de nouveau sa dépouille mortelle. Les fils de Simon le Juste déposèrent de nouveau leur corps dans le caveau qui est au pied de la montagne du Temple, lorsqu'on fit les préparatifs de la sépulture de Jésus.

Pendant que tout ceci se passait dans le Temple, la même épouvante régnait en plusieurs lieux de Jérusalem. Un peu après trois heures, beaucoup de tombes s'écroulèrent, surtout dans les jardins situés au nord-ouest ; j'y vis des morts ensevelis, dans quelques-unes il n'y avait que des lambeaux d'étoffe et des ossements ; il y en avait d'autres d'où sortait une odeur infecte. Les marches du tribunal de Caiphe, où Jésus avait été outragé s'écroulèrent, ainsi qu'une partie du foyer où Pierre avait renié son maitre. On y vit apparaître le grand-prêtre Simon le Juste, aïeul de Siméon, qui avait prophétisé lors de la présentation de Jésus au Temple. Il fit entendre des paroles terribles sur le jugement inique qui avait été rendu en ce lieu. Plusieurs membres du Sanhédrin s'y étaient rassemblés. Les gens qui, la veille, avaient fait entrer Pierre et Jean, se convertirent et s'enfuirent vers les disciples. Près du palais de Pilate, la pierre se fendit et le sol s'affaissa au lieu où Jésus avait été montré au peuple ; tout l'édifice fut ébranlé, et la cour du tribunal voisin s'affaissa au lieu où les innocents, égorgés par Hérode, avaient été enterrés. Dans plusieurs autres endroits de la ville, des murs se fendirent ou s'écroulèrent ; toutefois, aucun édifice ne fut entièrement détruit. Le superstitieux Pilate était frappé de terreur, et incapable de donner aucun ordre. Son palais s'ébranlait, le sol tremblait autour de lui, et il fuyait d'une chambre dans l'autre. Les morts se montraient dans la cour intérieure, et lui reprochaient son jugement inique. Il crut que c'étaient les dieux du prophète Jésus, et se réfugia dans le coin le plus retiré de sa maison, où il offrit de l'encens et fit des veux à ses idoles pour qu'elles empêchassent les dieux du Galiléen de lui nuire. Hérode était dans son palais, tout tremblant, et il y avait fait tout fermer.

Il y eut bien une centaine de morts de toutes les époques qui parurent avec leurs corps à Jérusalem et dans les environs. Ils s'élevaient hors des tombeaux écroulés, se dirigeaient, le plus souvent deux par deux, vers certains endroits de la ville, se présentaient au peuple qui fuyait dans toutes les directions et rendaient témoignage de Jésus en prononçant quelques paroles sévères. La plupart des tombeaux étaient situés isolément dans les vallées en dehors de la ville, mais il y en avait aussi beaucoup dans les quartiers nouvellement adjoints à Jérusalem, surtout dans le quartier des jardins vers le nord-ouest, entre la porte de l'angle et celle du crucifiement : il y avait aussi autour du Temple et au-dessous plusieurs tombeaux cachés ou ignorés. Tous les cadavres qui furent mis au jour lorsque les tombeaux s'ouvrirent, ne ressuscitèrent pas ; il y en eut qui ne devinrent visibles que parce que les sépultures étaient communes. Mais beaucoup dont l'âme fut envoyée des limbes par Jésus se levèrent, découvrirent leurs visages et errèrent dans les rues comme s'ils n'eussent pas touché la terre. Ils entrèrent dans les maisons de leurs descendants et rendirent témoignage pour Jésus avec des paroles sévères contre ceux qui avaient pris part à la mort du Sauveur. Je les voyais aller par les rues, le plus souvent deux à deux : je ne voyais pas le mouvement de leurs pieds sous leurs longs linceuls ; il semblait qu'ils planassent à fleur de terre. Leurs mains étaient enveloppées de larges bandes de toile, ou cachées sous d'amples manches pendantes attachées autour des bras. Les linges qui couvraient le visage étaient relevés sur Leurs têtes. Leurs faces pâles, jaunes et desséchées, se détachaient sur leurs longues barbes ; leur voix avait un son étrange et insolite. Cette voix qu'ils firent entendre et leur passage rapide d'un lieu à l'autre sans s'arrêter et sans prendre garde à ce qui se trouvait sur leur chemin, fut leur unique manifestation ; ils semblaient n'être rien que des voix. Ils étaient ensevelis suivant l'usage qui régnait au moment de leur mort avec quelques différences selon leur condition et leur âge. Aux endroits où la sentence de mort de Jésus avait été proclamée avant qu'on se mit en marche pour le Calvaire, ils s'arrêtèrent un moment et crièrent : Gloire à Jésus et malheur à ses meurtriers ! Le peuple se tenait à une grande distance, écoutait, tremblait et s'enfuyait lorsqu'ils s'avançaient. Sur le forum, devant le palais de Pilate, je les entendis proférer des paroles menaçantes : je me souviens de ces mots : Juge sanguinaire. La terreur était grande dans la ville, et chacun se cachait dans les coins les plus obscurs de sa maison. Les morts rentrèrent dans leurs tombeaux vers quatre heures. Après la résurrection de Jésus, il y eut encore, en divers endroits, plusieurs apparitions. Le sacrifice fut interrompu, la confusion se mit partout et peu de personnes mangèrent le soir l'agneau pascal.

    Je vis aussi, à la même heure, dans d'autres parties de la terre sainte et dans des pays éloignés, des bouleversements et des signes de toute espèce dont je parlerai plus tard.

XLVII. JOSEPH D'ARIMATHIE DEMANDE A PILATE LE CORPS DE JESUS

A peine s'était-il rétabli un peu de tranquillité dans Jérusalem, que Pilate fut assailli de tous les côtés par des rapports sur ce qui venait de se passer, et que le grand conseil des Juifs, conformément à la résolution qu'il avait prise dès le matin, envoya vers lui pour le prier de faire rompre les jambes aux crucifiés et de les faire achever afin qu'ils ne restassent pas en croix le jour du Sabbat. Pilate envoya des archers à cet effet. Je vis aussitôt après Joseph d'Arimathie venir trouver Pilate. Il avait appris la mort de Jésus, et avait formé avec Nicodème le projet de l'ensevelir dans un sépulcre neuf qu'il avait creusé dans son jardin à peu de distance du Calvaire. Il me semble l'avoir déjà vu devant la porte de la ville, où il observait tout ce qui se passait : du moins il y avait déjà dans son jardin des gens à lui qui nettoyaient et achevaient quelques arrangements dans l'intérieur du sépulcre. Nicodème, de son côté, alla en divers endroits acheter des linges et des aromates pour la sépulture ; après quoi il attendit Joseph. Celui-ci trouva Pilate très inquiet et très troublé : il lui demanda nettement et sans hésitation la permission de faire détacher de la croix le corps de Jésus, le roi des Juifs, qu'il voulait enterrer dans son sépulcre. Pilate fut encore plus troublé en voyant un homme aussi considérable demander si instamment la permission de rendre les derniers honneurs à celui qu'il avait fait crucifier si ignominieusement. Sa conviction de l'innocence de Jésus s'en accrut ainsi que ses remords : mais il dissimula et dit : est-il donc déjà mort ? Car il n'y avait que quelques minutes qu'il avait envoyé les archers pour achever les crucifiés en leur rompant les jambes. Il fit appeler le centurion Abénadar, qui était revenu après s'être entretenu avec les disciples cachés dans les cavernes et lui demanda si le roi des Juifs était déjà mort. Abénadar lui raconta la mort du Sauveur, ses dernières paroles et son dernier cri, le tremblement de terre et la secousse qui avait fendu le rocher. Pilate sembla s'étonner seulement de ce que Jésus était mort si tôt, parce qu'ordinairement les crucifiés vivaient plus longtemps ; mais intérieurement il était plein d'angoisse et de terreur, à cause de la coïncidence de ces signes avec la mort de Jésus. Il voulut peut-être faire pardonner à quelques égards sa cruauté en accordant à Joseph d'Arimathie un ordre pour se faire délivrer le corps du Sauveur. Il fut bien aise aussi de se jouer ainsi des Princes des Prêtres, qui auraient vu avec plaisir Jésus enterré sans honneur entre les deux larrons. Il envoya quelqu'un au Calvaire pour faire exécuter ses ordres. Je pense que ce fut Abénadar, car je le vis assister à la descente de croix.

Joseph d'Arimathie, en quittant Pilate, alla trouver Nicodème qui l'attendait chez une femme bien intentionnée, dont la maison était située sur une large rue, près de cette ruelle où Notre Seigneur avait été si cruellement outragé au commencement du chemin de la croix. Cette femme vendait des herbes aromatiques, et Nicodème avait acheté chez elle et fait acheter ailleurs par elle tout ce qui était nécessaire pour embaumer le corps de Jésus. Elle fit de tout cela un paquet qu'on pût porter commodément. Joseph alla de son côté acheter un beau linceul de coton très fin, long de six aunes et plus large encore que long. Leurs serviteurs prirent dans un hangar, près de la maison de Nicodème, des échelles, des marteaux, des chevilles, des outres pleines d'eau, des vases et des éponges, et placèrent les plus petits de ces objets sur une civière semblable à celle où les disciples de Jean-Baptiste placèrent son corps lorsqu'ils l'enlevèrent de la forteresse de Machérunte[29].

XLVIII. OUVERTURE DU CÔTÉ DE JÉSUS.
MORT DES LARRONS

Pendant ce temps, le silence et le deuil régnaient sur le Golgotha. Le peuple, saisi de frayeur, s'était dispersé ; Marie, Jean, Madeleine, Marie, fille de Cléophas, et Salomé, se tenaient debout ou assises en face de la croix, la tête voilée et pleurant. Quelques soldats s'appuyaient au terrassement qui entourait la plate-forme, Cassius, à cheval, allait de côté et d'autre. Les soldats avaient enfoncé leurs lances dans la terre, et, du haut de la roche du Calvaire, s'entretenaient avec d'autres soldats qui se tenaient à quelque distance. Le ciel était sombre et la nature semblait en deuil. Bientôt arrivèrent six archers avec des échelles, des bêches, des cordes et de lourdes barres de fer pour rompre les jambes des crucifiés. Lorsqu'ils s'approchèrent de la croix, les amis de Jésus s'en éloignèrent un peu, et la sainte Vierge éprouva de nouvelles angoisses à la pensée qu'ils allaient encore outrager le corps de son Fils. Car ils appliquèrent leurs échelles sur la croix et secouèrent le corps sacré de Jésus, assurant qu'il faisait semblant d'être mort : mais ils virent bien qu'il était froid et raide, et sur la demande que Jean leur fit, à la prière des saintes femmes, ils le laissèrent un moment, quoique ne paraissant pas bien convaincus qu'il fût mort, et montèrent aux croix des larrons. Deux archers leur rompirent les bras au-dessus et au-dessous des coudes, avec leurs massues tranchantes et un troisième leur brisa aussi les cuisses et les jambes. Gesmas poussait des cris horribles, et us lui assenèrent trois coups sur la poitrine pour l'achever. Dismas, soumis à ce cruel supplice, gémit et mourut. Il fut le premier parmi les mortels qui revit son Rédempteur. On détacha les cordes, on laissa les deux corps tomber à terre, puis on les traina dans l'enfoncement qui se trouvait entre le Calvaire et les murs de la ville, et on les enterra là.

Les archers paraissaient encore douter de la mort de Jésus, et l'horrible manière dont on avait brisé les membres des larrons, avait encore augmenté chez les amis de Jésus la crainte que les bourreaux ne revinssent à son corps ; cette crainte faisait trembler les saintes femmes pour le corps du Sauveur. Mais l'officier inférieur Cassius, appelé plus tard Longin, homme de vingt-cinq ans, très actif et très empressé, dont la vue faible et les yeux louches lorsqu'il se donnait un air affairé et important excitaient souvent les moqueries de ses subordonnés, reçut une inspiration soudaine. La férocité ignoble des archers, les angoisses des saintes femmes, l'ardeur subite qu'excita en lui la grâce divine, lui firent accomplir une prophétie. Il saisit sa lance et dirigea vivement son cheval vers la petite élévation où se trouvait la croix. Je le vis s'arrêter devant la fente du rocher, entre la croix du bon larron et celle de Jésus. Alors, prenant sa lance à deux mains, il l'enfonça avec tant de force dans le côté droit du Sauveur, que la pointe alla traverser le cœur et ressortit un peu sous la mamelle à gauche. Quand il la retira avec force, il sortit de la blessure du côté droit une grande quantité de sang et d'eau, qui arrosa son visage comme un fleuve de salut et de grâce. Il sauta à bas de son cheval, s'agenouilla frappa sa poitrine et confessa hautement Jésus en présence de tous les assistants.

La sainte Vierge et ses amies dont les regards étaient toujours fixés vers Jésus, virent avec angoisse l'action inopinée de cet homme, et, lorsqu'il donna son coup de lance, se précipitèrent vers la croix en poussant un cri. Marie tomba entre les bras des saintes femmes, comme si la lance eût traversé son propre cœur, pendant que Cassius louait Dieu à genoux, car les yeux de son corps comme ceux de son âme étaient guéris et ouverts à la lumière. Mais en même temps tous furent profondément émus à la vue du sang du Sauveur, qui avait coulé, mêlé d'eau, dans un creux du rocher au pied de la croix. Cassius, Marie les saintes femmes et Jean recueillirent le sang et l'eau dans des fioles et essuyèrent la place avec des linges.

Cassius était comme métamorphosé : il avait recouvré toute la plénitude de sa vue ; il était profondément ému et s'humiliait intérieurement. Les soldats, frappés du miracle qui s'était opéré en lui se jetèrent à genoux, frappèrent leur poitrine et confessèrent Jésus. L'eau et le sang coulèrent abondamment du côté du Sauveur et s'arrêtèrent dans un creux du rocher, on les recueillit avec une émotion indicible, et les larmes de Marie et de Madeleine s'y mêlèrent. Les archers, qui, pendant ce temps, avaient reçu de Pilate l'ordre de ne pas toucher au corps de Jésus, ne revinrent plus.

La lance de Cassius se composait de plusieurs morceaux que l'on ajustait les uns aux autres : quand ils n'étaient pas déployés, elle avait l'air d'un fort bâton d'une longueur moyenne. Le fer qui traversa le cœur de Jésus était aplati et avait la forme d'une poire. On fixait une pointe à un bout et au-dessous deux crochets tranchants, quand on voulait se servir de la lance.

Tout ceci se passa près de la croix, un peu après quatre heures, pendant que Joseph d'Arimathie et

Nicodème étaient occupés à se procurer ce qui était nécessaire pour la sépulture du Christ. Mais les serviteurs de Joseph étant venus pour nettoyer le tombeau, annoncèrent aux amis de Jésus que leur maitre, avec la permission de Pilate, allait enlever le corps et le déposer dans son sépulcre neuf.

Note : Elle dit encore : Cassius baptisé sous le nom de Longin, prêcha la foi en qualité de diacre, et il porta toujours de ce sang précieux avec lui. Il s'était desséché et on en trouva dans a son tombeau en Italie, dans une ville peu éloignée de l'endroit où a vécu sainte Claire. Il y a un lac avec une le près de cette ville. Le corps de Longin doit y avoir été porté. La Sœur semble désigner Mantoue par ces paroles. Il existe une tradition analogue. Je ne sais pas quelle sainte Claire a vécu dans le voisinage.

Alors Jean retourna à la ville et se rendit à la montagne de Sion avec les saintes femmes pour que Marie pût réparer un peu ses forces, et aussi afin de prendre quelques objets nécessaires pour la mise au tombeau. La sainte Vierge avait un petit logement dans les bâtiments dépendant du cénacle. Ils ne rentrèrent pas par la porte la plus voisine du Calvaire parce qu'elle était fermée et gardée à l'intérieur par des soldats que les Pharisiens y avaient fait placer, mais par la porte plus méridionale, qui conduit à Bethléem.

XLIX. QUELQUES LOCALITÉS DE L'ANCIENNE JERUSALEM

Souvent Anne Catherine, lorsqu'elle décrivait la situation le certains lieux, entrait dans des détails si minutieux qu'il était presque impossible de les bien saisir ; car, pendant que ; es maladies la retenaient couchée sur son lit, elle se tournait en esprit de côté et d'autre vers les objets qu'elle contemplait, et on était très exposé à confondre les directions à droite et à gauche qu'elle indiquait de la main tout en racontant. Nous plaçons ici quelques-unes de ces descriptions de lieux que nous avons coordonnées d'après les détails donnés par la sœur à différentes reprises et sans variation essentielle. Nous les faisons suivre de celle du sépulcre et du jardin de Joseph d'Arimathie, afin de ne pas trop interrompre le récit de la mise au tombeau de Notre-Seigneur.

La première porte située à l'orient de Jérusalem, au midi de l'angle sud-est du Temple est celle qui conduit dans le faubourg d'Ophel. La porte des Brebis est celle qui, au nord, est la plus rapprochée de l'angle nord-est du Temple. Entre ces deux portes on en a, assez récemment, pratiqué une autre qui conduit à quelques rues situées à l'orient du Temple, et habitées, pour la plupart, par des tailleurs de pierre et d'autres ouvriers. Les maisons dont elles se composent s'appuient aux fondations du Temple, et appartiennent presque toutes à Nicodème, qui les a fait bâtir. Les ouvriers lui payent un loyer, soit en argent, soit en travaillant pour lui : car ils sont en rapport habituel avec lui et son ami Joseph d'Arimathie, lequel possède dans son pays natal de grandes carrières de pierres qu'il exploite. Nicodème a récemment fait faire une belle porte qui conduit à ces rues, et qu'on appelle à présent porte de Moriah venait d'être finie, et Jésus était entré par là le premier dans la ville, le dimanche des Rameaux. Ainsi il entra par la porte neuve de Nicodème, où personne n'avait passé, et fut enterré dans le sépulcre neuf de Joseph d'Arimathie, où personne n'avait encore reposé. Cette porte fut murée postérieurement, et il y avait une tradition portant que les chrétiens devaient uns autre fois entrer par là dans la ville. Maintenant encore, il y a de ce côté uns porte murée que les Turcs appellent la porte d'Or.

Le chemin qui irait directement de la porte des Brebis au couchant, si l'on pouvait passer à travers tous les murs, aboutirait à peu près entre le côté nord-ouest de la montagne de Sion et le Calvaire. De cette porte au Calvaire il y a, en ligne droite, à peu près trois quarts de lieue ; du palais de Pilate au Calvaire, toujours en ligne droite, il y a environ cinq huitièmes de lieue. La forteresse Antonia est située au nord-ouest de la montagne du Temple, sur un rocher qui s'en détache. Quand on va au couchant, en sortant du palais de Pilate par l'arcade de gauche, on a cette forteresse à gauche : il y a sur un de ses murs une plate-forme qui domine le forum. C'est de là que Pilate fait des proclamations au peuple, par exemple quand il promulgue de nouvelles lois. Sur le chemin de la croix, dans l'intérieur de la ville, Jésus avait souvent la montagne du Calvaire à sa droite. Ce chemin, qui, par conséquent, devait être en partie dans la direction du sud-ouest, conduisait à une porte percée dans un mur intérieur de la ville qui court vers Sion, quartier dont la situation est très élevée. Hors de ce mur est au couchant une espèce de faubourg où il y a plus de jardins que de maisons ; il y a aussi vers le mur extérieur de la ville de beaux sépulcres avec des entrées en maçonnerie et taillées avec art dans le roc, souvent ils sont entourés de jolis jardins. De ce côté est une maison appartenant à Lazare, avec de beaux jardins s'étendant vers la porte de l'angle qui est le lieu où le mur extérieur occidental de Jérusalem tourne au midi. Je crois qu'à côté de la grande porte de la ville, une petite porte particulière, percée dans le mur d'enceinte et où Jésus et les siens passaient souvent avec l'autorisation de Lazare, conduit dans ces jardins. La porte située à l'angle nord-ouest de la ville conduit à Bethsur, qui est plus au nord qu'Emmaus et Joppé. Au nord de ce mur extérieur de la ville, il y a plusieurs tombeaux de rois. Cette partie occidentale de Jérusalem est la moins habitée et la moins élevée ; elle descend un peu vers le mur d'enceinte et se relève avant d'y arriver : sur cette pente sont des jardins et des vignes derrière lesquels circule en dedans des murs, une large chaussée, où des chariots peuvent passer en certains endroits et d'où partent des sentiers pour monter aux murs et aux tours ; ces dernières n'ont, comme les nôtres des escaliers intérieurs. De l'autre côté, à l'extérieur de la ville, le terrain est en pente vers la vallée, de sorte que les murailles qui entourent cette partie basse de la ville semblent bâties sur un terrassement élevé. Sur la pente extérieure on trouve encore des jardins et des vignes. Le chemin où Jésus porta sa croix ne passait pas par cette partie de la ville où il y a tant de jardins : lorsqu'il approcha du terme, il l'avait à sa droite, du côté du nord. C'était de là que venait Simon le Cyrénéen. La porte par laquelle sortit Jésus ne regarde pas tout à fait le couchant, mais sa direction est au sud-ouest. Le mur de la ville à gauche en sortant de la porte court un peu au sud, revient à l'ouest et se dirige de nouveau au sud pour entourer la montagne de Sion. De ce côté, à gauche en sortant, se trouve dans la direction de Sion, une grosse tour semblable à une forteresse. La porte par où Jésus sortit est voisine d'une autre porte plus au midi ; ce sont, je crois, les deux portes de la ville les plus rapprochées l'une de l'autre. Cette seconde porte conduit au couchant dans la vallée, et le chemin tourne ensuite à gauche vers le midi dans la direction de Bethléem. Peu après la porte où aboutit le chemin de la croix, la route tourne à droite et se dirige au nord vers la montagne du Calvaire, qui est très escarpée au levant, du côté de la ville, et en pente douce vers le couchant. De ce côté, où l'on voit la route d'Emmaus, est-une prairie voisine du chemin, dans laquelle je vis Luc cueillir diverses plantes lorsque Cléophas et lui allèrent à Emmaus après la résurrection et rencontrèrent Jésus. Jésus sur la croix avait la face tournée vers le nord-ouest. En tournant la tête à droite, il pouvait voir quelque chose de la forteresse Antonia. Près des murs, au levant et au nord du Calvaire, il y a aussi des jardins, des tombeaux et des vignobles. La croix fut enterrée au nord-est au pied du Calvaire. Au-delà de l'endroit où la croix fut retrouvée, il y a encore, au nord-est, de beaux vignobles plantés en terrasse. Lorsque, du lieu où était érigée la croix, on regarde vers le midi, en voit la maison de Caïphe au-dessous du château de David.

Le jardin de Joseph d'Arimathie est situé près de la porte de Bethléhem, à sept minutes environ du Calvaire ; c'est un beau jardin avec de grands arbres, des bancs, des massifs qui donnent de l'ombre : il va en montant jusqu'aux murs de la ville. Quand dans la vallée on vient de la farde septentrionale et qu'on entre dans le jardin, le terrain monte à gauche vers le mur de la ville ; puis on voit, à sa droite, au bout du jardin, un rocher séparé où est le tombeau. Apres être entré dans le jardin, on tourne à droite pour arriver à la grotte sépulcrale qui s'ouvre vers le levant, du côté où le terrain monte vers le mur de la ville. Au sud-ouest et au nord-ouest du même rocher sont deux sépulcres plus petits, également neufs, avec des entrées surbaissées. A l'ouest de ce rocher passe un sentier qui eut fait le tour. Le terrain devant l'entrée du sépulcre est plus élevé que cette entrée, et il y a des marches pour y descendre.

Note : Nous devons dire ici que, pendant les quatre années dans le cours desquelles la sœur Emmerich eut ses visions, elle raconta ce qui advint des saints lieux de Jérusalem depuis les premiers temps jusqu'à nos jours. Elle les vit plus d'une fois dévastés et profanes, mais toujours l'objet d'un culte public ou secret. Elle vit beaucoup de pierres et de fragments de rochers, témoins de la Passion et de ; à Résurrection de Notre Seigneur, rassemblés par sainte Hélène dans l'église du Saint Sépulcre, à l'époque de la construction de cet édifice. Lorsqu'elle s'y transportait en esprit, elle y révérait le lieu de la croix, le saint tombeau, et plusieurs parties de la grotte sépulcrale de Notre-Seigneur au-dessus desquelles on a bâti des chapelles. Toutefois, elle semblait voir quelquefois un peu plus de distance entre la place réelle de ce tombeau et celle où la croix était plantée qu'il n'y en a entre les chapelles qui les désignent dans l'église de Jérusalem.

On se trouve alors comme dans un petit fossé devant la paroi orientale du rocher. Cet abord extérieur est fermé par une barrière en clayonnage. Le caveau est assez spacieux pour que quatre hommes à droite et quatre hommes à gauche puissent se tenir adossés aux parois, sans gêner les mouvements de ceux qui déposent le corps. Vis-à-vis l'entrée se trouve une espèce de niche formée par la paroi du rocher qui s'arrondit en voûte au-dessus de la couche sépulcrale, laquelle est élevée d'environ deux pieds au-dessus du sol avec une excavation destinée à recevoir un corps enveloppé dans ses linceuls. Le tombeau ne tient au rocher que par un côté, comme un autel : deux personnes peuvent se tenir à la tête et aux pieds, et il y a encore place pour une personne en avant, quand même la porte de la niche où est le tombeau serait fermée. Cette porte est en métal, peut-être en cuivre ; elle s'ouvre à deux battants qui ont leur point d'attache aux parois latérales ; elle n'est pas tout à fait perpendiculaire, mais un peu inclinée en avant de la niche, et elle descend assez près du sol pour qu'une pierre mise devant puisse l'empêcher de s'ouvrir. La pierre destinée à cet usage est encore devant l'entrée du caveau : aussitôt après la mise au tombeau du Sauveur, on la placera devant la porte. Cette pierre est fort grosse et un peu arrondie du côté de la porte de la niche, parce que la paroi de rocher où celle-ci s'ouvre n'est point coupée à angle droit. Pour rouvrir les deux battants, il n'est pas nécessaire de rouler la pierre hors du caveau, ce qui serait très difficile, à cause du peu d'espace ; mais on fait passer une chaine, qui descend de la voûte, dans quelques anneaux fixés à la pierre ; on la soulève par ce moyen, quoique toujours à force de bras, et on la met de côté contre la paroi du caveau. Vis-à-vis l'entrée de la grotte, est un banc de pierre ; on peut monter de là sur le rocher qui est couvert de gazon et d'où l'on voit par-dessus les murs de la ville les points les plus élevés de Sion et quelques tours. On voit aussi de là la porte de Bethléem et la fontaine de Gihon. Le rocher à l'intérieur est blanc avec des veines rouges et bleues. Tout le travail de la grotte est fait avec beaucoup de soin.

L. DESCENTE DE CROIX

Pendant que la croix était délaissée, entourés seulement de quelques gardes, je vis cinq personnes qui étaient venues de Béthanie par la vallée, s'approcher du Calvaire, lever les yeux vers la croix et s'éloigner à pas furtifs : Je pense que c'étaient des disciples. Je rencontrai trois fois, dans les environs, deux hommes examinant et délibérant ; c'étaient Joseph d'Arimathie et Nicodème. Une fois, c'était dans le voisinage et pendant le crucifiement (peut-être quand ils firent racheter des soldats les habits de Jésus) ; une autre fois, ils étaient là, regardant si le peuple s'écoulait, et ils allèrent au tombeau pour préparer quelque chose : puis ils revinrent du tombeau à la croix, regardant de tous côtés comme s'ils attendaient une occasion favorable. Ils firent ensuite leur plan pour descendre de la croix le corps du Sauveur, et ils s'en retournèrent à la ville.

Ils s'occupèrent là de transporter les objets nécessaires pour embaumer le corps ; leurs valets prirent avec eux quelques outils pour le détacher de la croix, et en outre deux échelles qu'ils trouvèrent dans une grange attenante à la maison de Nicodème. Chacune de ces échelles consistait simplement en une perche traversée de distance en distance par des morceaux de bois formant des échelons. Il y avait des crochets que l'on pouvait suspendre plus haut ou plus bas et qui servaient à fixer la position des échelles, et peut-être aussi à suspendre ce dont on pouvait avoir besoin pendant le travail.

La pieuse femme chez laquelle ils avaient acheté leurs aromates avait empaqueté proprement le tout ensemble. Nicodème en avait acheté cent livres équivalant à trente-sept livres de notre poids, comme cela m'a été clairement expliqué plusieurs fois. Ils portaient une partie de ces aromates dans de petits barils d'écorce, suspendus au cou et tombant sur la poitrine. Dans un de ces barils était une poudre. Ils avaient quelques paquets d'herbes dans des sacs en parchemin ou en cuir. Joseph portait aussi une boite d'onguent, de je ne sais quelle substance, elle était rouge et entourée d'un cercle bleu ; enfin les valets devaient transporter sur un brancard des vases, des outres, des éponges, des outils. Ils prirent avec eux du feu dans une lanterne fermée. Les serviteurs sortiront de la ville avant leur maitre, et par une autre porte, peut-être celle de Béthanie : puis ils se dirigèrent vers le Calvaire. En traversant la ville, ils passèrent devant la maison où la sainte Vierge et les autres femmes étaient revenues avec Jean afin d'y prendre différentes choses pour embaumer le corps de Jésus et d'où elles sortirent pour suivre les serviteurs à quelque distance. Il y avait environ cinq femmes, dont quelques-unes portaient, sous leurs manteaux de gros paquets de toile. C'était la coutume parmi les femmes juives, quand elles sortaient le soir, ou pour vaquer en secret à quelque pieu devoir, de s'envelopper soigneusement dans un long drap d'une bonne aune de largeur. Elles commençaient par un bras et s'entortillaient le reste du corps si étroitement qu'à peine si elles pouvaient marcher. Je les ai vues ainsi enveloppées : ce drap revenait d'un bras à l'autre, et de plus il voilait la tête : aujourd'hui il avait pour moi quelque chose de frappant ; c'était un vêtement de deuil, Joseph et Nicodème avaient aussi des habits de deuil, des manches noires et une large ceinture. Leurs manteaux, qu'ils avaient tirés sur leurs têtes, étaient larges longs et d'un gris commun : ils leur servaient à cacher tout ce qu'ils emportaient avec eux. Ils se dirigèrent ainsi vers la porte qui conduisait au Calvaire.

Les rues étaient désertes et tranquilles : la terreur générale tenait chacun renfermé dans sa maison ; la plupart commençaient à se repentir, un petit nombre seulement observait les règles de la fête. Quand Joseph et Nicodème furent à la porte, ils la trouvèrent fermée, et tout autour le chemin et les rues garnis de soldats. C'étaient les mêmes que les Pharisiens avaient demandés vers deux heures, lorsqu'ils avaient craint une émeute, et qu'on n'avait pas encore relevés.

Joseph exhiba un ordre signé de Pilate de le laisser passer librement : les soldats ne demandaient pas mieux, mais ils expliquèrent qu'ils avaient déjà essayé plusieurs fois d'ouvrir la porte sans pouvoir en venir à bout ; que vraisemblablement pendant le tremblement de terre, la porte avait reçu une secousse et s'était forcée quelque part, et qu'à cause de cela, les archers chargés de briser les jambes des crucifiés avaient été obligés de rentrer par une autre porte. Mais quand Joseph et Nicodème saisirent le verrou, la porte s'ouvrit comme d'elle-même, au grand étonnement de tous ceux qui étaient là.

Le temps était encore sombre et nébuleux quand ils arrivèrent au Calvaire : ils y trouvèrent les serviteurs qu'ils avaient envoyés devant eux, et les saintes femmes, qui pleuraient, assises vis-à-vis la croix. Cassius et plusieurs soldats, qui s'étaient convertis, se tenaient à une certaine distance, timides et respectueux. Joseph et Nicodème racontèrent à la sainte Vierge et à Jean tout ce qu'ils avaient fait pour sauver Jésus d'une mort ignominieuse, et ils apprirent d'eux comment ils étaient parvenus non sans peine, à empêcher que les os du Seigneur ne fussent rompus, et comment la prophétie s'était ainsi accomplie. Ils parlèrent aussi du coup de lance de Cassius. Aussitôt que le centurion Abénadar fut arrivé, ils commencèrent, dans la tristesse et le recueillement l'œuvre pieuse de la descente de croix et de l'embaumement du corps sacré du Sauveur.

La sainte Vierge et Madeleine étaient assises au pied de la croix, à droite, entre la croix de Dismas et celle de Jésus : les autres femmes étaient occupées à préparer le linge, les aromates, eau, les éponges et les vases. Cassius s'approcha aussi et raconta à Abénadar le miracle de la guérison de ses yeux. Tous étaient émus, pleins de douleur et d'amour, mais en même temps silencieux et d'une gravité solennelle. Seulement, autant que la promptitude, et l'attention qu'exigeaient ces soins pieux pouvaient le permettre, on entendait çà et là des plaintes étouffées, de sourds gémissements. Madeleine surtout s'abandonnait tout entière à sa douleur, et rien ne pouvait l'en distraire, ni la présence des assistants, ni aucune autre considération.

Nicodème et Joseph placèrent les échelles derrière la croix, et montèrent avec un grand drap auquel étaient attachées trois longues courroies. Ils lièrent le corps de Jésus au-dessous des bras et des genoux, à l'arbre de la croix, et ils attachèrent ses bras aux branches transversales avec des linges placés au-dessous des mains. Alors ils détachèrent les clous, en les chassant par derrière avec des goupilles appuyées sur les pointes. Les mains de Jésus ne furent pas trop ébranlées par les secousses, et les clous tombèrent facilement des plaies, car celles-ci s'étaient agrandies par le poids du corps, et le corps, maintenant suspendu au moyen des draps, cessait de peser sur les clous. La partie inférieure du corps, qui, à la mort du Sauveur, s'était affaissée sur les genoux, reposait alors dans sa situation naturelle, soutenue par un drap qui était attache, par en haut, aux bras de la croix. Tandis que Joseph enlevait le clou gauche et laissait le bras gauche entouré de son lien tomber doucement sur le corps, Nicodème lia le bras droit de Jésus à celui de la croix, et aussi sa tête couronnée d'épines, qui s'était affaissée sur l'épaule droite : alors il enleva le clou droit, et, après avoir entouré de son lien le bras détaché, il le laissa tomber doucement sur le corps. En même temps le centurion Abénadar détachait avec effort le grand clou qui traversait les pieds. Cassius recueillit religieusement les clous et les déposa aux pieds de la sainte Vierge.

Alors Joseph et Nicodème placèrent des échelles sur le devant de la croix, presque droites et très près du corps : ils délièrent la courroie d'en haut, et la suspendirent à l'un des crochets qui étaient aux échelles : ils firent de même avec les deux courroies, et, les faisant passer de crochet en crochet, descendirent doucement le saint corps Jusque vis-à-vis le centurion, qui, monté sur un escabeau, le reçut dans ses bras, au-dessous des genoux, et le descendit avec lui, tandis que Joseph et Nicodème, soutenant le haut du corps, descendaient doucement l'échelle, s'arrêtant à chaque échelon, et prenant toute sorte de précautions, comme quand on porte le corps d'un ami chéri, grièvement blesse. C'est ainsi que le corps meurtri du Sauveur arriva jusqu'à terre.

C'était un spectacle singulièrement touchant : ils prenaient les mêmes ménagements, les mêmes précautions, que s'ils avaient craint de causer quelque douleur à Jésus. Ils reportaient sur ce corps tout l'amour, toute la vénération qu'ils avaient eu pour le saint des saints durant sa vie. Tous les assistants avaient les yeux fixés sur le corps du Seigneur et en suivaient tous les mouvements ; à chaque instant ils levaient les bras au ciel, versaient des larmes, et montraient par leurs gestes leur douleur et leur sollicitude. Cependant tous restaient dans le plus grand calme, et ceux qui travaillaient, saisis d'un respect involontaire, comme des gens qui prennent part à une sainte cérémonie, ne rompaient le silence que rarement et à demi voix pour s'avertir et s'entraider. Pendant que les coups de marteau retentissaient, Marie, Madeleine et tous ceux qui avaient été présents au crucifiement, se sentaient le cœur déchiré. Le bruit de ces coups leur rappelait les souffrances de Jésus : ils tremblaient d'entendre encore le cri pénétrant de sa douleur, et, en même temps, ils s'affligeaient du silence de sa bouche divine, preuve trop certaine de sa mort. Quand le corps fut descendu, on l'enveloppa, depuis les genoux jusqu'aux hanches, et on le déposa dans les bras de sa mère, qu'elle tendait vers lut pleine de douleur et d'amour.

LI-LE CORPS DE JÉSUS EST EMBAUMÉ

La sainte Vierge s'assit sur une couverture étendue par terre : son genou droit, un peu relevé, et son des étaient appuyés contre des manteaux roulés ensemble. On avait tout disposé pour rendre plus facile à cette mère épuisée de douleur les tristes devoirs qu'elle allait rendre au corps de son fils. La tête sacrée de Jésus était appuyée sur le genou de Marie : son corps était étendu sur un drap. La sainte Vierge était pénétrée de douleur et d'amour : elle tenait une dernière fois dans ses bras le corps de ce fils bien-aimé, auquel elle n'avait pu donner aucun témoignage d'amour pendant son long martyre : elle voyait l'horrible manière dont on avait défiguré ce très saint corps ; elle contemplait de près ses blessure, elle couvrait de baisers ses joues sanglantes, pendant que Madeleine reposait son visage sur les pieds de Jésus.

Les hommes se retirèrent dans un petit enfoncement situé au sud-ouest du Calvaire, pour y préparer les objets nécessaires à l'embaumement. Cassius, avec quelques soldats qui s'étaient convertis au Seigneur, se tenait à une distance respectueuse. Tous les gens malintentionnés étaient retournes à la ville, et les soldats présents formaient seulement urne Barde de sûreté pour empêcher qu'on ne vint troubler les derniers honneurs rendus à Jésus. Quelques-uns même prêtaient humblement et respectueusement leur assistance lorsqu'on la leur demandait. Les saintes femmes donnaient les vases, les éponges, les linges, les onguents et les aromates, là où il était nécessaire : et, le reste du temps, se tenaient attentives à quelque distance. Parmi elles se trouvaient Marie de Cléophas, Salomé et Véronique. Madeleine était toujours occupée près du corps de Jésus : Quant à Marie d'Héli, sœur ainée de la sainte Vierge, femme d'un âge avancé, elle était assise sur le rebord de la plate-forme circulaire et regardait. Jean aidait continuellement la sainte Vierge, il servait de messager entre les hommes et les femmes, et prêtait assistance aux uns et aux autres. On avait pourvu à tout. Les femmes avaient près d'elles des outres de cuir et un vase plein d'eau, placé sur un feu de charbon. Elles présentaient à Marie et à Madeleine, selon que celles-ci en avaient besoin, des vases pleins d'eau pure et des éponges, qu'elles exprimaient ensuite dans les outres de cuir. Je crois du moins que les objets ronds que je les vis ainsi presser dans leurs mains étaient des éponges.

La sainte Vierge conservait un courage admirable dans son inexprimable douleur[30]. Elle ne pouvait pas laisser le corps son fils dans l'horrible état où l'avait mis son supplice, et c'est pourquoi elle commença avec une activité infatigable à le laver et à effacer la trace des outrages qu'il avait soufferts. Elle retira avec les plus grandes précautions la couronne d'épines, en l'ouvrant par derrière et en coupant une à une les épines enfoncées dans la tête de Jésus, afin de ne pas élargir les plaies par le mouvement. On posa la couronne près des clous ; alors Marie retira les épines restées dans les blessures avec une espèce de tenailles arrondies de couleur jaune[31], et les montra à ses amis avec tristesse. On plaça ces épines avec la couronne : toutefois quelques-unes peuvent avoir été conservées à part. On pouvait à peine reconnaître je visage du Seigneur tant il était défiguré par les plaies et le sang dont il était couvert. La barbe et les cheveux étaient collés ensemble. Marie lava la tête et je visage, et passa des éponges mouillées sur la chevelure pour enlever le sang desséché. A mesure qu'elle lavait, les horribles cruautés exercées sur Jésus se montraient plus distinctement, et il en naissait une compassion et une tendresse qui croissaient d'une blessure à l'autre. Elle lava les plaies de la tête, le sang qui remplissait les yeux, les narines et les oreilles avec une éponge et un petit linge étendu sur les doigts de sa main droite ; elle nettoya, de la même manière, sa bouche entrouverte, sa langue, ses dents et ses lèvres. Elle partagea ce qui restait de la chevelure du Sauveur en trois parties[32], une partie sur chaque temps, et l'autre sur le derrière de la tête, et lorsqu'elle eut démêlé les cheveux de devant, et qu'elle leur eut rendu leur poli, elle les fit passer derrière les oreilles.

Quand la tête fut nettoyée, la sainte Vierge la voila, après avoir baisé les joues de son fils. Elle s'occupa ensuite du cou, des épaules, de la poitrine, du dos, des bras et des mains déchirées. Ce fut alors seulement qu'on put voir dans toute leur horreur les ravages opérés par tant d'affreux supplices. Tous les os de la poitrine, toutes les jointures des membres étaient disloqués et ne pouvaient plus se plier. L'épaule sur laquelle avait porté le poids de la croix avait été entamée par une affreuse blessure ; toute la partie supérieure du corps était couverte de meurtrissures et labourées par les coups de fouet. Près de la mamelle gauche était une petite plaie par où était ressortie la pointe de la lance de Cassius, et dans le côté droit s'ouvrait la large blessure où était entrée cette lance qui avait traversé le cœur de part en part.

Marie lava et nettoya toutes ces plaies, et Madeleine, à genoux, l'aidait de temps en temps, mais sans quitter les pieds de Jésus qu'elle baignait, pour la dernière fois, de larmes abondantes et qu'elle essuyait avec sa chevelure.

La tête, la poitrine et les pieds du Sauveur étaient lavés : le saint corps, d'un blanc bleuâtre, comme de la chair où il n'y a plus de sang, parsemé de taches brunes et de places rouges aux endroits où la peau avait été enlevée, reposait sur les genoux de Marie, qui couvrit d'un voile les parties lavées, et s'occupa d'embaumer toutes les blessures en commençant de nouveau par la tête. Les saintes femmes s'agenouillant vis-à-vis d'elle, lui présentaient tour à tour une boite où elle prenait entre le pouce et l'index de je ne sais quel baume ou onguent précieux dont elles remplissaient et enduisait les blessures. Elle oignit aussi la chevelure : elle prit dans sa main gauche les mains de Jésus, les baisa avec respect, puis remplit de cet onguent ou de ces aromates les larges trous faits par les clous. Elle en remplit aussi les oreilles, les narines et la plaie du côté. Madeleine essuyait et embaumait les pieds du Seigneur : puis elle les arrosait encore de ses larmes et y appuyait souvent son visage.

On ne jetait pas l'eau dont on s'était servi, mais on la versait dans les outres de cuir où l'on exprimait les éponges. Je vis plusieurs fois Cassius ou d'autres soldats aller puiser de nouvelle eau à la fontaine de Gihon, qui était assez rapprochée pour qu'on pût la voir du jardin où était le tombeau. Lorsque la sainte Vierge eut enduit d'onguent toutes les blessures, elle enveloppa la tête dans des linges, mais elle ne couvrit pas encore je visage. Elle ferma les yeux entrouverts de Jésus, et y laissa reposer quelque temps sa main. Elle ferma aussi la bouche, puis embrassa le saint corps de son fils, et laissa tomber son visage sur celui de Jésus. Madeleine, par respect, ne toucha pas de son visage la face de Jésus : elle se contenta de le faire reposer sur les pieds du Sauveur. Joseph et Nicodème attendaient depuis quelque temps, lorsque Jean s'approcha de la sainte Vierge, pour la prier de se séparer du corps de son fils, afin qu'on pût achever de l'embaumer, parce que le sabbat était proche. Marie embrassa encore une fois le corps et lui dit adieu dans les termes les plus touchants. Alors les hommes l'enlevèrent du sein de sa mère sur le drap où il était placé, et le portèrent à quelque distance. Marie, rendue à sa douleur que ses soins pieux avaient un instant soulagée, tomba, la tête voilée, dans les bras des saintes femmes. Madeleine comme si on eût voulu lui dérober son bien-aimé, se précipita quelques pas en avant, les bras étendus, puis revint vers la sainte Vierge. On porte le corps en un lieu plus bas que la cime du Golgotha ; il s'y trouvait dans un enfoncement une belle pierre unie. Les hommes avaient disposé cet endroit pour y embaumer le corps. Je vis d'abord un linge à mailles d'un travail assez semblable à celui de la dentelle, et qui me rappela le grand rideau brodé qu'on suspend entre le chœur et la nef pendant le carême[33]. Lorsque dans mon enfance, je voyais suspendre ce rideau, je croyais toujours que c'était le drap que j'avais vu servir à l'ensevelissement du Sauveur. Il était probablement ainsi travaille à jour afin de laisser couler l'eau. Je vis encore un autre grand drap déployé. On plaça le corps du Sauveur sur la pièce d'étoffe à jour, et quelques-uns des hommes tinrent l'autre drap étendu au-dessus de lui. Nicodème et Joseph s'agenouillèrent, et sous cette couverture, enlevèrent le linge dont ils avaient entouré les reins du Sauveur lors de la descente de croix ; après quoi ils ôtèrent la ceinture que Jonadab, neveu de saint Joseph, avait apportée à Jésus avant le crucifiement. Ils passèrent ensuite des éponges sous ce drap, et lavèrent la partie inférieure du corps ainsi cachée à leurs regards : après quoi ils le soulevèrent à l'aide des linges placés en travers sous les reins et sous les genoux, et le lavèrent par derrière sans le retourner et en ne laissant toujours couvert du même drap. Ils le lavèrent ainsi jusqu'au moment où les éponges pressées ne rendirent plus qu'une eau claire et limpide.

Ensuite, ils versèrent de l'eau de myrrhe sur tout le corps, et, le maniant avec respect, lui firent reprendre toute sa longueur, car il était resté dans la position où il était mort sur la croix, les reins et les genoux courbés. Ils placèrent ensuite sous ses hanches un drap d'une aune de large sur trois aunes de long, remplirent son giron de paquets d'herbes telles que j'en vois souvent sur les tables célestes, posées sur de petits plats d'or aux rebords bleus[34], et ils répandirent sur le tout une poudre que Nicodème avait apportée. Alors ils enveloppèrent la partie inférieure du corps et attachèrent fortement autour le drap qu'ils avaient placé au-dessus. Cela fait, ils oignirent les blessures des hanches, les couvrirent d'aromates, placèrent des paquets d'encens entre les jambes dans toute leur longueur, et les enveloppèrent de bas en haut dans ces aromates.

Alors Jean ramena près du corps la sainte Vierge et les autres saintes femmes. Marie s'agenouilla près de la tête de Jésus, posa au-dessous un linge très fin qu'elle avait reçu de la femme de Pilate, et quelle portait autour de son cou, sous son manteau ; puis, aidée des saintes femmes, elle plaça, des épaules aux joues, des paquets d'herbes, des aromates et de la poudre odoriférante ; puis elle attacha fortement ce linge autour de la tête et des épaules. Madeleine versa en outre un flacon de baume dans la plaie du côté, et les saintes femmes placèrent encore des herbes dans les mains et autour des pieds.

Alors les hommes remplirent encore d'aromates les aisselles et le creux de l'estomac : ils entourèrent tout le reste du corps, croisèrent sur son sein ses bras raidis, et serrèrent le grand drap blanc autour du corps jusqu'à la poitrine, de même qu'on emmaillote un enfant. Puis, ayant assujetti sous l'aisselle l'extrémité d'une large bandelette, ils la roulèrent autour de la tête et autour de tout le corps qui prit ainsi l'aspect d'une poupée emmaillotée. Enfin, ils placèrent le Sauveur sur le grand drap de six aunes qu'avait acheté Joseph d'Arimathie, et l'y enveloppèrent : il y était couché en diagonale ; un coin du drap était relevé des pieds à la poitrine l'autre revenait sur la tête et las épaules ; les deux autres étaient repliés autour du corps.

Comme tous entouraient le corps de Jésus et s'agenouillaient autour de lui pour lui faire leurs adieux, un touchant miracle s'opéra à leurs yeux ; le corps sacré de Jésus, avec toutes ses blessures, apparut, représenté par une empreinte de couleur rouge et brune, sur le drap qui le couvrait, comme s'il avait voulu récompenser leurs soins et leur amour, et leur laisser son portrait à travers tous les voiles dont il était enveloppé. Ils embrassèrent le corps en pleurant et baisèrent avec respect sa merveilleuse empreinte. Leur étonnement fut si grand qu'ils ouvrirent le drap, et il s'accrut encore lorsqu'ils virent toutes les bandelettes qui liaient le corps blanches comme auparavant, et le drap supérieur ayant seul reçu cette miraculeuse image. Le côté du drap sur lequel le corps était couché avait reçu l'empreinte de la partie postérieure, le côté qui le recouvrait celle de la partie antérieure ; mais pour avoir cette dernière dans son ensemble, il fallait réunir deux coins du drap qui avaient été ramenés par-dessus le corps. Ce n'était pas l'empreinte de blessures saignantes, puisque tout le corps était enveloppé et couvert d'aromates ; c'était un portrait surnaturel, un témoignage de la divinité créatrice résidant toujours dans le corps de Jésus. J'ai vu beaucoup de choses relatives à l'histoire postérieure de ce linge, mais je ne saurais pas les mettre en ordre. Après la résurrection il resta avec les autres linges au pouvoir des amis de Jésus. Une fois je vis qu'on l'arrachait à quelqu'un qui le portait sous le bras ; il tomba deux fois aussi entre les mains des Juifs et fut honoré plus tard en divers lieux. Il y eut une fois une contestation à son sujet : pour y mettre fin, on le jeta dans le feu ; mais il s'envola miraculeusement hors des flammes, et alla tomber dans les mains d'un chrétien. Grâce à la prière de quelques saints personnages, on a obtenu trois empreintes tant de la partie postérieure que de la partie antérieure par la simple application d'autres linges. Ces répétitions, avant reçu de ce contact une consécration que l'Eglise entendait leur donner par là, ont opéré de grands miracles. J'ai vu l'original, un peu endommagé et déchiré en quelques endroits, honoré en Asie chez des chrétiens non catholiques. J'ai oublié le nom de la ville, qui est située dans un pays voisin de la patrie des trois rois. J'ai vu aussi, dans ces visions, des choses concernant Turin, la France, le pape Clément 1er l'empereur Tibère, qui mourut cinq ans après la mort du Sauveur : mais j'ai oublié tout cela.

LII. LA MISE AU TOMBEAU

Les hommes placèrent le corps sur une civière de cuir qu'ils recouvrirent d'une couverture brune et à laquelle ils adaptèrent deux longs bâtons. Cela me rappela l'arche d'alliance. Nicodème et Joseph portaient sur leurs épaules les brancards antérieurs ; Abénadar et Jean, ceux de derrière. Ensuite venaient la sainte Vierge, Marie d'Héli, sa sœur ainée, Madeleine et Marie de Cléophas, puis les femmes qui s'étaient tenues assises à quelque distance, Véronique, Jeanne Chusa, Marie mère de Marc, Salomé, femme de Zébédée Marie Salomé, Salomé de Jérusalem, Suzanne et Anne, nièces de saint Joseph. Cassius et les soldats fermaient la marche. Les autres femmes, telles que Maroni de Naïm. Dina la Samaritaine et Mara la Suphanite étaient à Béthanie, auprès de Marthe et de Lazare. Deux soldats, avec des flambeaux, marchaient en avant ; car il fallait éclairer l'intérieur de la grotte du sépulcre. Ils marchèrent ainsi près de sept minutes, se dirigeant à travers la vallée vers le jardin de Joseph d'Arimathie et chantant des psaumes sur un air doux et mélancolique. Je vis sur une hauteur, de l'autre côté, Jacques le Majeur, frère de Jean, qui les regardait passer, et qui retourna annoncer ce qu'il avait vu aux autres disciples cachés dans les cavernes.

Le jardin est de forme irrégulière. Le rocher où le sépulcre est taillé est couvert de gazon et entouré d'une haie vive ; il y a encore devant l'entrée une barrière de perches transversales attachées à des pieux au moyen de chevilles de fer. Quelques palmiers s'élèvent devant l'entrée du jardin et devant celle du tombeau, qui est située dans l'angle à droite. La plupart des autres plantations consistent en buissons, en fleurs et en arbustes aromatiques. Le cortège s'arrêta à l'entrée du jardin ; on l'ouvrit en enlevant quelques pieux qui servirent ensuite de leviers pour rouler dans le caveau la pierre destinée à fermer le tombeau. Quand on fut devant le rocher, on ouvrit la civière, et on enleva le saint corps sur une longue planche, sous laquelle un drap était étendu transversalement. Nicodème et Joseph portaient les deux bouts de la planche, Jean et Abénadar ceux du drap. La grotte, qui était nouvellement creusée, avait été récemment nettoyée par les serviteurs de Nicodème qui y avaient brûlé des parfums ; l'intérieur en était propre et élégant ; il y avait même un ornement sculpte au haut des parois. La couche destinée à recevoir le corps était un peu plus large du côté de la tête que du côté opposé ; on y avait tracé en creux la forme d'un cadavre enveloppé de ses linceuls en laissant une petite élévation à la tête et aux pieds. Les saintes femmes s'assirent vis-à-vis l'entrée du caveau. Les quatre hommes y portèrent le corps du Seigneur, remplirent encore d'aromates une partie de la couche creusée pour le recevoir, et y étendirent un drap qui dépassait des deux côtés la couche sépulcrale, et sur lequel ils placèrent le corps. Ils lui témoignèrent encore leur amour par leurs larmes et leurs embrassements et sortirent du caveau. Alors la sainte Vierge y entra ; elle s'assit du côté de la tête, et se pencha en pleurant sur le corps de son fils. Quand elle quitta la grotte, Madeleine s'y précipita ; elle avait cueilli dans le jardin des fleurs et des branches qu'elle jeta sur Jésus ; elle joignit les mains et embrassa en sanglotant les pieds de Jésus ; mais les hommes l'ayant avertie qu'ils voulaient fermer le tombeau, elle revint auprès des femmes. Ils relevèrent au-dessus du saint corps les bords du drap où il reposait, placèrent sur le tout la couverture de couleur brune, et fermèrent les battants de la porte, qui était d'un métal brunâtre, vraisemblablement en cuivre ou en bronze ; il y avait devant deux bâtons, l'un vertical, l'autre horizontal ce qui faisait l'effet d'une croix[35].

La grosse pierre destinée à fermer le tombeau, qui se trouvait encore devant l'entrée du caveau, avait à peu près la forme d'un coffre[36] ou d'une pierre tombale ; elle était assez grande pour qu'un homme pût s'y étendre dans toute sa longueur ; elle était très pesante, et ce ne fut qu'avec les pieux enlevés à l'entrée du jardin que les hommes purent la rouler devant la porte du tombeau. La première entrée du caveau était fermée avec une porte faite de branches entrelacées. Tout ce qui fut fait dans l'intérieur de la grotte se fit à la lueur des flambeaux, parce que la lumière du jour n'y pénétrait pas. Pendant la mise au tombeau, je vis, dans le voisinage du jardin et du Calvaire errer plusieurs hommes à l'air triste et craintif. Je crois que c'étaient des disciples qui, sur le récit d'Abénadar, étaient venus des cavernes par la vallée et qui y retournèrent ensuite.

LIII. LE RETOUR DU TOMBEAU.
JOSEPH d'ARIMATHIE MIS EN PRISON.

Le sabbat allait commencer ; Nicodème et Joseph rentrèrent à Jérusalem par une petite porte voisine du jardin, et qui était percée dans le mur de la ville : c'était, je crois, par suite d'une faveur spéciale accordée à Joseph. Ils dirent à la sainte Vierge, à Madeleine, à Jean et à quelques-unes des femmes qui retournaient au Calvaire pour y prier, que cette porte leur serait ouverte lorsqu'ils y frapperaient, aussi bien que celle du Cénacle. La sœur ainée de la sainte Vierge, Marie, fille d'Héli, revint à la ville avec Marie, mère de Marc, et quelques autres femmes. Les serviteurs de Nicodème et de Joseph se rendirent au Calvaire pour y prendre les objets qui y avaient été laissés.

Les soldats se joignirent à ceux qui gardaient la porte de la ville et Cassius se rendit auprès de Pilate portant avec lui la lance ; il lui raconta ce qu'il avait vu, et lui promit un rapport exact sur tout ce qui arriverait ultérieurement, si on voulait lui confier le commandement des gardes que les Juifs ne manqueraient pas de demander pour le tombeau. Pilate écouta ses discours avec une terreur secrète, cependant il le traita de rêveur fanatique, et moitié par dégoût, moitié par superstition, il lui ordonna de laisser devant la porte la lance qu'il avait apportée avec lui.

Comme la sainte Vierge et ses amies revenaient du Calvaire où elles avaient encore pleuré et prié, elles virent venir à elles une troupe de soldats avec une torche et se retirèrent des deux côtés du chemin jusqu'à ce qu'ils fussent passés. Ces hommes allaient au Calvaire, vraisemblablement pour enlever les croix avant le sabbat et pour les enfouir. Quand ils furent passés, les saintes femmes continuèrent leur chemin vers la petite porte du jardin.

Joseph et Nicodème rencontrèrent dans la ville Pierre, Jacques le Majeur et Jacques le Mineur. Tous pleuraient ; Pierre surtout était en proie à une violente douleur ; il les embrassa, s'accusa de n'avoir pas été présent à la mort du Sauveur, et les remercia de lui avoir donné la sépulture. Il fut convenu qu'on leur ouvrirait la porte du Cénacle lorsqu'ils y frapperaient, et ils s'en allèrent chercher d'autres disciples dispersés en divers lieux. Je vis plus tard la sainte Vierge et ses compagnes frapper au Cénacle et y entrer, Abénadar y fut aussi introduit, et peu à peu la plus grande partie des apôtres et des disciples s'y réunirent. Les saintes femmes se retirèrent de leur côté dans la partie où habitait la sainte Vierge. On prit un peu de nourriture et on passa encore quelques minutes à pleurer ensemble et à raconter ce qu'on avait vu. Les hommes mirent d'autres habits, et je les vis se tenant sous une lampe et observant le sabbat. Ensuite ils mangèrent encore des agneaux dans le Cénacle, mais sans joindre à leur repas aucune cérémonie, car ils avaient mangé, la veille, l'agneau pascal ; tous étaient pleins d'abattement et de tristesse. Les saintes femmes prièrent aussi avec Marie sous une lampe. Plus tard, lorsqu'il fit tout à fait nuit, Lazare, la veuve de Naim, Dina la Samaritaine et Mara la Suphanite[37], vinrent de Béthanie : on raconta de nouveau ce qui s'était passé, et on pleura encore.

Dina la Samaritaine est celle qui, suivant les visions de la Sœur, s'entretint avec Jésus près du puits de Jacob, le 7 du mois d'Ab (31 Juillet) de la seconde année de la prédication du Sauveur. Elle était née près de Damas, de parents moitié Juifs, moitié païens. Les ayant perdus de bonne heure, elle avait pris, chez une nourrice débauchée, le germe des passions les plus coupables. Elle avait eu plusieurs maris, supplantés tour à tour les uns par les autres ; le dernier, parent des précédents, habitait Sichar où elle l'avait suivi et changé son nom de Dina contre celui de Salomé. Elle avait, de ses liaisons antérieures, trois grandes filles et deux fils qui se réunirent aux disciples par la suite. Ces enfants ne demeuraient pas avec elle à Sichar, mais chez les parents de leurs pères, près de Damas. La sœur Emmerich disait que la vie de la Samaritaine était une vie prophétique, que Jésus avait parlé en sa personne à toute la secte des Samaritains, et qu'ils étaient attachés à l'erreur par autant de liens qu'elle avait commis d'adultères. Dans la plénitude des temps, tous ceux qui rencontrèrent dans la personne de Jésus la voie et la vérité, eurent également l'honneur d'être des types prophétiques.

Mara la Suphanite était une Moabite des environs de Suphan elle descendait d'Orpha, veuve de Chélion, le fils de Noëmi, car Orpha s'était remariée dans Moab. Mara avait par Orpha, belle-sœur de Ruth, une alliance avec David, ancêtre de Jésus. La sœur Emmerich vit, à Ainon, Jésus délivrer Mara de quatre démons et lui remettre ses péchés, le 17 Elul (9 septembre) de la seconde année de la prédication. Elle vivait à Ainon, chassée par son mari, riche Juif qui avait gardé avec lui les enfants qu'il avait eu d'elle. Elle en avait près d'elle trois autres fruits de l'adultère. Je vis, disait la Sœur, comment ce rejeton égaré de la souche de David se purifiait en sa personne par la grâce de Jésus et entrait dans le sein de l'Eglise. Je ne saurais exprimer combien je vois de ces racines et de ces filaments se croiser, se perdre, puis revenir un jour.

Joseph d'Arimathie revint tard du Cénacle chez lui ; il suivait tristement les rues de Sion, accompagné de quelques disciples et de quelques femmes, lorsque tout à coup une troupe d'hommes armés, embusqués dans le voisinage du tribunal de Caiphe, fondit sur eux et s'empara de Joseph, pendant que ses compagnons s'enfuyaient en poussant des cris d'effroi. Je vis qu'ils renfermèrent le bon Joseph dans une tour attenante au mur de la ville, à peu de distance du tribunal. Caïphe avait chargé de cette expédition des soldats païens qui n'avaient pas de sabbat à observer. On avait, je crois, le projet de le laisser mourir de faim et de ne rien dire de sa disparition.

Ici se terminant les récits du jour de la Passion du Sauveur ; nous ajouterons divers suppléments qui s'y rattachent, puis viendront les visions relatives au Samedi saint, la descente aux enfers, à la Résurrection et à quelques apparitions du Seigneur.

LIV. LA COMPASSION DE JONADAB ENVERS LE SAUVEUR EST RECOMPENSE

Jonadab, qui, poussé hors du temple par une angoisse intérieure, était venu, au moment du crucifiement, donner son suaire à Jésus pour couvrir sa nudité, était neveu de saint Joseph, le père nourricier de Jésus, et il habitait dans les environs de Bethléem. Il revint en hâte du Calvaire au temple, mais lorsque l'immolation de l'agneau pascal y fut troublée par les ténèbres, le tremblement de terre et l'apparition des morts, il se hâta de revenir dans son pays, car sa mère et sa femme étaient malades et il avait des enfants en bas âge. Je vis ce digne homme reprendre le chemin de sa maison, le cœur tout change, car auparavant il était resté très indifférent à l'enseignement et aux actes de Jésus, d'autant plus que son père, qui était, je crois, demi-frère de saint Joseph, n'avait pas grande inclination pour le Sauveur. C'était ce frère qui avait fait une visite assez tardive à Joseph dans la grotte de la crèche, à Bethléem, et auquel Joseph avait engagé l'âne dont il ne se servait pas en échange d'une somme d'argent destinée à faire quelques achats pour la réception des rois mages dont la sainte Vierge lui avait annoncé l'arrivée d'avance.

Je vis qu'au grand étonnement de Jonadab, sa mère et sa femme avec ses enfants vinrent à sa rencontre jusqu'à moitié chemin, tous en parfaite santé. Il n'en croyait pas ses yeux, car il les avait laissées très malades. Je les vis l'embrasser et lui raconter comment elles avaient été miraculeusement guéries. Un peu après midi, une femme d'un extérieur majestueux était entrée dans leur maison, s'était approchée de leur couche et avait dit : Levez-vous et allez au-devant de Jonadab, il a couvert un homme nu. Elles s'étaient alors senties toutes pénétrées d'un sentiment de bien-être, et s'étaient levées en parfaite santé pour remercier cette femme merveilleuse et lui rendre leurs hommages. Mais lorsqu'elles avaient voulu lui présenter quelques rafraîchissements, elle avait disparu, laissant la maison pleine d'une odeur suave et elles-mêmes complètement rassasiées. Aussitôt après, sur la parole de cette femme, elles étaient parties pour venir à la rencontre de Jonadab et elles le priaient de leur dire de qui il avait couvert la nudité.

Alors Jonadab leur raconta avec des pleurs et des sanglots, le crucifiement de Jésus, ce Jésus, fils de Joseph et de Marie, qui était le Prophète, le Christ, le Saint d'Israël sur quoi tous déchirèrent leurs habits, en signe de deuil versèrent des larmes, tout en louant Dieu d'un si grand bienfait pour une œuvre de charité si simple, parlèrent des signes effrayants qui s'étaient montrés en ce jour dans le ciel et sur la terre, et retournèrent dans leur maison, émus jusqu'au fond de l'âme.

Or, pendant que la femme de Jonadab racontait à son mari ce qui était arrivé, j'ai vu moi-même, comme dans un tableau, cette apparition dans leur maison. Je ne puis dire avec certitude qui c'était : j'ai une idée confuse que c'était une apparition de la sainte Vierge. J'ai vu aussi que plus tard Jonadab, après avoir mis ses affaires en ordre, se réunit à la communauté chrétienne.

Lorsque la sainte Vierge, dans son angoisse, fit à Dieu une ardente prière pour qu'il épargnât à Jésus la honte d'être exposé nu sur la croix, je vis cette prière exaucée, car mon regard fut dirigé vers son neveu Jonadab, qui, dominé par une semblable angoisse, sortit du temple et courut au Calvaire à travers la ville pour venir en aide à Jésus. Lorsqu'ensuite la sainte Vierge, dans un sentiment de profonde gratitude pour la compassion de Jonadab, implora sur lui et sur sa maison la bénédiction de Dieu. Je vis de nouveau sa prière exaucée : car je vis Jonadab éclairé par la foi en Notre Seigneur et sa famille malade guérie miraculeusement par une apparition.

Des grâces de ce genre nous sont très souvent accordées à nous-mêmes par l'effet de nos prières ou de celles d'autrui, mais parce que nous ne voyons pas des yeux du corps comment elles arrivent, nous n'en sommes pas frappés ou nous n'y voyons rien de merveilleux. On voit souvent de ces grâces et de ces effets de la prière se produire par le ministère des saints anges ; c'est pourquoi des personnes contemplatives qui méditent sur la vie de Jésus et de Marie disent quelquefois que la sainte Vierge avait tel ou tel nombre d'anges pour la protéger ou la servir ; elle envoyait des anges ici ou là, pour remplir telle ou telle mission, etc. Cette manière de parler ne parait étrange qu'à ceux qui ne sont pas dirigés dans cette voie contemplative : quant aux contemplatifs, il leur semble tout aussi naturel de voir la reine du ciel entourée d'anges qui la servent, que de voir les grands de la terre entourés de gardes et de serviteurs. Quand on regarde Dieu comme son père avec la simplicité d'un enfant, on ne s'étonne pas de voir les serviteurs de ce Père céleste et on ne craint pas de les charger de messages où il s'agit de la gloire de Dieu. Il m'arrive souvent en priant pour autrui de supplier instamment mon ange gardien, pour l'amour de Jésus-Christ, d'aller dire telle et telle chose à l'ange d'une autre personne. Pour moi, c'est absolument comme si j'envoyais un ami ou un homme de confiance pour une affaire importante et je le vois de même aller et s'acquitter de la commission. Je croyais, dans ma jeunesse, que tous les chrétiens faisaient ainsi ; mais j'appris plus tard que la plupart ne voyaient pas toutes ces choses, et je ne pensai pas pour cela que je fusse plus favorisée que les autres, car je savais bien qu'il a été dit : Heureux ceux qui croient sans avoir vu. Les influences de la prière se font sentir de diverses manières à celui sur lequel elles sont dirigées, suivant les vues secrètes de Dieu et l'état de grâce de l'homme. Jonadab fut poussé au Calvaire par un sentiment d'angoisse intérieure et par une compassion soudaine qui s'éveilla chez lui pour Jésus. D'autres personnes touchées de la grâce divine se voient averties par un ange de faire telle ou telle chose, s'il eût été dans les desseins de Dieu que cela arrivât pour Jonadab, il aurait vu la sainte Vierge lui apparaître et lui dire : Hâte-toi d'aller couvrir la nudité de mon fils, de même qu'elle apparut à sa famille lorsque Dieu exauça la prière qu'elle lui avait adressée dans sa reconnaissance. C'est de la même manière que j'ai vu autrefois la sainte Vierge apparaître debout sur une colonne[38], devant Saragosse, à l'apôtre saint Jacques le Majeur qui, dans un danger pressant, implorait le secours de ses prières, et au même moment, je la voyais dans sa chambre d'Ephèse, ravie en extase, prier pour Jacques et voler vers lui en esprit. Si elle lui apparut sur une colonne, c'est qu'il l'avait invoquée comme l'appui, comme le piller de l'Eglise sur la terre et qu'elle s'était présentée en cette qualité à sa pensée intérieure, car une colonne est une colonne et apparat sous l'image d'une colonne, etc.

LV. SUR LE NOM DU CALVAIRE

En méditant sur le nom de Golgotha, Calvaire, lieu du Crime, que porte le rocher où Jésus a été crucifié et sur ce lieu une vision qui embrassait toute la suite des temps depuis Adam jusqu'à Jésus-Christ. Voici tout ce qu'il m'en reste.

Je vis Adam, après son expulsion du Paradis, pleurer dans la grotte du mont des Oliviers où Jésus eut sa sueur de sang. Je vis comment Seth fut promis à Eve dans la grotte de la Crèche, à Bethléem, et comment elle le mit au monde dans cette même grotte ; je vis aussi Eve demeurer dans les cavernes où fut depuis le monastère essénien de Maspha, près d'Hébron.

La contrée de Jérusalem m'apparut ensuite après le déluge, bouleversée, noire, pierreuse, bien différente de ce qu'elle était auparavant. A une grande profondeur au-dessous du rocher qui forme le Calvaire (lequel avait été roulé en ces lieux par les eaux), j'aperçus le tombeau d'Adam et d'Eve. Il manquait une tête et une cote à l'un de ces squelettes, et la tête restante était placée dans ce même squelette, auquel elle n'appartenait pas. J'ai vu souvent que les ossements d'Adam et d'Eve n'étaient pas tous demeurés dans ce tombeau ; Noé en avait plusieurs dans l'arche qui furent transmis de génération en génération parmi les patriarches. J'ai vu que Noé, et Abraham après lui, en offrant le sacrifice, plaçaient toujours quelques os d'Adam sur l'autel pour rappeler à Dieu sa promesse. Quand Jacob remit à Joseph sa robe bariolée, je vis qu'il lui donna aussi quelques ossements dans le premier reliquaire que les enfants d'Israël emportèrent d'Egypte.

J'ai vu beaucoup de ces choses : mais j'ai oublié les unes, et le temps me manque pour raconter les autres.

Quant à l'origine du nom du Calvaire, voici ce qui m'a été montré. La montagne qui porte ce nom m'est apparue au temps du prophète Elisée. Elle n'était pas alors comme au temps de Jésus : c'était une colline avec beaucoup de murailles et de cavernes semblables à des tombeaux. Je vis le prophète Elisée descendre dans ces cavernes (je ne saurais dire s'il le fit réellement, ou si c'était simplement une vision). Je le vis tirer un crâne d'un sépulcre en pierre où reposaient des ossements. Quelqu'un qui était près de lui, je crois que c'était un ange lui dit : C'est le crâne d'Adam. Le prophète voulut l'emporter, mais celui qui était près de lui ne le lui permit pas. Je vis sur le crâne quelques cheveux blonds clairsemés.

J'appris aussi que ce prophète ayant raconté ce qui lui était arrivé, ce lieu avait reçu le nom de Calvaire. Enfin, je vis que la croix de Jésus était placée verticalement sut le crâne d'Adam, et je fus informée que cet endroit était précisément le milieu de la terre ; en même temps on m'indiqua des nombres et des mesures marquant la distance de ce lieu à toutes les contrées de la terre, mais je les ai oubliés, aussi bien pour chacune en particulier que pour la liaison de l'ensemble. J'ai pourtant vu ce milieu d'en haut, et comme à vol d'oiseau. De là, on aperçoit bien plus clairement que sur une carte de géographie, les différents pays, les montagnes, las déserts, las mers et les fleuves, les villes et même les petits endroits, les plus prochains comme les plus éloignés, etc., etc.

LVI. LA CROIX ET LE PRESSOIR[39]

Comme je songeais à cette parole ou à cette pensée de Jésus sur la croix : Je suis pressé comme le vin qui a été mis ici sous le pressoir pour la première fois, je dois rendre tout mon sang jusqu'à ce que l'eau vienne, mais on ne fera plus de vin ici ; cela me fut expliqué par une autre vision relative au Calvaire.

Je vis à une époque postérieure au déluge cette contrée pierreuse moins sauvage et moins stérile qu'elle ne le fut depuis. Il y avait des vignobles et des prairies. Je vis ici et vers le couchant le patriarche Japhet, un grand vieillard au teint brun, entouré de troupeaux immenses et d'une nombreuse postérité ; ses enfants et lui avaient des demeures creusées dans la terre et couvertes de toits de gazon où croissaient des herbes et des fleurs. Tout autour étaient des vignes, et l'on essayait sur le Calvaire, en présence de Japhet, une nouvelle manière de faire le vin.

(Note du Traducteur.)

Je vis aussi las anciennes méthodes pour préparer le vin et en général beaucoup de choses qui se rapportaient au vin ; je ne me souviens que de ce qui suit d'abord on se contentait de manger le raisin ; ensuite on le pressa avec des pilons dans des pierres creusées, puis, dans de grandes rigoles de bois. Cette fois on avait imaginé un nouveau pressoir qui ressemblait à la sainte croix : c'était un trône d'arbre creusé et élevé verticalement ; un sac plein de raisin était suspendu en haut ; sur ce sac appuyait un pilon au-dessus duquel était un poids, et des deux côtés du tronc étaient des bras aboutissant au sac par des ouvertures disposées à cet effet, et qui écrasaient le raisin lorsqu'on las faisait mouvoir en abaissant les extrémités. Le jus coulait hors de l'arbre par cinq ouvertures, et tombait dans une cuve de pierre ; de là, il arrivait par un conduit d'écorce enduit de résine à cette espèce de citerne creusée dans le roc où Jésus fut enfermé avant d'être crucifié. C'était à cette époque une citerne très propre. Je vis le conduit entièrement couvert de gazon et de pierres pour le Garantir. Au pied du pressoir, dans la cuve de pierre, se trouvait une sorte de tamis pour arrêter le marc qu'on mettait de côté. Lorsqu'ils eurent dressé leur pressoir, ils remplirent le car de raisins, le clouèrent au haut du tronc, y placèrent le pilon, et firent jouer les bras placés des deux côtés pour faire couler le vin. Je vis aussi auprès du pilon un homme qui appuyait sur le sac pour que les raisins qu'il contenait n'en sortissent pas par en haut. Tout cela me rappela vivement le crucifiement à cause de la ressemblance de ce pressoir avec la croix. Ils avaient un long roseau avec un bout où se trouvaient des pointes, ce qui le rendait semblable à une grosse tête de chardon, et ils le faisaient passer à travers le conduit et à travers le tronc d'arbre quand quelque partie s'obstruait. Cela me rappela la lance et l'éponge. Il y avait des outres et des vases d'écorce enduits de résine. Je vis plusieurs jeunes gens, ayant seulement, comme Jésus, un linge autour des reins, travailler à ça pressoir. Japhet était fort vieux : il avait une longue barbe et un vêtement de peaux de bêtes ; il regardait avec joie le nouveau pressoir. C'était une fête, et on sacrifia sur un autel de pierre des animaux qui couraient dans la vigne, de jeunes ânes, des chèvres et des brebis. Ce ne fut pas en ce lieu qu'Abraham vint sacrifier Isaac : ce fut peut-être sur la montagne de Moriah. J'ai oublié beaucoup d'instructions relatives au vin, au vinaigre, au marc, aux différentes distributions à droite et à gauche : je le regrette, car les moindres choses en cette matière ont une profonde signification symbolique. Si Dieu veut que je les fasse connaître, il me les montrera de nouveau.

LVII. EXTRAIT D'UNE VISION ANTERIEURE

Dans une vision du dernier mois de la vie de Jésus, la sœur Emmerich vit trois Chaldéens, d'un lieu dont le nom ressemblait à Sicdor et où ces païens avaient une école de prêtres, visiter le Seigneur à Béthanie, chez Lazare. Déjà, dans une autre occasion, le 17 décembre, elle avait raconté ce qui suit touchant leur religion et leur temple : à peu de distance de ce temple était sur une hauteur une pyramide avec des galeries où ils observaient les autres. Ils prédisaient l'avenir d'après la course des animaux, et interprétaient les songes. Ils sacrifiaient les animaux, mais avec horreur du sang qu'ils laissaient toujours couler à terre. Ils avaient un feu sacré et une eau sacrée qui figuraient dans leurs cérémonies religieuses ainsi que des petits pains bénits et le jus d'une plante qu'ils regardaient comme sainte. Leur temple était de forme ovale et plein d'images en métal artistement travaillées. Ils avaient le pressentiment très marqué d'une mère de Dieu. L'objet principal dans leur temple était un obélisque triangulaire. Sur l'un des côtés était une figure avec plusieurs pieds d'animaux et plusieurs bras, qui tenait entre ses mains une boule, un cerceau, un petit paquet d'herbes, une grosse pomme à côtes attachée à sa tige, et d'autres choses encore. Son visage était comme un soleil avec des rayons ; elle avait plusieurs mamelles, et signifiait la production et la conservation de la nature ; son nom était comme Miter ou Mitras. Sur l'autre côté de la colonne était une figure d'animal avec une corne : c'était une licorne, et elle s'appelait Asphas ou Aspax. Elle combattait avec sa corne contre une méchante bête qui se trouvait sur le troisième côté. Celle-ci avait une tête de hibou avec un bec crochu, quatre pattes armées de griffes, deux ailes et une queue qui se terminait comme celle d'un scorpion. J'ai oublié son nom : d'ailleurs je ne retiens pas facilement ces noms étrangers ; je confonds l'un avec l'autre, et je ne peux qu'indiquer à peu près à quoi ils ressemblent. A l'angle de la colonne, au-dessus des deux bêtes qui combattaient, était une statue qui devait représenter la mère de tous les dieux. Son nom était comme Aloa ou Aloas ; on l'appelait aussi une grange pleine de blé, et il sortait de son corps une gerbe d'épis. Sa tête était courbée en avant, car elle portait sur le cou un vase où il y avait du vin, ou dans lequel le vin devait venir. Ils avaient une doctrine qui disait : le blé doit devenir du pain, le raisin doit devenir du vin pour nourrir toutes choses. Au-dessus de cette figure était une espèce de couronne, et sur la colonne, deux lettres qui me faisaient l'effet d'un O et d'un W (peut-être Alpha et Oméga).

Mais ce qui m'émerveilla le plus dans ce temple, ce fut un autel d'airain avec un petit jardin rond, recouvert d'un treillis d'or, et au-dessus duquel on voyait la figure d'une vierge. Au milieu se trouvait une fontaine composée de plusieurs bassins scellés l'un sur l'autre, et devant elle un cep de vigne vert avec un beau raisin rouge qui entrait dans un pressoir, dont la forme me rappela vivement celle de la sainte Croix, mais ça n'était qu'un pressoir. Au bout d'un tronc d'arbre creux était ajusté un large entonnoir dont l'extrémité la plus étroite aboutissait à un sac de raisins : contre ce sac jouaient deux bras mobiles comme des leviers qui entraient dans l'arbre des deux côtés, et écrasaient les grappes, dont le jus coulait par des ouvertures. Le petit jardin rond avait cinq à six pas de diamètre il était plein de fleurs, d'arbrisseaux et de fruits, tous, comme le cep de vigne, fort bien imités et ayant une signification profonde.

Cette représentation prophétique du salut futur avait été faite plusieurs siècles auparavant par les prêtres de ce peuple, d'après ce que leur avait appris l'observation des astres. Ils avaient aussi vu cette image, autant que je m'en souviens, sur l'échelle de Jacob[40]. Ils avaient encore d'autres pressentiments et figures prophétiques de la Mère de Dieu, mais mêlés avec d'autres traditions et mal compris. Toutefois, peu de temps auparavant, ils avaient été instruits de la signification du jardin fermé et de la fontaine scellée : il leur avait été révélé que Jésus était le cep de vigne dont le sang devait régénérer le monde, le grain de blé qui, mis en terre, devait ressusciter. Ils avaient appris qu'ils possédaient plusieurs symboles et plusieurs annonces de la vérité, mais mêlés avec des inventions de Satan qui les obscurcissaient. Ils avaient été renvoyés pour acquérir de plus amples instructions aux trois rois, qui, depuis leur retour de Bethléem, habitaient plus près de la Terre promise qu'auparavant, savoir dans l'Arabie heureuse, et n'étaient qu'à deux journées de chemin de ces Chaldéens.

Jésus ne parla que brièvement et en passant à ces étrangers. Il les envoya à Capharnaüm, vers le centurion Zorobabel dont il avait guéri le serviteur, et qui, ayant été un païen comme eux, devait se charger de les instruire. Je les vis se rendre chez lui. C'étaient des hommes de grande taille, jeunes, beaux, sveltes : ils étaient autrement conformés que les Juifs ; leurs pieds et leurs mains étaient d'une petitesse remarquable.

Ici peut se rapporter encore ce que dit la sœur une autre fois : Quand je vois des paraboles relatives à la vigne, ou quand je prie pour des diocèses et des paroisses qui me sont montrés sous forme de vignes, où il me semble que je dois faire des travaux pénibles, j'y vois toujours le pressoir semblable à la croix, mais élevé au milieu d'une cuve ou d'une fosse profonde. Les bras mobiles de ce pressoir peuvent être mis en mouvement avec les pieds.

LVIII. APPARITIONS LORS DE LA MORT DE JESUS

Parmi les morts ressuscités, dont on vit bien une centaine à Jérusalem, il n'y avait pas de parents de Jésus. Les tombeaux situés dans la partie nord-ouest de Jérusalem étaient autrefois hors de la ville : ils y furent englobés par suite de l'agrandissement de l'enceinte. J'ai vu, dans d'autres lieux de la Terre Sainte, divers morts apparaître à leurs proches et rendre témoignage de la mission de Jésus. Ainsi, je vis Sadoch un homme très pieux, qui avait donné tout son bien aux pauvres et au Temple, et fondé une communauté d'Esséniens, se montrer à beaucoup de gens dans les environs d'Hébron.

Ce Sadoch avait vécu un siècle avant Jésus ; il avait été un des derniers prophètes antérieurs à l'incarnation, avait désiré ardemment la venue du Messie avec les ancêtres duquel il se trouvait en relation, et avait eu plusieurs révélations à ce sujet. D'après une vision précédente, il me semble que son âme avait été l'une des premières qui se réunirent à leur corps et qui, après l'avoir déposé de nouveau, parcoururent le pays à la suite de Jésus. Je vis d'autres morts apparaître aux disciples cachés du Seigneur et leur donner des avertissements.

La terreur et la désolation se répandirent dans les parties les plus éloignées de la Palestine, et ce ne fut pas seulement à Jérusalem que la terre trembla et que la lumière du jour s'obscurcit. A Thirza, les tours de la prison où avaient été renfermés ces captifs que Jésus délivra, s'écroulèrent ainsi que d'autres bâtiments. Dans le pays de Khaboul, beaucoup d'endroits eurent fort à souffrir. Dans la Galilée, où Jésus avait tant voyagé, je vis tomber beaucoup d'édifices, surtout les maisons des

Pharisiens qui avaient le plus ardemment persécuté le Sauveur, et qui tous étaient alors à la fête ; ces maisons tombèrent sur leurs femmes et sur leurs enfants. Il y eut beaucoup de désastres autour du lac de Génésareth. Beaucoup d'édifices s'écroulèrent à Capharnaum. Les habitations des esclaves situées entre Tibériade et le jardin de Zorobabel, le centurion de Capharnaum, furent presque entièrement détruits ; le mur de rochers qui était en avant de ce beau jardin se tendit. Le lac déborda dans la vallée, et vint jusqu'à Capharnaum, qui en était éloigné d'une demi lieue. La maison de Pierre et l'habitation de la sainte Vierge en avant de la ville restèrent debout. Le lac fut dans une grande agitation : ses bords s'écroulèrent en différents endroits, sa forme changea notablement et se rapprocha de celle qu'il a aujourd'hui. Il y eut surtout de grands changements à l'extrémité sud-est, près de Tarichée, parce qu'il y avait là une longue chaussée de pierres noires construite entre le lac et une espèce de marais, laquelle donnait une direction constante au cours du Jourdain, à sa sortie du lac. Toute cette chaussée fut détruite par le tremblement de terre.

Il y eut beaucoup de désastres à l'est du lac, au lieu où les pourceaux des habitants de Gergesa s'étaient précipités, et aussi à Gergesa, à Gerasa et dans tout le district de Chorazin. La montagne où avait eu lieu la seconde multiplication des pains fut ébranlée, et la pierre où le prodige avait été opéré se tendit en deux. Dans la Décapole, des villes entières s'écroulèrent ; en Asie, plusieurs lieux souffrirent beaucoup, entre autres Nicée, mais surtout beaucoup d'endroits à l'est et au nord-est de Paneas. Dans la Galilée supérieure, bien des Pharisiens trouvèrent leurs maisons en ruines à leur retour de la fête.

Plusieurs d'entre eux en reçurent la nouvelle à Jérusalem : c'est pour cela que les ennemis de Jésus furent si peu entreprenants contre la communauté chrétienne à la Pentecôte.

Une partie du temple de Garizim s'écroula. Il y avait là une idole au-dessus d'une fontaine, dans un petit temple dont le toit tomba dans la fontaine avec l'idole. La moitié de la synagogue de Nazareth, d'où l'on avait chassé Jésus, s'écroula, ainsi que la partie de la montagne d'où l'on avait voulu le précipiter. Beaucoup de montagnes, de vallées et de villes, furent dévastées. Il y eut plusieurs perturbations dans le lit du Jourdain par suite de toutes ces secousses, et son cours changea en beaucoup d'endroits. A Machérunte et dans les autres villes d'Hérode, tout resta tranquille : ce pays était hors de la sphère de la pénitence et de la menace, semblable à ces hommes qui ne tombèrent pas au jardin des Oliviers, et qui, par conséquent, ne se relevèrent pas.

En divers endroits où se tenaient beaucoup de mauvais esprits, je vis ceux-ci disparaître en grandes troupes au milieu des édifices et des montagnes qui s'écroulaient. Les secousses de la terre me rappelèrent les convulsions des possédés, quand l'ennemi sent qu'il doit s'éloigner. A Gergesa, une partie de la montagne d'où les démons s'étaient jetés dans un marais avec les pourceaux, roula dans ce marais ; et je vis alors une multitude de mauvais esprits se précipiter dans l'abime, semblable à un nuage sombre.

C'est à Nicée, si je ne me trompe, que je vis un événement singulier dont je ne me souviens qu'imparfaitement. Il y avait là un port couvert de vaisseaux, et, près de ce port, une maison avec une tour élevée, où je vis un païen qui était chargé de surveiller ces vaisseaux. Il devait monter souvent à cette tour et regarder ce qui se passait en mer. Ayant entendu un grand bruit au-dessus des vaisseaux du port, il monta en hâte pour voir ce qui arrivait, et il vit planer sur le port des figures sombres qui lui crièrent d'une voix plaintive : Si tu veux conserver les vaisseaux, fais-les sortir d'ici, car nous devons rentrer dans l'abime : le grand Pan est mort. Voilà ce que je me rappelle le plus distinctement des paroles que j'entendis prononcer : mais on lui dit encore plusieurs choses, on lui recommanda de faire connaître ce qu'il venait d'apprendre, lors d'un voyage de mer qu'il devait faire prochainement, et de bien recevoir les messagers qui viendraient annoncer la doctrine de celui qui venait de mourir. Les mauvais esprits étaient ainsi forcés par la puissance de Dieu d'avertir cet honnête homme et de le charger d'annoncer leur défaite. Il fit mettre les navires en sûreté, et alors un orage terrible éclata : les démons se précipitèrent en hurlant dans la mer, et la moitié de la ville s'écroula. Sa maison resta debout. Bientôt après il fit un grand voyage, et annonça la mort du grand Pan, si c'est là le nom dont on avait appelé le Sauveur. Il vint plus tard à Home, où l'on s'émerveilla beaucoup de ce qu'il raconta. J'ai su, touchant cet homme, beaucoup d'autres choses que j'ai oubliées : j'ai vu, par exemple, comment l'histoire d'un de ses voyages s'était mêlée dans des récits postérieurs, à celle de l'apparition que j'ai mentionnée et avait acquis une grande notoriété, mais je ne sais plus bien comment tout cela se liait ensemble. Son nom était, je crois, quelque chose comme Thamus ou Thramus.

LIX. ON MET DES GARDES AU TOMBEAU DE JESUS

Dans la nuit du vendredi au samedi, je vis Caiphe et les principaux d'entre les Juifs se consulter sur ce qu'ils avaient à faire, eu égard aux prodiges qui avaient eu lieu et à la disposition du peuple. A la suite de cette délibération, ils se rendirent, dans la nuit, chez Pilate, et lui dirent que, comme ce séducteur avait assuré qu'il ressusciterait le troisième jour, il fallait faire garder le tombeau pendant trois jours : sans cela, les disciples de Jésus pourraient dérober son corps et répandre le bruit de sa résurrection, d'où il résulterait une nouvelle déception pire que la première. Pilate ne voulait plus se mêler de cette affaire, et il leur dit : Vous avez une garde : faites garder le tombeau comme vous l'entendrez. Il leur donna pourtant Cassius, qui devait tout observer et lui faire un rapport exact de ce qu'il verrait. Je les vis sortir de la ville au nombre de douze, avant le lever du soleil : les soldats qui les accompagnaient n'étaient pas habillés à la romaine ; c'étaient des soldats du Temple. Ils avaient des lanternes placées sur des perches, afin de tout voir malgré la nuit, et de s'éclairer dans l'obscurité du caveau sépulcral.

. Aussitôt arrivés, ils s'assurèrent de la présence du corps de Jésus, puis ils attachèrent une corde en travers, devant la porte du tombeau, en firent passer une seconde sur la grosse pierre qui était placée en avant, et scellèrent le tout avec un cachet demi circulaire. Ils revinrent ensuite à la ville, et les gardes se postèrent en face de la porte extérieure. Il y avait là cinq à six hommes à tour de rôle. Cassius ne quitta pas son poste ; il se tenait ordinairement assis ou debout devant l'entrée du caveau, de manière à voir le côté du tombeau où reposaient les pieds du Sauveur. Il avait reçu de grandes grâces intérieures et l'intelligence de beaucoup de mystères. N'étant pas accoutumé à se trouver dans cet état d'illumination spirituelle, il resta presque tout le temps dans une sorte d'enivrement et n'ayant pas la conscience des objets extérieurs. Il fut entièrement transformé, devint un nouvel homme, et passa toute la journée dans le repentir, l'action de grâces et l'adoration.

LX. LES AMIS DE JESUS LE SAMEDI SAINT

Je vis hier au soir environ vingt hommes rassemblés en Cénacle ; ils avaient de longs habits blancs avec des ceintures, et célébraient le sabbat, ainsi que je l'ai dit plus haut. Ils se séparèrent pour se livrer au sommeil, et plusieurs regagnèrent leurs demeures accoutumées. Aujourd'hui encore, je les vis rassemblés au Cénacle ; ils gardaient le silence la plupart du temps et se succédaient pour faire la prière ou la lecture ; de nouveaux venus étaient introduits de temps en temps.

Dans la partie de la maison où se tenait la sainte Vierge il y avait une grande salle où l'on avait pratiqué, au moyen de tapis et de cloisons mobiles, quelques cellules séparées pour ceux qui voulaient y passer la nuit. Lorsque les saintes femmes, revenues du tombeau, eurent remis en place les objets dont elles s'étaient servies, une d'elles alluma une lampe suspendue au milieu de cette salle, et sous laquelle elles vinrent se placer autour de la sainte Vierge ; elles prièrent à tour de rôle avec beaucoup de tristesse et de recueillement et prirent ensuite une petite réfection. Bientôt entrèrent Marthe, Maroni, Dina et Mara, lesquelles après le sabbat étaient venues de Béthanie avec Lazare, celui-ci était allé trouver les disciples dans le Cénacle. On leur raconta avec larmes la mort et la sépulture du Sauveur ; puis, comme il était tard, quelques-uns des hommes, parmi lesquels Joseph d'Arimathie, vinrent prendre celles des saintes femmes qui voulaient retourner chez elles dans la ville. Comme ils s'en revenaient ensemble, Joseph, ainsi que je l'ai déjà dit, fut enlevé près de Caiphe et renfermé dans une tour.

Les femmes, restées au Cénacle, entrèrent dans les cellules disposées autour de la salle, s'enveloppèrent la tête de longs voiles et restèrent quelque temps silencieuses et tristes, assises par terre et appuyées contre les couvertures qui étaient roulées près du mur ; puis elles se levèrent, déployèrent ces couvertures, ôtèrent leurs souliers, leurs ceintures et une partie de leurs vêtements, se voilèrent de la tête aux pieds, comme elles ont d'habitude de le faire pour dormir, et se placèrent sur les couches pour prendra un peu de sommeil. A minuit, elles se relevèrent, s'habillèrent, roulèrent leurs couches et se rassemblèrent sous la lampe autour de la sainte Vierge afin de prier encore.

Quand la mère de Jésus et ses compagnes, quoique brisées par de si grandes souffrances, eurent satisfait à ce devoir de la prière nocturne, que je vois soigneusement rempli dans toute la suite des temps par les fidèles enfants de Dieu et les âmes saintes qu'une grâce particulière y excite, ou qui le font pour se conformer à des règles prescrites par Dieu et son Eglise, Jean vint frapper à la porte de leur salle avec quelques disciples, et aussitôt elles s'enveloppèrent dans leurs manteaux et le suivirent au Temple avec la sainte Vierge.

Vers trois heures du matin, au moment à peu près où le tombeau fut scelle, je vis la sainte Vierge se rendre au Temple, accompagnée des autres saintes femmes, de Jean et de plusieurs autres disciples. Beaucoup de Juifs avalant coutume de se rendre au Temple avant l'aurore, le lendemain du jour où ils avaient mangé l'Agneau pascal ; aussi le Temple était-il ouvert dès minuit, parce que les sacrifices commençaient de très bonne heure. Mais la fête ayant été troublée, et le Temple rendu impur par les prodiges de la veille, on avait tout abandonné, et il me sembla que la sainte Vierge venait seulement prendre congé du Temple où elle avait été élevée, et où elle avait adora le Saint des saints, jusqu'à ce qu'elle-même portât dans ses entrailles le Saint des saints lui-même, le véritable Agneau pascal qui avait été si cruellement immolé la veille. Il était ouvert selon l'usage ; les lampes étaient allumées, et le parvis des prêtres accessible au peuple, ainsi que cela devait avoir lieu ce jour-là ; mais le Temple était presque vide, à l'exception de quelques gardiens et de quelques serviteurs ; tout y était encore en désordre par suite des terribles incidents de la veille : il avait été profané par les apparitions des morts, et je me demandais toujours : Comment pourra-t-on le purifier de nouveau ?

Les fils de Siméon et les neveux de Joseph d'Arimathie, que la nouvelle de l'emprisonnement de leur oncle avait fort attristés, vinrent joindre la sainte Vierge et ses compagnons, et les conduisirent partout, car ils étaient surveillants dans le Temple ; tous contemplèrent avec terreur les signes de la colère de Dieu, dont ils adorèrent les desseins en silence ; seulement ceux qui conduisaient la sainte Vierge racontaient de temps en temps, en peu de mots, les événements de la veille. On n'avait encore réparé presque aucun des dégâts causés par le tremblement de terre. Au lieu où le parvis et le sanctuaire se réunissent, le mur s'était tellement écarté de part et d'autre, qu'on pouvait passer dans l'ouverture ; tout menaçait encore de s'écrouler. Le linteau qui était au-dessus du rideau placé devant le sanctuaire s'était affaissé : les colonnes qui le supportaient avaient fléchi et le rideau, déchiré du haut au bas, pendait des deux côtés.

La chute de la grosse pierre qui s'était détachée du côté septentrional du Temple, près de l'oratoire du vieux Siméon, avait ouvert, à l'endroit où Zacharie était apparu, une telle brèche dans le mur du parvis, que les saintes femmes purent y passer sans obstacle, et, placées près de la grande chaire où Jésus, encore enfant, avait enseigné, voir dans l'intérieur du Saint des saints à travers le rideau déchiré, ce qui, autrement, ne leur eût pas été permis. Ce n'était partout que murs crevassés, dalles enfoncées, colonnes ébranlées et penchées. La sainte Vierge se rendit à tous les endroits que Jésus avait rendus sacrés pour elle ; elle se prosterna pour les baiser, et exprima ses sentiments par des larmes et par quelques paroles touchantes : ses compagnes l'imitèrent.

Les Juifs ont une grande vénération pour tous les lieux sanctifiés par quelque manifestation de la puissance divine ; ils les touchent, les baisent et s'y prosternent je visage contre terre. Je ne saurais m'en étonner, car, sachant et croyant que le Dieu d'Abraham, d'Isaac et de Jacob est un Dieu vivant, qu'il habitait parmi son peuple, dans sa maison, le Temple de Jérusalem, il eût été bien plus étonnant qu'ils ne lui donnassent pas ces marques de respect. Celui qui croit à un Dieu vivant, père, rédempteur et sanctificateur des hommes, ses enfants, ne s'étonne pas qu'il habite vivant parmi les vivants et que ceux-ci lui témoignent, à lui et à tout ce qui le touche, plus d'amour, de respect et d'adoration qu'à leurs parents, amis, maitres, magistrats et princes terrestres. Le Temple et les lieux sanctifiés faisaient éprouver aux Juifs quelque chose de ce que nous autres chrétiens éprouvons devant le Saint Sacrement. Mais il y avait, chez les Juifs, des aveugles et de soi-disant éclairés, de même qu'il y en a chez nous, qui n'adorent pas le Dieu vivant et présent, tandis qu'ils rendent un culte superstitieux aux idoles du monde. Ils ne se souviennent pas des paroles de Jésus-Christ : Celui qui me renie devant les hommes, je le renierai devant mon Père céleste. Ces hommes qui mettent sans relâche au service de l'esprit du monde et de ses mensonges, leurs pensées, leurs paroles et leurs actions, qui rejettent tout culte extérieur envers Dieu, disent bien, quand ils n'ont pas rejeté Dieu lui-même comme trop extérieur, qu'ils adorent Dieu en esprit et en vérité, mais ils ne savent pas que cela veut dire l'adorer dans le Saint Esprit et dans le Fils, qui a pris chair de la Vierge ! Marie, qui a rendu témoignage à la vérité, qui a vécu parmi nous, qui est mort pour nous sur la terre et qui veut rester près de son Eglise, présent dans le Saint Sacrement, jusqu'à la consommation des siècles.

La sainte Vierge, accompagnée de ses amies, visita plusieurs endroits du Temple avec un respect religieux ; elle leur montra le lieu de sa présentation lorsqu'elle était encore enfant, ceux où elle avait été élevée, où elle avait épousé saint Joseph, où elle avait présenté Jésus, où Siméon et Anne avaient prophétisé ; elle pleura amèrement à ce souvenir, car la prophétie était accomplie, le glaive avait traversé son âme. Elle montra aussi l'endroit où elle avait trouvé Jésus enseignant dans le Temple, et elle baisa respectueusement la chaire. Elles s'arrêtèrent encore près du tronc où la veuve avait jeté son denier et au lieu où le Seigneur avait pardonné à la femme adultère. Quand elles eurent ainsi rendu l'hommage de leurs souvenirs, de leurs larmes et de leurs prières, à toutes les places sanctifiées par Jésus, elles retournèrent à Sion.

La sainte Vierge se sépara du Temple avec une profonde tristesse et en versant des larmes abondantes ; la désolation et la solitude qui y régnaient en un jour si saint témoignaient des crimes de son peuple ; elle se souvint que Jésus avait pleuré sur le Temple, et qu'il avait dit : Renversez ce Temple, et je le rebâtirai en trois jours. Elle pensa que les ennemis de Jésus avaient détruit le temple de son corps, et désira ardemment voir luire le troisième jour, où la parole de l'éternelle vérité devait s'accomplir.

De retour au Cénacle au point du jour, Marie et ses compagnes se retirèrent dans la partie des bâtiments située à droite. Jean et les disciples se séparèrent d'elles à l'entrée et se joignirent aux autres hommes, au nombre d'une vingtaine, qui, rassemblés dans la grande salle, y passèrent dans le deuil toute la journée du sabbat, priant alternativement sous la lampe. De temps en temps de nouveaux venus s'introduisaient timidement, et l'on s'entretenait en pleurant : tous éprouvaient un respect mêlé d'un peu de confusion pour Jean qui avait assisté à la mort du Seigneur. Jean était bienveillant et affectueux pour tous, et il avait la simplicité d'un enfant dans ses rapports avec eux. Je les vis manger une fois : du reste le plus grand calme régnait dans la maison, et les portes étaient fermées. On ne pouvait d'ailleurs les y inquiéter, car cette maison appartenait à Nicodème et ils l'avaient louée pour le repas pascal.

Je vis de nouveau les saintes femmes rassemblées jusqu'au soir dans la grande salle, éclairée seulement par la lumière d'une lampe, car les portes étaient fermées et les fenêtres voilées. Tantôt elles priaient autour de la sainte Vierge sous la lampe, tantôt elles se retiraient à part, couvraient leur tête de leurs voiles de deuil, et s'asseyaient sur des cendres en signe de douleur, ou priaient je visage tourné vers la muraille. Toutes les fois qu'elles se rassemblaient pour prier sous la lampe ; elles déposaient leurs manteau : de deuil. Je vis que les plus faibles d'entre elles prirent un peu de nourriture, les autres jeûnèrent.

Mon regard se tourna plusieurs fois vers elles et je les vis toujours prier ou marquer leur douleur de la manière que j'ai décrite. Quand ma pensée s'unissait à celle de la sainte Vierge qui était toujours occupée de son fils je voyais le saint Sépulcre et six ou sept gardes assis à l'entrée : contre la porte du caveau se tenait Cassius, plongé dans la méditation. Des portes du tombeau étaient fermées, et la pierre était devant. Je vis pourtant encore à travers les portes le corps du Seigneur, tel qu'on l'y avait déposé, entouré de splendeur et de lumière, et deux anges en adoration. Mais ma méditation s'étant dirigée vers la sainte âme du Rédempteur, je vis un tableau si vaste et si compliqué de la descente aux enfers, que je n'ai pu en retenir qu'une faible partie : je vais la raconter du mieux que je pourrai.

LXI. FRAGMENT SUR LA DESCENTE AUX ENFERS

Lorsque Jésus, poussant un grand cri, rendit sa très sainte âme, je la vis, semblable à une forme lumineuse entrer en terre au pied de la croix ; plusieurs anges, parmi lesquels était Gabriel, l'accompagnaient. Je vis sa divinité rester unie avec son âme aussi bien qu'avec son corps suspendu sur la croix ; je ne puis exprimer comment cela se faisait. Je vis le lieu où l'âme de Jésus entra divisé en trois parties : c'étaient comme trois mondes ; j'eus le sentiment qu'ils étaient de forme ronde et que chacun d'eux avait sa sphère séparée.

Devant les limbes était un lieu plus clair et, pour ainsi dire, plus verdoyant et plus serein : c'est là que je vois entrer les âmes délivrées du purgatoire avant qu'elles soient conduites au ciel. Les limbes où se trouvaient ceux qui attendaient leur délivrance étaient entourés d'une sphère grisâtre et nébuleuse, et divisés en plusieurs cercles. Le Sauveur, resplendissant de lumière et conduit comme en triomphe par les anges, passa entre deux de ces cercles, dont celui de gauche renfermait les patriarches antérieurs à Abraham ; celui de droite, les âmes de ceux qui avaient vécu depuis Abraham jusqu'à saint Jean-Baptiste. Quand Jésus passa ainsi, ils ne le reconnurent pas encore, mais tout se remplit de joie et de désir, et il y eut comme une dilatation dans ces lieux étroits, séjour de l'attente et d'un désir plein d'angoisse. Jésus passa entre ces deux cercles jusque dans un lieu enveloppé de brouillards, où se trouvaient Adam et Eve ; il leur parla, et ils l'adorèrent avec un ravissement inexprimable. Le cortège du Seigneur, auquel s'était joint le premier couple humain, entra maintenant à gauche dans le cercle des patriarches antérieurs à Abraham : c'était une espèce de purgatoire. Parmi eux se trouvaient çà et là de mauvais esprits qui tourmentaient et inquiétaient de bien des manières les âmes de quelques-uns. Les anges frappèrent et ordonnèrent d'ouvrir, car il y avait là une entrée, une espèce de porte qui était fermée ; il me sembla que les anges disaient : Ouvrez les portes et Jésus entra en triomphe. Les mauvais esprits s'éloignèrent en criant : Qu'y a-t-il entre toi et nous ? Que viens-tu faire ici ? Veux-tu aussi nous crucifier ? Les anges les enchaînèrent et les chassèrent devant eux. Les âmes qui étaient en ce lieu n'avaient qu'un faible pressentiment et une connaissance obscure de Jésus, il s'annonça à elles, et elles chantèrent ses louanges. L'âme du Seigneur se dirigea ensuite à droite, vers les limbes proprement dits ; il y rencontra l'âme du bon larron, conduite par les anges dans le sein d'Abraham, et celle du mauvais larron, que les démons menaient en enfer. L'âme de Jésus leur adressa la parole ; puis, accompagnée des anges, des âmes délivrées et des mauvais esprits captifs, elle entra dans le sein d'Abraham.

Ce lieu me parut un peu plus élevé ; c'est comme quand on monte de l'église souterraine dans l'église supérieure. Les démons enchaînés résistaient et ne voulaient pas entrer là, mais les anges les y forcèrent. Là se trouvaient tous les saints Israélites : à gauche, les patriarches, Moïse, les juges et les rois ; à droite, les prophètes, les ancêtres du Christ et ses parents, tels que Joachim, Anne, Joseph, Zacharie, Elisabeth et Jean. Il n'y avait point de mauvais esprits en ce lieu : la seule peine qu'on y éprouvât était l'ardent désir de l'accomplissement de la promesse, lequel se trouvait maintenant satisfait. Une joie et un bonheur inexprimables entrèrent dans toutes ces âmes, qui saluèrent et adorèrent le Rédempteur ; quant aux mauvais esprits enchaînés, ils furent forcés de confesser devant elles la honte de leur défaite. Plusieurs d'entre elles furent envoyées sur la terre pour reprendre momentanément leurs corps et rendre témoignage au Sauveur. Ce fut dans ce moment que tant de morts sortirent de leurs tombeaux à Jérusalem. Ils apparurent comme des cadavres errants, et déposèrent de nouveau leurs corps dans la terre, de même qu'un messager de la justice dépose son manteau officiel lorsqu'il a rempli l'ordre de ses supérieurs.

Je vis ensuite le cortège triomphal du Sauveur entrer dans une sphère plus profonde, où se trouvaient, dans une espèce de lieu de purification, les pieux païens qui avaient pressenti la vérité et l'avaient désirée. Il y avait de mauvais esprits parmi eux, car ils avaient des idoles. Je vis les démons forcés de confesser leur fraude, et ces âmes adorèrent le Seigneur avec une joie touchante. Les démons jurent encore ici enchaînés et emmenés captifs. Je vis ainsi Jésus traverser rapidement en triomphateur et en libérateur beaucoup de lieux où des âmes étaient renfermées et accomplir une infinité de choses ; mais mon triste état ne me permet pas de tout raconter.

Je le vis enfin s'approcher avec un air sévère du centre de l'abime. L'enfer m'apparut sous la forme d'un édifice immense, effrayant, formé de noirs rochers brillant d'un éclat métallique, à l'entrée duquel étaient d'énormes portes noires fermées avec des serrures et des verrous et dont l'aspect faisait frémir. Un hurlement de désespoir se fit entendre, les portes furent enfoncées et un horrible monde de ténèbres apparut.

La céleste Jérusalem m'apparat ordinairement comme une ville où les demeures des bienheureux se montrent sous la figure de palais et de jardins pleins de fleurs et de fruits merveilleux, selon leurs conditions de béatitude : de même, ici, je crus voir un monde tout entier, avec ses édifices, ses demeures et ses champs. Mais, dans le séjour des bienheureux, tout est disposé selon des rapports de pais infinie, d'harmonie et de joie éternelle : tout à la béatitude pour source et pour base, tandis qu'en enfer tout se trouve dans des rapports de colère éternelle, de discordes et de désespoir. Dans le ciel, ce sont des édifices diaphanes d'une beauté inexprimable, faits pour la joie et l'adoration, des jardins pleins de fruits merveilleux qui communiquent la vie. En enfer, ce sont des cachots et des cavernes, des déserts et des marais pleins de tout ce qui peut exciter l'horreur et le dégoût. Je vis des temples, des autels, des châteaux, des trônes, des jardins, des lacs, des fleuves, formes de la malédiction, de la haine, de l'abomination, du désespoir, de la contusion, de la peine et du supplice : de même que dans le ciel, tout est bénédiction, amour, concorde joie et béatitude. Ici, l'éternelle et terrible discorde des réprouvés ; là, l'union bienheureuse des saints. Toutes les racines de la corruption et de l'erreur produisent ici la douleur et le supplice dans un nombre infini de manifestations et d'opérations : chaque damné a cette pensée toujours présente que les tourments auxquels il est livré sont le fruit naturel et nécessaire de son crime : car tout ce qu'on voit et qu'on éprouve d'horrible dans ce lieu n'est que l'essence, la forme intérieure du péché démasqué, de ce serpent qui dévore ceux qui l'ont nourri dans leur sein. Je vis là une effrayante colonnade où tout se rapportait à la terreur et à l'angoisse comme dans le royaume de Dieu à la paix et au repos, etc. Tout cela peut se comprendre quand on le voit, mais c'est presque impossible à expliquer par des paroles.

Lorsque les portes eurent été enfoncées par les anges ce fut comme un chaos d'imprécations, d'injures, de hurlements et de plaintes. Je vis Jésus adresser la parole à l'âme de Judas. Quelques anges terrassèrent des armées entières de démons. Tous durent reconnaître et adorer Jésus, et ce fui le plus affreux de leurs supplices. Beaucoup furent enchaînés dans un cercle qui entourait d'autres, lesquels se trouvèrent aussi emprisonnés. Au milieu de l'enfer était un abime de ténèbres : Lucifer y fut jeté chargé de chaines, et de noires, vapeurs bouillonnèrent autour de lui. Tout cela se fit d'après certains décrets divins. J'appris que Lucifer doit être déchainé cinquante ou soixante ans avant l'an 2000 du Christ, si je ne me trompe Beaucoup d'autres chiffres, dont je ne me souviens plus, furent indiqués. Quelques démons doivent être relâchés auparavant pour punir et tenter le monde. Quelques-uns, à ce que je crois, ont dû être déchainés de nos jours, d'autres le seront bientôt après. Il m'est impossible de dire tout ce qui m'a été montré : il y a trop de choses pour que je puisse les mettre en ordre. D'ailleurs, je suis bien malade, et, quand je parle de ces objets, ils se représentent devant mes yeux, et leur vue pourrait faire mourir.

Je vis encore des troupes innombrables d'âmes rachetées s'élever du purgatoire et des limbes à la suite de l'âme de Jésus, jusqu'en un lieu de délices, au-dessous de la céleste Jérusalem. C'est que j'ai vu, il y a peu de temps, un de mes amis décédé. L'âme du bon larron y vint et vit le Seigneur dans le paradis, selon sa promesse. Je vis qu'en ce lieu étaient préparées pour les âmes des tables célestes comme celles que je vois souvent dans des visions de consolation[41], et qu'elles y prenaient une nourriture qui les remplissait de force et de joie.

Je ne puis préciser dans tout cela aucun temps ni aucuns succession. Je ne saurais non plus raconter tout ce que j'ai vu et entendu ; il y a bien des choses que je ne comprends plus, il y en a d'autres qui seraient mal comprises si je les racontais. J'ai vu le Seigneur en différents endroits, notamment dans la mer : il semblait sanctifier et délivrer toute la création, Partout les mauvais esprits fuyaient devant lui et se précipitaient dans l'abime. Je vis aussi son âme en différents endroits dans l'intérieur de la terre. Je la vis paraître dans le tombeau d'Adam, sous le Golgotha : les âmes d'Adam et d'Eve vinrent l'y trouver, et il leur parla. Je le vis avec elles visitant sous la terre les tombeaux de plusieurs prophètes dont les âmes vinrent se joindre à lui, près de leurs ossements. Puis, avec cette troupe élue dont David faisait partie, je le vis paraître en plusieurs lieux marqués par quelque circonstance de sa vie, leur expliquant avec un amour ineffable ce qui leur était arrivé de figuratif dans ces mêmes lieux et comment il avait accompli toutes les figures. Je la vis notamment expliquer aux âmes beaucoup d'événements figuratifs qui avaient eu lieu, sous l'ancienne loi, à l'endroit où il devait être baptisé, et je méditais avec une émotion profonde sur l'infinie miséricorde de Jésus qui les rendait, participants des fruits de son saint baptême. Il était singulièrement touchant de voir l'âme du Seigneur, accompagnée de ces âmes bienheureuses, passer comme un rayon de lumière à travers la terre, les rochers, les eaux et les airs, ou planer doucement sur la terre.

C'est là le peu que je puis me rappeler de mes visions sur la descente de Jésus aux enfers et sur la rédemption des âmes des patriarches accomplie après sa mort. Mais outre cet événement accompli dans le temps, je vis une image éternelle de la miséricorde qu'il exerce en ce jour envers les pauvres âmes. Je vis que, chaque anniversaire de ce jour, il jette, par l'intermédiaire de l'Eglise, un regard libérateur dans le purgatoire : aujourd'hui même, au moment où j'ai eu cette vision, il a tiré du lieu de purification les âmes de quelques personnes qui avaient péché lors de son crucifiement. J'ai vu la délivrance de beaucoup d'âmes connues et inconnues, mais je ne les nomme pas.

Aujourd'hui, la sœur étant dans son état extatique, dit encore à peu près ce qui suit : La première descente de Jésus aux limbes est l'accomplissement de figures antérieures et elle est à son tour une figure dont l'accomplissement est la rédemption actuelle. La descente aux enfers dont j'ai eu la vision, est un tableau appartenant à un temps qui n'est plus, mais la rédemption d'aujourd'hui est une vérité permanente : car la descente de Jésus aux enfers est la plantation d'un arbre de grâce, destiné à communiquer ses mérites aux âmes en souffrance. La rédemption continuelle et actuelle de ces âmes est le fruit que porte cet arbre dans le jardin spirituel de l'Eglise. Mais l'Eglise militante doit prendre soin de l'arbre et recueillir les fruits, afin de les communiquer à l'Eglise souffrante qui ne peut rien faire pour elle-même. Il en est ainsi de tous les mérites du Christ : il faut travailler avec lui pour y avoir part. Nous devons manger notre pain à la sœur de notre front. Tout ce que Jésus a fait pour nous dans le temps porte des fruits éternels ; mais nous devons les cultiver et les recueillir dans le temps, sans quoi nous ne pourrions en jouir dans l'éternité. L'Eglise est un père de famille accompli : son année est le jardin complet de tous les fruits éternels dans le temps. Il y a dans un an assez de tout pour tous. Malheur aux jardiniers paresseux et infidèles, s'ils laissent se perdre une grâce qui aurait pu guérir un malade, fortifier un faible, rassasier un affamé ! Ils rendront compte du plus petit brin d'herbe au jour du jugement.

LXII. LE SOIR D'AVANT LA RESURRECTION

Quand le sabbat fut terminé, Jean vint trouver les saintes femmes, pleura avec elles, et leur donna des consolations. Il les quitta au bout de quelque temps : alors Pierre et Jacques le Majeur vinrent les voir dans le même but, mais eux aussi ne restèrent pas longtemps avec elles. Les saintes femmes se retirèrent encore à part, exprimèrent encore leur douleur, en s'enveloppant dans leurs manteaux de deuil et en s'asseyant sur des cendres.

Pendant que la sainte Vierge priait intérieurement, pleins d'un ardent désir de revoir Jésus, un ange vint à elle, et lui dit de se rendre à la petite porte de Nicodème, parce que le Seigneur était proche. Le cœur de Marie fut inondé de joie : elle s'enveloppa dans son manteau, et quitta les saintes femmes, sans dire à personne où elle allait. Je la vis aller en toute hâte à cette petite porte percée dans le mur de la ville, par laquelle ses compagnons et elle étaient rentrés en revenant du tombeau.

Il pouvait être neuf heures du soir : la sainte Vierge approchait, à pas pressés, de cette porte, lorsque je la vis s'arrêter tout à coup en un lieu solitaire. Elle regarda avec un air de ravissement en haut du mur de la ville, et je vis l'âme du Sauveur, toute lumineuse et sans aucune marque de blessures, descendre jusqu'à Marie, accompagnée d'une troupe nombreuse d'âmes des patriarches. Jésus, se tournant vers eux, et montrant la sainte Vierge, prononça ces paroles : Marie, ma mère, me sembla qu'il l'embrassait, puis il disparut. La sainte Vierge tomba sur ses genoux, et baisa la terre à la place où il avait apparu.

Ses genoux et ses pieds restèrent empreints sur la pierre, et elle revint, pleine d'une consolation ineffable, vers les saintes femmes qu'elle trouva occupées à préparer des onguents et des aromates. Elle ne leur dit pas ce qu'elle avait vu, mais ses forces étaient renouvelées ; elle consola toutes les autres et les fortifia dans la foi.

Lorsque Marie revint, je vis les saintes femmes près d'une longue table dont la couverture pendait jusqu'à terre. Il y avait là plusieurs paquets d'herbes qu'elles arrangeaient et mêlaient ensemble ; elles avaient aussi des flacons d'onguent et d'eau de nard, et en outre des fleurs fraiches parmi lesquelles étaient, je crois, un iris rayé ou un us. Elles enveloppaient le tout dans des linges. Pendant l'absence de Marie, Madeleine, Marie, fille de Cléophas, Salomé, Jeanne, et Marie Salomé, étaient allées acheter tout cela à la ville. Elles voulaient le lendemain en couvrir le corps enseveli du Sauveur. Je vis les disciples en prendre une partie chez la marchande et le remettre à la porte de la maison où étaient les saintes femmes, sans y entrer eux-mêmes.

LXIII. JOSEPH D'ARIMATHIE EST MIS EN LIBERTE

Peu après le retour de la sainte Vierge auprès de ses compagnes, je vis Joseph d'Arimathie priant dans sa prison. Tout à coup le cachot fut inondé de lumière, et j'entendis une voix qui l'appelait par son nom. Le toit fut soulevé de manière à laisser une ouverture ; puis je vis une forme lumineuse lui tendre un drap qui me rappela le linceul où il avait enseveli Jésus et lui dire de s'en servir pour monter. Joseph le saisit à deux mains, et, appuyant ses pieds sur des pierres qui faisaient saillie, il s'éleva à la hauteur de dix ou douze pieds, jusqu'à l'ouverture qui se referma derrière lui. Lorsqu'il fut au haut de la tour, l'apparition s'évanouit. Je ne sais si ce fut le Sauveur lui-même, ou si ce fut un ange qui le délivra.

Il Suivit quelque temps le mur de la ville jusque dans le voisinage du Cénacle qui était près du mur méridional de Sion. Il descendit alors et frappa au Cénacle. Les disciples rassemblés avaient fermé les portes : ils avaient été très affligés de la disparition de Joseph, et croyaient qu'on l'avait jeté dans un égout, parce que le bruit s'en était répandu. Lorsqu'on lui ouvrit et qu'il entra, leur joie fut grande, comme elle le fut plus tard lorsque saint Pierre fut délivré de sa prison. Il raconta ce qui lui était arrivé : ils en furent réjouis et consolés, lui donnèrent à manger et remercièrent Dieu. Pour lui, il quitta Jérusalem dans la nuit, et s'enfuit à Arimathie, sa patrie ; il revint pourtant lorsqu'il sut qu'il n'y avait plus de danger pour lui.

Je vis aussi, vers la fin du sabbat, Caiphe et d'autres prêtres s'entretenir avec Nicodème dans sa maison. Ils lui firent plusieurs questions avec une bienveillance feinte ; je ne me souviens plus de ce que c'était. Il resta ferme dans sa foi, défendit constamment l'innocence de Jésus, et ils se retirèrent.

LXIV. NUIT DE LA RESURRECTION

Bientôt après je vis le tombeau du Seigneur ; tout était calme et tranquille alentour : il y avait six à sept gardes, les uns assis, les autres debout vis-à-vis et autour de la colline. Pendant toute la journée, Cassius n'avait presque pas quitté sa place dans le fossé, à l'entrée de la grotte. En ce moment il était encore là, dans la contemplation et dans l'attente, car il avait reçu de grandes grâces et de grandes lumières : il était éclairé et touché intérieurement. Il faisait nuit, les lanternes placées devant la grotte jetaient alentour une vive lueur. Je m'approchai alors en esprit du saint corps pour l'adorer. Il était enveloppé dans son linceul et entouré de lumière et reposait entre deux anges que j'avais vus constamment en adoration à la tête et aux pieds du Sauveur, depuis la mise au tombeau. Ces anges avaient l'air de prêtres ; leur posture et leurs bras croisés sur la poitrine me firent souvenir des Chérubins de l'arche d'alliance, mais je ne leur vis point d'ailes. Du reste, le saint sépulcre tout entier me rappela souvent l'arche d'alliance à différentes époques de son histoire. Peut-être cette lumière et la présence des anges étaient-elles visibles pour Cassius, car il était en contemplation près de la porte du tombeau, comme quelqu'un qui adore le Saint Sacrement.

En adorant le saint corps, je vis comme si l'âme du Seigneur, suivie des âmes délivrées des patriarches, entrait dans le tombeau à travers le rocher et leur montrait toutes les blessures de son corps sacré. En ce moment, les voiles semblèrent enlevés : je vis le corps tout couvert de plaies, c'était comme si la divinité qui y habitait eut révélé à ces âmes d'une façon mystérieuse toute l'étendue de son martyre. Il me parut transparent de manière que l'intérieur était visible ; on pouvait reconnaître dans tous leurs détails les lésions et les altérations que tant de souffrances y avaient produites, et voir jusqu'au fond de ses blessures. Les âmes étaient pénétrées d'un respect indicible mêlé de criante et de compassion.

J'eus ensuite une vision mystérieuse que je ne puis pas bien expliquer ni raconter clairement. Il me sembla que l'âme de Jésus, sans avoir encore rendu la vie à son corps par une complète union, sortait pourtant du sépulcre en lui et avec lui : je crus voir les deux anges qui adoraient aux extrémités du tombeau enlever ce corps sacre, nu, meurtri, couvert de blessures, et monter ainsi jusqu'au ciel à travers les rochers qui s'ébranlaient ; Jésus semblai ; présenter son corps supplicié devant le trône de son Père céleste, au milieu de chœurs innombrables d'anges prosternés : ce fut peut-être de cette manière que les âmes de plusieurs prophètes reprirent momentanément leurs corps après la mort de Jésus et les conduisirent au temple, sans pourtant revenir à la vie réelle, car elles s'en séparèrent de nouveau sans le moindre effort. Je ne vis pas cette fois les âmes des patriarches accompagner le corps du Seigneur. Je ne me souviens pas non plus où elles restèrent jusqu'au moment où je les vis de nouveau rassemblées autour de l'âme du Seigneur.

Pendant cette vision, je remarquai une secousse dans le rocher : quatre des gardes étaient allés chercher quelque chose à la ville, les trois autres tombèrent presque sans connaissance. Ils attribuèrent cela à un tremblement de terre et en méconnurent la véritable cause. Mais Cassius fut très ému : car il voyait quelque chose de ce qui se passait, quoique cela ne fût pas très clair pour lui. Toutefois, il resta à sa place, attendant dans un grand recueillement ce qui allait arriver. Pendant ce temps les soldats absents revinrent.

Ma contemplation se tourna de nouveau vers les saintes femmes : elles avaient fini de préparer et d'empaqueter leurs aromates et s'étaient retirées dans leurs cellules. Toutefois elles ne s'étaient pas couchées pour dormir, mais s'appuyaient seulement sur les couvertures roulées. Eues voulaient se rendre au tombeau avant le jour. Elles avaient manifesté plusieurs fois leur inquiétude, car elles craignaient que les ennemis de Jésus ne leur tendissent des embûches lorsqu'elles sortiraient, mais la sainte Vierge, pleine d'un nouveau courage depuis que son fils lui était apparu, les tranquillisa et leur dit qu'elles pouvaient prendre quelque repos et se rendre sans crainte au tombeau, qu'il ne Leur arriverait point de mal. Alors elles se reposèrent un peu.

Il était à peu près onze heures de la nuit lorsque la Sainte Vierge, poussée par l'amour et par un désir irrésistible, se leva, s'enveloppa dans un manteau gris, et quitta seule la maison. Je me demandais avec inquiétude comment on laissait cette sainte mère, si épuisée, si affligée, se risquer seule ainsi au milieu de tant de dangers. Elle alla, plongée dans la tristesse, à la maison de Caïphe, puis au palais de Pilate, ce qui l'obligeait à traverser une grande partie de la ville, et elle parcourut ainsi tout le chemin de la croix à travers les rues désertes, s'arrêtant à tous les endroits où le Sauveur avait eu quelque chose à souffrir ou quelque outrage à essuyer. Elle semblait chercher un objet perdu ; souvent elle se prosternait par terre et promenait sa main sur les pierres :

après quoi elle la portait à sa bouche, comme si elle eût touche quelque chose de saint, le sang sacré du Sauveur qu'elle vénérait en y appliquant ses lèvres. L'amour produisait en elle quelque chose de surhumain : car toutes les places sanctifiées lui apparaissaient lumineuses. Elle était absorbée dans l'amour et l'adoration. Je l'accompagnai pendant tout le chemin et je ressentis et fis tout ce qu'elle ressentit et fit elle-même, selon la faible mesure de mes forces.

Elle alla ainsi jusqu'au Calvaire, et comme elle en approchait, elle s'arrêta tout d'un coup. Je vis Jésus avec son corps sacré apparaître devant la sainte Vierge, précédé d'un ange, ayant à ses côtés les deux anges du tombeau, et suivi d'une troupe nombreuse d'âmes délivrées. Il ne faisait aucun mouvement et semblait planer dans la lumière qui l'entourait ; mais il en sortit une voix qui annonça à sa mère ce qu'il avait fait dans les limbes, et qui lui dit qu'il allait ressusciter et venir à elle avec son corps transfiguré ; qu'elle devait l'attendre près de la pierre où il était tombé au Calvaire. L'apparition parut se diriger du côté de la ville, st la sainte Vierge, enveloppée dans son manteau, alla s'agenouiller en priant à la place qui lui avait été, désignée. Il pouvait bien être minuit passé, car Marie était restée assez longtemps sur le chemin de la croix. Je vis alors le cortège du Sauveur suivre ce même chemin, tout le supplice de Jésus fut montré aux âmes avec ses moindres circonstances : les anges recueillaient, d'une manière mystérieuse, toutes les portions de sa substance sacrée qui avaient été arrachées de son corps. Je vis que le crucifiement, l'érection de la crois, l'ouverture du côté, la déposition et l'ensevelissement leur furent aussi montrés. La sainte

Vierge de son côté contemplait tout cela en esprit et adorait, pleine d'amour.

Il me sembla ensuite que le corps du Seigneur reposait de nouveau dans le tombeau, et que les anges y rejoignaient, d'une façon mystérieuse, tout ce que les bourreaux et leurs instruments de supplice en avaient enlevé. Je le vis de nouveau resplendissant dans son linceul, avec les deux anges en adoration à la tête et aux pieds. Je ne puis exprimer comment je vis tout cela. Il y a là tant de choses, des choses si diverses et si inexprimables, que notre raison dans son état ordinaire n'y peut rien comprendre. D'ailleurs, ce qui est clair et intelligible quand je le vois, devient plus tard complètement obscur et je ne puis le rendre avec des paroles.

Lorsque le ciel commença à blanchir à l'orient, je vis Madeleine, Marie, fille de Cléophas, Jeanne Chusa et Salomé quitter le Cénacle, enveloppées dans leurs manteaux. Elles portaient des aromates empaquetés, et l'une d'elles avait une lumière allumée, mais cachée sous ses vêtements. Les aromates consistaient en fleurs fraiches qui devaient être jetées sur le corps, en sucs extraits de diverses plantes, en essences et en huiles dont elles voulaient l'arroser. Je les vis se diriger timidement vers la petite porte de Nicodème.

LXV. RESURRECTION DU SEIGNEUR

Je vis apparaître l'âme de Jésus comme une gloire resplendissante entre deux anges en habits de guerre (des deux anges que j'avais vus précédemment étaient en habits sacerdotaux) ; une multitude de figures lumineuses l'environnait. Pénétrant à travers le rocher, elle vint se reposer sur son corps très saint : elle sembla se pencher sur lui et se confondit tout d'un coup avec lui. Je vis alors les membres se remuer dans leurs enveloppes, et le corps vivant et resplendissant. Au Seigneur uni à son âme et à sa divinité, se dégager du linceul par le côté, comme s'il sortait de la plaie faite par la lance : cette vue me rappela Eve sortant du côté d'Adam. Tout était éblouissant de lumière.

Il me sembla au même moment qu'une forme monstrueuse sortait de terre au-dessous du tombeau. Elle avait une queue de serpent et une tête de dragon qu'elle levait contre Jésus ! Je crois me souvenir qu'elle avait en outre une tête humaine. Mais je vis à la main du Sauveur ressuscité un beau bâton blanc au haut duquel était un étendard flottant : il marcha sur la tête du dragon et frappa rois fois avec le bâton sur sa queue ; à chaque coup, je vis le monstre se replier davantage sur lui-même, diminuer de grosseur et disparaître : la tête du dragon était rentrée sous terre, la tête humaine paraissait encore. J'ai souvent eu cette vision lors de la résurrection, et j'ai vu un serpent pareil qui semblait en embuscade lors de la conception du Christ. Il me rappela celui du Paradis ; seulement il était encore plus horrible. Je pense que ceci se rapporte à la prophétie : La semence de la femme écrasera la tête du serpent. Tout cela me parut seulement un symbole de la victoire remportée sur la mort, car lorsque je vis le Sauveur écraser la tête du dragon, je ne vis plus de tombeau.

Je vis bientôt Jésus resplendissant s'élever à travers le rocher. La terre trembla ; un ange, semblable à un guerrier, se précipita comme un éclair du ciel dans le tombeau, mit la pierre à droite et s'assit dessus. La secousse fut telle que les lanternes s'agitèrent violemment et que la flamme jaillit de tous les côtés. A cette vue, les gardes tombèrent comme atteints de paralysie ; ils restèrent étendus par terre, les membres contournés et ne donnant plus signe de vie. Cassius, ébloui d'abord par l'éclat de la lumière, revint promptement à lui et s'approcha du tombeau : il entrouvrit la porte, toucha les linges vides, et se retira dans le dessein d'annoncer à Pilate ce qui était arrivé. Toutefois il attendit encore un peu, dans l'espoir de voir quelque chose de plus ; car il avait senti le tremblement de terre, il avait vu la pierre jetée de côté, l'ange assis dessus et le tombeau vide, mais il n'avait pas aperçu Jésus. Ces premiers événements furent racontés aux disciples soit par Cassius, soit par les gardes.

Au moment où l'ange entra dans le tombeau et où la terre trembla. Je vis le Sauveur ressuscité apparaître à sa Mère près du Calvaire. Il était merveilleusement beau et radieux. Son vêtement, semblable à un manteau, flottait derrière lui, et semblait d'un blanc bleuâtre, comme la fumée vue au soleil. Ses blessures étaient larges et resplendissantes ; on pouvait passer le doigt dans celles des mains. Des rayons allaient du milieu des mains au bout des doigts. Les âmes des patriarches s'inclinèrent devant la Mère de Jésus à laquelle le Sauveur adressa quelques mots que j'ai oubliés pour lui dire qu'elle le reverrait. Il lui montra ses blessures, et, comme elle se prosternait à terre pour baiser ses pieds, il la prit par la main, la releva et disparut. Les lanternes brillaient près du tombeau dans le lointain, et l'horizon blanchissait à l'orient au-dessus de Jérusalem.

LXVI. LES SAINTES FEMMES AU TOMBEAU

Les saintes femmes étaient près de la petite porte de Nicodème, lorsque Notre Seigneur ressuscita ; mais elles ne virent rien des prodiges qui eurent lieu au tombeau. Elles ne savaient pas qu'on y avait mis des gardes, car elles n'y étaient pas allées la veille, à cause du sabbat. Elles se demandaient avec inquiétude : Qui nous ôtera la pierre de devant la porte ? Car dans leur empressement à honorer le corps du Seigneur, elles n'avaient pas pensé à cette pierre. Leur dessein était de verser de l'eau de nard et de l'huile odorante sur le corps de Jésus, et d'y répandre des aromates et des fleurs. N'ayant contribué en rien aux dépenses de l'embaumement de la veille dont Nicodème seul s'était chargé, elles voulaient maintenant offrir au Seigneur ce qu'elles avaient pu trouver de plus précieux, et honorer ainsi sa sépulture. Celle qui avait apporté le plus de choses était Salomé. Ce n'était pas la mère de Jean, mais une femme riche de Jérusalem, parente de saint Joseph. Elles résolurent de placer leurs aromates sur la pierre qui fermait le tombeau et d'attendre là que quelque disciple vint leur en ouvrir l'entrée.

Les gardes étaient étendus par terre comme frappés d'apoplexie ; la pierre était rejetée à droite, de sorte qu'on pouvait ouvrir la porte sans peine. Je vis à travers la porte, sur la couche sépulcrale, les linges dans lesquels le corps de Jésus avait été enveloppé. Le grand linceul était à sa place, mais retombé sur lui-même et ne contenant plus que les aromates ; la bande de toile avec laquelle on l'avait serré autour du corps n'avait pas été dépliée ; et elle était déposée sur le bord antérieur du tombeau. Quant au linge dont Marie avait recouvert la tête de son fils, il était à part au lieu même où cette tête sacrée avait reposé : seulement la partie qui avait voilé la face était relevée.

Je vis les saintes femmes approcher du jardin ; lorsqu'elles virent les lanternes des gardes et les soldats couchés autour du tombeau, elles eurent peur et se retournèrent un peu du côté du Golgotha. Mais Madeleine, sans penser au danger, entra précipitamment dans le jardin, et Salomé la suivit à quelque distance, c'étaient-elles deux qui s'étaient principalement occupées de préparer les onguents. Les deux autres femmes furent moins hardies, et s'arrêtèrent à l'entrée. Je vis Madeleine, lorsqu'elle fut près des gardes, revenir un peu effrayée vers Salomé ; puis toutes deux ensemble, passant, non sans quelque crainte, au milieu des soldats étendus par terre, entrèrent dans la grotte du sépulcre. Elles virent la pierre déplacée, mais les portes avaient été refermées, probablement par Cassius. Madeleine les ouvrit, pleine d'émotion, fixa les yeux sur la couche sépulcrale, et vit les linges où le Seigneur avait été enseveli vides, repliés et mis de côté. Le tombeau était resplendissant, et un ange était assis à droite sur la pierre. Madeleine fut toute troublée ; je ne sais pas si elle entendit les paroles de l'ange, mais je la vis sortir rapidement du jardin et courir dans la ville vers les apôtres assemblés. Je ne sais non plus si l'ange parla à Marie Salomé, qui était restée à l'entrée du sépulcre ; je la vis, tout effrayée, sortir du jardin en grande hâte aussitôt après Madeleine, rejoindre les deux autres femmes et leur annoncer ce qui venait de se passer. Tout cela se fit précipitamment et avec un sentiment d'épouvante comme en présence d'une apparition. Le récit de Salomé troubla et réjouit à la fois les autres femmes, lesquelles hésitèrent un peu avant d'entrer dans le jardin. Mais Cassius, qui avait attendu et cherché quelque temps dans les environs, espérant peut-être voir Jésus, se rendit en ce moment même vers Pilate pour lui faire son rapport. En passant près des saintes femmes, il leur dit très brièvement ce qu'il avait vu et les exhorta à s'en assurer par leurs propres yeux. Elles prirent courage et entrèrent dans le jardin. Comme elles étaient à l'entrée du sépulcre, elles virent les deux anges du tombeau en habits sacerdotaux d'une blancheur éclatante. Elles lurent saisies de frayeur se serrèrent l'une contre l'autre, et, mettant les mains devant leurs yeux, se courbèrent jusqu'à terre. Mais un des anges leur dit de n'avoir pas peur, qu'elles ne devaient plus chercher là le Crucifié, qu'il était ressuscité et plein de vie. Il leur montra la place vide, et leur ordonna de dire aux disciples ce qu'elles avaient vu et entendu. Il ajouta que Jésus les précéderait en Galilée, et qu'elles devaient se ressouvenir de ce qu'il leur avait dit : Le Fils de l'homme sera livré entre les mains des pécheurs ; on le crucifiera, et il ressuscitera le troisième jour. Alors les anges disparurent. Les saintes femmes, tremblantes, mais pleines de joie, regardèrent en pleurant le tombeau et les linges, et s'en revinrent vers la ville. Mais elles étaient encore tout émues ; elles ne se pressaient pas, et s'arrêtaient de temps en temps pour voir si elles n'apercevraient pas le Seigneur, ou si Madeleine ne revenait pas.

Pendant ce temps, je vis Madeleine arriver au Cénacle ; elle était comme hors d'elle-même et frappa fortement à la porte. Plusieurs disciples étaient encore couchés le long des murs, et dormaient ; quelques-uns étaient levés et s'entretenaient ensemble. Pierre et Jean lui ouvrirent. Madeleine leur dit seulement du dehors : On a enlevé le Seigneur du tombeau ; nous ne savons pas où on l'a mis. Et après ces paroles, elle s'en retourna en grande hâte vers le jardin. Pierre et Jean rentrèrent dans la maison et dirent quelques mots aux autres disciples ; puis ils la suivirent en courant, Jean toutefois plus vite que Pierre. Je vis Madeleine rentrer dans le jardin et se diriger vers le tombeau, tout émue de sa course et de sa douleur. Elle était couverte de rosée ; son manteau était tombé de sa tête sur ses épaules, et ses longs cheveux dénoués et flottants. Comme elle était seule, elle n'osa pas d'abord descendre dans la grotte, mais elle s'arrêta un instant devant l'entrée ; elle s'agenouilla pour regarder jusque dans le tombeau à travers les portes, et comme elle rejetait en arrière ses longs y cheveux qui tombaient sur son visage, elle vit deux anges en vêtements sacerdotaux d'une blancheur éclatante, assis aux deux extrémités du tombeau, et entendit la voix de l'un d'eux qui lui disait : Femme, pourquoi pleures-tu ? Elle s'écria dans sa douleur (car elle ne voyait qu'une chose, n'avait qu'une pensée, à savoir que le corps de Jésus n'était plus là) : Ils ont enlevé mon Seigneur, et je ne sais pas où ils l'ont mis. Après ces paroles, ne voyant que le linceul vide, elle quitta le tombeau et se mit à chercher çà et là. Il lui semblait qu'elle allait trouver Jésus : elle pressentait confusément qu'il était près d'elle, et l'apparition même des anges ne pouvait la distraire, elle paraissait ne pas s'apercevoir que c'étaient des anges ; elle ne pouvait penser qu'à Jésus. Jésus n'est pas là ! Où est Jésus ? Je la vis errer de côte et d'autre comme une personne qui aurait perdu son chemin. Sa chevelure tombait à droite et à gauche sur son visage. Une fois, elle prit tous ses cheveux à deux mains, puis elle les partagea en deux et les rejeta en arrière. C'est alors qu'en regardant autour d'elle, elle vit, à dix pas du tombeau, vers l'orient au lieu où le jardin monte vers la ville, une grande figure habillée de blanc apparaître entre les buissons, derrière un palmier, à la lueur du crépuscule, et comme elle courait de ce côté, elle entendit ces paroles : Femme, pourquoi pleures-tu ? Qui cherches-tu ? Elle crut que c'était le jardinier ; et, en effet, celui qui lui parlait avait une bêche à la main, et sur la tête un large chapeau qui semblait fait d'écorce d'arbre. J'avais vu sous cette forme le jardinier de la parabole que Jésus avait racontée aux saintes femmes, à Béthanie, peu de temps avant sa passion. Il n'était pas resplendissant de lumière, mais semblable à un homme habillé de blanc qu'on verrait à la lueur du crépuscule. A ces paroles : Qui cherches-tu ?, elle répondit aussitôt : Si c'est vous qui l'avez enlevé, dites-moi où il est, et j'irai le prendre. Et elle se mit tout de suite à regarder de nouveau autour d'elle. C'est alors que Jésus lui dit avec un son de voix ordinaire : Marie ! Elle reconnut sa voix, et aussitôt, oubliant le crucifiement, la mort et la sépulture, elle se retourna rapidement, et lui dit comme autrefois : Rabboni (maitre !) ! Elle tomba à genoux et étendit ses bras vers les pieds de Jésus. Mais le Sauveur l'arrêta d'un geste, et lui dit : Ne me touche pas ! Car je ne suis pas encore monté vers mon Père, mais va trouver mes frères, et dis-leur que je monte vers mon Père et leur Père, vers mon Dieu et leur Dieu. Alors il disparut. Il me fut expliqué pourquoi Jésus avait dit : Ne me touche pas ! Mais je n'en ai plus un souvenir bien distinct. Je pense qu'il parla ainsi à cause de l'impétuosité de Madeleine, trop absorbée dans le sentiment qu'il vivait de la même vie qu'auparavant, et que tout était comme autrefois. Quant aux paroles de Jésus : " Je ne suis pas encore monté vers mon Père ", il me fut expliqué qu'il ne s'était pas encore présenté à son Père céleste après sa résurrection, et qu'il ne l'avait pas encore remercié pour sa victoire sur la mort et pour l'œuvre accomplie de la Rédemption. C'était comme s'il eût dit que les prémices de la joie appartenaient à Dieu, qu'elle devait d'abord se recueillir et remercier Dieu pour l'accomplissement du mystère de la Rédemption : car elle avait voulu embrasser ses pieds comme autrefois ; elle n'avait pensé à rien qu'à son maitre bien-aimé, et elle avait oublié, dans l'emportement de son amour, le miracle qui était sous ses yeux. Je vis Madeleine, après la disparition du Seigneur, se relever promptement, et, comme si elle avait fait un rêve, courir de nouveau au sépulcre. Là, elle vit les deux anges assis : ils lui dirent ce qu'ils avaient dit aux deux autres femmes touchant la résurrection de Jésus. Alors, sûrs du miracle et de ce qu'elle avait vu, elle se hâta de chercher ses compagnes, et elle les trouva sur le chemin qui menait au Calvaire ; elles y erraient de côté et d'autre, toutes craintives, attendant le retour de Madeleine et ayant une vague espérance de voir quelque part le Seigneur.

Toute cette scène ne dura guère que deux minutes ; il pouvait être trois heures et demie du matin quand le Seigneur lui apparut, et elle était à peine sortie du jardin que Jean y entra, et Pierre un instant après lui. Jean s'arrêta à l'entrée du caveau ; se penchant en avant, il regarda par la porte entrouverte du tombeau et vit le linceul vide. Pierre arriva alors et descendit dans la grotte, jusque devant le tombeau : il y vit les linges repliés des deux côtés vers le milieu : les aromates y étaient enveloppées et la bande de toile roulée autour : le linge qui avait couvert la face était également plié et déposé à droite contre la paroi. Jean alors suivit de Pierre, vit tout cela et crut à la résurrection. Ce que Jésus leur avait dit, ce qui était dans les Ecritures devenait clair pour eux maintenant, et jusqu'alors ils ne l'avaient pas compris. Pierre prit les linges sous son manteau, et ils s'en revinrent en courant par la petite porte de Nicodème, Jean courut encore en avant de Pierre.

J'ai vu le sépulcre avec eux et avec Madeleine, et chaque fois j'ai vu les deux anges assis à la tête et aux pieds, comme aussi tout le temps que le corps de Jésus fut dans le tombeau. Il me sembla que Pierre ne les vit pas. J'entendis plus tard Jean dire aux disciples d'Emmaüs que, regardant d'en haut, il avait aperçu un ange. Peut-être l'effroi que lui causa cette vue fut-il cause qu'il se laissa devancer par Pierre, et peut-être aussi n'en parle-t-il pas dans son Evangile par humilité, pour ne pas dire qu'il a vu plus que Pierre.

Je vis en ce moment seulement les gardes étendus par terre se relever et reprendre leurs piques et leurs lanternes. Ces dernières, placées sur des perches à l'entrée de la grotte, avaient quelque peu éclairé l'intérieur. Les gardes, frappés de stupeur, sortirent en hâte du jardin et gagnèrent la porte de la ville. Pendant ce temps, Madeleine avait rejoint les saintes femmes, et leur racontait qu'elle avait vu la Seigneur dans le jardin, et ensuite les anges. Ses compagnes lui répondirent qu'elles avaient aussi vu les anges. Madeleine courut alors à Jérusalem, et les saintes femmes retournèrent du côté du jardin où elles croyaient peut-être trouver les deux apôtres. Je vis les gardes passer devant elles et leur adresser quelques paroles. Comme elles approchaient du jardin, Jésus leur apparut revêtu d'une longue robe blanche qui couvrait jusqu'à ses mains, et leur dit : Je vous salue. Elles tressaillirent, tombèrent à ses pieds et semblèrent vouloir les embrasser ; toutefois je ne me rappelle pas bien distinctement cette dernière circonstance. Je vis que le Seigneur leur adressa quelques paroles, sembla leur indiquer quelque chose avec la main, et disparut.

Alors elles coururent en hâte au Cénacle, et rapportèrent aux disciples qu'elles avaient vu le Seigneur et ce qu'il leur avait dit. Ceux-ci d'abord ne voulaient croire ni elles, ni Madeleine, et traitèrent tout ce qu'elles leur dirent d'imaginations de femmes jusqu'au retour de Pierre et de Jean.

Comme Jean et Pierre que l'étonnement avaient rendus tout pensifs s'en revenaient, ils rencontrèrent Jacques le Mineur et Thaddée qui avaient voulu les suivre au tombeau, et qui étaient aussi très émus, car le Seigneur leur était apparu près du Cénacle. J'avais aussi vu Jésus passer devant Pierre et Jean, et Pierre me parut l'avoir aperçu, car il sembla saisi d'une terreur subite. Je ne sais pas si Jean le reconnut.

Dans ces visions relatives à la Résurrection, je vis souvent, soit à Jérusalem, soit ailleurs, le Seigneur Jésus au d'autres apparitions en présence de diverses personnes, sans remarquer que celles-ci le voient aussi. Quelquefois je vois les uns frappés d'un effroi soudain et saisis d'étonnement, tandis que les autres restent indifférents. Il me semble que je vois toujours le Seigneur, mais je remarque en même temps que les hommes ne le voyaient alors qu'à certains moments. Je vis de même continuellement les deux anges en habits sacerdotaux se tenir dans l'intérieur du sépulcre, à partir du moment où le Seigneur y fut déposé ; je vis aussi que les saintes femmes, tantôt ne les voyaient pas, quelquefois n'en voyaient qu'un, tantôt les voyaient tons doux. Les anges qui parlèrent aux femmes étaient les anges du tombeau. Un seul d'entre eux leur parla, et comme la porte n'était qu'entrouverte, elles ne virent pas l'autre. L'ange qui descendit comme un éclair, rejeta la pierre du tombeau et s'assit dessus, parut sous la figure d'un guerrier. Cassius et les gardes le virent au commencement assis sur la pierre. Les anges-qui parlèrent ensuite étaient les auges du tombeau ou l'un d'eux. Je ne me souviens plus pour quelle raison tout cela se fit ainsi : quand je le vis, je n'en fus pas surprise, car alors ces choses paraissent toutes simples et rien ne semble étrange.

LXVII. RAPPORT DES GARDES SUR LE TOMBEAU

Cassius était venu trouver Pilate environ une heure après la résurrection. Le gouverneur romain était encore couché, et on fit entrer Cassius près de lui. Il lui raconta tout ce qu'il avait vu avec une grande émotion, lui parla du rocher ébranlé, de la pierre repoussés par un ange, des linceuls restés vides : il ajouta que Jésus était certainement le Messie et le Fils de Dieu, qu'il était ressuscité et qu'il n'était plus là. Il parla encore de diverses autres choses qu'il avait vues. Pilate écouta ce récit avec une terreur secrète, mais il n'en laissa rien voir, et dit à Cassius : Tu es un superstitieux, tu as follement agit en allant te mettre près du tombeau du Galiléen ; ses dieux ont pris avantage sur toi, et t'ont fait voir toutes ces visions fantastiques ; je te conseille de ne pas raconter cela aux Princes des prêtres, car ils te feraient un mauvais parti. Il fit aussi semblant de croire que le corps de Jésus avait été dérobé par ses disciples et que les gardes racontaient la chose autrement, soit pour s'excuser et cacher leur négligence, soit pares qu'ils avaient été trompés par des sortilèges. Quand il eût parlé quelque temps sur ce ton, Cassius le quitta, et Pilate alla sacrifier à ses dieux.

Quatre soldats vinrent bientôt faire le même récit à Pilate ; mais il ne s'expliqua pas avec eux et les renvoya à Caiphe. Je vis une partie de la garde dans une grande cour voisine du Temple où étaient rassemblés beaucoup de vieux Juifs. Après quelques délibérations, on prit les soldats un à un, et, à force d'argent et de menaces, on les poussa à dire que les disciples avaient enlevé le corps de Jésus pendant leur sommeil. Ils objectèrent d'abord que leurs compagnons qui étaient allés chez Pilate les contrediraient, et les Pharisiens leur promirent d'arranger la chose avec le gouverneur. ! Mais lorsque les quatre gardes arrivèrent, ils ne voulurent pas dire autrement qu'ils n'avaient fait chez Pilate. Le bruit s'était déjà répandu que Joseph d'Arimathie était sorti miraculeusement de sa prison, et comme les Pharisiens donnaient à entendre que ces soldats avaient été subornés pour laisser enlever le corps de Jésus et leur faisaient de grandes menaces, s'ils ne le représentaient pas, ceux-ci répondirent qu'ils ne pouvaient pas plus représenter ce corps, que les gardes de la prison ne pouvaient représenter Joseph d'Arimathie. Ils persévérèrent dans leurs dires et parlèrent si librement du jugement inique de l'avant-veille, et de la manière dont la Pâque avait été interrompue, qu'on les arrêta et qu'on les mit en prison. Les autres répandirent le bruit que Jésus avait été enlevé par ses disciples et ce mensonge fut propagé par les Pharisiens, les Sadducéens et les Hérodiens : il eut cours dans toutes les synagogues où on l'accompagna d'injures contre Jésus.

Toutefois cette imposture ne réussit pas généralement, car après la résurrection de Jésus, beaucoup de justes de l'ancienne loi apparurent de nouveau à plusieurs de leurs descendants qui étaient encore capables de recevoir la grâce, et les poussèrent à se convertir à Jésus. Plusieurs disciples qui s'étaient dispersés dans le pays et dont le courage était abattu, virent aussi des apparitions semblables qui les consolèrent et les confirmèrent dans la foi.

L'apparition des morts qui sortirent de leurs tombeaux après la mort de Jésus ne ressemblait en rien à la résurrection du Seigneur. Jésus ressuscita avec son corps renouvelé et glorifié, qui n'était plus sujet à la mort et avec lequel il monta au ciel sous les yeux de ses amis. Mais ces corps sortis du tombeau n'étaient que des cadavres sans mouvement, donnés un instant pour vêtement aux âmes qui les avait habités, et qu'elles replacèrent dans le sein de la terre, d'où ils ne ressusciteront comme nous tous qu'au jugement dernier. Ils étaient moins ressuscités d'entre les morts que Lazare qui vécut réellement et dut mourir une seconde fois.

LXVIII. FIN DE CES MEDITATIONS POUR LE CAREME

" Le dimanche suivant[42], si je ne me trompe, je vis les Juifs laver et purifier le Temple. Ils y jetèrent des herbes et des cendres d'os de morts, offrirent des sacrifices expiatoires, enlevèrent les décombres, cachèrent les traces du tremblement de terre avec des planches et des tapis, et reprirent celles des cérémonies de la Pâque qui n'avaient pas pu être accomplies le jour même.

Ils s'efforcèrent de mettre un terme à tous les propos et à tous les murmures, en déclarant que l'interruption de la fête et les dégâts opérés dans le Temple, avaient été le résultat du tremblement de terre et de l'assistance au sacrifice de personnes impures. Ils appliquèrent, je ne sais pas bien comment, à ce qui s'était passé, une vision d'Ézéchiel sur la résurrection des morts. Ils obtinrent ainsi le silence d'autant plus aisément qu'un grand nombre de gens avaient été complices du crime. Du reste, ils menacèrent de peines graves ceux qui parleraient ou murmureraient : toutefois, ils ne calmèrent que la portion du peuple la plus grossière et la moins morale : les meilleurs se convertirent d'abord en silence, puis ouvertement après la Pentecôte, ou plus tard, revenus chez eux, lorsque les apôtres vinrent y prêcher. Les Princes des prêtres devinrent de moins en moins arrogants à la vue de la rapide propagation de la doctrine de Jésus. Au temps du diaconat d'Etienne, Ophel tout entier et la partie orientale de Sion ne pouvaient plus contenir la communauté chrétienne, dont une partie dut occuper sous des baraques et des tentes l'espace qui s'étend de la ville à Béthanie. Je vis, en ces jours-là, Anne comme possédé du démon on l'enferma et il ne reparut plus. Caïphe était comme un fou furieux, tant la rage secrète qui l'animait était violente " !

Le jeudi après Pâques, elle dit : " J'ai vu aujourd'hui Pilate faire chercher inutilement sa femme. Je vis ensuite qu'elle était cachée dans la maison de Lazare, à Jérusalem. On ne pouvait le deviner, car il n'y avait point de femmes logées là ; c'était Etienne, encore peu connu comme disciple, qui allait quelquefois la visiter : il lui apportait sa nourriture et des nouvelles du dehors, et la préparait à la connaissance de l'Evangile. Etienne était cousin de Paul : ils étaient fils des deux frères. Simon de Cyrène vint trouver les apôtres après le sabbat, demandant à être baptisé et admis dans la communauté chrétienne ".

Ici se termine le récit de ces visions, qui dura depuis 18 février jusqu'au 6 avril 1823, jeudi de la semaine après Pâques.

APPENDICE

FRAGMENT SUR JOSEPH D'ARIMATHIE

Excitée par le voisinage d'une relique, Anne Catherine communiqua, dans la matinée du 17 mars 1821, les fragments suivants d'une vision de la nuit précédente.

Je vis que Joseph était d'un endroit situé à environ six milles romains, c'est-à-dire à deux lieues de Jérusalem, au couchant du chemin de Nazareth. Je crois qu'il y avait dans le voisinage une espèce de fossé, à moins que ce ne fût le lit, souvent desséché, d'un cours d'eau. Il se trouvait là des hauteurs escarpées et des carrières de pierre blanche. Ces carrières appartenaient à Joseph. Il s'était séparé de ses frères qui habitaient encore cet endroit, et vers le commencement de la prédication du Sauveur, il avait tout à fait établi son domicile à Jérusalem. C'était un homme calme, intelligent, mais pourtant simple et qui allait tout droit devant lui. Il n'était pas marié et habitait une petite maison peu éloignée de celle de Jean Marc. Il y avait dans le voisinage des magasins et des cours entourées de murs où étaient déposées en grand nombre des pierres blanches, provenant de ses carrières. Il en faisait commerce, les travaillait quelquefois lui-même ou les faisait travailler par des tailleurs de pierre pour en faire des auges, des vases en forme de navires, et de grandes dalles où l'on figurait en creux un homme couché de grandeur naturelle. Ce devaient être des pierres tombales. Il était très lié avec Nicodème qui faisait quelquefois des travaux du même genre. Ils s'étaient associés pour diverses entreprises. Dernièrement, j'ai vu Nicodème, lorsque des disciples vinrent je visiter, travailler la pierre dans un caveau éclairé par une lampe. Il creusait dans une dalle la figure d'un enfant emmailloté, à face ronde, comme on représente le soleil : c'était peut-être la pierre sépulcrale d'un enfant. Je les ai vus aussi travailler ensemble au tombeau où fut déposé plus tard le très saint corps du Sauveur. Nicodème était veuf et avait deux enfants. Joseph n'avait pas de ménage à lui ; il mangeait chez ses amis, la plupart du temps chez Nicodème, souvent aussi chez le mari de Véronique. Voilà ce que je me rappelle encore de tout ce que j'ai vu aujourd'hui touchant Joseph. Je crois que, lors de la persécution qui eut lieu après la mort de Jésus, il fut chassé de la terre promise en même temps que Lazare et sa famille, et qu'il n'y revint plus. Ils étaient au nombre de sept, dont deux seulement revinrent. Je ne me souviens plus de leurs noms.

FRAGMENT SUR LONGIN

Le 15 mars 1821, la sœur Emmerich communiqua ces fragments d'une vision qu'elle avait eue la nuit sur saint Longin, dont la fête tombait ce jour même, ce que la sœur ignorait.

J'ai vu cette nuit, dit-elle, beaucoup de choses touchant Longin (je ne sais pas, du reste, si c'est là son vrai nom). Je ne pourrai en rapporter que peu de chose. Longin faisait un service demi civil, demi militaire, auprès de Pilate. Il courait de côté et d'autre, s'occupait de beaucoup de choses, observait tout, prenait des renseignements et faisait des rapports. C'était un homme très actif, ressemblant à N. de B qui, lorsqu'il est venu me visiter, m'a tout à fait rappelé Longin : seulement celui-ci était un peu plus grand. Il était bon et serviable : mais avant sa conversion, il manquait de solidité et de force de caractère. Il faisait tout avec empressement, aimait à se donner de l'importance, et comme il était louche et avait la vue mauvaise, il était souvent en butte aux railleries de ses compagnons. Je l'ai vu souvent cette nuit, et à son occasion, j'ai vu toute la Passion : ce matin je ne savais pas d'abord comment j'étais venue là, puis je me suis souvenue que c'était à cause de lui.

" Longin n'avait qu'un grade inférieur dans l'armée, mais, comme attaché au service particulier de Pilate, il se trouvait partout où se faisait quelque chose d'un peu important et venait rendre compte au gouverneur de ce qu'il avait vu. Je vis que dans la nuit où Jésus fut conduit au tribunal de Caïphe, il était dans le vestibule, parmi les soldats, et allait et venait sans cesse. Il était tantôt dans un endroit, tantôt dans un autre. Je le vis une fois près de

Notre Seigneur, sur les degrés où celui-ci se tenait en présence du tribunal, et je remarquai que l'aspect de Jésus le touchait. Ensuite il descendit et se promena de nouveau dans le vestibule. Lorsque Pierre fut effrayé des propos de la servante auprès du feu, ce fut lui qui dit une fois : " Tu es aussi des partisans de cet homme ". Lorsqu'on conduisit Jésus au Calvaire, il se tenait près du cortège par ordre de Pilate, et le Sauveur lui lança un regard qui le toucha. Je le vis ensuite sur le Golgotha avec les soldats. Il était à cheval et avait une lance. Je le vis chez Pilate après la mort du Seigneur ; il demandait avec chaleur qu'on ne rompit pas les jambes de Jésus[43]. Il revint promptement au Calvaire.

Sa lance était faite de plusieurs morceaux qui rentraient l'un dans l'autre : en les tirant on pouvait la rendre trois fois plus longue. C'est ce qu'il venait de faire au moment où il se détermina subitement à percer le côté du Sauveur. Je le vis aussi assister à la mise au tombeau de Notre Seigneur : il voulait être informé de tout. Il se convertit sur le Calvaire, et exprima plus tard à Pilate sa conviction que Jésus était le fils de Dieu. Pilate le traita de rêveur, et comme il se présentait devant lui avec sa lance Pilate, par un sentiment de dégoût ou par superstition, lui ordonna de la déposer devant la porte. Bientôt après, Longin s'entretint avec Nicodème qui demanda que la lance lui fût donnée et l'obtint du gouverneur. Je vis Nicodème en séparer les diverses parties afin de pouvoir mieux les conserver. Au commencement il les garda dans une enveloppe de cuir, plus tard dans une auge de pierre. J'ai vu beaucoup de choses relatives à l'histoire de cette lance. Longin converti quitta le service militaire et s'adjoignit aux disciples. Lui aussi vit le Seigneur après sa résurrection. Il fut des premiers auxquels le baptême fut donné après la Pentecôte, ainsi que deux autres soldats qui s'étaient convertis au pied de la croix.

J'ai vu ensuite Longin et ces deux hommes, habillés de longs vêtements blancs, revenir dans leur patrie. Ils y habitaient à la campagne, près d'une petite ville, dans une contrée stérile et marécageuse. C'est dans ce lieu que moururent les quarante martyrs. Longin n'était pas prêtre mais diacre : il parcourait le pays en cette qualité, annonçait le Christ et racontait sa Passion et sa Résurrection comme témoin oculaire. Il convertissait beaucoup de monde et guérissait des malades en leur faisant toucher un morceau de la sainte lance qu'il portait avec lui. Il avait aussi du précieux sang desséché, recueilli au pied de la croix. Les Juifs étaient très irrités contre lui et contre ses deux compagnons, parce qu'ils faisaient connaître partout la vérité : de la résurrection du Sauveur, et révélaient leurs cruautés et leurs fourberies. A leur instigation, on envoya des soldats romains dans la patrie de Longin pour le prendre et le juger, comme troublant la tranquillité publique. Il était occupé à cultiver son champ lorsqu'ils arrivèrent, et il les conduisit dans sa maison où il leur donna l'hospitalité. Ils ne le connaissaient pas, et quand ils lui eurent fait savoir l'objet de leur voyage, il fit appeler ses deux compagnons qui vivaient dans une espèce d'ermitage à peu de distance, et il dit aux soldats qu'eux et lui étaient ceux qu'ils venaient chercher. La même chose arriva au saint jardinier Phocas. Les soldats furent très affligés, car ils l'avaient pris en amitié. Je vis ses deux compagnons et lui conduits dans une petite ville voisine, où us furent interroges. On ne les mit pas en prison : je les vis, pendant deux jours, aller et venir comme des prisonniers sur parole, mais us avaient un signe particulier sur l'épaule. On les décapita ensuite tous les trois sur une colline située entre la petite ville et la demeure de Longin, ils furent enterrés là même. Je crois me souvenir que cette colline lui appartenait et qu'il avait demandé à être exécute et enterré en cet endroit. Les soldats mirent la tête de Longin au bout d'une pique, et la portèrent à Jérusalem pour prouver qu'ils avaient rempli leur mission. Je crois me ressouvenir que ceci arriva peu d'années après la mort de Notre Seigneur.

" J'eus ensuite une vision d'une époque postérieure. Une femme aveugle du pays de saint Longin s'en alla avec son fils en pèlerinage à Jérusalem, espérant trouver sa guérison dans la sainte ville où les yeux de Longin avaient été guéris. Elle se faisait conduire par son enfant, mais il mourut et elle resta délaissée et sans consolation. Alors saint Longin lui apparut et lui dit qu'elle recouvrerait la vue lorsqu'elle aurait tiré sa tête d'un égout où les Juifs l'avaient jetée. C'était une fosse revêtue en maçonnerie où plusieurs conduits amenaient les immondices. Je vis plusieurs personnes y conduire cette pauvre femme : elle entra dans l'égout jusqu'au cou et en tira la sainte tête. Elle fut guérie et s'en retourna dans sa patrie ; ceux qui l'avaient accompagnée conservèrent la tête. Voilà tout ce dont je me souviens ".

FRAGMENT SUR LE CENTURION ABENADAR

Le 1er avril 1823, la sœur Emmerich, excitée par la vue d'une relique, dit que ce jour était la fête de saint Ctésiphon, le centurion qui avait assisté, au crucifiement et qu'elle avait vu pendant la nuit plusieurs particularités de vie. Mais la souffrance et les distractions extérieures lui avaient fait oublier la plus grande partie. Voici ce qu'elle raconta :

" Abénadar, qui fut ensuite appelé Ctésiphon, est d'un pays situé entre Babylone et l'Egypte, dans l'Arabie heureuse, à droite de la dernière demeure de Job. Il y a là, sur une montagne peu escarpée, un assemblage de maisons quadrangulaires, avec des toits plats sur lesquels les habitants se promènent. On voit là beaucoup de petits arbres : on y recueille l'encens et le baume. Le temps était nébuleux lorsque je m'y trouvai, j'ai été dans la maison d'Abénadar, édifice singulier qui n'est guère qu'un assemblage de loges carrées recouvertes d'un toit plat. Elle est grande et spacieuse, comme celle d'un homme riche, mais fort basse. Les maisons sont toutes ainsi bâties, peut-être à cause du vent, car leur position est élevée. Abénadar était entré comme volontaire dans la garnison de la forteresse Antonia à Jérusalem. Il avait pris du service chez les Romains, afin de se perfectionner dans les arts libéraux, car il était savant. C'était un homme très décidé ; son teint était brun, sa taille ramassée, son extérieur était un peu celui du chaudronnier M... ".

Les premiers enseignements de Jésus et un miracle dont il avait été témoin, lui avaient persuadé que le salut était chez les Juifs, et il avait adopté la loi de Moise. Il n'était pas encore disciple du Sauveur, toutefois il n'avait pas de mauvaises intentions à son égard ; il éprouvait même de la sympathie et une vénération secrète pour lui. C'était un homme très grave : lorsqu'il vint sur le Calvaire relever la garde qui s'y trouvait, il maintint partout l'ordre et la décence jusqu'au moment où la vérité triompha de lui et où il rendit hommage devant tout le peuple à la divinité de Jésus. Comme il était riche et volontaire, il lui fut facile de résigner à l'instant son emploi. Il aida à la descente de croix et à la mise au tombeau de Notre Seigneur, ce qui le mit en rapport intime avec les amis de Jésus : après la Pentecôte, il reçut le baptême un des premiers à la piscine de Bethsaïda, et prit le nom de Ctésiphon. Il avait un frère en Arabie ; il lui fit savoir les miracles dont il avait été témoin, et l'appela dans la voie du salut. Celui-ci vint à Jérusalem, fut baptisé sous le nom de Cécile, et fut chargé, ainsi que Ctésiphon, d'aider aux diacres, dans la communauté chrétienne.

" Ctésiphon accompagna en Espagne avec plusieurs autres l'apôtre saint Jacques le Majeur, et revint aussi avec lui. Plus tard, il fut encore envoyé en Espagne par les apôtres, et il y porta le corps de saint Jacques qui avait souffert le martyre à Jérusalem. Il y fut évêque, et avait sa résidence habituelle dans une espèce d'île ou de presqu'île peu éloignée de la France. Il alla aussi dans ce dernier pays, où beaucoup de gens vinrent l'entendre, et où il fit quelques disciples. Le nom du lieu de sa résidence ressemble à Vergui. Cet endroit fut plus tard dévasté par une inondation. Je ne crois pas que Ctésiphon ait été martyrisé : je ne l'aurais pas oublié. Il a écrit plusieurs ouvrages où se trouvent quelques détails sur la passion de Jésus-Christ ; mais des livres falsifiés ont couru sous son nom, ou des livres faits par lui ont été attribués à d'autres.

Rome a rejeté plus tard ces écrits, dont la plus grande partie était apocryphe, mais où il y avait pourtant quelque chose de lui.

" Un des gardes du tombeau du Christ, qui ne voulut pas se laisser corrompre par les Juifs, était son compatriote et son ami. Son nom ressemblait à Sulei ou Suleii. Après avoir été quelque temps en prison, il se retira dans une caverne du mont Sinaï, où il vécut sept ans et où les amis de Ctésiphon lui portaient des aliments. Cet homme reçut de grandes grâces et écrivit des livres très profonds dans le genre de ceux de Denis l'Aréopagite. Un autre écrivain a profité de ses ouvrages, et il en est ainsi venu quelque chose jusqu'à nous. J'ai lu moi-même au couvent un livre où j'ai reconnu depuis qu'il y avait des choses qui venaient originairement de lui. J'ai su tout cela et aussi le nom du livre, mais je l'ai oublié[44]. Ce compatriote de Ctésiphon le suivit plus tard en Espagne. Parmi les compagnons de Ctésiphon dans ce pays, se trouvait son frère Cécilius : d'autres s'appelaient Intalécius, Hésicius et Euphrasius. Un autre Arabe, nommé Sulima se convertit dans les premiers temps, je ne sais plus dans quelles circonstances ; plus tard, au temps des diacres, un compatriote de Ctésiphon, dont le nom sonnait comme Sulensis, se convertit également ".

En 1595, on trouva dans la terre, à Grenade, des reliques, des manuscrits et des tables de plomb où se trouvaient les noms de Ctésiphon et d'Hiscius de saint Jacques le Majeur. Plusieurs personnes : entre autres J. B. Perez, évêque de Ségovie, virent là une fraude ayant pour but d'assurer à la ville de Grenade la possession du tombeau de ces deux saints près de celui de Cécilius. Perez dit que l'auteur de cette fraude a dû en prendre l'idée dans la chronique attribuée à Dexter et reconnue fausse, laquelle nomme Ctésiphon, Hiscius et Cécilius comme disciples de saint Jacques. Il ajoute que, suivant un vieux manuscrit gothique, les personnages nommés ci-après débarquèrent à Cadix pour prêcher le christianisme : Torquatus resta a Acci (Cadix), Hésychius (Hiscius) alla à Garcesa (Garzorla), Indalesius à Ursi (Almeria ou bien Orce près de Galera) ; Secundus à Abula (Avila) ; Cecilius à Eliberrl (Sierra Elvira près de Grenade) ; Euphrasius à Iliturgi (Andujar) ; Ctésiphon à Berge, que les uns disent être Verja en Aragon, d'autres Verga dans le royaume de Grenade, d'autres encore Vera au bord de la mer, entre Carthagène et Capo de Gata. Ces disciples enseignèrent dans ces divers lieux, ils y moururent et leurs restes y furent honorés : ils avaient été envoyés de Rome par les apôtres. Un seul écrit sur la translation du corps de saint Jacques le Majeur en Espagne, écrit attribué au pape Calixte II, mais reconnu apocryphe, les nomme disciples de cet apôtre. Ses disciples, selon l'Histoire d'Espagne de Pélage, évêque d'Oviédo, furent Cadosérus, Basile, Chrysogone, Théodore, Archanasius et Maxime.

La principale preuve de la fraude selon l'évêque Perez, c'est que les tables de plomb disent que Ctésiphon s'appelait Abénadar avant sa conversion, or les sept autres ayant des noms grecs et latins, comment pourrait-il se trouver un Arabe parmi eux ? Jamais Arabe n'est venu en Espagne à cette époque ? Pourquoi aurait-il quitté son nom arabe ? Etc. Ces mêmes monuments indiquaient que Ctésiphon avait écrit un livre en arabe avec les caractères de Salomon. Là-dessus, l'évêque Perez demande ce que cela veut dire puisqu'alors il n'y avait pas encore d'Arabes en Espagne et se moque de ces lettres de Salomon employées à écrire en arabe.

En mal 1833, pendant que cette feuille était sous presse, nous avons trouvé dans Mariana, de Rebus Hispanicus, que la tradition ajoute aux disciples mentionnés plus haut, un Athanase et un Théodore qu'on disait avoir été parmi des gardes du tombeau du Christ. Le lendemain, nous avons trouvé dans les Acta Sanctorum, tome III, 1er février, une dissertation sur salut Cécilius et ses compagnons, où se trouvent beaucoup de détails sur ces écrits trouvés à Grenade, les déclarations du pape Urbain VIII contre ces documents apocryphes, une indication de ce qu'ils contenaient d'après l'Apparatus sacer de Possevin et une autre un peu différente d'après le commentaire de Bivar sur la chronique attribuée à Dexter. On y trouve entre autres choses les titres suivants : de l'empire infernal, de la suprême Providence, de la Miséricorde, de à Justice, de tout ce qu'a fait le Dieu Créateur, de la Création des Anges, des Gloires et des Miracles de Jésus-Christ et de sa Mère depuis l'Incarnation du Verbe jusqu'à l'Ascension, etc... Ces titres rappellent ce que dit la sœur Emmerich des écrits dans la manière de Denys l'Aréopagite, composés par Sulei, ami de Ctésiphon, de même que les détails rapportés dans cette note ressemblent singulièrement à ceux que la sœur a donnés, ce dont le lecteur sera sans doute aussi surpris que nous l'avons été nous-mêmes.

Les écrits de ces disciples arabes ont-ils existé et ont-ils été falsifiés par des sectaires comme l'histoire des apôtres d'Abdias et les Ouvrages de Denis l'Aréopagite. La sœur Emmerich a répété plusieurs fois que les écrits de ces derniers avaient été falsifiés, et elle a dit la même chose de ceux de Ctésiphon. Malheureusement il y a tant de lacunes dans tout ce qu'elle a raconté à ce sujet qu'on en est réduit aux conjectures.

FIN DU LIVRE

NOTES :

[1] Voyez à ce sujet l'ouvrage du cardinal Bona, De Discretione spirituum.

[2] Elle voit le jour de la naissance historique de J. -C. au 30 novembre.

[3] Il est difficile de savoir si elle voulait dire par là que le calice était transparent ou qu'elle a vu à travers, d'une façon surnaturelle.

[4] Dans une autre occasion, Anne Catherine vit la présente spirituelle de la sainte Vierge d'une manière si vive qu'elle en parla comme d'une présence corporelle.

[5] Elle n'était pas très certaine que la chose se fût faite dans cet, ordre ; une autre fois elle avait vu Jean recevoir de sacrement le dernier.

[6] Ce n'est pas sans étonnement que l'éditeur, quelques années après ces communications, a lu dans l'édition latine du catéchisme romain (Mayence, chez Muller), à l'occasion du sacrement de la Confirmation, que, selon la tradition du saint pape Fabien Jésus-Christ a appris à ses apôtres la préparation du saint Carême après l'institution de l'Eucharistie. Ce pape dit notamment au 54é paragraphe de sa seconde épitre aux évêques d'Orient : Nos prédécesseurs ont reçu des apôtres et nous ont enseigné que Notre Seigneur Jésus-Christ, après avoir fait la Cène avec ses apôtres et leur avoir lavé les pieds, leur a appris à préparer le saint Carême.

[7] Apres la Pentecôte, elle vit saint Jean, lui aussi Imposer les mains : la première supposition parait donc plus probable.

[8] Le 5 Juillet 1821 elle dit : Cela eut lieu dans une vallée non loin de la vallée des Raisins, qui se prolonge dans la direction de Gaza. Or, Bachiene Hammelsteld et d'autres regardent une vallée de cette contrée comme étant la vallée de Josaphat, parce que les ennemis de Josaphat s'y détruisirent eux-mêmes par un Jugement de

Dieu (II, Paralip., 20), et que Josaphat veut dire : Dieu jugera. La vallée où Josaphat rendit grâces pour sa victoire, s'appelait la Vallée de bénédiction. Un Jour qu'Anne-Catherine désignait divers chemins que devait suivre le Seigneur, le 13 octobre de la troisième année de sa prédication, elle dit : il passera là à l'endroit où Melchisédech offrit le pain et le vin : il y a encore une espèce de chapelle construite en pierres brutes, Je crois qu'on y célèbre quelquefois le service divin. Or, le chemin suivi alors par Jésus se rapprochait de la contrée de Gaza.

[9] A propos de ces mots : Asseyez-vous à ma droite elle s'exprima ainsi : Le côté droit à une grande et mystérieuse signification. La génération éternelle du Fils m'est quelquefois montrée dans des figures de la Sainte Trinité que le langage ne saurait rendre, et alors, je vois le Fils dans le côté droit du Père, je vois ensuite la figure que vit Moïse dans le buisson ardent, elle m'apparat dans un triangle lumineux, au sommet duquel est le Saint Esprit. Ceci il peut s'exprimer d'une manière précise mais dans ces figures, mises à la portée d'une pauvre créature humaine, le Fils est toujours à la droite. Eve fut tirée du côté droit d'Adam : sans la chute les hommes seraient sortis du côté droit : c'est dans le côté droit que les patriarches portaient la bénédiction de la promesse, et ils plaçaient leurs enfants à droite lorsqu'ils les bénissaient le côté droit du Christ fut ouvert par la lance du soldat. Dans les visions, on voit l'Eglise sortir de cette blessure. En entrant dans cette Eglise, on entre dans le côté droit du Sauveur et on arrive par lui et en lui jusqu'au Père.

[10] Dans ses visions sur les années de la Prédication de Jésus, elle vit, le 11 décembre 1822 le Seigneur permettre aux démons sortis des possédés de Gergesa d'entrer dans un troupeau de porcs. Elle vit aussi cette circonstance particulière que les possédés renversèrent auparavant une grande cuve pleine d'une boisson fermentée.

[11] Dans ses contemplations sur la vie publique de Jésus qu'elle suivit jour par jour, elle vit le 28 janvier 1823 (jour correspondant à

peu près au onze Schebath de la deuxième année), le Seigneur délivrer à Thirza vingt-sept prisonniers pour dettes, détenus dans une maison qui avait une garnison romaine : ce fait est raconté en détail dans le journal où sont consignées ses méditations.

{12} Elle décrivit ensuite avec beaucoup de détails la forme et la couleur de la pierre sur laquelle Jésus s'était appuyé dans cette autre grotte ; elle mentionna des crevasses et des endroits où il y avait comme des stalactites, etc.

{13} Cet événement eut lieu le 25 du mois de Thébet, dans la troisième année de la vie publique de Jésus, ainsi qu'Anne-Catherine le vit le lundi, 13 Janvier 1823.

{14} C'est le nom du lieu où est mort la sœur Emmerich, dans l'évêché de Munster.

{15} C'était vraisemblablement la fontaine de Siloé ou celle de Roget.

Déjà, dans la vallée du Cédron, beaucoup de gens de la dernière classe du peuple, et poussés par les ennemis de Jésus, s'étaient joints à l'escorte, maudissant et injuriant le Seigneur. Ils concouraient actuellement à repousser et à insulter les bons habitants d'Ophel. Ophel est bâti sur une colline ; sur le point le plus élevé est une place, où je vis beaucoup de bois de construction entassé. Le cortège alla ensuite en descendant, et passa par une porte pratiquée dans une muraille. Quand il eut traversé Ophel, on empêcha le peuple de le suivre. Ils descendirent encore un peu, laissant à droite un grand édifice, reste des ouvrages de Salomon, si je ne me trompe, et à gauche l'étang de Bethsaïde ; puis ils allèrent encore au couchant, suivant une rue en pente appelée Millo. Alors ils tournèrent un peu au midi en montant vers Sion par de grands escaliers, et ils arrivèrent à la maison d'Anne. Sur toute cette route, on ne cessa de maltraiter Notre Seigneur ; la canaille qui venait de la ville et qui grossissait sans cesse était pour les bourreaux de Jésus l'occasion d'un redoublement d'insultes. Depuis le mont des Oliviers jusqu'à la maison d'Anne, Jésus tomba sept fois.

[16] La narratrice indiqua ainsi cette distance : il y a à peu près aussi loin que de chez moi à la maison du conseiller M..., ce qu'on croit pouvoir évaluer à trois cents pas tout au plus.

[17] La sœur vit la guérison de Manahem, dont il est ici question, dans ses méditations du vendredi il octobre 1822. Elle eut lieu, selon elle, vers le 20 du mois de Tisri de la seconde année de la vie publique de Jésus, dans une petite ville située à une lieue et demie du sud-est de Silo, où Jésus célébrait le sabbat.

[18] La narratrice décrivit en outre la forme de cet arbre avec beaucoup de détails, mais elle était si malade et si faible qu'on ne put pas bien saisir ce qu'elle disait.

[19] Vraisemblablement près de la forteresse Antonia, dont la sœur a souvent dit qu'elle était située en ce lieu.

[20] C'était peut-être un fossé de la forteresse Antonia.

[21] La sœur mêlait souvent des réflexions de ce genre à ses communications. Celles-ci se lient si naturellement au souvenir du château désert de David que nous les avons laissées ici comme un exemple te la manière dont les choses la frappaient"

[22] Elle a oublié de dire comment ces femmes s'étaient réunies, et si Marie revenant du mont des Oliviers à la porte des Brebis rencontra Jésus et son cortège. Il est probable, d'après des récits antérieurs, qu'en se rendant au palais d'Hérode elle rencontra Jésus et le suivit chez Pilate.

[23] Voici à quelle occasion l'inimitié de Pilate et d'Hérode prit naissance selon les visions de la sœur. Pilate avait entrepris de bâtir un grand aqueduc amenant au côté sud-est de la montagne du Temple, et passant par-dessus la ravine où se décharge l'étang de Bethsaïda. Hérode, par l'intermédiaire d'un Hérodien rusé qui était membre du Sanhédrin, lui avait fourni des matériaux et dix-huit architectes qui étaient aussi hérodiens. Son projet était de rendre les Juifs de plus en plus contraires au gouvernement romain par les malheurs qui résulteraient de cette entreprise. Les architectes bâtirent

avec l'intention de tout faire crouler et comme l'ouvrage approchait de sa fin, et que beaucoup de maçons d'Ophel étaient encore occupés à enlever les échafaudages, les dix-huit architectes attendaient ce qui allait arriver au haut de la tour voisine de Siloé. Toute la bâtisse s'écroula, mais aussi une partie de cette tour où ils se tenaient, et les architectes périrent avec quatre-vingt-treize ouvriers. Cet accident eut lieu quelques jours avant le 8 janvier'20 Thébet ! De la seconde année de la prédication de Jésus, le jour où Jean-Baptiste fut décapité dans le château de Machéronte, et où commença la fête pour l'anniversaire de la naissance d'Hérode. Aucun officier romain ne se rendit à cette fête, à cause de l'écroulement de l'aqueduc, quoique Pilate y eût été invité avec une politesse hypocrite.

[24] Elle a vraisemblablement oublié ici plusieurs choses relatives au dimanche de Laetare, qui s'appelle aussi le dimanche des Roses, parce que le pape, afin de représenter la joie de ce Jour qui brille comme une rose au milieu des épines du Carême, bénit une rose d'or et la porte processionnellement dans les rues de Rome. Ce qui est dit des roses peut avoir rapport à ceci, de même que ce qui est dit des moissons au nom de dimanche réfection et de dimanche des pains, à cause de l'Evangile du jour sur la multiplication des cinq pains. Ce Jour s'appelle aussi pour cette raison Dominica rosata, de panibus, refectionis.

[25] Cette vue excita une telle compassion chez la Sœur, qu'elle désira éprouver la soif du Sauveur. Elle eut aussitôt un violent accès de fièvre et sa soif fut si violente que le matin elle ne pouvait plus parler, tant sa langue était contractée et ses lèvres sèches et serrées. Son ami la trouva dans cet état de langueur et de défaillance ; elle était pâle, sans connaissance et semblait au moment de mourir. On lui versa, non sans peine, un peu d'eau dans la bouche, mais elle ne put reprendre ses récits qu'après un long intervalle de repos. La personne qui avait veillé près d'elle raconta que, pendant la nuit, elle l'avait vue souvent se tordre en gémissant sur sa couche.

[26] Nous ajoutons ici quelques détails donnes par la sœur Emmerich sur sainte Véronique, un jour qu'on lui avait fait toucher des reliques de cette sainte ; c'était le 9 août 1821 : J'eus, dit-elle, une vision que je ne me rappelle pas avoir jamais eue précédemment. Dans la troisième année qui suivit l'ascension du Christ, je vis l'empereur romain envoyer quelqu'un à Jérusalem pour recueillir les bruits relatifs à la mort et à la résurrection de Jésus. Cet homme emmena avec lui à Rome Nicodeme, Séraphia et le disciple Epaphras, parent de Jeanne Chusa. C'était un serviteur des disciples, homme plein de simplicité, qui avait été attaché au service du Temple et qui avait vu Jésus ressuscité dans le Cénacle et ailleurs. Je vis Véronique chez l'empereur. Il était malade : son lit était élevé sur deux gradins : un grand rideau pendait Jusqu'à terre. La chambre était carrée, pas très grande : il n'y avait pas de fenêtres mais le Jour venait d'en haut : il y avait de longs cordons avec lesquels on pouvait ouvrir et fermer des volets. L'empereur était seul : ces gens étaient dans l'antichambre. Véronique avait avec elle, outre le suaire, un des linceuls de Jésus et elle déploya le suaire devant l'empereur qui était tout seul, c'était une bande d'étoffe longue et étroite qu'elle avait auparavant portée en guise de voile sur la tête et autour du cou. L'empreinte de la face de Jésus se trouvait à une des extrémités et lorsqu'elle la présenta à l'empereur, elle ramassa dans sa main gauche l'autre extrémité du suaire. La face de Jésus s'y était imprimée avec son sang. Cette empreinte n'était pas comme un portrait, elle était même plus grande qu'un portrait, parce que le linge avait été appliqué tout autour du visage. Sur l'autre drap était l'empreinte du corps flagelle de Jésus. Je crois que c'était un des draps sur lesquels on l'avait couché pour le laver avant de l'ensevelir. Je ne vis pas l'empereur toucher ces linges mais il fut guéri par leur vue. Il voulait retenir Véronique à Rome et lui donner une maison et des esclaves, mais elle demanda la permission de retourner à Jérusalem pour mourir au lieu où Jésus était mort Élie y revint en effet, et lors de la persécution contre les

chrétiens qui réduisit à la misère et à l'exil Lazare et ses sœurs, elle s'enfuit avec quelques autres femmes. Mais on la prit et on l'enferma dans une prison où elle mourut de faim pour le nom de Jésus, à qui elle avait si souvent donné la nourriture terrestre et qui l'avait nourri de sa chair et de son sang pour la vie éternelle. Je me rappelle vaguement d'avoir vu dans une autre occasion, comment, après la mort de Véronique, le voile resta entre les mains des saintes femmes, comment il alla ensuite à Edesse, où le porta le disciple Thaddée et où il opéra beaucoup de miracles, puis à Constantinople, et enfin comment il fut transmis à l'Eglise par les apôtres. J'ai cru une fois qu'il était à Turin où est le linceul du Sauveur, mais je vis à cette occasion l'histoire de tous ces linges sacrés et ils se sont confondus dans mes souvenirs. Aujourd'hui encore j'ai vu beaucoup de choses touchant Séraphia ou Véronique, mais je ne les raconte pas parce que je ne m'en souviens que confusément.

[27] Ceci se rapporte à une vision qu'eut la Sœur le 3 novembre de la troisième année de la prédication de Notre-Seigneur, vingt-huit Jours après la résurrection de Lazare et cinq mois avant la mort du Sauveur. Elle le vit à la frontière orientale de la Terre promise, dans une petite ville située au nord d'un endroit plus considérable qu'elle nommait Cédar ; il y enseigna pendant plusieurs Jours, à l'occasion d'une noce, sur l'importance et la sainteté du mariage. Dans cette vision, dit la Sœur, J'étais comme un des assistants et j'allais çà et là comme eux. Les discours de notre Sauveur me parurent si beaux, si importants et si applicables à notre misérable époque, que je m'écriais dans mon cœur : Ah ! Pourquoi cela n'est-il pas écrit, pourquoi n'y a-t-il pas ici de disciples pour l'écrire, afin que l'univers entier le sache. Alors mon fiancé céleste se tourna tout à coup vers moi et me dit : Je cultive la vigne là où elle porta des fruits. Si ceci était écrit, ce serait négligé ou mal interprété comme une grande partie de ce qui est écrit. Cet enseignement et une infinité d'autres qui n'ont pas été écrits ont porté plus de fruit que ce qui est écrit. La loi écrite n'en est pas plus

suivie pour cela. Tout est écrit dans les enfants de l'Eglise qui croient, qui espèrent, qui aime.

[28] En 1821, la Sœur eut des visions relatives à la première année de la prédication de Jésus. Elle le vit s'entretenir avec un vieil Essénien nommé Eliud, neveu de Zacharie père de Jean Baptiste. Il demeurait en avant de Nazareth, dans un endroit où Jésus s'arrêta quelques Jours avant son baptême. Elle apprit par les discours d'Eliud plusieurs faits relatifs à l'histoire de la sainte Famille. Dans la sixième année de la prédication de Jean dit-elle, sa mère Elisabeth vint le trouver dans le désert. Elle ne pouvait plus rester dans sa maison à cause de la tristesse qui l'accablait, car Hérode avait fait prendre son mari Zacharie qui allait d'Hébron à Jérusalem pour taire son service au Temple, et après l'avoir livré à de cruels tourments. Il avait fini par le faire mourir parce qu'il ne voulait pas faire connaître le séjour de son fils. Plus tard ses amis l'enterrèrent près du Temple. Ce n'est pas là le Zacharie tué entre le Temple et l'autel, que je vis apparaître après la mort de Jésus. Je le vis sortir du mur du Temple près de l'oratoire du vieux Siméon et se promener dans le Temple : son tombeau, qui était dans le mur, s'écroula ainsi que plusieurs autres tombeaux cachés et inconnus.

[29] Elle décrivit la civière dont il est question ici comme un long coffre de cuir qu'on transformait en une espèce de cercueil fermé en y passant trois bâtons larges comme la main, faits d'un bois solide quoique léger. Ce coffre se portait ensuite sur les épaules au moyen des bouts de ces mêmes bâtons qui dépassaient de chaque côté. Elle raconta l'enlèvement du corps de Jean-Baptiste, comme ayant eu lieu dans la nuit du mardi au mercredi, 4-5 du mois de Sebat (21-22 Janvier) de la deuxième année de la vie publique du Sauveur, environ quinze Jours après la décollation du saint précurseur. Parmi ceux qui y prirent part, elle mentionna les trois disciples de Jean. Jacob, Eliacim et Sadoch, fils de Cléophas et de Marie d'Héli et frères de Marie de Cléophas en outre Saturnin, Jude Barsabas, Aram et Théméni, neveux

de Joseph d'Arimathie, un fils de Jeanne Chusa, un fils de Véronique, un fils de Siméon et un cousin de Jean, qui était d'Hébron. Le corps du précurseur, sans sa tête que l'on ne put avoir que plus tard, fut porté à Juta dans le tombeau de sa famille.

{30} Le vendredi saint, 30 mars 1820, comme la Sœur contemplait la descente de croix, elle tomba tout à coup en défaillance en présence de celui qui écrit ces lignes, au point qu'elle semblait morte. Revenue à elle, elle s'expliqua ainsi, quoique ses souffrances n'eussent point cessé : Comme je contemplais le corps de Jésus étendu sur les genoux de la sainte Vierge, je disais en moi-même : voyez comme elle est forte, elle n'a pas même une défaillance ! Mon conducteur m'a reproché cette pensée, où il y avait plus d'étonnement que de compassion, et il m'a dit : Souffre donc ce qu'elle a souffert, et au même moment une douleur poignante m'a traversée comme une épée, à tel point que j'ai cru en mourir et que je continue à la ressentir. Elle conserva longtemps cette douleur, et il en résulta une maladie qui la mit presque à l'agonie.

{31} La sœur Emmerich dit que ces tenailles lui rappelèrent par leur forme les ciseaux avec lesquels on avait coupé la chevelure de Samson. Elle avait antérieurement décrit ces ciseaux comme il suit : Dalila avait dans la main une singulière paire de ciseaux. Ils étaient de forme arrondie, grands comme la tranche d'une grosse pomme, et ils se rouvraient d'eux-mêmes. C'étaient comme une espèce de pince ou de tenaille faite d'un morceau de métal mince et arrondi, dont les extrémités tranchantes ce rapprochaient pour couper et se séparaient lorsque la pression cessait. Dans ses visions de la troisième année de la prédication de Jésus, elle avait vu le Sauveur faire le sabbat à Misael, ville de Lévites, dans la tribu d'Aser ; et, comme on lut dans la synagogue une partie du livre des Juges, la Sœur vit à cette occasion la vie de Samson.

{32} La sœur Emmerich avait coutume, lorsqu'elle parlait de personnages historiques importants, d'indiquer en combien de parties ils divisaient leur chevelure : Elle, disait-elle, partageait sa chevelure en deux, Marie la partageait en trois, et elle paraissait attacher une certaine Importance à ces paroles. L'occasion ne se rencontra pas de donner à ce sujet des explications qui auraient probablement jeté quelque lumière sur le rôle que jouaient les cheveux dans les sacrifices, les vœux, les funérailles les consécrations, etc. Elle dit une fois de Samson : ses blonds cheveux, longs et épais, étaient relevés autour de sa tête en sept tresses, comme un casque, l'extrémité de ces tresses était réunie dans des espèces de bourses sur son front et ses tempes. Ses cheveux n'étaient pas par eux-mêmes la source de sa force, ils l'étaient seulement comme témoins du vœu qu'il avait tait de les laisser croître en l'honneur de Dieu. Les forces qui reposaient sur les sept tresses étaient les sept dons du Saint Esprit. Il devait avoir déjà fait des infractions notables à ses vœux et perdu beaucoup de grâces lorsqu'il laissa couper cette marque de sa qualité de Nazaréen. Je ne vis pas toutefois Dalila lui couper toute sa chevelure ; je crois qu'il lui resta une touffe sur le front. Il lui resta aussi la grâce de la pénitence et du repentir par laquelle il recouvra la force de détruire ses ennemis. La vie de Samson est une vie figurative et prophétique.

{33} Ceci se rapporte à un usage du diocèse de Munster. On suspend dans les églises, entre la nef et le chœur ou devant le maitre autel, pendant le carême, un rideau avec des broderies en points à Jour, représentant les cinq plaies les instruments de la Passion, etc., etc. Ce rideau fait, sur les âmes bien disposées, une grande et sérieuse impression qui les encourage au renoncement, à la mortification, à l'abstinence et à la prière.

{34} La sœur Emmerich, lorsqu'elle recevait certaines consolations intérieures qui lui arrivaient par des symboles, se sentait souvent ravie jusqu'à des festins célestes dont elle décrivait l'ordonnance avec une joie enfantine. Elle décrivait aussi dans tous leurs détails la forme et l'espèce des végétaux qui y étaient apportés. Elle parlait d'assiettes d'or avec un rebord bleu où on lui présentait des herbes semblables à du cresson ou à de la myrrhe et aussi des fruits de plusieurs sortes qui la fortifiaient dans les grandes souffrances de l'âme ou du corps. Dans ces consolations symboliques, les victoires sur elle-même, les actes de renoncement et de pénitence de sa vie terrestre lui étaient donnés là comme récompense et comme réfection sous il forme d'herbes ou de fruits dont la figure ou la substance représentait ces mortifications. La forme, la matière et la couleur des vases avaient aussi leur signification symbolique... On ne mange point ces mets comme sur la terre, disait-elle, et pourtant on se sent nourri et rassasié bien plus complètement : car on est rempli de la grâce et de la force de Dieu dont le fruit qui vous est présenté est la parfaite expression. La vue des herbes aromatiques employées à embaumer le corps de Jésus lui rappela ces végétaux célestes.

{35} La cœur n'explique pas si ces bâtons étaient des pièces détachées, placées devant la porte, ou si c'étaient des bandes en relief faisant partie de cette porte.

{36} Vraisemblablement la sœur Emmerich voulait parler ici de ces caisses antiques où les paysans de son pays renferment leurs vêtements, le fond en est moins large que le couvercle, ce qui leur donne en effet une certaine ressemblance avec une tombe. Elle avait près d'elle une de ces caisses qu'elle appelait son coffre. C'est en ces termes qu'elle a souvent décrit la pierre en question, dont la forme toutefois n'est pas représentée très clairement.

{37} D'après les visions de la Sœur Emmerich, les trois femmes nommées ici demeuraient depuis quelque temps à Béthanie, dans une sorte de communauté établie par Marthe, afin de pourvoir à l'entretien des disciples lors des voyages du Seigneur et à la répartition des aumônes. La veuve de Naïm, dont le fils Martial fut ressuscité par Jésus, selon la Sœur le 23 Marcheswan (13 Novembre), dans la seconde année de la vie publique du Sauveur, et appelait Maroni. Elle était fille d'un oncle paternel de saint Pierre. Son premier mari était fils d'une sœur d'Elisabeth, appelée Rhode, qu'elle-même était fille d'une sœur de la mère de sainte Anne. Ce premier mari de Maroni étant mort sans enfants, elle avait épouse Eliud, proche parent de sainte Anne, et avait quitté Chasaluth, près du Thabor, où résidait la famille de Rhode pour s'établir à Naim, qui était à peu de distance et où elle avait perdu bientôt son second mari.

[38] Ceci se rapporte évidemment à l'origine de la célèbre image miraculeuse de Saragosse, connue sous le nom de Notre-Dame de la Colonne (del Pilar)

[39] Un des anciens vitraux de l'église de Saint Etienne du Mont, à Paris, représente Jésus-Christ étendu sur un pressoir et entouré de tout ce qui sert à faire le vin. Son sang coule des cinq plates dans des cuves et des outres. Tout autour sont des évêques, des prêtres et des fidèles qui s'empressent de le recueillir.

[40] Comme le récit de la Passion ont été trop longtemps interrompu par celui des apparitions qui eurent lieu la mort de Jésus, nous donnons ici ce dernier ou plutôt les fragments que nous avons pu en recueillir d'après les communications de la Sœur, dans un moment où elle était réduite à la dernière faiblesse et toute brisée par la maladie et la participation aux souffrances au Sauveur.

[41] Voir la note plus haut.

[42] Elle raconta ceci un peu plus tard, et il est difficile de savoir si elle veut parler du jour même de la Résurrection ou du premier dimanche après Pâques.

[43] Il semble ici qu'après la mort de Jésus, Cassius (Longin) se rendit une fois du Calvaire à la ville pour voir Pilate. Dans ses récits sur la Passion, la sœur Emmerich a oublié de mentionner cette circonstance, à moins qu'elle ne l'ait indiquée vaguement par ces paroles (page 296), " Cassius, à cheval, allait de côté et d'autre ".

[44] Dans l'été de 1831, neuf ans après avoir reçu cette communication et huit ans après la mort de la sœur Emmerich, le rédacteur de ce livre a lu, dans le troisième volume du Viage litterario a las Iglesias de Espagna de D. J. L. Villanuera, 10 tomos, Madrid, 1803-23, les détails suivants rapportés ici en abrégé.